国家出版基金项目
NATIONAL PUBLICATION FOUNDATION

高中生物学
学业质量评价

崔鸿　李娟　刘家武　等——————编著

中国生物学教育研究丛书

赵占良　主编

广西教育出版社
·南宁·

图书在版编目（CIP）数据

高中生物学学业质量评价 / 崔鸿等编著 . −− 南宁：
广西教育出版社，2021.12
（中国生物学教育研究丛书 / 赵占良主编）
ISBN 978-7-5435-9021-2

Ⅰ . ①高… Ⅱ . ①崔… Ⅲ . ①生物课 − 教学研究 − 高
中 Ⅳ . ① G633.912

中国版本图书馆 CIP 数据核字 (2021) 第 270586 号

策　　划：廖民锂　潘姿汝　黄力平
责任编辑：吴杰艺　　　　　　　装帧设计：李浩丽
责任校对：杨红斌　卢佳慧　何　云　责任技编：蒋　媛

出 版 人：石立民
出版发行：广西教育出版社
地　　址：广西南宁市鲤湾路 8 号　邮政编码：530022
电　　话：0771-5865797
本社网址：http://www.gxeph.com
电子信箱：gxeph@vip.163.com
印　　刷：广西万泰印务有限公司
开　　本：787mm×1092mm　1/16
印　　张：27.75
字　　数：412 千字
版　　次：2021 年 12 月第 1 版
印　　次：2021 年 12 月第 1 次印刷
书　　号：ISBN 978-7-5435-9021-2
定　　价：72.00 元

○ 序 ○

2001 年，叶佩珉教授主编的"学科现代教育理论书系·生物学"由广西教育出版社出版。这套丛书系统总结了我国改革开放以来中学生物学教育在课程论、教学论、学习论、实验论、测量评价理论等方面的研究成果，在我国中学生物学教育领域产生了广泛影响。

20 年过去了，在中国共产党 100 周年华诞，党团结带领全国人民全面建成小康社会，实现第一个百年奋斗目标，正意气风发地向着全面建成社会主义现代化强国的第二个百年奋斗目标迈进之际，回首本世纪的这第一个 20 年，我们不禁感慨，我国的中学生物学教育也走过了一段极不平凡的探索历程。这 20 年，是新一轮基础教育课程改革从启动到深化的 20 年。在这 20 年中，我们经受了新课程理念的洗礼，实施新课标，使用新教材，探索新的教学方式和考试评价方式，改革创新的热潮一波又一波地兴起，新观点、新模式、新经验不断涌现。从总体上看，我国的中学生物学课程、教材和教学的质量和水平，已经迅速赶上了时代，极大缩短了与发达国家的距离，具有中国特色的生物学课程教材体系和学术话语体系正在形成。当然，还有许多问题需要研究，也有不少挑战需要面对，一些困惑需要破解。

展望开启新征程的未来 30 年，我们更是豪情满怀。未来 30 年，中学生物学教育更是大有可为的，并且应该大放异彩！为实现第二个百年奋斗目标培养人才，是我们每一位教育工作者肩负的重任。如何让生物学教育更好地服务于立德树人根本任务，更好地服务于国家创新驱动战略的实施？如何让生物学课程更加充分地彰显育人价值，使它在"培根铸魂、启智增慧"中发挥独特的作用？这是每一位生物学教育工作者应该认真思考和研究的问题。

站在新的历史交汇点上，总结我国这 20 年中学生物学教育的理论与实践研究成果，研究新时期我国生物学教育面临的任务和挑战，构建中国特色生物学教育理论体系和课程教材体系，探索生物学教育高质量发展的实践路径、策略和方法，是时代的需要，是生物学教育研究者的责任，也是广西教育出版社策划、我和诸位作者一道撰写"中国生物学教育研究丛书"的出发点。

我作为本套丛书的主编，主要思考和解决三个问题：写哪几本书？找谁写？如何写？

写哪几本书？我的思路是从问题到选题。这里所说的"问题"，多数是我国中学生物学教育理论和实践研究中长期关注的问题，如概念教学问题、实验教学问题、学生科学过程技能培养问题、国际教材比较问题、信息技术与生物学教学融合问题等。这些方面的研究虽然已有丰富的成果，但随着时代的发展，还有许多问题需要与时俱进地继续研究；有些是近年来研究的热点问题，如学业评价问题、STEAM 教育问题等，这些方面的研究虽然热度很高，但体现生物学学科特点、系统而实用的研究不多，有较大影响力的原创性研究成果更少；有些则属于需要重视但缺少系统深入研究的问题，如课堂教学行为分析的科学化问题、农村课程资源的开发和利用问题。问题梳理出来了，选题也就随之确定了。

找谁写？我借助自己长期担任中国教育学会生物学教学专业委员会理事长的便利条件，大致了解到圈内同行近期研究的方向和成果，比如，崔鸿教授团队对学业评价有较深入的研究，王永胜教授前些年承担了农村课程资源研究课题，谭永平编审承担过生物学课堂教学行为分析研究课题，李高峰教授联合众多大学和中学教师集体攻关、开发本土化的 STEAM 教育课程，王健教授在科学过程技能培养方面学术视野宽广，解凯彬教授关于中学生物学实验教学的讲座在全国广受欢迎，黄世勇主任带领中山市的老师们在信息技术与学科教学融合方面进行了多年不懈的探索，张秀红博士在人民教育出版社做了为期两年的国际高中生物学教材比较研究，等等。于是，我请他们分别担纲相应选题的撰写。只有"概念教学论"这一本，本来想请这方面的专家胡玉华教授写的，但她因为其他工作太忙而无暇承担，情急之下，加之广西教育出版社的热诚鼓励，我就不自量力地将它放在自己名下了。应该说，除我之外，其他八本书的担纲者都是在相应领域有较深入的研究、有较高学术造诣的专家，自然是能够胜任书稿撰写的。这里并没有"要写此书，非他莫属"的意思。中国之大，藏龙卧虎，我们抱有"苔花如米小，也学牡丹开"的心态。

如何写？首先要明确为谁写。虽然这套丛书的读者范围包括高校生物学教育专业的教师和研究生，但主要还是面向广大中学生物学教师和教研人员（以下统称"教师"）。因此，必须让教师觉得这套书有用、好用。这就需要针对教师的需求来写，而教师的需求是多方面、多层次和多样化的。教师有提升专业素养或学科教学知识（PCK）的需求，也有对教学资源、工具和环境的需求；有的教师更需要提升理论修养，有的教师更需要实用的方法；有的教师更需要提升教学成绩，有的教师更需要探索实践育人。一套书旨在满足教师什么样的需求，是由其选题定位决定的。本丛书名称中的"研究"二字，说明它不是一般的教学参考书，也不是教学设计和教案，更不是教学辅助资源，而是反映我国生物学教育研究成果的系列专著，重在针对教育教学中存在的实际问题，总结相关理论研究成果和实践经验，提出未来深化改革、提高学科育人功能的基本原则和具体举措。换言之，本丛书主要是满足教师提升专业素养和综合能力的需要，助力教师专业发展。当然，本丛书突出的"研究"，并不是"象牙之塔"中的纯学术的研究，而是扎根于课程设计、教材编写和教学实施等方面活生生的实践，触角伸向教和学的各方面和各环节，具有理论与实践密切结合、学术性与实用性相得益彰的显著特点。

为了写好这套书，广西教育出版社于 2019 年 2 月在北京专门召开编写启动会，各册主要作者围绕丛书框架体系、编写思路、内容、体例等进行了热烈而深入的讨论。在确定丛书上述定位的基础上，我们还就丛书的编写要求达成以下共识：一是落实新课标中"核心素养为宗旨"的理念，将发展学生的生物学核心素养作为贯穿各册内容的一条主线；二是注重一般理论与生物学学科特点的有机结合，避免生搬硬套、"穿靴戴帽"，要着力实现教育教学一般理论在生物学学科中的创造性转化；三是要立足本土、借鉴国外，对国外的教育教学理念和方法，要在消化的基础上，根据我国经济、社会、文化和教育教学特点有选择地吸收，力求构建有中国特色的生物学教育理论框架、话语体系和实践路径；四是在继承的基础上创新，突出研究成果的原创性，正所谓"重复别人一百句名言不如说出一句自己的创见"，研究的目的是创新，而创新也离不开对优良传统的继承。

为了写好这套书，各册作者牺牲了节假日，夜以继日埋头苦干。针对作者较多的册次，开了许多次编写研讨会和统稿会，几易其稿，反复打磨。我作为丛书主编，谨向大家致以由衷的敬意和谢忱！

在本丛书还未完全成稿之际，欣闻它荣获国家出版基金资助，这让我们备受鼓舞，也更加感到责任重大。感谢北京师范大学刘恩山教授和华东师范大学郑晓蕙教授在基金申报中的热情推荐。感谢广西教育出版社在选题立项、编辑加工和出版发行工作中的大力支持和倾情付出。感谢学界先贤同侪在各自论著中奉献的智慧和经验，这些著述带给我们多方面的滋养和启迪。

我们深知，任何一个学科的教育教学都是一个复杂的、开放的、动态的系统。相比之下，我们每个人的视野都太有局限性了，费九牛二虎之力捕捉到的也许只是这个系统的一鳞半爪，甚至是幻影假象。何况中学生物学教育领域需要研究的问题和已经涌现的成果，绝不仅限于本丛书所囊括的九个方面。好在世界上完美无缺的事物是不存在的，正如没有一种生物能够完全地、绝对地适应环境一样。如果本丛书能够给广大同行一些理论上的启发和行动中的参照，能够为我们情之所系的生物学教育事业增砖添瓦，我们就甚感欣慰了。至于书中的偏颇疏漏之处，还望读者批评指正。

赵占良

2021 年 7 月 31 日

○ 前 言 ○

2014年3月，《教育部关于全面深化课程改革落实立德树人根本任务的意见》中提出："研究制订中小学各学科学业质量标准和高等学校相关学科专业类教学质量国家标准，根据核心素养体系，明确学生完成不同学段、不同年级、不同学科学习内容后应该达到的程度要求，指导教师准确把握教学的深度和广度，使考试评价更加准确反映人才培养要求。"可以看出，学业质量标准是核心素养落地的重要一环。

2018年1月，教育部印发《普通高中课程方案和语文等学科课程标准（2017年版）》，凝练提出了各学科的学科核心素养。新课程标准的制定，是我国基础教育理论研究和实践的一次跃升，在继承多年教育改革成果的基础上，构建了具有现代教育意义的新型课程标准体系。考试要以课程标准和高校人才选拔需求为依据，要深入理解学科素养对考试命题的指导作用，回应课程标准提出的学科素养要求，创制公平、科学、可操作的考试标准体系，构建新型考试观。

新课标的颁布给基础教育带来了一系列变化，教学理念、教学方式、课程安排、效果检验等环节都需要逐步改进，以适应课程改革的要求。新课标的亮点在于如何将核心素养落实到考试评价领域，如何有效考查学生核心素养的具备程度。这样一来，在技术上也会衍生出一些需要破解的新问题，如学业水平考试制度需要重新设计，要让学生通过每门课程的学习为自身的终身发展奠定基础。具体到不同学习领域与课程，其考试方式也需要根据课程特点而制定。基于核心素养的学业质量评价是一个系统工程，从实践角度看，新课标颁布后做到合理安排课程进度和考试时间殊为不易，更需要做好流程设计。

2020年1月，教育部考试中心发布了《中国高考评价体系》及其说明，从高考的核心功能、考查内容和考查要求，明确了"一核""四层""四翼"的概念及其在素质教育发展中的内涵。随着教育评价理论的发展，在国际大规模学业质量评价项目的推进及各国核心素养培养理念纷纷提出的背景下，世界范围内诸多国家的教育质量及科学评价意识都在大幅提升。我们应深入开展学业质量评价探索，以科学的测评体系获取学生学习情况，监控并促进教育质量提升，以此作为教育管理与决策的依据和坚实科学基础，从而真正促进学生的成长与教育教学的发展。

学业质量评价是当前国际和国内教育界最为关心的焦点话题之一。学业质量评价就是在充分发挥学业评价的检查、诊断、反馈、激励、导向和发展功能的前提下，进一步规范教师的日常教学与评价行为，提高评价的信度和效度，全面考查学生的综合能力与素养。从技术上使评价更加科学、准确、公正，同时充分利用资源，使之不仅可以用于选拔分流，还能对评价学业质量、改进教育管理、促进教学改革发挥应有的作用。

学业质量标准是以学科能力模型为核心的规范性表现标准和实际表现标准相结合的产物。学生学业质量标准的重心在于对学生学习活动应该达成的成果、评价标准和评价方式的设计。学业质量标准的确立有助于学校和教师明确基础教育各学段的学业水平目标要求，更加深刻具体地理解学生素养提高和全面发展的内容。在教学实践上，学业质量标准的实施将逐步推动教学由教师中心转向学生中心，达到教育的最终目标即培养学生终身学习的能力。在教育评价上，学业质量标准关注"未来取向的评价"，即它是基于能力和素养的标准，据此建立起来的教学评价可以促进评价打破学科限制，使跨学科能力的综合评价成为可能。

本书试图运用现代认知心理学知识、学习理论、教学理论、评价理论等教育教学知识与理论，重新认识和构建高中生物学课程目标的内涵和表征方式；在系统解构高中生物学课程标准的课程内容的基础上，使之更具有可操作性、可评价性；通过设计符合新课程评价要求的学科评价操作方法和工具，来探寻教学目标、教学活动和教学评价一致的教学设计和课堂实施的路径。

本书第一章首先综述了学业质量评价的相关概念界定、发展历程、理论基础、价值与意义以及国内外研究现状，然后对高中生物学学业质量评价进行了系统阐述。

将核心素养融入课程标准，是制定各个学段、各年级学习内容及其表现标准的基础。本书第二章在介绍了生物学课程标准和学科核心素养的基础上，尝试基于有关学业质量评价的基本理论，从内容维度和水平标准层面构建生物学学业质量评价框架。

纸笔测验是学生评估领域的一种重要评估方式，是一种侧重于评定学生在科学知识方面学习成就高低，或在认知能力方面发展强弱的评价方式，在教育评估中发挥着重要作用。本书第三章在对经典测验理论（CTT）和项目反应理论（IRT）进行理论分析的基础上，依据纸笔测验编制的原理与技术，提出纸笔测验编制的基本步骤，最后分析了纸笔测验在学生学业质量评价方面的具体应用。

表现性评价作为理想评价的一种核心组成方式，可以在一定程度上弥补由于单纯使用纸笔测验带来的一系列不足，在课堂教学与评价中受到普遍的重视和推广。表现性评价通过让学生在真实或模拟的生活环境中，运用先前获得的知识解决某个新问题或创造某种东西，以考查学生对知识与技能的掌握程度，以及在实践、问题解决、交流合作和批判性思考等多种复杂能力方面的发展状况。表现性评价是注重过程的评价，近年来深受教育研究者重视。本书第四章通过对国内外表现性评价大规模运用的发展研究，提出基于标准的表现性评价设计方案、开发流程与案例分析，最后总结出表现性评价研究对我国学业质量评价实践的启示及展望。

随着信息科学技术的不断发展，信息技术在教育教学领域的应用愈发广泛，从工具辅助到整合应用，最后进行融合创新，体现了教育信息技术的迭代发展趋势。本书第五章通过具体实例展示了信息技术在生物学学业质量评价中的具体应用和发展趋势，并详细介绍了在纸笔测验和表现性评价中教育教学技术软件的深度应用，包括在诊断性评价、终结性评价、评价量规和档案袋评价等领域中的实践。

　　本书符合"互联网＋教育"的发展新形势，强调理论和实践相结合，注重传统和现代相呼应，可读性强，实践价值高，适合中小学教育一线的校长、学科教研组长、学科教师等阅读，也适合学科教研员、学业质量评价方向的研究生等阅读，还可供各级教育行政工作者，教育测量、评价、管理和统计等专业的研究生和教师使用。

　　本书是团队合作的产物。第一章、第二章、第三章由崔鸿教授编著，第四章由李娟副教授编著，第五章由刘家武副教授编著。薛松博士、孟凡龙博士、向炯博士参与了第一章至第三章相关文献、案例的搜集整理与部分写作工作，研究生李昱参加了第一章相关资料的整理工作。研究生吴佳艳、蔡靖琳、杨铭权、张晶晶、胡玉、鲁娜参与了第四章的案例搜集与整理工作。研究生谭淋丹、张佳媛、周陈清、刘舒华、张琪、楼恬恬、李香霖参与了第五章的案例搜集与整理工作。

　　本书部分内容为湖南省教育科学"十四五"规划课题"高中生物学学科核心素养测评试题开发研究（项目编号：KS212862）"和华中师范大学中央高校基本科研业务费专项资金资助项目"基于核心素养的学科评价体系建构研究（项目编号 CCNUTEI2021-12）"的阶段性研究成果。

　　由于时间仓促、研究深度及广度有限，本书编写过程中难免有疏漏之处，恳请阅读此书的专家、老师、同学们交流指正，以期优化生物学学业质量评价体系，为中学生物学教学评价贡献绵薄之力！

崔鸿

2021 年 6 月

○ 目　录 ○

第一章

绪　论

2018 年 1 月，教育部印发《普通高中课程方案和语文等学科课程标准（2017 年版）》，其中增加了"学业质量"部分，明确学业质量是对学生多方面发展状况的综合衡量，确立了新的质量观，改变过去单纯看知识、技能的掌握程度，引导教学更加关注育人目的。研制学业质量标准，把学业质量划分为不同水平，可以帮助教师更好地把握教学要求，因材施教，也为考试评价提供了依据。[1] 由此可见，学业质量与学科核心素养相对应，即以学业质量评价促进学科核心素养的培养。

[1] 教育部教材局负责人就普通高中课程方案和课程标准修订答记者问 [EB/OL]. （2018-01-16）[2021-02-01]. http://www.moe.gov.cn/jyb_xwfb/s271/201801/t20180116_324661.html.

第一节　学业质量评价概述

学生学业质量是教育质量的重要标志，学业质量评价是课程教学的重要组成部分，其目的在于促进学生通过课程学习获得相对应的学业成就，从而促进学科核心素养的发展。本节内容是对学业质量评价的内涵、理论基础、发展沿革以及与发展学科核心素养之间的关系等的系统论述，理解上述内容是准确把握生物学学业质量评价的关键。

一、学业质量评价相关概念界定

近年来，随着教育领域不断深化改革与发展，世界各国及国际组织对学生的学业质量测评、比较与研究越来越重视，纷纷制定教育质量标准，实施各类评估项目，例如：美国的一些州和学区等为实现"问责与教学反馈两者兼得"，提出了中间性评价（Interim Assessment），即介乎形成性评价和总结性评价之间的评价，美国教育部在"力争上游"（Race to the Top）计划中也鼓励学校、学区发展中间性评价，如问责与教学反馈两者兼得性评价，作为州级全面评价体系的一部分。[1] 国际上也组织实施大型学业测评项目，例如国际学生评估项目（Programme for International Student Assessment，简称 PISA）、国际数学与科学趋势研究（Trends in International Mathematics and Science Study，简称 TIMSS）和国际阅读素养进展研究（Progress in International Reading Literacy Study，简

---

[1] 王萍，傅泽禄. 美国学业质量评价的新视点：中间性评价的产生、应用及发展 [J]. 比较教育研究，2014（3）：97-102.

称 PIRLS）等评估项目。很多国家和组织都试图通过对学生学业质量的监测与评估来诊断和监控学校的教育质量状况。在此背景下，我国已认识到开展学业质量标准的制定与测评等工作的紧迫性和重要性，启动"基础教育各学科学业质量标准"的研制，并落实《国家中长期教育改革和发展规划纲要（2010—2020年）》（简称《教育规划纲要》）提出的"制定教育质量国家标准，建立健全教育质量保障体系"[1]的具体举措。2013年，《教育部办公厅关于做好中小学教育质量综合评价改革实验工作的通知》确定上海市等30个地区为国家中小学教育质量综合评价改革实验区，并提出进一步完善体现素质教育要求、以学生发展为核心、科学多元的中小学教育质量评价体系。[2]总的来看，重视质量不仅是政府意志，更是民众诉求，启动作为教育质量中心内容之一的学业质量标准研究还需厘清一些基本问题，以期为学业质量标准的制定提供有益参考。[3]

（一）教育评价

怎样理解、解释教育评价，是现代教育评价基本理论的重要问题。教育评价理论的内容纷呈多样，流派众多，而且处于不断发展的过程中。《教育大辞典：增订合编本》对教育评价的定义是："通过系统收集信息，对教育目标及实现目标的教育活动进行分析和价值判断的过程。"[4]该定义表明，教育评价应以一定的事实为依据，在事实的基础上进行价值判断。有学者认为，教育评价是对教育活动满足社会和个体需要的程度做出判断的活动，是对教育活动现实的（已经取得的）或潜在的（还未取得，但有可能取得的）价值做出判断，以期达到教育价值增值的过程。[5]这一界定中的评价不仅关注当前的现实，还着眼于未来的可能性，并以教育价值增值为目的，赋予了教育评价发展性的功能。也有学者认为，教育评价是根

[1] 国家中长期教育改革和发展规划纲要（2010—2020年）[EB/OL].（2010-07-29）[2021-02-05]. http://www.moe.gov.cn/srcsite/A01/s7048/201007/t20100729_171904.html.

[2] 教育部办公厅关于做好中小学教育质量综合评价改革实验工作的通知 [EB/OL].（2013-12-05）[2021-02-05]. http://www.moe.gov.cn/srcsite/A06/s3732/201312/t20131205_160706.html.

[3] 乐毅 . 试论制定国家学业质量标准的若干基本问题 [J]. 教育研究，2014（8）：40-51.

[4] 顾明远 . 教育大辞典：增订合编本 [M]. 上海：上海教育出版社，1998：767.

[5] 陈玉琨 . 教育评价学 [M]. 北京：人民教育出版社，1999：7.

据一定的教育价值观或教育目标，运用可行的科学手段，通过系统地收集信息、分析解释，对教育现象进行价值判断，从而为不断优化教育和教育决策提供依据的过程。[1] 这一界定指出应以一定的教育价值观为依据，采用可行的科学手段进行价值判断。

虽然人们对教育评价的定义不同，但大致上表达了相同的意思：教育评价是基于一定事实依据，通过一定方法，对教育目标及教育活动做出价值评价的过程。这就决定了教育评价在教育教学中的作用。第一，教育评价对教育目标及教学活动的安排具有导向作用。教育评价可以反映教学效果的好坏，教师可以根据教学效果对教学目标和教学活动进行调整。第二，教育评价具有鉴定功能。教育评价对学生成绩和教师业绩做出评价，为鉴定学生学习情况和教师工作成果提供依据。第三，教育评价有诊断改进功能。学生看到评价后对自己近期的学习进行评估，肯定曾经的努力或认识自己的不足，从而进一步发奋努力，提升自己。教师看到评价后不断改进教学方式，提升自己的教学能力和专业素养。

（二）学业质量

界定"学业质量"一词，首先应明确"学业"的概念。《辞海》（第六版）中对"学业"的解释为"学问"和"学习的课业"[2]。《现代汉语词典》（第7版）对"学业"的解释为"学习的功课和作业"[3]。《普通高中课程方案（2017年版2020年修订）》指出，各学科应明确学生完成本学科学习任务以及学科核心素养应该达到的水平，各水平的关键表现构成评价学业质量的标准[4]，即学科核心素养的发展水平与学业质量相对应，要依据学科核心素养的发展水平确立学业质量标准。国外相关研究文献中，通常将"academic achievement"翻译为"学业成就"，指学生学习的结果，通

[1] 胡中锋. 教育评价学 [M].2 版 . 北京：中国人民大学出版社，2013：3-5.

[2] 夏征农，陈至立. 辞海 [M]. 6 版 . 上海：上海辞书出版社，2009：2605.

[3] 中国社会科学院语言研究所词典编辑室. 现代汉语词典 [M]. 7 版 . 北京：商务印书馆，2016：1489.

[4] 中华人民共和国教育部. 普通高中课程方案（2017 年版 2020 年修订）[M]. 北京：人民教育出版社，2020：4-5.

过测验和评价衡量出来的学生个体所取得的学习结果就是他们所取得的成就。学生的学业成就就是指学生在学校教育情境中获得的学习结果，是学生学习学校教育所提供的课程所取得的成就。[1] 联合国教科文组织（United Nations Educational Scientific and Cultural Organization，简称 UNESCO）于 2015 年发布的《2030 年教育行动框架》中，提到了"教学和学习质量"（teaching and learning quality），指出"评价方法的主要原则包括：以教学和学习质量为核心；学校领导力具有重要性；将公平和包容作为关键方面；透明度；各个层面的伙伴参与"[2]。这里所说的"学习质量"也可称之为"学业质量"。国内有学者认为，学业成就是学生在学校学习课程的结果，是教育质量的重要内容；学业成就调查是人们关注和保障教育质量的重要措施。[3]

由此可见，"学业"主要指学生在学校所学习的各类课程以及所参与的各种实践活动，而"学业质量"与"学业成就"的含义相近，是指学生在不同的课程领域学习活动中所表现出来的身心发展程度和状态，是学生通过课程学习过程在认知、情感、技能等方面所表现出来的变化程度和发展状态。学业质量是教育质量的核心，学业质量评价是教育评价的重要组成部分。

（三）学业质量评价

教育评价一直是教育决策的重要基础，受到家庭、学校和社会的广泛关注。伴随基础教育的普及和高等教育愈加大众化，全面提高教育质量已经成为各国教育改革和发展的核心任务。[4] 而教育质量的全面提高有赖于

---

[1] 崔允漷，王少非，夏雪梅.基于标准的学生学业成就评价 [M].上海：华东师范大学出版社，2008：11.

[2] Education 2030: Incheon Declaration and Framework for Action for the implementation of Sustainable Development Goal 4: Ensure inclusive and equitable quality education and promote lifelong learning opportunities for all [EB/OL].[2021-02-08].https://unesdoc.unesco.org/ark:/48223/pf0000245656.

[3] 田慧生，孙智昌.学业成就调查的原理与方法 [M].北京：教育科学出版社，2012：2.

[4] 郭元祥，刘晓庆.大规模学业评价的发展历程、新趋势及启示 [J].教育研究与实验，2014（1）：27-32.

国家和地区教育质量保障体系的建立和完善，其中主要的抓手就是对学生进行科学合理、多维度的学业质量评价。学业质量是教育质量的重要组成部分，教育部颁发的《中小学教育质量综合评价指标框架（试行）》，将"学生学业发展水平"作为评价学校教育质量的主要内容。[1] 学业评价追求评价的发展性价值，教育评价迄今的发展历程也是评价的发展性价值逐步受到关注并成为评价的主导价值的历程。教育评价的发展过程中有数次理论更迭，目前人们意识到评价应持平等、参与、协商与自由的价值观，评价目的在于帮助而不是控制，应该为了评价对象的利益并支持评价对象。[2]

　　学业质量评价和大规模考试既有相同点也有不同之处，二者均以测评作为基本工具，手段类似但目的不同。大规模考试是指在学校之外由各级教育行政部门组织的，为实现前一阶段教育向后一阶段教育的升学或各类分流、筛选、培养需要，而在某一行政区域内对大批量考生统一进行的检测和甄选活动。这类考试除具有一般考试的诊断、反馈、引导、形成、总结等功能外，还有自身独有的权威性、共通性、公平性、高效性、规范性、结构性、教育性等特点。尤其是以高考为代表的国家考试，长期以来是全社会关注的焦点，被称为教育的"指挥棒"。[3] 而学业质量评价是通过可观测的、可定量化的学习成就对学生、教师、学校乃至整个教育体系做出成就和效能评估，进一步推论出形成各种结果的原因和条件，寻找和采取针对性措施。

　　2018 年 7 月，教育部基础教育质量监测中心发布了我国首份《中国义务教育质量检测报告》，重点监测学生学业质量，以及课程开设、条件保障、教师配备、学科教学和学校管理等因素。在学生学业质量监测方面，这份报告充分体现了以促进学生全面发展为导向的学业质量评价，与"教育是培养全面发展的人的活动"的教育价值观和教育目的相一致。《国家

[1] 董博清，霍素君 . 学生学业发展水平评价体系的研究与思考：以河北省义务教育评价为例 [J]. 河北师范大学学报（教育科学版），2018，20（4）：123-128.

[2] 刘声涛，刘慧兰 . 发展性学业评价：高等教育质量保障的重要方式 [J]. 大学教育科学，2011（5）：35-39.

[3] 王蕾 . 大规模考试和学业质量评价 [J]. 教育科学研究，2013（8）：46-51.

中长期教育改革和发展规划纲要（2010—2020 年）》中明确提出，"建立和完善国家教育基本标准"，"把提高质量作为教育改革发展的核心任务"。[1]《教育部关于全面深化课程改革落实立德树人根本任务的意见》指出："研究制订中小学各学科学业质量标准和高等学校相关学科专业类教学质量国家标准，根据核心体系，明确学生完成不同学段、不同年级、不同学科学习内容后应该达到的程度要求，指导教师准确把握教学的深度和广度"。[2]

学业质量评价是对学生学业达到的水平进行以群体为对象的质量评价。[3] 学业质量评价关注的是学生通过学校教学所获得的学业成就，不仅为学生学业成就收集客观信息，而且为教师教学提供有效反馈，具有诊断、选拔、监测、激励和管理等方面的功能，其核心价值是促进学生的自主学习和持续发展。自《国家中长期教育改革和发展规划纲要（2010—2020 年）》出台以来，学业质量评价越来越受到关注和热议，并呈现出一种"塔聚之势"，成为不同层面教育评价改革的基础与核心。[4]

学业质量评价的内涵界定是其研究的基础，不同的研究者从不同的角度来审视学业质量评价，给出了不同的阐释。[5] 例如，有学者认为学业质量评价是一个动态的过程，学业质量评价指评价者依据一定教育教学标准，使用科学、系统的方法收集学生在接受各学科教学和自我教育后在认知以及行为上的变化信息，并依据这些信息对学生的能力和发展水平进行判断的过程 [6]；也有研究者认为学业质量评价追求的是某种目的，质量是为学生提供适当和有效的教学、支持、评价并帮助学生完成学业的学习机会的

[1] 国家中长期教育改革和发展规划纲要（2010—2020 年）［EB/OL］.(2010-07-29)[2021-02-05]. http://www.moe.gov.cn/srcsite/A01/s7048/201007/t20100729_171904.html.

[2] 教育部关于全面深化课程改革落实立德树人根本任务的意见 [EB/OL].（2014-04-08）[2021-02-09].http://www.moe.gov.cn/srcsite/A26/jcj_kcjcgh/201404/t20140408_167226.html.

[3] 王蕾 . 大规模考试和学业质量评价 [M]. 北京：高等教育出版社，2013：38.

[4] 恽敏霞，彭尔佳，何永红 . 核心素养视域下学业质量评价的现实审视与区域构想 [J]. 教育发展研究，2019，39（6）：65-70.

[5] 郭平，谢丹 . 教师教育课程标准研究现状与展望 [J]. 中国高教研究，2013（1）：86-89.

[6] 袁振国 . 当代教育学 [M]. 北京：教育科学出版社，1998.

程度，学业质量则是学生学业方面质量的集合，学业质量评价指向学生的全面发展[1]；还有学者认为学业质量评价是一个综合的过程，即学业质量评价是对学生掌握学校课程体系中的知识和技能的程度的价值判断，包括结果质量的评价和过程质量的评价[2]。

因此，学业质量评价是评价者对学生学习所发生的认知、能力、情感、审美等各方面进行价值判断的过程，包括评价学生学习的变化以及学习的成就，是一个全面性、系统性、综合性的过程。

（四）学业质量标准

围绕学业质量标准这一概念，存在众多与之相关、内涵与外延彼此交叉的基本概念。这些概念包括教育标准（educational standard）、课程标准（curriculum standard）、课程指南（curriculum guide）、教学大纲（syllabus）、学习计划（programme of study）、内容标准（content standard）、学习机会标准（opportunity-to-learn standard）、成就标准（achievement standard）、能力模型（competence model）、表现标准（performance standard）、表现水平（performance level）等。[3]

学业质量标准与教育质量标准、学校评估标准、课程标准等具有紧密的关联，同时也有一定的区别。学业质量标准是依据国家教育方针和培养目标，以教育质量观为基础所规定和设计的学生课程学习活动所应该达到的发展状态和发展水平。[4]在比较了学业质量标准与教育质量标准、学校评估标准、课程标准等的区别与相互联系（见表1–1）后，认为学业质量体现了一个国家整体的教育质量管理中最具核心竞争力的那部分内容，也反映了代表这一部分核心竞争力的学生的实际学业水平或达标状况。国家学业质量标准提出了国家所期望的不同学段或年龄段学生都应达到的学业

---

[1] 潘小明.学业质量评价：内涵、现实与建议 [J].内蒙古师范大学学报（教育科学版），2012，25（12）：69-74.

[2] 尹后庆."绿色指标"评价：引领教育转向内涵发展：上海市"绿色指标"的背景与内涵 [J].中小学管理，2013（7）：4-6.

[3] 杨向东.基础教育学业质量标准的研制 [J].全球教育展望，2012，41（5）：32-41.

[4] 姚林群，郭元祥.中小学学业质量标准的理论思考 [J].教育研究与实验，2012（1）：30-34.

质量要求和程度。换言之，学业质量标准是依据国家课程标准的目标、内容，以及学生身心发展和认知水平特点所设定的总体和各学科的具体质量指标，这些质量指标是不同学段、不同年龄段的学生在完成课程学习之后应达到的程度或水平。它是国家进行学业质量监测与评估的具体规定和标准参照，用以监测、分析、评估学生整体学业质量状况，是衡量学校教育绩效的准则之一；同时它也是学生个体用以自我评估的依据，反映了国家对中小学学生在学习知识、能力培养、身心发展水平等方面的综合素质要求。[1]

表 1-1　学业质量标准与教育质量标准、学校评估标准、课程标准的异同

项目	教育质量标准	学校评估标准	课程标准
定义	国家用以衡量教育组织达到某种程度或水平的质量或数量要求的规定，主要是质量管理方面的要求或优质的规定	学校评估是评估者依据相关的评估标准，应用科学的方法，对学校整个或某一方面管理工作的状态和结果以及运作过程进行质和量的价值判断	课程标准是教材编写、教学、评估和考试命题的依据，是国家管理和评价课程的基础。应体现国家对不同阶段的学生在知识与技能、过程与方法、情感态度与价值观等方面的基本要求，规定各门课程的性质、目标、内容框架，提出教学和评价建议
目的	促进组织的竞争力，提高组织的管理效率，鉴别组织的绩效和质量，倡导组织之间的交流，分享"最佳"实践和合作伙伴关系	鉴定、监控并指导学校工作，帮助学校或鼓励学校自我发现存在的问题与不足并及时改进，促进学校发展和质量的持续提高	期望把内容标准和表现标准都融合在课程标准的总体框架之内

[1] 乐毅. 试论制定国家学业质量标准的若干基本问题 [J]. 教育研究, 2014（8）：40-51.

续表

	学业质量标准不是教育质量标准，而是其中的一个重要部分。教育质量标准所关注的是学校层面的质量要求	对作为组织的学校的评估，其标准聚焦的是组织的管理过程与结果，学校评估标准中应包含学业质量标准的核心内容	学业质量标准是区别于内容标准的表现标准，二者是互有联系的不同部分
与学业质量标准的区别			

学业质量标准的功能主要体现在以下方面：一是旨在整体构建课程标准与学业标准、评价标准相互匹配的标准体系，完善相关政策法规；二是对构建基于标准的课程改革具有目标导向作用和基础性意义，有利于规范我国学校教育改革的实践；三是有利于学生明确学习的达标程度，以及自我评价和改进的方向；四是有利于各学科教师依据课程标准实施教学，对照质量标准实施教学评价和改进教学策略；五是有利于学校的课程实施和教学管理，以及教育教学目标的达成；六是有利于家长知晓子女的学习状况与存在的问题，了解学校各科教师的教学质量状况；七是有利于国家教育主管部门对各级各类学校学生学业质量的监测和学校督导评估，学业水平考试和评价的实施，从整体上提高学校的教育质量。

二、学业质量评价历史沿革

学业质量评价伴随学校教育的出现而产生，就其广义含义来看，我国古代官员的选拔考核方式即可以称为学业质量评价，至隋朝演化为更为规范和系统的科举制度。公元前五世纪，雅典的教师在其教学方法中使用了评价性问题，也是学业质量评价的一种形式。[1] 可见，学业质量评价的发展经历了一个漫长的演进历程。

（一）学业质量评价的缘起

现代意义上的学业质量评价萌芽于美国，1845 年，美国波士顿学校

---

[1] 田慧生，孙智昌 . 学业成就调查的原理与方法 [M]. 北京：教育科学出版社，2012：3.

委员会开展了一项学业成就调查活动，后来被称为"波士顿调查"，该调查活动连续进行两年，通过纸笔测评开展大范围测试，覆盖定义、语法、书写、地理、本国史、自然哲学、天文学、美术等不同领域。[1] 自产生以来，学业质量评价具有两个不足之处，一是仅针对学生的知识记忆，二是主要目的是甄别和选拔，而不是为了促进学生的学习和发展。由此可见，学业质量评价缘起于调查学生在学校学习过程中对所学知识的掌握情况，评价的重心落脚在学业质量的测量方面。

处于初级阶段的学业质量评价，与心理测量具有密切的联系。1905年，法国的实验心理学家比奈（A. Binet）和西蒙（T. Simon）合作编制了"比奈 – 西蒙智力量表"。[2]1909 年，美国心理学家桑代克（Edward Lee Thorndike）运用统计学的"等距原理"研制了编制量表的单位，编成了《书法量表》《拼字量表》和《作为量表》等标准测量工具。以心理测量原理为动力驱动，学业质量评价向着定量化、客观化和标准化等方向发展。[3] 综上可知，学业质量评价正是在教育测量和心理测量等领域的理论发展和实践应用基础上逐步发展起来的。

（二）学业质量评价的发展

学业质量评价的发展过程可以大致分为三个阶段，即自产生至 20 世纪 30 年代泰勒创立"教育评价"概念的初级发展阶段，自泰勒创立"教育评价"概念至 20 世纪 40 年代的快速发展阶段，20 世纪 50 年代至今的多元化发展阶段。

1. 初级发展阶段

处于初级发展阶段的学业质量评价具有两个典型特征。一方面，重视检验知识方面的占有与掌握情况，忽视对学生技能的掌握和能力的培养等的检验。造成这一情况的主要原因是学业质量评价的起源与心理学测量中的智力测验关联紧密，与此同时，教育评价的发展也处于初级阶段，相关

---

[1] 田慧生，孙智昌 . 学业成就调查的原理与方法 [M]. 北京：教育科学出版社，2012：3.

[2] 叶国萍 . 智力理论及比奈量表发展述评 [J]. 贵阳学院学报（社会科学版），2008（1）：96-100.

[3] 同 [1].

理论与实践经验不足，对教育测量与教育评价两个概念的处理仍然处于模糊不清、相互混淆的状态。另一方面，评价的主要目的在于区分和甄选，而不是促进学生的进一步提升与发展。基于智力测验的"常模参照测验"的目的是区分被试学生，对了解学生的学习进展没有太大关系，因而并不能提供评价教育目标所需要的信息，与之相对的是"目标参照测验"，则可以判断学生的学业进展。上述两个特征从另一方面来看，也可以说是两个缺点，在学业质量评价的发展过程中，研究者将针对其缺点进行改革与发展。

2. 快速发展阶段

20 世纪 30 年代，泰勒创立"教育评价"概念，将教育评价和教育测量区分开来。对"教育评价"的概念界定是教育评价发展过程中的里程碑，也是学业质量评价发展历程的里程碑。由此，学业质量评价进入了快速发展阶段。

首先，学业质量评价由知识拓展到动作技能，进而涵盖能力和情感等领域。泰勒认为对高级智慧技能的测量与对知识的测量不同，如果高级智慧技能被纳为教育目标，这些技能就必须测量。这一观点为学业质量评价的快速发展奠定了教育评价理论与技术基础。[1] 在此基础上，泰勒的学生布卢姆（Benjamin Bloom）等发展了教育目标分类学理论，分别发表了认知领域、情感领域等的研究成果，辛普森（E. J.Simpson）等发表了关于动作技能领域的研究成果。这些研究成果进一步深化了泰勒的教育评价思想，为学业质量评价提供了理论支撑。

其次，"经典测验理论"（Classical Testing Theory，简称 CTT）或称"真分数理论"在这一阶段发展成熟。经典测验理论主要是以真实分数模式（亦即观察分数等于真实分数与误差分数之和，数学公式为 $X = T + E$）为理论架构，依据弱势假设（weak assumption）而来，其理论模式的发展已为时甚久，且具有相当规模，所采用的计算公式简单明了、浅显易懂，适用于大多数的教育与心理测验数据，以及社会科学数据的分析，为目前

---

[1] 田慧生、孙智昌.学业成就调查的原理与方法 [M].北京：教育科学出版社，2012：4.

测验学界使用与流通最广的理论依据。

评价范围的拓展以及经典测验理论的成熟，为学业质量评价提供坚实支撑。发达国家基于此进一步发展学业质量评价，使之逐步走向成熟。

3. 多元化发展阶段

随着世界各国以及相关组织加强对学业成就测评的研究与实践，学业质量评价由快速发展阶段进入多元化发展阶段。在此阶段，测评理论与技术不断创新发展，比较有代表性的是 SOLO 分类理论和项目反应理论。在实践方面，除各个国家组织的学业质量测评外，还有国际相关组织机构组织的国际性大型测评项目。

（1）布卢姆教育目标分类学理论

20 世纪 50 年代，美国心理学家、教育学家布卢姆和他的团队系统地综合了教育领域中关于教育目标细目的经验成果，吸取了心理学中关于能力、态度、价值观、动作技能等方面以及有关学习内化过程的研究成果，提出了一个全新的教育目标分类学。布卢姆的教育目标分类学是教育史上首次出现的较为系统的教育目标分类学，是基于对学习成果进行评价的需要，旨在建立统一的教育评价规范、术语和体系。布卢姆教育目标分类学体系的提出使人们对知识学习的成果有了更系统的认识，对如何评价学习成果的标准和方法有了相对稳定的、可以相互沟通的框架，不仅促进了评价理论和实践的进步，对教学问题的诊断和教学水平的提高也起到很大的促进作用，同时也可以帮助相关组织机构开展大规模的学业成就测评。[1]布卢姆的教育目标分类学理论自提出之日起，就在美国乃至全世界产生了巨大的影响，世界各国和各种评价机构纷纷借鉴布卢姆的教育目标分类学理论制定课程、教学和评价的目标。

（2）SOLO 分类理论

SOLO 是 "可观察的学习成果的结构"（Structure of the Observed Learning Outcome）的英文缩写，是澳大利亚学者约翰·彼格斯（J. B.

---

[1] 吴有昌 . SOLO 分类学对布卢姆分类学的突破 [J]. 华南师范大学学报（社会科学版），2009（4）：44-47.

Biggs）教授发展的一套分类理论。[1]SOLO 分类理论是建立在皮亚杰儿童认知发展阶段理论的基础上的，皮亚杰的认知发展阶段理论经实践证明仅仅是一个假设，儿童真实的心理发展情况要比其理论复杂许多。彼格斯认为，人的总体认知结构可以看作是一个理论性的概念，无法被检测，称之为假设的认知结构。人在回答某一问题所表现出来的思维结构与总体认知结构没有直接关联，但却是可以检测的。SOLO 分类理论将人们的思维水平分为五个层次：前结构、单点结构、多点结构、关联结构和抽象拓展结构，分别对应认知发展各个阶段，即前运算阶段（4 至 6 岁）、初级具体运算阶段（7 至 9 岁）、中级具体运算阶段（10 至 12 岁）、概括型具体运算阶段（13 至 15 岁）和形式运算阶段（16 岁以上）。[2] 随着年龄的增长，学生思维水平由低向高逐级发展进入 SOLO 各层次，其思维方式、行为的一致性与收敛性以及对复杂问题的分析解答能力也随之提升。

（3）项目反应理论

项目反应理论（Item Response Theory，简称 IRT）创立于 20 世纪 50 年代初，又称潜在特质理论或项目特征曲线理论，该理论可应用于测验编制、项目功能差异的检测、自适应测验、测验等值、指导题库建设等。[3]IRT 能够有效弥补经典测验理论的不足，例如对测量样本的依赖性较高，测评工具信度的准确性较低，对测评题目反应组型的忽视等。IRT 所包含的统计学模型有多种，Rasch 是这些模型中被广泛应用的模型。[4] 例如，Rasch 模型中的分部评分模型（Partial Credit Model，简称 PCM），PCM 是美国学者 Geoff N. Masters 基于评定量表模型扩展而来，以便分析评分超过两

[1] 张沿沿，冯友梅，顾建军，等 . 从知识结构与思维结构看思维评价：基于皮亚杰发生认识论知识观的演绎 [J]. 电化教育研究，2020，41（6）：33-38.

[2] 彼格斯，科利斯 . 学习质量评价：SOLO 分类理论：可观察的学习成果结构 [M]. 高凌飚，张洪岩，译 . 北京：人民教育出版社，2010：24-33.

[3] 王玥，常淑娟，韩晓玲，等 . 基于项目反应理论的题库构建及其有效性检验：以"现代教育技术"公共课为例 [J]. 现代教育技术，2019，29（10）：41-47.

[4] 沈甸，徐佳敏 . 基于 Rasch 模型分析测评工具质量的研究述评 [J]. 中国考试，2020（2）：65-71.

个有序类别的认知项目。[1] 评定量表模型（Rating Scale Model）由澳大利亚学者 David Andrich 开发，可以对测评量表进行质量分析。[2-3]

（4）国际大型学业测评项目

国际学生评估项目（PISA）、国际数学与科学趋势研究（TIMSS）和美国"国家教育进步评价"（National Assessment of Educational Progress，简称 NAEP）是全球范围内三大主要教育质量评估项目，世界主要国家和地区都参与其中，其测评结果也备受各国重视，被作为国家教育改革相关政策、制度制定和实施的重要参考。国际学生评估项目是由经济合作与发展组织（Organization for Economic Cooperation and Development，简称 OECD）进行的评价研究项目。国际数学与科学趋势研究是由国际教育成就评价协会发起并组织，自 1995 年起实施。美国"国家教育进步评价"是由美国国家教育统计中心（National Center for Education Statistics，简称 NCES）组织，于 1969 年进行第一次全国性评测。PISA、TIMSS 和 NAEP 在学业质量测评的组织管理、框架设计、题目开发、测评实施、结果分析与反馈等方面形成了完善的体系，进一步规范了大型学业成就测评项目的组织与实施。

三、学业质量评价的价值与意义

基于学生学业质量评价，建立完善的质量保障体系，对于促进基础教育的持续发展，全面关注学生的健康成长有重大作用。开展学业质量评价有利于提高教育行政部门、教研部门的决策和指导水平，促进行政决策和教学指导的过程化、科学化，促进教学质量的提高和基础教育的均衡发展，引导评价方式的转变，形成能力导向和发展导向的评价机制，充分发挥评

[1] MASTERS G N. A rasch model for partial credit scoring[J]. Psychometrika，1982，47（2）：149-174.

[2] ANDRICH D. A rating scale formulation for ordered response categories[J]. Psychometrika，1978，43（4）：561–573.

[3] WRIGHT B D，MASTERS G N. Rating scale analysis：rasch measurement[M]. Chicago： MESA Press，1982.

价的反馈和调节作用。[1]

首先，学业质量评价有助于树立正确的教育质量观。教育包括教师的教和学生的学，两者构成统一整体，是一种双向活动。以"教"为中心和以"学"为中心的议题在教育研究领域长兴不衰，当前人们普遍认同应从以"教"为中心的传统模式向以"学"为中心的模式转变，这种转变不应局限在课堂教学的表现形式，而要落实到课程与教学的全过程。学业质量评价的指导理念正是以"学"为中心，表现在以下方面：其一，学业质量评价以全体学生为主体。基础教育课程方案以及各学科课程标准均指出课程设计应面向全体学生，以学生为课程教学的主体，学业质量评价落脚于学生的学业，对接了以学生为主体的基本理念。其二，学业质量评价以学生的学习成果为中心。学业质量对应学生的学习成果，包括学生的过程性表现以及学生核心素养的发展水平，具体而言，即对各学科课程基本知识与技能、学科关键能力以及情感态度与价值观的养成等，聚焦学生在课堂上"学到了什么""能做什么"。学习成果是学生学习的产出，为学业质量评价提供直接依据。其三，学业质量评价以学生的持续发展为宗旨。学生的成长与发展是一个持续改进的过程，应以学业质量评价为基本手段，对学生课堂学习给予全方位和全过程评价，将评价结果即时反馈以使其及时改进，形成"评价—反馈—改进"闭环，引导学生养成"持续改进与发展"的良好品格。同时，以评价为手段促进持续改进和发展也能促进课程本身的持续改进和发展，对课程教学进行全方位、全过程跟踪与评价，将评价结果用于教学改进，形成"即时反馈—持续改进"创新机制。

其次，学业质量评价助力学生学科核心素养的发展。学业质量评价可以了解一所学校、一个地区的总体情况，展现教育教学目标的达成情况。新时代基础教育课程与教学改革重心在于贯彻落实立德树人根本任务，准确把握与回应"为谁培养人、培养什么样的人、怎样培养人"根本问题。随着《中国学生发展核心素养》的研制与发布以及各个学科核心素养的制定，发展核心素养成为基础教育各学科课程的总目标，学生的学习成果、

---

[1] 董洪亮. 解除"应试机制"不是天方夜谭 [J]. 人民教育，2008（12）：33-35.

学业质量均对接并支撑核心素养发展。因此，学业质量评价的有效实施与开展，能够推进发展核心素养的课程与教学目标的实现。与此同时，学业质量评价还能帮助教育者了解不同子群体之间存在的差异，如不同性别、家庭社会经济情况的学生之间的差异，以及造成差异的具体原因，从而制定应对措施和办法。[1]

最后，建立学生学业质量评价体系是对基础教育质量进行有效管理的基础。世界上许多国家，都在这方面进行了积极的探索和实践。国际性的大型学业评价项目，如国际学生评估项目（PISA）和国际数学与科学趋势研究（TIMSS）就是为有效评价学生的学业成绩而设计开发的跨国评价系统，其评价结果产生了世界性的影响。在我国，学生学业质量受到全社会的广泛关注和较高期待。由于各方面的学业质量观不尽相同，提升学业成绩的对策多种多样，不管采用哪种途径进行评价，其结果最终都要落实到学生身上，这就直接造成了学生多样的、过重的学业负担。[2] 因此，实施学业质量评价亦是针对时弊，落实"减负"政策的治本之策。

第二节　学业质量评价研究现状

随着基础教育改革的不断深入，学生学业质量成为学术界和公众关注的焦点。梳理国内外学业质量评价研究进展与实施现状，有助于看清当前形势，促进我国学业质量评价向更好的方向改革。

一、学业质量评价国外研究现状

欧美等发达国家和地区在教育测量与评价方面起步较早，建立了较为完善的学生学业成就测评体系，在测评理论与实践方面积累了丰富的研究成果。

[1] 王蕾.大规模考试和学业质量评价[M].北京：高等教育出版社，2013：38.
[2] 建立中小学生学业质量的绿色评价系统［EB/OL］.（2013-04-26）[2021-04-18]. http：//moe.gov.cn/jyb_xwfb/s5989/s6634/201304/t20130426_151275.html.

（一）学业质量评价的理论研究现状

在许多发达国家，教育测量与评价、教育基本理论和教育发展理论并称为现代教育科学的三大研究领域，在教育政策制定、教育管理和教学实践以及各领域的人才选拔与评价过程中均发挥着重要作用。[1] 学业质量评价，或者称为学业成就测评，是教育测量与评价的重要组成部分，尤其是针对基础教育阶段，运用科学的手段对学生进行测量与评价，发现其学习过程中的优势和不足，有利于"教"与"学"的协同发展。

测评理论的发展为大规模学业成就测评的实施奠定了基础，其中具有代表性的是布卢姆的教育目标分类学理论。布卢姆的教育目标分类学理论解决了教育目标阐述缺乏统一的规范、术语和体系的问题，不但为大规模学业成就测评提供了便利，也为学业质量评价的发展提供了助力。例如：安德森（Anderson）等在布卢姆教育目标分类学理论的基础上，由单一维度进一步细化为认知过程维度和知识维度[2]，知识维度分为事实性知识、概念性知识、程序性知识和元认知知识，认知过程维度包括记忆（回忆）、理解、应用、分析、评价、创造等水平。国际大型学业质量测评项目（如PISA、TIMSS 等）均以布卢姆教育目标分类学理论为基础设计测评框架。然而布卢姆的教育目标分类学理论也存在一些不足，例如：在操作上以经验性的语言为工具，而理念上则以泰勒的观点为基础；以思维复杂程度的线性累积为分类的依据，与实际情况不符合；过于强调目标的分解等。鉴于此，SOLO 分类理论基于学习行为的结果，从能力、思维操作、一致性和收敛以及应答结构等方面将学生的行为结果分为不同水平，自身的理论不存在自我矛盾。[3] 简言之，SOLO 分类理论是对布卢姆的教育目标分类学理论的一种突破。

---

[1] 格伦隆德, 沃. 学业成就评测：第9版 [M]. 杨涛, 边玉芳, 译. 北京：教育科学出版社, 2011: 1-13.
[2] 安德森, 等. 布卢姆教育目标分类学：分类学视野下的学与教及其测评 (完整版)[M]. 修订版. 蒋小平, 张琴美, 罗晶晶, 译. 北京： 外语教学与研究出版社, 2009：10-11.
[3] 吴有昌. SOLO 分类学对布卢姆分类学的突破 [J]. 华南师范大学学报 (社会科学版), 2009 (4)：44-47.

（二）基于标准的学业评价

美国学者 Koretz 和 Hamilton 指出，自 20 世纪 80 年代以来的教育测量，尤其是美国基础教育领域的教育考试正显示出一些重要的变化趋势，包括以下内容：基于标准的教育考试日益成为教育考试的主流，并根据基于标准的教育考试结果确定学生学业水平；注重基于标准的教育考试与课程的内容标准的调整相一致；基于标准的教育考试越来越多地使用混合题型，过去的标准化形式的题型——选择题逐渐减少，而表现性评价试题——主观题逐渐增多；越来越强调通过基于标准的教育考试驱动教育或课程改革；基于标准的教育考试结果反馈，除了注重反馈学生在一定的学段表现水平，越来越注重反馈学生群体分数的变化，尤其是考试分数的增值模型的使用，以此测量学校和教师的水平。[1] 美国法案《不让一个孩子掉队》（No Child Left Behind，简称 NCLB）要求，各州制定州的课程标准，设置州一级的基于标准的教育考试，评价学生的学业进步情况。除美国外，英国、加拿大、澳大利亚以及德国等也于 20 世纪末 21 世纪初实施基于标准的教育考试。[2]

1. 美国

美国的教育测试中心从 1983 年就开始筹备国际教育进展评估（International Assessment of Educational Progress，简称 IAEP）。1982 年 2 月，该中心对 21 个国家和地区的 9 至 13 岁学生的数学和科学（物理、化学、生物学和地理）教育进行了比较。1991 年又对 20 多个国家和地区进行大规模测评。在两次测评中，美国学生的各种能力与其他国家学生相比呈现下降趋势，为此，美国高质量教育委员会于 1983 年发表《国家在危急中：教育改革势在必行》（A Nation at Risk：The Imperative for Educational Reform）报告，展开了轰轰烈烈的教育改革。[3]

---

[1] BRENNAN R L. Educational measurement[M]. 4th ed. Washington D.C.：Rowman & Littlefield Publishers，2006：531-578.

[2] 雷新勇. 基于标准的教育考试：命题、标准设置和学业评价 [M]. 上海：上海科学技术出版社，2011.

[3] 田慧生，孙智昌. 学业成就调查的原理与方法 [M]. 北京：教育科学出版社，2012：11.

近年来，美国提出了中间性评价，这是介于形成性评价和总结性评价之间的评价。中间性评价的实施分为三个步骤，它们分别是开发中间性评价测试、建立基准评价试题库和发展教师专业。在美国，中间性评价被许多大城市的学区用来改进教学。中间性评价方式的优点主要有以下三点：第一，有利于学校对教学计划进行调整，这是因为中间性评价能够提供良好的诊断性信息，经修改过后的教学计划将更好地满足学生的学习需求；第二，中间性评价可以用来评价不同的课程以及教学实践是否真实有效；第三，中间性评价可以对学生在州级的年末考试中的表现进行预测。[1] 另外，美国的学校教育研究者也逐渐采用了"数据驱动的决策"（Data-Driven Decision Making，简称 DDDM），根据硬数据（Hard Data）来做出教育决策，相比之前利用非传统的、直觉的或猜测的方式来做出教育决策，可以使资源调配、学校组织以及教学变得更加合理。

2. 英国

英国建立基于核心素养的、跨年级的连续性学业质量评价标准。在英国，学业质量标准是《国家课程》的一个重要组成部分，而这个学业质量标准是基于核心素养建立起来的。每个学科的学业成就标准都由八个水平和一个优秀水平组成，这些学业成就标准水平贯穿学生的四个关键阶段，每一个水平都详细阐释了学生在结束该水平的学习后应该能够展现的能力范围和能力类型。在四个关键阶段末，国家课程考试将依据学业质量标准，对学生的能力发展以及课程掌握情况进行实时监测，这样可以保证问题被及时发现，实现预设的课程目标，从而确保学生的各方面能力都能够得到发展和增长。从职业教育开始，英国对学生核心素养的关注逐渐增强，逐渐扩大到整个学校教育系统，最终实现与课程的紧密结合。在英国，核心能力并不是简单地按照学科为界限进行划分，原因有以下两点：一是综合能力在各个学科中都有体现；二是不同学科还有各自相应的、特有的关键能力。近年来，随着实践经验的积累以及对各种不同能力的深入理解和认

---

[1] 王萍，傅泽禄．美国学业质量评价的新视点：中间性评价的产生、应用及发展 [J]. 比较教育研究，2014，36（3）：97-102.

识，英国对《国家课程》进行了修订，修订后的《国家课程》更加细致地界定与区分了学生在学习后应该能够获得的能力，这有利于培养学生的各项能力，为教师的教学以及课程的实施指引了明确的方向。[1]

3. 加拿大

针对学生学业质量考试的组织和实施，加拿大安大略省教育与质量责任办公室（Education Quality and Accountability Office，简称 EQAO）制定了一系列严谨有效的细则，主要包括考试的开发以及设计、考题类型制定、评估分数、考试结果的报告、考试结果的应用等。例如在考试的开发以及设计中，会考查在课程标准中制定的课程目标，这些课程目标会根据学业成就表，分为理解和知识、交流、探究和思维、应用这四种类型，每种类型又根据达到的水平分设四个等级水平；再如，为了保证评分的公平和准确，评分员是被严格筛选并且经过培训的，只有经过安大略省教育与质量责任办公室通过盲评等方式确认达到一致性要求时，评分才可以开始。

结束学生学业质量评价后，EQAO 会将结果分为学校报告、校董会报告、个人报告以及省级报告四种并及时公布。这些相关数据处理结果以及相应的信息反馈将被 EQAO 以文档形式放在官网上，这样可以方便用户访问和查询。此外，EQAO 还提供每个学生的成绩报告，报告除了显示学生自己的分数，还附有一些必要的说明和解释。这样一份报告不仅能够为学生本人和家长提供一些基本的、重要的信息，也体现了加拿大安大略省在执行学生学业质量评价工作时对每一位学生的关注和耐心细致。[2]

4. 澳大利亚

澳大利亚的学业质量评价有以下三个特点：首先，着重培养学生对社会的适应能力。澳大利亚的学业质量评价强调对学生核心素养的培养，十分关注学生的个人发展，他们学业质量评价的标准从总体上体现了澳大利亚对国家公民所应具有的素养和能力的希冀，即成为优秀的学习者，成为

[1] 王烨晖，辛涛 . 国际学生核心素养构建模式的启示 [J]. 中小学管理，2015（9）：22-25.
[2] 王月芬 . 加拿大安大略省学业评价及相关标准研究 [J]. 教育发展研究，2012，32（24）：30-35.

有自信和有创造力的人，成为见多识广的、积极的未来公民。这种学业质量评价的标准也反映了国际上将学业质量评价标准、核心素养与能力结合起来的发展趋势。其次，学业成就表现与评价具有一致性。澳大利亚的学业质量评价特别强调学业成就表现与学业评价标准的一致性。最后，注重整合各学科课程。澳大利亚的学业质量评价标准中每个学科领域都有内容说明来对应其他的学科领域，这充分反映了培养学生综合运用多学科知识解决生产生活实际问题的宗旨和设计思路。[1]

5. 芬兰

相对于澳大利亚而言，芬兰的学业质量评价与课程体系并不是紧密结合的，它们是相对独立的，这样的情况是由芬兰的教育体制特点决定的。虽然芬兰也制定有《基础教育质量标准》，但是这一标准并不具有法律效力，它只是用来为学校和教师提供一定的建议。芬兰的教育资源分配十分均匀，课程类别设置丰富多样，教师队伍的整体素质比较高，所有的学校领导者、教师以及相关利益者都是学校课程的编制者。课程的编制是在国家课程大框架的宏观指导下完成的，因此在教育中，所有的参与人员对课程体系的认识与理解都是十分深刻和精确的，这就使得对相应的评价只需要提供一个大致的方向和要求即可。[2]

（三）学业质量评价与教学

学业质量评价最终指向学生的学业进步与发展，而促进学业进步与发展的落脚点为教学，因此厘清学业、学业质量评价与教学三者之间的逻辑关系是首要任务。

格伦隆德（Gronlund）和沃（Waugh）认为，设计合理、使用得当的学业成就评测能帮助实现更有效的教学和更好的学习。在教学开始时，通过安置性评测考查教学计划的预期学习效果；在教学过程中，通过形成性与诊断性评测考查学生对学习内容的掌握情况；在教学结束后，通过总结

[1] 刘晶晶. 澳大利亚基础教育国家学业质量标准述评 [J]. 教育科学，2014，30（6）：85-90.

[2] 王烨晖，辛涛. 国际学生核心素养构建模式的启示 [J]. 中小学管理，2015（9）：22-25.

性评价全面考查教学内容的掌握程度以及教学的有效性。[1] 与此同时，学业成就评测还可以通过激发学生的学习动机、促进学习的保持与迁移、学生积极进行自我评测等进一步助推学生持续学习与发展。以韩国为例，为了提高在世界上的教育竞争力，韩国高度重视中小学的教育评价。自2000 年以后，韩国各届政府都会将国家水平学业成就评价作为衡量与改进学校教育质量的重要手段，并对评价对象、实施方式、结果应用等不断地进行调整与改进。从对小学、初中、高中抽样测试到目标年级的全数测试，再到废除小学的学业成就评价，极大地促进了韩国基础教育质量的提高。[2]

　　另一方面，判断学生的学术能力是教师的一项重要任务，它驱动着教师的日常决策。教师的判断影响着他们的教课计划、学习活动和材料的选择和难度，是他们与学生进行适应性互动的基础。[3-4] 美国教师联盟（American Federation of Teachers）、美国全国教育测验协会（National Council on Measurement in Education）、美国全国教育协会（National Education Association）的代表拟定了《学生教育评测所需教师能力标准》（Standards for Teacher Competence in Educational Assessment of Students），指出对于教师在学生学业成就评测的过程中需要具备如下能力：①教师应善于选择适合教学决策的评测方法；②教师应善于发展适合教学决策的评测方法；③教师应善于实施外部设计的或教师自己设计的评测方法，计算得分，并解释结果；④教师应善于发展基于学生评测的有效的学生评分程序；⑤教师应善于向家长、学生、其他普通听众以及其他教育者沟通评测结果；⑥教师应善于识别不道德的、非法的以及其他不恰当的评测方法或对评测信息的使用。[5]

[1] 格伦隆德，沃.学业成就评测：第9版 [M].杨涛，边玉芳，译.北京：教育科学出版社，2011：1-13.
[2] 张林静，贾玉娟.韩国国家水平学业成就评价综述 [J].教育实践与研究（A），2016（9）：5-8.
[3] ALVIDREZ J，WEINSTEIN R S.Early teacher perceptions and later student academic achievement[J]. Journal of Educational Psychology，1999，91（4）：731-746.
[4] HERPPICH S，PRAETORIUS A-K，FÖRSTER N，et al. Teachers' assessment competence：integrating knowledge-，process-，and product-oriented approaches into a competence-oriented conceptual model[J]. Teaching and Teacher Education，2018，76：181-193.
[5] LINN R L，GRONLUND N E. Measurement and assessment in teaching[M]. Upper Saddle River，NJ：Pearson，2000.

（四）学业质量的影响因素研究

在学业质量影响因素的研究方面，除了学校教育，国外研究者也探索了诸如家庭、学生同伴等因素的作用。

首先，家庭方面。1966 年，科尔曼等完成并公布的"科尔曼报告"指出，学生的学业成绩仅与其家庭情况显著相关，与学校教育（包括各类教育设备、图书资料、教师的教育水平等）和学生的教育投入等没有显著相关。[1-2] 有学者开展了一项元分析研究，回顾了 1990 年至 2000 年间发表的有关社会经济地位和学习成就的文献。研究包含 74 个独立样本，涉及101157 名学生、6871 所学校和 128 个学区，结果显示，社会经济地位和学习成就具有中至强的关系。[3] 有学者开展的一项关于数学和科学学业成绩影响因素研究,将影响因素划分为三大类别,分别是机会因素(opportunity factors，如功课作业）、倾向因素（propensity factors，如必备技能、动机）和远端因素（distal factors，如社会经济地位），通过分层回归分析和结构方程模型分析显示：在众多因素中，家庭、社会经济地位是与中学学业成绩具有最强和最连续关系的相关变量，解释了 58% 至 81% 的变异量。[4]另外一些研究显示，社会经济地位能够显著而正向地影响学生的学业成就，Ronny Scherer 利用国际学生评估项目（PISA）2015 年的数据探讨了北欧国家（包括丹麦、芬兰、冰岛、挪威和瑞典）学生的社会经济地位、科学课程中的学科氛围和科学学业成就之间相互作用的假设——补偿假设（compensation hypothesis）、中介假设（mediation hypothesis）和调节假设（moderation hypothesis），运用多层次结构方程模型为测试背景、间接

[1] COLEMEN J S. Equality of educational opportunity[R]. Washington，D.C.：U. S. Government Printing Office，1966.

[2] 马晓强 . "科尔曼报告"述评：兼论对我国解决"上学难、上学贵"问题的启示 [J]. 教育研究，2006（6）：29-33.

[3] SIRIN S R. Socioeconomic status and academic achievement：a meta-analytic review of research[J]. Review of Educational Research，2005，75（3）：417-453.

[4] BYRNES J P，MILLER D C. The relative importance of predictors of math and science achievement：an opportunity–propensity analysis[J]. Contemporary Educational Psychology，2007，32（4）：599-629.

和跨水平交互效应提供证据。虽然大多数北欧国家的情况符合补偿假设，但支持学科氛围对社会经济地位与科学学业成就之间关系的中介和调节作用的证据很少。[1]有关家庭经济地位的理论和实证研究工作明确了其对儿童教育成果有显著的影响，研究了家庭经济地位与儿童成就的关系机制，并确定了这种关系背后的潜在路径。[2]也有研究表明，家庭、社会经济地位对学生的科学学业成就会产生重要的间接和直接影响，具体的因素包括来自父母的学习压力、心理支持等，主要通过影响学生的科学自我概念等发挥作用。[3]概言之，学生的家庭、社会经济地位对其学业成绩可以产生重要影响。

其次，同伴方面。同伴之间的相互作用会影响个体的学业成就，有研究显示，同伴人格影响学业成就，研究者发现学生在开始学习时接触到能够一同坚持不懈学习的同伴，就会在随后的学习过程中继续取得更好的成绩，与此同时同伴的人格特征也会影响人力资本积累。[4]也有研究者运用准实验方法测量同伴对学业成就的影响，研究基于美国高中毕业生学术能力水平考试（Scholastic Aptitude Test，简称SAT）成绩，结果表明，同伴作用对SAT口语成绩的影响比对SAT数学成绩的影响更大，SAT成绩处于中间水平的学生，如果将其与SAT口语成绩处于最底层（15%）的学生共处一间教室，他们的成绩可能会更差。[5]还有研究者利用元分析技术系统地分析了社会认可度与学业成绩（如考试成绩）之间的关系，结果表明，

[1] FRØNES T S，PETTERSEN A，RADIŠIĆ J，et al. Equity，equality and diversity in the nordic model of education[M]. Cham： Springer Nature Switzerland AG，2020：197.

[2] ORNSTEIN A C. Achievement gaps in education[J]. Social Science and Public Policy，2010（47）：424-429.

[3] KOUTSOULIS M K，CAMPBELL J R. Family processes affect students' motivation，and science and math achievement in Cypriot High Schools[J]. Structural Equation Modeling： A Multidisciplinary Journal，2001，8（1）： 108-127.

[4] GOLSTEYN B H，NON A，ZÖLITZ U. The impact of peer personality on academic achievement[J]. Journal of political economy，2021，129（4）：1052-1099.

[5] ZIMMERMAN D J. Peer effects in academic outcomes：evidence from a natural experiment[J]. The Review of Economics and Statistics，2003，85（1）： 9-23.

同伴社会认可与学业成就之间存在显著正相关关系[1]。

由上可知，学生的家庭、社会经济地位以及同伴之间的相互作用，会对其学业质量产生影响。

（五）国际大型学业质量测评项目

PISA、TIMSS 和 NAEP 是全球范围内三大主要教育质量评估项目，世界主要国家和地区都参与其中，其测评结果也备受各国重视，被作为国家教育改革相关政策、制度制定和实施的重要参考。

1.PISA

国际学生评估项目是经济合作与发展组织负责开展的大型国际测评项目，主要测评处于中学阶段的学生的阅读素养、数学素养和科学素养，从而了解学生是否具备未来生活所需的知识和技能。与此同时，该项目也会关注教育整体环境以及教育公平等方面，其研究对象是即将完成义务教育的、平均年龄在 15 岁左右的学生。自 1995 年 PISA 被提出以来，2000 年开启了第一轮测评，随后每三年开展一次测评，每次测评都会聚焦阅读素养、数学素养和科学素养三者中的一个素养，至 2018 年已经开展了 7 次测评，具体见表 1-2。

表 1-2　PISA 测评开展年份及聚焦测评素养

年份	2000 年	2003 年	2006 年	2009 年	2012 年	2015 年	2018 年
聚焦测评素养	阅读	数学	科学	阅读	数学	科学	阅读

以 PISA 2015 聚焦科学素养测评为例，在制定测评框架时，首先对科学素养的内涵进行界定，对于 15 岁的学生所要发展的科学素养，重点回答这样一个问题："在当今科学和技术潮流中，公民重点要知道、重

---

[1] WENTZEL K R, JABLANSKY S, SCALISE N R. Peer social acceptance and academic achievement: a meta-analytic study[J]. Journal of Educational Psychology, 2021, 113（1）: 157-180.

视和能够做什么？"该问题涉及学生的知识、价值观和能力，即学生应该能够识别科学议题（Identify scientific issues）、科学地解释现象（Explain phenomena scientifically）、使用科学证据（Use scientific evidence）。上述三点要求学生在应对与科学相关的议题时，不但要展现其认知能力，还应体现其态度、价值观和动机等。

　　PISA 2015 聚焦科学素养测评对个人所应具备的"科学素养"做出如下四点具体要求：具备科学知识，并运用这些知识识别问题、获取新知识、解释科学现象，得出科学相关议题的循证结论；理解科学的典型特征，即一种人类知识和探索的形式；意识到科学技术如何塑造我们的物质、理智和文化环境；作为具有反思意识的公民，愿意参与科学相关议题和科学思想活动。进一步归纳为四个方面：一是情境（Context），认识到科学和技术融入生活各个方面；二是知识（Knowledge），基于科学知识认识自然世界，科学知识既包括关于自然世界的知识，也包括关于科学本身的知识；三是能力（Competencies），展现各种能力，包括识别科学议题、科学地解释现象以及根据证据得出结论；四是态度（Attitudes），体现对科学的兴趣，对科学探索的支持，以及对自然资源和环境等负有积极责任的各种行为。

　　PISA 2015 测评框架（如图 1-1 所示）对科学素养的界定从"三维度四方面"来展开，在具体的表述上发生了变化。首先，总体描述方面，框架指出"科学素养是作为具有反思意识的公民参与科学相关议题和科学思想活动所应具有的能力"。其次，内涵维度方面，框架指出，一个具有科学素养的人愿意参与关于科学和技术的理性论述，需要具备三个方面的能力：一是科学地解释现象，即识别、提供并评估对一系列自然和技术现象的解释；二是评估和设计科学探索，即描述和评价科学调查，并提出科学地解决问题的方法；三是科学地解释数据和证据，即分析和评估各种陈述中的数据和论点，并得出合适的科学结论。在开展科学素养测评工作时，PISA 2015 测评框架依然将科学素养分为情境、知识、能力和态度四个方面，具体要求见表 1-3。

表 1-3 PISA 2015 测评框架科学素养四方面

方面	内容要求
情境	个人、地方/国家和全球议题，不管是当前的还是历史的，都需要对科学和技术有一定的了解
知识	理解构成科学知识基础的主要事实、概念和解释性的理论，这些知识包括：自然界和人工技术的知识（内容性知识）、有关内容性知识是如何产生的相关知识（程序性知识）以及认识这些程序性知识的基本原理及其使用理由（认识论知识）
能力	能够科学地解释现象，评估和设计科学探索，科学地解释数据和证据
态度	关于科学的态度表现为：对科学和技术的兴趣、在适当情况下注重运用科学的方法探索，以及对环境议题的洞察和意识

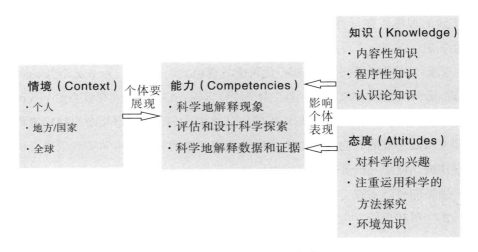

图 1-1 PISA 2015 测评框架

2.TIMSS

国际数学与科学趋势研究是由国际教育成就评价协会（International Association for the Evaluation of Educational Achievement，简称 IEA）发起

并组织的国际教育评价研究和测评活动，是全球最大规模的国际学生学业评估项目，自 1995 年起实施，每四年开展一次，最近一次为 2019 年。TIMSS 的目的是评估各国义务教育阶段学生科学学科和数学学科的学业成就，因此其评估对象主要是四年级和八年级学生，学生年龄分别为 9 岁和 13 岁，测评结果反映四年级和八年级学生的科学素养和素养发展水平，对各国义务教育阶段科学教育和数学教育的质量提升具有促进作用。

TIMSS 科学素养评测分为两个领域，即科学内容领域（Science Content Domains）和科学认知领域（Science Cognitive Domains）。四年级科学内容领域分为物质科学、生命科学和地球科学三个子领域，而八年级分为生物学、物理、化学和地球科学四个子领域。科学认知领域四年级和八年级都分为知道（knowing）、应用（applying）和推理（reasoning）三个水平，只是各水平占比方面有差别。关于科学本质的测评，TIMSS 在科学素养测评框架中也有明确规定，重点关注学生对科学探究和科学实践的理解，在具体实施中该部分内容主要融入科学内容和科学认知两个领域。

自 2013 年美国公布《新一代科学教育标准》（Next Generation Science Standards，简称 NGSS），TIMSS 由关注科学探究转向重视科学实践（science practices）的测评，在 TIMSS 2015 和 TIMSS 2019 测评框架中明确列出科学实践的主要测评内容并指出，科学家通过遵循关键的科学实践来进行科学探究，使他们能够调查自然世界并回答有关自然世界的各类问题。学生必须熟知科学实践，并基于此理解科学事业是如何开展的。科学实践包括日常生活和学校学习中的技能，学生运用这些技能系统地开展科学探究。科学实践是所有科学学科的基础。

这些科学实践是在科学内容领域情境下进行评估的，主要集中于对科学认知领域中特定的思维过程开展评估。TIMSS 2015 和 TIMSS 2019 测评主要关注科学实践的五个方面的内容，即依据观察提出问题（asking questions based on observations）、生成证据（generating evidence）、处理数据（working with data）、回答研究问题（answering the research question）和基于证据形成论点（making an argument from evidence），具体内涵见表 1-4。

表 1-4 TIMSS 2019 测评框架科学实践指标内涵

指标	内涵
依据观察提出问题	科学探究包括对自然界中各种现象的观察，将观察与理论结合考虑会产生一些问题，这些问题被用于作出可验证的假设，以帮助回答问题
生成证据	检验假设需要设计和执行系统的调查与控制实验，以生成支持或反驳假设的证据。科学家将理论与可以观察或测量的特性联系起来，以便确定要收集的证据、收集证据所需的设备和流程以及要记录的测量结果
处理数据	收集数据后，科学家会用各种可视化的呈现方式总结数据，描述或解释数据中的模式，探索各个变量之间的关系
回答研究问题	科学家使用观察和调查得出的证据，结合其理论来回答问题、支持或反驳假设
基于证据形成论点	科学家使用证据和科学知识来构建解释，证明和支持其解释与结论的合理性，并将结论延展到各类新情境

3.NAEP

美国国家教育统计中心为了获得学生在主要科目中的表现情况，于 1969 年开始实行第一次全国性评测——国家教育进步评价，主要评测四年级、八年级、十二年级的学生在数学、科学、阅读等科目上的表现，并根据评测结果形成国家报告卡，为教育部门、各州政府、教育工作者等提供参考。NAEP 被认为是美国国内唯一长期进行的且具有全国代表性的教育评价体系，也是世界上最早建立起来的较为成熟的基础教育学业质量评价体系，在美国教育领域具有重要的地位。NAEP 的测评内容选择的焦点在于各学科的核心原理，通过选择各学科最基本和最有迁移力的知识、科学观点的关键部分，来考查学生的科学素养，即知道是什么（科学内容）和应该能做什么（科学实践）。

国家教育进步评价科学评估旨在测评学生在三个主要内容领域（物理、生命科学、地球与空间科学）的知识和四个方面（识别科学原理、运用科学原理、运用科学探究和运用技术设计）的科学实践。通过测评学生能够运用科学内容做什么，以四种实践描述学生如何使用学生的科学知识。[1]2015 年开展的科学评估测评了约 115 400 名四年级学生、110 900 名八年级学生和 11 000 名十二年级学生。[2]NAEP 于 1991 年制定了科学评估框架，对科学评价的内容和形式做出了详细的规定，该框架在随后的1996 年、2000 年以及 2005 年所进行的科学评估中使用。同时，在此过程中，NAEP 综合科学教育研究领域、认知科学研究领域以及教育测量与评价领域的成果，对科学评估框架进行修订，并于 2006 年发布。[3] 修订后的框架在 2009 年进行的 NAEP 科学评估中使用，且在 2011 年和 2015 年的科学评估中继续使用。[4]

NAEP 评价体系包括评价标准、评价实施和评价数据三部分，是一个统一的集合体，有利于评价的可持续发展。NAEP 主要特点：第一，测评设计注重连贯性。NAEP 每两年进行一次，评价结果可以满足美国各个学区、各个州以及联邦政府等不同层面的需求，历年积累的测评结果形成了按照时间维度呈现的连贯测评设计，可以反映学业质量的变化特征与发展趋势等。第二，数据收集注重多维性。NAEP 自实施起就要求收集各项测评数据，力求全面掌握学生的学业成果以及学习背景。以背景数据为例，基于配套的调查问卷收集学生、学校以及学区三个层面的背景数据，建立基准数据库。第三，评价服务注重多元化。服务内容方面，NAEP 在学生的阅读、写作、数学和科学等领域提供结果反馈，并依据基准数据库对学

[1] National Assessment of Educational Progress. What does the NAEP science assessment measure?[EB/OL].（2016-12-19）[2020-12-26].https：//nces.ed.gov/nationsreportcard/science/whatmeasure.aspx.

[2] National Assessment of Educational Progress. The nation's report card ：2015 science assessment [EB/OL].（2018-11-15）[2020-12-25]. https://www.nationsreportcard.gov/science_2015/#?grade=4.

[3] 林静. 美国 NAEP 科学素养评价新趋向：基于美国 2009NAEP 科学评价框架的分析研究 [J]. 课程·教材·教法，2009，29（8）：92-96.

[4] 同 [1].

生的发展趋势进行预测，为基础教育学业质量评价奠定有力基础。此外，在服务对象方面，评价结果反馈给各州、各学区和各学校，同时也反馈给学生和家长。[1]NAEP 的基准数据库也向教育研究机构、研究者以及社会公众开放，借助社会力量对数据进行多角度、多层面的挖掘和解读，为教育改革和发展提供强力支撑。

二、学业质量评价国内研究现状

积极发展与开展学生学业质量评价具有重要的意义，首先是对教育改革和教育发展趋势的顺应，其次有利于促进学生的全面、可持续发展，有利于提高教育质量，实现面向学生未来的教育。因此，学业质量评价受到越来越多的关注，逐渐呈现出一种"塔聚之势"，成为不同层面教育评价改革的基础与核心。[2]近年来，学术界也就学业质量评价是什么、如何开展、谁来评价、有哪些评价指标、运用何种评价方式等一系列问题进行了理论研究与实践探索[3]，取得了一些阶段性成果。

（一）国内学业质量评价理论研究现状

国内与学业质量评价相关的研究有很多，主要可以归纳为以下三类。第一类是学业质量评价标准与各学科课程标准的比较研究。在一些地区，学业质量评价标准是对现有的学科课程标准的完善和补充，学业质量评价标准与学科课程标准两者相互联合，形成一个有机整体。[4]从本质上看，我国的课程标准在编排体例上遵循学科体系的大逻辑，属于内容标准，虽然在总目标中对学生应具备的学科能力有所提及，但学科能力并没有成为课程标准编排的明确依据，因此不同年级和学段应要培养的学生学科能力以及该学科能力所应表现的层次水平并没有被系统阐明和明确规定。第二

[1] 王蕾 . 大规模考试和学业质量评价 [M]. 北京：高等教育出版社，2013：70-71.
[2] 恽敏霞，彭尔佳，何永红 . 核心素养视域下学业质量评价的现实审视与区域构想 [J]. 教育发展研究，2019，39（6）：65-70.
[3] 谢思诗，李颖 . 学生学业质量评价研究的回顾与展望 [J]. 教育导刊（上半月），2015（9）：79-84.
[4] 付华安 . 我国基础教育学业质量标准研制的理性思考 [J]. 教学与管理，2016（10）：74-76.

类是对学业质量评价标准的理论研究。学业质量评价标准的建立需要跨越不同的学科领域，在此基础上才能对基础教育阶段所应达到的教育结果有一个整体构思，这样才能明确在基础教育阶段结束时每个学生作为国家未来公民所应具备的核心素养。[1] 学者乐毅指出，影响教育质量评价标准作用和功能发挥有两个关键因素：一是标准的可测性，二是检测的真实性与可靠性。[2] 第三类是对学业质量评价标准的实践研究。在我国，已有多个城市与地区开展了对学业质量评价标准的研制。

有关青少年学业投入与成就、同伴团体等的追踪调查研究显示，青少年在学业投入、学业成就方面会与其同伴逐步趋向相似，即具有显著的同伴效应。[3] 教育领域的同伴效应是指同一学校、年级、班级或宿舍中同伴所具有的背景、行为和反应等对相互之间所产生的影响，具有同质性模型和异质性模型等。[4] 袁舟航等通过研究农村小学同伴效应对学生成绩的影响，表明农村小学生的学习成绩具有显著的同伴效应。[5] 甄霜菊等对 236名七年级学生的同伴之间的作用进行了为期一年的追踪研究，结果表明同伴之间的学业自我效能具有相助影响，表现为某一学生如果喜欢同伴的自我效能，则该同学的学业成绩和效能会受其喜欢的同伴的调节，在行为参与方面表现相同，但是在认知参与方面则没有相应影响。[6]

通过梳理与分析可以发现，当前还有一些有关学业质量评价的问题有待进一步研究，例如：基于学生发展核心素养的学业质量评价标准的理论与实践研究；构建义务教育学段和高中学段相互衔接的学业质量评价体系

[1] 杨向东. 基础教育学业质量标准的研制 [J]. 全球教育展望，2012（5）：32-41.

[2] 乐毅. 试论制定国家学业质量标准的若干基本问题 [J]. 教育研究，2014（8）：40-51.

[3] 沙晶莹，张向葵. 青少年的同伴选择与同伴影响：基于学业投入与学业成就的纵向社会网络分析 [J]. 心理与行为研究，2020，18（5）：652-658.

[4] 杜育红，袁玉芝. 教育中的同伴效应研究述评：概念、模型与方法 [J]. 教育经济评论，2016，1（3）：77-91.

[5] 袁舟航，闵师，项诚. 农村小学同伴效应对学习成绩的影响：近朱者赤乎 ?[J]. 教育与经济，2018，34（1）：65-73.

[6] 甄霜菊，喻承甫，张卫. 同伴对青少年学校参与及学业自我效能感的影响：一年的追踪研究 [J]. 华南师范大学学报（社会科学版），2015（6）：103-110，192.

的研究；可为各阶段学科核心素养研究提供实验数据和建议的学业质量评价标准研究。[1]

（二）国内学业质量评价实施现状

我国学业质量评价的实施较晚，由于种种原因一直没有整体参与PISA、TIMSS等国际测评项目。从20世纪90年代起，我国开始在学生学业成就调查方面做一些尝试。原国家教委基础教育司与联合国儿童基金会、教科文组织联合开展的八省市抽样调查，涉及四年级和六年级共2.4万名小学生、近1 300所小学和6 000多名教师，是我国首次针对小学教学质量进行宏观的测试。[2] 北京市教育科学研究院承担的教育部"十五"重点课题"小学生学业成就评价改革研究"以及北京市教育委员会委托的"北京市义务教育教育质量监控与评价系统"项目，上海市黄浦区教育局承担的教育部"十五"重点课题"中小学实施素质教育中的学业管理和评价研究"，教育部基础教育司承担的联合国儿童基金会项目"东亚太平洋地区学生学业评价研究"，以及北京师范大学的教育部基础教育监测中心进行"基础教育质量监测"项目等都在学生的学业成就评价方面进行了探索和研究。[3]

在21世纪初，我国学生的学业质量开始成为教育系统和社会公众普遍关注的问题，即如何评价新课程实施的效果，如何保证学生学习质量的提升。因此，建立符合新课改理念要求的学生学业质量标准和科学评价体系，建立配套的诊断、反馈、指导、改进系统就成为推进课程教材改革的基础性工作。为此，教育部基础教育课程教材发展中心在2003年启动了"建立中小学生学业质量分析反馈与指导系统"项目，该项目旨在依据课程标准建立学生学业质量的标准，并通过大规模测试和问卷了解影响学生学业质量的关键因素。由此，该项目不仅能按新课程要求科学真实地了解

[1] 孙智明，刘正华 . 基于学生发展核心素养的学业质量评价标准编制与应用：以《2018长沙市初中学业质量评价标准》为例 [J]. 当代教育论坛，2018（4）：26-32.

[2] 沈自愉，孟鸿伟 . 我国小学生学习质量现状 [J]. 云南教育，1996（5）：20.

[3] 田慧生，孙智昌 . 中国小学生学业成就测评报告与测试工具：以小学六年级四门学科为例 [M]. 北京：教育科学出版社，2012：2.

新课程实施后的教学成效，而且能通过数据的分析促进相关政策与教学的改进。该项目先后对上海、江苏、甘肃等6个省市和近20个地市进行学业质量测试，共有约335万人次的抽样学生参加了学科测试和问卷调查，约15万名教师和1.2万名校长参加了问卷调查，在2009年还进行了义务教育阶段小学三年级和中学八年级的学业质量状况的全国常模测试。[1]

　　2010年，教育部颁发《国家中长期教育改革和发展规划纲要（2010—2020年）》，明确提出要"建立国家义务教育质量基本标准和监测制度"，完善"推进素质教育实施和创新人才培养"的考试招生制度，这为基础教育阶段学生学业质量评价工作提出了新要求。2013年，教育部颁发《中小学教育质量综合评价指标框架（试行）》，将"学生学业发展水平"作为评价学校教育质量的主要内容。[2]2018年7月，教育部基础教育质量监测中心发布了我国首份《中国义务教育质量监测报告》，重点监测学生学业质量，以及课程开设、条件保障、教师配备、学科教学和学校管理等因素。[3]在学生学业质量监测方面的逐步大力投入，充分体现了以促进学生全面发展为导向的学业质量评价，与"教育是培养全面发展的人的活动"的教育价值观相一致。

　　实施素质教育以来，以发展核心素养为宗旨的课程改革及相应的学业质量评价改革已经从思想理念的范畴转入到实质性的探索和深入研究阶段，从小范围小规模尝试性试验逐渐推向较大范围和较大规模的立项研究和广泛交流。这为我国创新评价方式、形成科学的评价体系提供了坚实的基础。我国教育界应正确认识当前我国中小学生学业成就评价改革面临的现实问题，借鉴他国先进经验，加强国家教育质量监测机能，有针对性地改革现行的学校教育考试，在不同层面上研究和开发重视学业能力、促进

---

[1] 建立中小学生学业质量的绿色评价系统［EB/OL］.（2013-04-26）[2021-04-18]. http：//moe.gov.cn/jyb_xwfb/s5989/s6634/201304/t20130426_151275.html.

[2] 董博清，霍素君.学生学业发展水平评价体系的研究与思考：以河北省义务教育评价为例 [J].河北师范大学学报（教育科学版），2018，20（4）：123-128.

[3] United Nations.Transforming our world：the 2030 agenda for sustainable development［EB/OL］.（2015-04-23）[2021-04-03]. https：//sustainable development.un.org/post2015/transformingourworld.

学生发展的学业质量评价模式。[1]

三、学业质量评价研究述评

综合上述有关学业质量测评的国内外研究现状可知，有关学业质量测评的研究已经进入理论和实践的深化阶段。理论方面，研究者们进一步深化测评理论，从学生素养发展的宏观视角来审视学业质量测评的改革与发展。实践方面，世界各国以及相关组织实施了大型学业测评项目，形成了完善的测评体系。

（一）学业质量评价已成为基础教育测评的核心部分

当前，世界各国均注重提升教育质量，以科学的研究和测评体系获得真实、全面的教育质量和学生的发展状况，从而为教育改革提供决策基础。学业质量评价顺应基础教育改革与发展的时代诉求，已经发展成为基础教育测评的核心组成部分。世界各国尤其是发达国家，无一不重视学生的学业测评，主要表现在以下几个方面。一是在国家层面颁布学业质量测评的标准与要求。例如美国、加拿大、英国、澳大利亚等国家，基于国家标准定时实施学业质量评价，将每次学生的学业成绩记录下来，形成学业成就数据库，以展现学生的学业成就发展水平变化趋势。二是将学业成绩以恰当的方式反馈给学生、教师等，使学生和教师能够及时了解学习过程与教学过程中存在的不足，从而有针对性地查漏补缺，实现教与学的同步改进。三是基于学业成就制订教育改革计划与方案。学业质量评价明确了以学生为主体、以学为中心的基本教育理念，充分关注学生的发展。通过学业质量评价获得学生学习成果，掌握学生群体的学习状况，能够为教育改革计划与方案的制订提供直接依据，以便更有针对性地实施教育改革。四是以学业质量评价促进学生核心素养的培养与发展。现阶段，世界各国的基础教育均以发展学生的核心素养为根本目标，核心素养的发展水平与学业质量水平相互挂钩，开展学业质量评价获得学生的学业质量水平，能够直观地展现学生核心素养的发展水平，为进一步采取一定措施提升素养发展水

---

[1] 张布和. 我国学业成就评价改革现状及对策 [J]. 中国教育学刊，2009（4）：50-53.

平提供依据和支撑。

（二）学业质量评价正处于理论与实践的深化发展阶段

基于对国内外有关学业质量评价的研究综述可知，全球范围内学业质量评价已经进入理论和实践的深化发展阶段。首先，学业测评理论方面正逐步走向成熟。学业测评起源于心理测量，逐渐发展至泰勒创立教育评价，再到布卢姆教育目标分类学理论以及 SOLO 分类理论的提出，学业质量测评的理论基础不断得到优化和改进，从而有力地支撑学业质量评价的实践与发展。另外，测验理论也趋于完善，现阶段经典测验理论和项目反应理论，是教育测量与评价领域用以评判试题工具的难度、信度、效度以及能否真实反映学生的学业发展水平的成熟理论，为测评工具的开发、数据的分析等奠定基础。其次，建构公平而有质量的学业质量评价体系备受重视。世界各国基础教育领域均格外重视通过学业质量评价促进学生的学业水平发展，建构公平而有质量的学业质量评价体系能够获得学生学业发展状况的真实数据以及预测发展趋势等，可以为政府制定教育改革与发展策略提供直接依据。与此同时，应将学业质量评价的结果及时反馈给学生、教师、家长以及相关人员，使其能够准确掌握自身学习、教学等情况，从而做出相应调整。最后，国际大型学业质量测评项目助力教育全球化协同创新发展。以 PISA、TIMSS 等为代表的国际大型学业质量测评项目，基于先进的教育测评理念、测评手段和工具等，如实反映世界范围内各个国家和地区学生的学业水平，以便各国及时了解本国以及其他国家的学生学业情况，从而加强各国之间教育领域的交流与借鉴，实现共同发展。

（三）信息技术正融入学业质量评价

随着信息技术的发展，互联网＋教育、人工智能等已经给教育领域带来深刻影响。教育评价方面也逐步引入信息技术，使得教育测评过程更加方便、快捷，教育测评形式更加多样、灵活，教育测评结果更加全面、系统。首先，评价手段由传统的纸笔测试转向计算机辅助。随着计算机以及互联网的普及应用，应用计算机辅助教育评价已经具备了硬件条件基础，能够满足线上答题的基本需求。以 PISA 为例，近年来的测评均以计算机辅助为主。其次，评价试题由简单的选择问答转向人机交互。使用计算机辅助测评，试题呈现的形式也发生了改变，表现为题干描述由文字叙述转为视频或动画形式的过程呈现，试题也可以设计为虚拟实验以便学生操作。例如，NAEP 2009 测评框架指出计算机交互式任务可以补充操作类任务，能够发挥计算机的独特功能，模拟现实中某段时间内难以观察到的现象，如波运动的慢镜头、江河的腐蚀等。[1] 最后，评价对象由单维个体转向多维群组。使用计算机辅助测评，可以实现多人协作答题，以便考查学生的团队协作能力。因此，考查的对象范围进一步扩大为多维群组。随着信息技术与人工智能的发展，其与学业质量评价的融合运用会越来越深入，信息技术支持下的学业质量评价将会更加系统而完善。

（四）我国学业质量评价仍处于偏重结果与甄选阶段

长期以来，我国的学业质量评价制度强调甄别与选拔功能，忽视了评价工作在促进学生全面发展、提高教师教学水平、改进教学实践等方面的功能。[2] 随着教育改革的纵深发展，传统的学业质量评价很难适应全面实施素质教育的要求，仍主要存在以下几个问题。

一是偏重认知。《教育部关于推进中小学教育质量综合评价改革的意见》中提出："单纯以学生学业考试成绩和学校升学率评价中小学教育质量的倾向还没有得到根本的扭转。"[3] 学业质量评价极易被简化和窄化为对学生认知方面的评价，现有的学业质量评价集中于考试，局限于评价学生的识记、理解和模仿能力，而学生的知识运用能力、批判性思维、创新思维均不在其内，往往忽视对学生情感、态度等其他方面的评价。即使是学生认知方面的评价，一些评价者也错误地将考试的分数等同于学生的认知水平，事实上学生的认知变化有多种结果且存在高低层次之分，学生某一方面的认知结果不能等同于学生的认知水平。因此，目前的学业质量评

---

[1] 林静 . 美国 NAEP 科学素养评价新趋向：基于美国 2009 NAEP 科学评价框架的分析研究 [J]. 课程·教材·教法，2009，29（8）：92-96.

[2] 李斌，吴桂翎，辛涛 . 中小学生学业质量评价发展取向 [J]. 中国教育学刊，2011（10）：16-18.

[3] 教育部关于推进中小学教育质量综合评价改革的意见 [EB/OL]. （2013-06-08）[2021-04-20]. http://www.moe.gov.cn/srcsite/A06/s3321/201306/t20130608_153185.html.

价在一定程度上忽视了反映学生学业质量的其他方面，并且现有的考试模式也不能全面反映学生的认知水平。

二是偏重结果。教育是实现人的全面发展的活动，这种活动是"以过程的形式存在，并以过程的方式而展开的，离开了过程就无法理解教育活动，更无法实现教育目标，过程属性是教育的基本属性。"[1] 然而，现行的学业质量评价以考试成绩作为学生学业质量的决定性评价指标，必然会导致学业质量评价过于偏重学习结果而忽视学习过程，这与教育目标的实现存在差距。

三是偏重比较和鉴别功能。学业质量评价具有"诊断、选拔、监测、激励和管理等方面的功能，其核心价值是促进学生的自主学习和持续发展"。[2] 然而目前的学业质量评价过于偏重对认知和学习结果的评价，造成学业质量评价的功能集中于比较和鉴别。评价者常常按照考试分数排名，以此区分学生的学习水平，或作为选拔的唯一依据。因此过于偏重学业质量评价的比较和鉴别功能，会使学业质量评价难以实现其核心的价值，即促进学生的自主学习和持续发展。

第三节　生物学学业质量评价

当前，国际上的基础教育课程改革都十分关注学生核心素养的发展，将其作为一项重要的教育目标。核心素养是指与职业上的实力、与人生的成功直接相关的，涵盖了社会技能与动机、人格特征在内的统整的能力。[3]2017 年，教育部发布新修订的《普通高中课程方案（2017 年版）》及各学科课程标准凝练了学科核心素养，并将其作为课程目标，同时增加

---

[1] 郭元祥 . 论教育的过程属性和过程价值：生成性思维视域中的教育过程观 [J]. 教育研究，2005（9）：3-8.

[2] 潘小明 . 学业质量评价：内涵、现实与建议 [J]. 内蒙古师范大学学报（教育科学版），2012，25（12）：69-74.

[3] 钟启泉 . 基于核心素养的课程发展：挑战与课题 [J]. 全球教育展望，2016，45（1）：3-25.

学业质量评价要求，强调教育评价要与学科核心素养相结合，并将学业质量评价划分为若干水平以实现学习进阶，最终达到学业质量评价促进学生核心素养发展的目的。

一、生物学学业质量评价的缘起与发展

生物学学业质量评价对应生物学科核心素养的培养与发展，是中学生学业质量评价的组成部分，为学生发展核心素养提供重要保障。

（一）生物学学业质量评价的缘起

我国于 1983 年开始实施高中毕业会考制度，教育部在（83）教中字 011 号文中提出，毕业考试要和升学考试分开进行，有条件的地方可以按基本教材命题，试行初、高中毕业会考。1990 年 8 月，《国家教委关于在普通高中实行毕业会考制度的意见》（教基〔1990〕017 号）指出，实行普通高中毕业会考是为了全面贯彻教育方针，加强教学管理，推动教学改革，大面积提高教学质量，给中学教学以正确的导向。凡思想品德表现（包括社会实践）合格，会考成绩达到学籍管理中毕业生文化课成绩合格标准，体育达到合格标准的学生，可以取得普通高中毕业证书。会考采取考试和考查两种方式。至 1993 年在全国范围内实行普通高中毕业会考制度。[1]2000 年，教育部颁布的《关于普通高中毕业会考制度改革的意见》（教基〔2000〕12 号）指出，各省、自治区、直辖市对普通高中会考改革具有统筹决策权；不再进行普通高中会考的地方要建立和完善普通高中学校毕业考试制度；继续实施普通高中会考的地方要在省级教育行政部门的指导下，以全面实施素质教育为宗旨，进行会考制度的改革，适当减少会考科目，减轻学生过重的课业负担，加强对学生实验能力和其他实践能力的考查。[2] 自此高中毕业会考逐步走向多元化。

2004 年高中新一轮基础教育课程改革（新课程改革）开始，提出高

---

[1] 王兆璟，王艳艳. 我国高中学业水平考试与法国高中毕业会考的比较分析 [J]. 教育理论与实践，2016，36（1）：16-19.

[2] 关于普通高中毕业会考制度改革的意见 [EB/OL].（2000-03-15）[2021-04-19]. http://www.moe.gov.cn/srcsite/A26/s7054/200003/t20000315_166062.html.

中学业水平考试，逐步取代毕业会考制度。2008 年在《教育部关于普通高中新课程省份深化高校招生考试改革的指导意见》（教学〔2008〕4 号）中指出要"建立和完善对普通高中学生的综合评价制度，并逐步纳入高校招生选拔体系。各地要加快建设在国家指导下由各省份组织实施的普通高中学业水平考试和学生综合素质评价制度"[1]。这要求实行新课程改革的省份要加强高中学业水平考试，充分发挥高中学业水平考试成绩在高考中的价值，这使得高中学业水平考试重新得到了人们的重视。普通高中学业水平考试虽然是新课程改革中的新生事物，但是与原高中毕业会考是一种继承、发展与改革的关系，二者在目的、性质等方面大体相同。

（二）生物学学业质量评价的发展现状

近年来，生物学学业质量评价得到了大力发展，生物学教育领域相关研究者、一线生物学教师等在生物学学业质量评价的理论和实践等层面进行了探索，积累了丰富的研究成果，获得了宝贵的学业质量评价经验。

1. 理论方面

评价理论框架的建构是进行学业质量评价的基础，也是学业发展水平的量规。《普通高中生物学课程标准（2017 年版 2020 年修订）》将学生生物学科核心素养的发展划分为四级水平，学业质量水平与学科核心素养发展水平相对应，为生物学学科学业质量评价理论框架的建构提供了依据。在此基础上，广大生物学教育领域研究者、一线教师等对生物学学科学业质量评价进行了大量探索。

有研究者基于美国教育评估与测量专家梅斯雷弗等人提出的教育考试设计理论框架模型，以《普通高中生物学课程标准（2017 年版）》作为依据，运用编码与统计方法计算高中生物学学业水平合格性考试结构各知识内容及认知能力结构的权重，构建高中生物学学业水平合格性考试的学生模型。证据中心设计由学生模型（Student model）、证据模型（Evidence model）、组合模型（Assembly model）、任务模型 0（Task model）和呈

---

[1] 教育部关于普通高中新课程省份深化高校招生考试改革的指导意见 [EB/OL].（2008-01-10）[2021-04-21]. http://www.moe.gov.cn/srcsite/A15/moe_776/s3258/200801/t20080110_79887.

现模型（Presentation model）五个模型构成，五者之间的联系如图 1-2 所示。其中学生模型是指评价主体通过考试想要测量的知识、技能等。学生模型主要解决的问题是"测量什么"，分析"期望测量学生什么样的知识和技能"，是对"考试想要考查什么"的直接回应，也是证据中心设计的考试设计过程中的首要部分。高中生物学学业水平合格性考试模型通过笔试这种简单任务来考查学生的知识内容和认知能力，因此该模型属于相对简单的模型，主要由知识内容结构和认知能力结构两部分组成。[1]

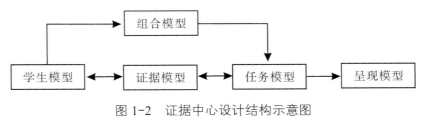

图 1-2　证据中心设计结构示意图

有研究者基于对国内外与学科能力相关的理论和测评框架的分析研究，提出了可应用于我国大规模教育考试的生物学学科能力测评框架。研究结果能够为基于新课程标准的高中学业水平考试等大规模教育考试的标准制定、命题及评价等工作提供有价值的参考。结果显示，核心素养无法直接观测，对学生核心素养的测评，需要通过观察学生完成特定情境下具体任务的表现来推测。命制素养立意的试题就是设计构建能够刺激学生素养表现的任务情境。在创设任务情境时，要将对学业质量标准的总体目标转换为具体的考核要求，比如在情境、知识、能力、情感态度与价值观等多个维度进行转化。限于纸笔形式，大规模教育考试对考查核心素养中的过程性、体验性要求较难甚至无法实现。因此，在素养本位的纸笔考试中，对学生认知能力的考查仍是构建测评任务情境的主要维度和重要抓手。[2]

[1] 肖巧玲，廖灿欣，刘子堃．高中生物学业水平合格性考试学生模型的构建：兼及命题建议 [J]. 教育学术月刊，2019（6）：103-111.

[2] 孙鹏，臧铁军，管旭，等．构建基于核心素养的生物学科能力测评框架 [J]. 课程·教材·教法，2019，39（4）：97-103.

2. 实践方面

在实践层面，学业水平考试的实施要早于学业质量评价，且《普通高中生物学课程标准（2017 年版 2020 年修订）》要求，学业质量标准是阶段性评价、学业水平考试命题的重要依据。[1] 因此，自学业质量评价提出以来，学业水平考试便开始依据学业质量标准命制试题，并以此评价学生的学业成就。

现阶段，我国学业水平考试仍然以纸笔测试为主，因此相关研究多聚焦于学业水平考试试题的质量。有研究者以江苏省历届义务教育生物学学业质量监测试题为样本，对预估难度、试测难度和实测难度进行对比分析，发现影响试题难度的主要因子有情境复杂性、知识综合性、能力层次性、思维过程性、条件干扰性、题型设问性等。结合试测、学生访谈等情况，从情境、知识、能力、思维和设问等维度，可以比较准确地调控区域学业质量监测试题难度，以进一步提高测试工具的质量和监测的效果。[2] 有研究者通过对贵州省普通高中学业水平考试生物学科试题的分析，提出了在夯实基础的同时兼顾全面、在重视概念教学的同时注重知识网络的建构、在注重理性思维的同时强化能力的培养和注重大纲对教学的引导作用四个方面的教学建议。[3]

有研究者分析了 2018 年山西省学业水平考试生物学科试题，结果表明，该试题紧紧围绕立德树人的育人目标，立足核心概念，考查学科素养。试题题型设计合理，背景素材联系生活实践。评阅过程中发现部分考生对概念掌握不到位、读题审题能力薄弱、专业术语运用不当等。普通高中生物学教学应落实好核心概念教学，注重概念的迁移运用和规范答题习惯。[4]

[1] 中华人民共和国教育部 . 普通高中生物学课程标准（2017 年版 2020 年修订）[M]. 北京：人民教育出版社，2020：5.

[2] 吴举宏 . 区域学业质量监测试题难度调控策略：以江苏省义务教育生物学科学业质量监测为例 [J]. 生物学教学，2017，42（12）：43-45.

[3] 赖胜蓉 . 对普通高中生物学科学业水平考试的教学建议：以贵州省生物学科考试为例 [J]. 生物学教学，2016，41（10）：50-51.

[4] 武佳佳，王冠懿，田国平 .2018 年山西省普通高中学业水平考试生物学科试题特点及阅卷反馈 [J]. 教育理论与实践，2019，39（26）：24-26.

还有研究者以知识、能力、情境、思维和形式五个维度分析并建立大规模教育考试中生物学科试题难度影响因素量化表，结合近六年福建省高考生物学试题实测数据进行逐步多元回归分析，最终获得生物学试题的选择题和填空题的难度与影响因素的多元线性回归方程。结果显示，情境新颖度对填空题难度影响极其显著，试题越新颖，难度值越小，试题越难。情境繁简度对两种题型难度都有显著影响，标准化偏回归系数均为负值，表明试题情境越复杂，难度值越小，试题越难。干扰和障碍是影响试题难度的最大因素。试题存在的障碍和干扰越多，难度值越小，试题越难。设问与条件的关联隐蔽程度、干扰信息的强度及其数量、答案的提示等直接影响试题难度。[1]

综上可知，学业水平考试试题的质量受到多方因素的影响，包括试题情境的选择、知识水平、思维水平等，在区域上也存在一定的差异。因此，各地区需要结合自身学业水平考试所积累的经验，创新试题形式与测评方式，为学业质量评价更加有效实施奠定基础。此外，现阶段有关学业水平考试对学生学科核心素养发展水平的展现程度还不多见，也需要研究者加强该方面的探索。

二、核心素养视域下学业质量评价的本质及定位

随着时代的发展和科技的进步，传统的能力、技能等概念已不再适用，人们对这些概念的内涵进行了扩展与升级，提出了同时包括"知识""能力""态度"与"价值观"的素养概念，并从核心的角度加强了论证，强调核心素养才是培养能自我实现与促进社会和谐发展的高素质国民与世界公民的基础。[2]核心素养的提出表明教育的目的是培养能够解决实际问题、拥有更强实践能力以及更能适应社会变化的学生。据此，学业质量评价也有了新的依据。

[1] 林莉，翁敏珍，俞如旺.生物学大规模教育考试试题难度预估的实证分析 [J].生物学教学，2016，41（7）：38-41.

[2] 辛涛，姜宇，林崇德，等.论学生发展核心素养的内涵特征及框架定位 [J].中国教育学刊，2016（6）：3-7，28.

（一）生物学学业质量评价与学科核心素养

基于核心素养的学业质量评价，应当在学生的核心素养表现中去探寻。对此，欧洲有研究提出："素养无法观察，只能通过观察到的行为表现进行推测；而表现可观察，它是在给定的情境下做事，显示出某种素养或能力以及行动的倾向或潜能。"[1] 虽然核心素养和核心素养表现确实不同，但是对表现进行评价不失为素养评价的切入点。相似地，美国教育部和美国国家教育统计中心于 2002 年联合发布的"学习结果的层次结构模型"对这一点做出了论证，该结构模型表明素养是相关工作中知识、技能和能力与个体特质相互作用的结果，是个体学习经验的整合，而表现是素养引起的外在结果，在这一水平上表现可以被评价。[2] 借由国际上"素养可由表现而得以评价"的思路，基于核心素养的学业质量评价的本质则是对学生复杂表现的评价。[3]

在教育体系内，课程、教学和评价是 3 个核心构成要素，在这之中，课程是教育体系的软性实体，课程目标是通过教师的教和学生的学来落实的，最终的效果可以通过教育评价进行评估。[4] 这 3 个要素应协调一致，才能够确定应该教什么、怎么教、怎么评，同时为学生提供机会，真正地展示其学业成就水平。[5] 另外，由于发展学生的核心素养是课程设计及实施的依据和目的，因此，课堂教学实践以及相应的教育评价都应与核心素养相呼应，它们之间的关系如图 1–3 所示。[6] 学业质量评价属于教育评价的一

---

[1] HUTMACHER W.Key competencies for Europe：report of the symposium[R].Berne：Council for Cultural Cooperation，1996：4.

[2] U.S.Department of Education，NCES.Defining and assessing learning：exploring competency-based initiatives[R].Washington，D.C.：2002：8.

[3] 恽敏霞，彭尔佳，何永红 . 核心素养视域下学业质量评价的现实审视与区域构想 [J]. 教育发展研究，2019，39（6）：65-70.

[4] 王健，李连杰，单中伟 . 基于评价三角理论的学业质量评价设计 [J]. 中国考试，2019（1）：30-39.

[5] MARTONE A，SIRECI S G. Evaluating alignment between curriculum，assessment，and instruction[J]. Review of Educational Research，2009，79（4）：1332-1361.

[6] 王健，李连杰，单中伟 . 基于评价三角理论的学业质量评价设计 [J]. 中国考试，2019（1）：30-39.

种形式，也应遵循这一关系，将核心素养作为框架设计的重要依据。

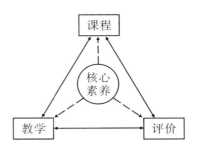

图 1-3　以核心素养为中心的教育体系构成图

　　此外，学业质量评价是核心素养落地的制约与保障。欧盟提出"经验表明课程中被有效评价的部分往往更加受到教师和学生的重视，更有可能被教和学"[1]，因此在培养学生发展核心素养的教育系统中，教育评价能够为一个教育阶段提供形成性或结果性评价信息，评估学生的核心素养发展状况，并反过来为课程设计及教学实践提供建议和反馈，促进课程改革和教学实践不断向着培养核心素养的方向发展，从而促进核心素养的落地。学业质量评价作为教育评价的一种形式，在一定程度上便成为核心素养"落地"的重要制约与保障，并发挥着重中之重的作用。[2]

（二）生物学学科核心素养发展的评价

　　生物学学业质量评价的主要目标导向在于提高生物学学科教育质量，促进学生生物学学科核心素养的发展。为了实现学业质量评价的功能，顺应教育改革和教育发展的趋势，促进学生的全面、可持续发展，提高教育质量，实现面向学生未来的教育，指向核心素养培养的学业质量评价相比传统的学业质量评价在评价立场、评价理念以及评价范式上都发生了转变。

---

[1] RSA.Opening minds：an evaluative literature review[EB/OL].（2012-07-1）[2021-04-25]. https://www.thersa.org/reports/opening-minds-an-evaluative-literature-review.

[2] 李如密，姜艳. 核心素养视域中的教学评价教育：原因、价值与路径 [J]. 当代教育与文化，2017，9（6）：60-66.

评价立场方面，明确生物学学业质量评价指向学生发展生物学科核心素养。鲜明的评价立场代表对评价目标和方向的精准把握。有学者研究了莱恩（A.G. Ryan）[1]、艾坎海德（G.S. Aikenhead）[2] 提出的经验—分析范式、解释范式以及批判—理性范式，发现它们的评价立场分别指向问责与认证、促进教与学以及发展学生终身学习。[3] 指向核心素养培养的学业质量评价需要综合这三种评价范式的立场，使其从整体问责转向促进学生发展，这样便能把握核心素养视域下的学业质量评价指向，确保评价的目标指向学生生物学科核心素养的发展。

评价理念方面，认同生物学学业质量评价是生物学课程与教学的重要组成部分。教育评价主要呈现出三种发展观念，即从"针对教学的评价"到"为了教学的评价"，最后到"作为教学一部分的评价"。[4] 指向核心素养的学业质量评价，由于其所评价的对象和促进的目标都是学生的核心素养水平 [5]，因此其必将走向"作为教学一部分的评价"这一教育评价理念。有学者指出，核心素养评价的过程就是学习的一部分，每一次的测验都搭建了学习的支架，同时，评价结果构成了学习轨迹。[6]通过这样的过程，促进核心素养生成与教学形成良性互动。因此，生物学学业质量评价是生物学课程与教学不可分割的组成部分，贯穿于教学前端分析、教学过程以及教学反馈等全过程，为教学设计与实施提供准确的参考和及时的反馈，实现教学的可持续发展。

评价范式方面，筑牢生物学学业质量评价的情境化和实践性。长期以来，学生学业质量评价以纸笔测验为主要形式，形式单一且不利于测评学

[1] RYAN A G.Program evaluation within the paradigm：mapping the territory[J].Knowledge：Creation，Diffusion，Utilization，1988，（1）：25-47.

[2] AIKENHEAD G S.A framework for reflecting on assessment and evaluation[R].Seoul：International Conference on Science Education，1997.

[3] 邵朝友. 评价范式视角下的核心素养评价 [J]. 教育发展研究，2017，37（4）：42-47.

[4] 辛涛，姜宇. 基于核心素养的基础教育评价改革 [J]. 中国教育学刊，2017（4）：12-15.

[5] 恽敏霞，彭尔佳，何永红. 核心素养视域下学业质量评价的现实审视与区域构想 [J]. 教育发展研究，2019，39（6）：65-70.

[6] 同 [4].

生的品格与能力。鉴于此，需要对评价范式进行转换，当前随着信息技术的发展与应用，针对学生学习过程的表现性评价已经具备充分的条件。学生发展核心素养可以在外显表现上得以评价，因此可以创设问题情境和学习任务，对学生在完成学习任务过程中的复杂表现进行评定，据此推断其核心素养的形成情况。在此过程中不仅要关注学科内核心素养的评价，还要关注学科外、超越学科的表现，关注人际领域、个人内省领域以及信息领域的多种素养发展与评价。[1]

　　生物学学业质量评价自提出伊始就牵动着生物学的课程与教学，旨在通过评价促进课程与教学的改革与发展。尽管我国已有核心素养的明确界定，但就学业质量评价而言，究竟以何为对象、以何内容进行评价却仍比较模糊，如何进行学生评价，如何从知识为本、结果为本的学生评价，真正走向核心素养评价，无疑是难点中的焦点。

---

[1] 王俊民，林长春. 核心素养评价的基本问题探析 [J]. 中小学教师培训，2018（11）：28-32.

第二章

基于生物学学科素养的学业质量评价框架的构建

学业质量标准是依据国家课程标准的目标、内容以及学生身心发展和认知水平特点所设定的总体和各学科的具体质量指标，由总体标准和学科分类表现标准组成，是测评学生应该达到的学习成就的标准框架。学业质量评价还需要明确各学段各类学科的具体目标及应达到的质量标准，使不同群体都能理解并正确使用，注重指标的可行性与通俗性。同时，通过学业质量评价，教师课堂教学自主性得到增强，教师能够依据学科素养和学业质量标准来自主准备教学材料，把握好教学尺度，从而提高课堂教学的有效性。学业质量标准的确定使教师教学观念由知识中心转向素养中心。

————————————————————

第一节　学业质量评价的理论依据

2018 年 7 月，教育部基础教育质量监测中心发布了我国首份《中国义务教育质量检测报告》，重点监测学生学业质量，以及课程开设、条件保障、教师配备、学科教学和学校管理等因素。[1] 在学生学业质量监测方面，充分体现了以促进学生全面发展为导向的学业质量评价，与"教育是培养全面发展的人的活动"的教育价值观和教育目的观相一致。《教育规划纲要》明确提出要"建立和完善国家教育基本标准"，要"把提高质量作为教育改革发展的核心任务"。[2]《教育部关于全面深化课程改革落实立德树人根本任务的意见》指出，"研究制订中小学各学科学业质量标准和高等学校相关学科专业类教育质量国家标准，根据核心素养体系，明确学生完成不同学段、不同年级、不同学科学习内容后应该达到的程度要求，指导教师准确把握教学的深度和广度"。

学业质量是指学生在不同的课程领域学习活动中所表现出来的身心发展程度和状态，是学生通过课程学习过程在认知、情感、技能等方面所表现出来的变化程度和发展状态。学业质量评价（以下简称"学业评价"）是对学生在学校课程所取得学业成就的测量和评价，是学生评价的重要组成部分，是指评

---

[1] 教育部.我国首份《中国义务教育质量监测报告》发布［EB/OL］.（2018-07-24）[2021-02-08]. http://www.moe.gov.cn/jyb_xwfb/gzdt_gzdt/s5987/201807/t20180724_343663.html.

[2] 国家中长期教育改革和发展规划纲要（2010 — 2020 年）[EB/OL].（2010-07-29）[2021-02-05]. http://www.moe.gov.cn/srcsite/A01/s7048/201007/t20100729_171904.html.

价者依据一定教育教学标准，使用科学、系统的方法收集学生接受各学科教学和自我教育后在认知以及行为上的变化信息，并依据这些信息对学生的能力和发展水平进行判断的过程。[1] 因此，学业质量评价是评价者对学生学习所发生的认知、能力、情感、审美等各方面进行价值判断的过程，包括评价学生学习的变化以及学习的成就，是一个全面性、系统性、综合性的过程。

不同的评价体系有不同的内涵和外延。例如，美国全国中小学学生的学业评价，主要考查学生"国家课程"的达标情况，"学业成就"偏重于学生基础知识和基本技能的掌握程度，测查数据是评价学生学习和学校教学的依据；由国际教育成就评价协会（IEA）发起的国际数学与科学趋势研究（TIMSS）偏重于学生学科知识、技能的综合掌握，特别是跨学科知识的分析问题和解决问题能力的判断，"学业成就"倾向于学生掌握的知识和技能的应用能力；而"国际学生评估项目"着眼于 15 岁学生（相当于我国初中毕业生）在成年后适应成人生活的能力，"学业成就"倾向于学生"生活的能力"的测查与判断。

中国高考评价体系则是深化新时代高考内容改革的基础工程、理论支撑和实践指南，对发展素质教育、推进教育公平、实现教育现代化、建设教育强国、办好人民满意的教育具有重要意义。[2] 其包括高考的核心功能、考查内容和考查要求，明确了"一核""四层""四翼"的概念及其在素质教育发展中的内涵。"一核"为考查目的，即"立德树人、服务选才、引导教学"，是对素质教育中高考核心功能的概括；"四层"为考查内容，即"核心价值、学科素养、关键能力、必备知识"，是素质教育目标在高考中的提炼；"四翼"为考查要求，即"基础性、综合性、应用性、创新性"，是素质教育的评价维度在高考中的体现。要求灵活运用不同类型的试题情境，恰当使用高考评价体系，通过高考落实立德树人的根本任务，发挥高考对素质教育的促进作用。

[1] 袁振国. 当代教育学 [M].北京：教育科学出版社，1998：249.

[2] 教育部考试中心.中国高考评价体系 [M].北京：人民教育出版社，2019：2.

学业评价关注的是学生通过学校教学所获得的学业成就，不仅为学生学业成就收集客观信息，而且为教师教学提供有效反馈，具有诊断、选拔、监测、激励和管理等方面的功能，其核心价值是促进学生的自主学习和持续发展。学业质量评价的目的是促进学生学科核心素养的发展与培养。学科核心素养应达到的水平的关键表现是构成评价学业质量的标准，提高学生综合运用知识解决实际问题的能力，帮助教师和学生把握教与学的深度和广度。因此生物学课程以核心素养为宗旨、内容聚焦大概念、教学过程重实践、学业评价促发展等为基本教学理念，与之相对应，学业质量评价的理论基础涉及教育学、心理学、皮亚杰的认知发展阶段理论、维果斯基的"最近发展区"理论、建构主义理论以及多元智力理论等多个领域，这里不做详细论述。我们仅对与之直接相关的深度学习、学习进阶等理论进行详细论述。

一、现代教育评价理论

教育评价是对教育活动现实的或潜在的价值做出判断，以期达到教育价值增值的过程。教育评价与教育测量有着密切的联系，教育测量是教育评价的基础，教育评价是在教育测量基础上的深化。教育测量是对有关主客体评价属性的分配数值或符号价值；教育评价是一种价值判断活动，是对教育活动满足社会与个体需要的程度做出判断的活动，是对客体满足主体需要程度的判断活动。本质上，教育测量属事实判断的范畴，而评价是在它的基础上，进一步做出好与坏、对与错、善与恶的价值判断。现代学生学业评价研究的理论进展与教学评价的发展基本一致，经历了心理测量、目标为本、目标参照和人本化四个阶段。

19 世纪中叶到 20 世纪 30 年代是教育评价的第一个发展时期，即心理测量阶段。这一阶段形成了测量理论和测验技术，并大量运用于学生学业评价考试实践和心理测量，一个突出的特征是强调对学生学业情况进行量化描述。教育测量研究在考试的定量化、客观化与标准化方面取得了一系列成果和重要进展，在教育测量活动的基础上逐步发展形成教育评价。但此时期的教育测量注重对学生记忆性课程知识内容的考查，对学生的学习过程关注较少。

　　教育评价进入目标为本阶段是在 20 世纪 30 年代至 50 年代。这一阶段是教育评价发展史上著名的"八年研究"（1933—1941 年）时期，是教育测量的第二个时期。被誉为"教育评价之父"的美国俄亥俄州立大学教授泰勒，受卡内基基金会的资助，历时八年进行课程与评价研究，将学生学业评价引向测量教学目标的有效性。泰勒提出了以教育目标为核心的教育评价原理，即泰勒原理，并明确提出了"教育评价"的概念，从而把教育评价与教育测量区分开来。教育评价学就是在泰勒原理的基础上诞生与发展起来的。

　　教育评价发展的第三个时期是目标参照阶段。20 世纪 50 年代至 70 年代，美国教育学家布卢姆等人的教育目标分类学公布于世，对学生学业评价的价值判断发生了重大影响，在一定程度上也可表明这是教育评价发展的转折点。随着认知心理学的发展，认知学派动摇了行为主义学派的基础地位，学业评价测验突出了学生的信息加工过程及结果。以布卢姆为代表的教育家，提出了评价教育目标的问题，斯克里文、斯塔克和开洛洛等美国教育学家也对这一时期的教育评价理论发展做出了巨大的贡献。

　　20 世纪 70 年代以后，教育评价发展到人本化阶段，即个性化发展过程与结果的认同时期，这可算作教育评价发展的第四个时期。这一阶段最明显的标志是项目反应理论把学业评价引向了计算机化和自适应测试的方向。模糊综合评价法的产生与运用促进了学业评价的数据处理技术的发展；真实性评价、表现性评价等质性和量化评价的理念与技术得到广泛探索和应用，评价者和评价对象之间的不断交互、共同建构、全面参与得到强化，强调在评价过程中评价结果给予个体更多被认可的可能。

　　教育评价活动一般可以分为评价准备、评价实施与评价结果分析三个阶段：①评价准备阶段包括背景分析、制定评价的方案和建立评价组织等；②评价实施阶段包括收集与目标相关的资料、收集非预期成果的信息、数据分析和汇总整理等；③评价结果分析阶段包括分析与解释资料、撰写评价报告和向有关方面提供反馈评价信息等。回顾以上三个阶段，实质是评价输入、评价操作和评价输出阶段，其教育评价流程图如图 2-1 所示。[1]

[1] 沈南山 . 八年级数学学业成就评价测查试题编制研究 [D]. 重庆：西南大学，2010：35-36.

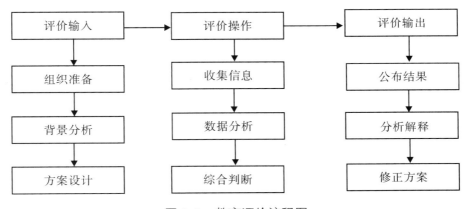

图 2-1　教育评价流程图

　　现代教育评价模式的理论研究内容比较丰富，成果也较多，教育评价分为教学评价和学生评价。教学评价是根据一定的目标和标准，运用质性或量性的评价方法，对教育活动的过程和结果进行的价值判断。学生评价是对学生个体学习的进展和变化的评价，包括学生思想品德、学业成绩、个性发展等方面的评价。测试是其最常用的工具，然而，学生的评价不只是测试，还包括其他多种手段和方式。

　　通常教育评价主要有以下三种有代表性的评价模式：一是泰勒评价目标模式，依据课程编制原理和评价活动原理设计评价步骤，具有条理性和可操作性，使教师在教学过程中有据可依。二是综合评价模式，依据整个课程和教学展开过程的基本规范。该模式是由背景（context）评价、输入（input）评价、过程（process）评价和成果（product）评价这四种评价组成。三是目的游离模式，该模式不是一种完善的评价模式，它没有完整的评价程序，仅是一种关于评价的思想原则，可以说是一种更为综合的结构，既可能包含过程模式，也可能包含目标模式。

　　学生评价有以下几种类型：一是安置性评价。安置性评价是在教学活动之前，诊断评估和分析判断学生的前期准备情况。评价的目的是判断学生是否掌握了参加预定教学活动所需要的知识与技能，根据学生达到预期教学目标的程度以及学生的兴趣、习惯和其他个性特征来选择教学模式。二是形成性评价。形成性评价主要用于不断地反馈学生学习过程的信息，反思教与学的情况。它特别注重强化学生学习的成功之处，改正学生学习过程中的错误。三是诊断性评价。诊断性评价是对学生学习错误的判断，重点在于对学生学习中屡犯错误深层原因的调查，通常需要进行诊断性测试以及访谈等。四是总结性评价。总结性评价是对教学目标达到程度的判断，同时也提供了教学目标适当性与教学策略有效性的信息。

（一）基于评价三角理论的学业质量评价

学业质量包含两层含义。第一是构成性概念的层面，是指学生在各类因素影响下，通过课程的浸润，所达成的学业表现、品德行为、身心健康等方面的发展水平；第二是关联性概念的层面，它包括影响学业表现的学习动力、师生关系、教师教学等相关因素及其相互关系。[1]评价是一种工具，可以用于观察学生的行为，借此获取相关数据，并对学生的所知和所能进行合理推论。因此，学业质量评价是一个系统、科学和专业的过程，为课程设计、学生的学习、教育政策的制定等方面提供参考。

简单说来，评价就是利用证据进行推理的过程，这一过程可以用认知（cognition）、观察（observation）和解读（interpretation）3 个要素来表示，这 3 个要素构成了三角形的 3 个角，因此将其形象地称作"评价三角"。[2]评价需要满足上述 3 个构成要素，对其进行详细而到位的把握，才能如实反映评价对象的真实情况。由此而发展形成的评价三角理论对学业质量评价具有重要的指导和规范意义。

认知是一种理论或观念，用以展示学生在特定学科领域内的所知和所能，例如，学生的错误概念、学习发展路径、学科能力发展水平等。观察是一种描述或评价任务细目，主要指构成评价本身的多种类型的任务，这些任务要与认知相匹配，例如，要评价学生的高阶思维水平，那么评价任务就应该能够使学生有效地展示出其高阶思维水平。解读是指用对观察结

[1] 尹后庆. 改革学业质量评价 推动基础教育转型 [J]. 教育发展研究，2012（Z2）：7-10.

[2] PELLEGRINO J W，CHUDOWSKY N，GLASER R. Knowing what students know：the science and design of educational assessment[M].Washington，D.C.： National Academy Press，2001.

果进行分析和推理的所有方法和工具，评价工作者可以据此选择与评价任务相匹配的分析方法和工具，这项工作同样也要在认知框架的指导下完成。在"评价三角"中，3个构成要素相互一致，认知是评价设计的前提基础，观察和解读都要与之相匹配，而评价结果的解读会再次印证学生学习特定内容的相关认知。3个构成要素"三位一体"，可以有效地评价学生的学业质量水平。[1]

　　我国当前的基础教育改革强调学生在学习核心概念的同时发展学科能力，最终培养核心素养。基于这一教育发展背景，运用评价三角理论，构建中小学生学业质量评价框架（图2-2）。[2] 该框架将核心素养作为评价的认知基础，将学科能力和核心概念作为评价的重要内容，将证据收集和解读作为评价设计的基本范式。

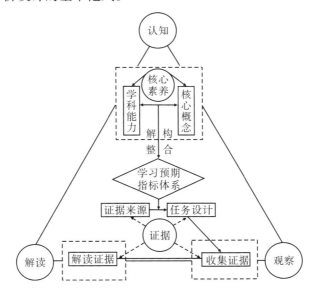

图 2-2　基于评价三角理论的学业质量评价设计框架

[1] STREVELER R A，MILLER R L，SANTIAGO-ROMAN A I，et al.Rigorous methodology for concept inventory development：using the "Assessment Triangle" to develop and test the thermal and transport science concept inventory（TTCI）[J].The International Journal of Engineering Education，2011，27（5）：968-984.

[2] 王健、李连杰、单中伟. 基于评价三角理论的学业质量评价设计 [J]. 中国考试，2019（1）：30-39.

　　学科能力和核心概念是学业质量评价的重要内容。核心素养是学业质量评价的重要依据，其落实和达成需要通过学科教学活动来实现。学科能力和核心概念是形成核心素养的基础，也是学业质量评价的重要内容。学科能力是指学生顺利进行相应学科的认识活动和问题解决活动所必需的、稳定的心理调节机制，包括对活动的定向调节和执行调节机制，其内涵是系统化和结构化的学科知识技能及核心学科活动经验图式（稳定的学科经验结构）。[1]核心概念是位于学科中心的概念性知识，包括重要概念、原理、理论等基本理解和解释，这些内容能够展现当代学科图景，是学科结构的主干部分，具有概括性和统摄性。[2]

　　学习预期（intended learning outcomes）是学业质量评价设计的核心指标。学习预期是指在结束某门课程或某个主题单元的学习后，关于学生应该知道什么和能够做什么的描述。学习预期是反映学生学习质量和成果的重要维度，需要综合考虑学科核心素养、学科能力和核心概念进行描述。学习预期指标体系是基于学科典型活动任务制定的，是学生在经历一定的学习活动之后，在各类活动任务的解决中所表现出来的、比较稳定的心理特征和行为特征，这种心理和行为特征指向即是学生应具备的学科核心素养和学科能力。学习预期可比作一架梯子，典型活动任务就是梯子的横杆，随着活动任务的不断解决，学科的核心素养和学科能力也在不断地发展与提高，最终指向学生在学习完某个概念主题或某门课程之后的学习成果。

（二）基于证据的学业质量评价

　　基于证据进行推理是学业质量评价设计的基本范式，基于证据的学业质量评价强调在对学生学习活动状况及学业质量水平进行评价时，必须讲究证据、重视证据，必须在充分占有、分析与学生学业表现密切相关的证据信息资料的基础上得出评价结论。学业质量评价中的证据指的是那些能够反映学生在不同课程领域学习活动中身心发展程度和状态的信息资料。

[1] 王磊.学科能力构成及其表现研究：基于学习理解、应用实践与迁移创新导向的多维整合模型[J].教育研究，2016（9）：83-92，125.

[2] 张颖之，刘恩山.核心概念在理科教学中的地位和作用：从记忆事实向理解概念的转变[J].教育学报，2010，6（1）：57-61.

这些信息资料既包括学生在认知领域的行为表现和变化，又涉及技能、情感等方面的发展水平。

1.学业质量评价的证据内容

在学业质量评价中，证据是其核心所在。"以证据为中心"的教育评价设计模型（Evidence-Centered Design，简称 ECD）是美国教育评价领域应用非常广泛的一种模式。该模式的理论基础是梅斯雷弗所倡导的评价本质观，即无论什么类型的教育评价，本质上都是对学生所具备的知识、能力与技能进行推理的，而这种推理需要学生能力的证据作为支持，从而评价可以视为"基于证据进行推理"的一系列过程。ECD 提倡尊重学生的主体地位，关注学生的学习过程，强调在评价学生学习能力、思维发展的过程中收集有力的证据，有效地把测试目的、内容、展现学生能力的证据、分析评价等方面联系在一起。

ECD 评价框架主要由学生模式、证据模式、任务模式、组合模式、呈现模式五个模式组成。学生模式主要回答"测量什么"的问题；证据模式主要回答"怎么测量的问题"；任务模式主要回答"使用什么测量"的问题；组合模式主要回答"测量多少"的问题；呈现模式主要回答"评价看起来怎么样的"的问题，五个模式按照评价的需求进行协同工作（如图2-3所示）。

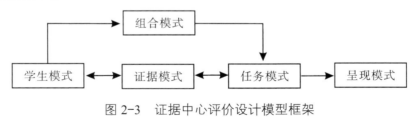

图 2-3　证据中心评价设计模型框架

生物学素养评测方案选用 ECD 中比较重要的学生模式和证据模式，通过学生模式呈现学生在信息技术时代科学领域中需要具备的知识和能力，通过证据模式使评测方案与学生模型的知识能力一一对应，并进行评分（如图2-4）。学生模式定义了评测对象的三种能力类型：信息技术能力、科学探索能力、综合推理能力。证据模式则进一步解析了这些能力，并将其划分为可评测的行为表现进行评估，将试题评测和能力评估连接起来。其中，信息技术能力被分为搜索关键信息的能力、传感器操作能力、使用计算机读取并记录数据的能力；科学探索能力被分为基本知识点的掌握程度、相关知识点的掌握程度、识别并记录关键知识点的能力；综合推理能力被分为计划并实施实验的能力、预测实验的能力、监测得出并解释实验结果的能力、得出一致结论的能力。[1]

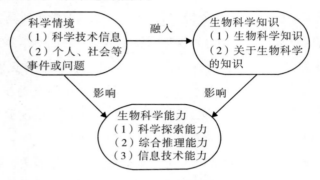

图 2-4　生物学素养评测框架

　　有关学科知识掌握的证据。学科知识以符号表征的形式存在于学科课程中，但对于学生的知识学习而言，学科知识的掌握并不仅仅是对知识符号的记忆或获得，而应进入知识的深处和内核，认识知识的形成过程和逻辑结构，理解知识蕴含的思想和意义，从而实现知识对学生个体的发展价值。所以，学业质量评价中收集有关学生知识掌握的证据信息时，其着眼点不应该只在于表层的知识符号的获得，不能仅仅停留于学生对相关定义、概念、定理、原理、命题等的记忆和背诵，而应特别关注其对知识的深层理解、结构化组织、灵活转换与应用等。

　　有关学科能力形成的证据。收集有关学生学科能力形成的相关证据信息时，不仅要关注学生在各门课程学习中形成的特有学科能力，还要重视其基础性学科能力的培养。同时，还应考虑不同学段学生的水平差异性。

[1] 陈慧珍,刘枳杉,柏毅.高中生物学素养评测方案的设计与实施[J].教育测量与评价,2018(8)：49-55.

另外，鉴于学科能力是外显的、可观察的学习过程质量，因此对其评价应将终结性评价与过程性评价结合起来。收集的证据范围不仅包括学生完成的作业、作品、表现性任务，还包括其在学习过程中使用的学习方式方法、思维方式等。

有关学科核心价值观发展的证据。中小学学业质量评价不仅应重视学生知识、能力的获得，还应关注学生在不同学科学习中所确立的核心价值观。

有关学生学习品质养成的证据。从我国当前教育改革和发展的现实挑战来看，我国基础教育学业质量评价必须重视学生学习品质发展状况的测量与评估。在收集有关学生学习品质的评价证据时，应关注学生在学习活动中体现出来的学习态度、学习动机、学习兴趣以及学习的意志力和坚持性等心理特征和行为表现。

2. 学业质量评价的证据特性

学业质量评价中的证据应具有全面性、相关性和可信度的特征，能够全面反映学生在不同课程领域学习活动中身心发展的程度和状态。全面性指的是评价者以促进学生发展为导向，尽可能地收集能全面反映学生学业质量的相关证据；相关性是指证据材料与评价内容之间存在的不以人的主观意志为转移的客观联系；可信度涉及多个维度和属性，可信的证据必须是真实的、准确的、可靠的。因此，评价者既要收集有关学生学科知识、学科能力掌握的证据信息，又要收集有关学生价值观、学习品质发展方面的证据材料。

3. 如何走向基于证据的学业质量评价

（1）证据意识的形成与强化

证据意识是指人们在学业质量评价活动中对证据作用和价值的一种觉醒和知晓的心理状态，体现了评价者对证据的重视并自觉运用证据的思想觉悟。在学业质量评价中形成和强化评价者的证据意识有利于提高评价活动的合理性和有效性，增强评价结论的科学性和权威性。

（2）证据信息的收集与整理

学业质量评价本质上就是收集关于学生学习状况和学习发展水平的信息，学业质量评价的方式就是收集关于学生学业质量情况的证据的途径。

在进行证据收集之前，需要评价者根据学习目标明确评价的指标体系和评定标准，讨论什么类型、哪些方面的信息和材料能够有效证明学生的学习活动状况或学生的学业表现与发展状态。同时，还要思考可以通过哪些途径、方法和技术获得这些证据。当前，学业质量评价中普遍使用的证据收集方法有纸笔测验法、行为记录法、成长记录袋法、访谈法、问卷法、案例分析法等。除此之外，信息技术和大数据时代的到来也为教育评价的证据收集和整理提供了便捷和技术支持。教师和教育管理者可以通过网络平台和电子信息库等，增补和完善有关学生身心健康、学业进步、个性技能和成长体验等方面的鲜活证据，从而使教育评价过程更加专业、精细和翔实。

（3）证据信息的分析与利用

对证据的评价与分析就是运用科学的方法对收集到的证据进行审核、鉴定、汇总、分类、统计，去粗取精、去伪存真，分析证据的关联性、说服力，通过有针对性的分析而得出评价结论。收集证据是进行评价的前提，分析证据则是评价的重要环节。不同的评价证据应采用不同的方法进行分析处理，考试分数等数据可以通过量化的方式进行分析，而与学生综合素质、实践能力、创新精神、价值观等相关的证据材料则适合采用质性分析的方法进行处理。近年来，在人文社会科学领域国内外开发了许多统计分析软件，这也为教育评价的统计与分析提供了一定的技术支持。[1]

（三）基于生物学学科素养的学业质量评价

当前，国际上的基础教育课程改革都十分关注学生核心素养的发展，将其作为一项重要的教育目标。核心素养是指与职业上的实力、与人生的成功直接相关的，涵盖了社会技能与动机、人格特征在内的统整的能力。[2]2017年版课标凝练了学科核心素养，并将其作为课程目标，同时增加学业质量评价要求，与学科核心素养相结合，划分为若干进阶水平。

1. 核心素养与学业质量评价的关系

学科层面"核心素养"内涵与结构的抽提与凝练，展现了学科知识体

---

[1] 姚林群，戴根元 . 论基于证据的学业质量评价 [J]. 全球教育展望，2016，45（5）：49-57.

[2] 钟启泉 . 基于核心素养的课程发展：挑战与课题 [J]. 全球教育展望，2016，45（1）：3-25.

系与学生全面发展的有效结合，同时也将"教"和"考"有机地融合在一起，把教育教学和考试评价带入了一个共存共荣的新境界。"核心素养"是培养能自我实现与促进社会和谐发展的高素质国民与世界公民的基础。[1] 对于新一轮高考改革来说，考试要以课程标准和高校人才选拔需求为依据，深入理解学科素养对考试命题的指导作用，回应课程标准提出的学科素养要求，创建公平、科学、可操作的考试标准体系，建立新型的学业质量评价观。

（1）核心素养为学业质量评价提供框架设计依据

课程、教学、评价是教育教学中的核心要素，共同支撑起核心素养的整体框架。课程是为学生有效学习设计的内容，其目标是通过教和学的效果，评价教育质量。[2] 教学是培养学生学科关键能力的核心环节，评价是及时监控教学过程和效果的重要手段，三者协调配合，共同构建学生的学业成就表现。[3] 另外，由于发展学生的核心素养是课程设计及实施的依据和目的，因此课堂教学实践以及相应的教育评价都应与核心素养相呼应。[4] 而学业质量评价属于教育评价的一种形式，所以也应该遵循这一关系，将核心素养作为框架设计的重要依据。

（2）学业质量评价是核心素养落地的制约与保障

以核心素养为导向的学业质量标准，解构与重塑了基础教育阶段的学业质量观，有利于引导教师关注核心素养如何落实在课堂教学上，如何体现在学生行为上，清晰地了解不同层次学生的素养表现，并根据实际需求，设计教学方法和策略，选择课程和教学资源。师生也会更加重视课程中的

[1] 辛涛，姜宇，林崇德，等 . 论学生发展核心素养的内涵特征及框架定位 [J]. 中国教育学刊，2016（6）：3-7，28.

[2] 王健，李连杰，单中伟 . 基于评价三角理论的学业质量评价设计 [J]. 中国考试，2019（1）：30-39.

[3] MARTONE A，SIRECI S G.Evaluating alignment between curriculum，assessment，and instruction[J].Review of Educational Research，2009，79（4）：1332-1361.

[4] 同 [2].

有效评价部分的影响，促进教和学。[1] 评估学生的核心素养发展状况，能够为教育的不同阶段提供有效的评价信息。学业质量评价作为重要的教育评价形式，能够制约和保障核心素养的准确落地。[2]

2. 核心素养视域下学业质量评价的本质及定位

尽管我国已有核心素养的明确界定，但就学业质量评价而言，究竟以何为对象、以何内容进行评价却仍比较模糊。我国学者曾指出，如何进行学生评价，如何从知识为本、结果为本的学生评价，真正走向核心素养评价，无疑是难点中的难点、热点中的焦点。[3]

（1）基于核心素养的学业质量评价的本质

有研究提出，素养无法直接观察，只能通过可观察的行为表现推测其具备的某种素养或努力以及行动的倾向或潜能。[4] 也有研究机构提出用"学习结果的层次解构模型"来说明素养的内隐性和整合性，可以评价素养的外在行为表现 [5]。因此，素养的测评就需要从素养的表现程度对学生的复杂行为表现展开评价，而基于核心素养的学业质量评价正是在此理念引领下的较理想的评价方式，凸显其评价的本质特征。[6]

（2）指向核心素养培养的学业质量评价定位

核心素养落实到学业质量评价层面，为有效考查学生核心素养的具备程度，在评价立场、理念和方式上都应有所转变。

评价立场彰显了基于核心素养开展学业质量评价的价值取向。莱恩

[1] RSA.Opening minds：an evaluative literature review[EB/OL].（2012-07-01）[2021-04-25]. https://www.thersa.org/reports/opening-minds-an-evaluative-literature-review.

[2] 李如密，姜艳.核心素养视域中的教学评价教育：原因、价值与路径 [J].当代教育与文化，2017，（6）：60-66.

[3] 孔凡哲.从结果评价走向核心素养评价究竟难在何处 ?[J].教育测量与评价，2016（5）：1.

[4] HUTMACHER W.Key competencies for Europe.Report of the Symposium[R].Berne：Council for Cultural Cooperation，1996：4.

[5] U.S.Department of Education，NCES.Defining and Assessing Learning：Exploring Competency-Based Initiatives[R].Washington，D.C.，2002：8.

[6] 恽敏霞，彭尔佳，何永红.核心素养视域下学业质量评价的现实审视与区域构想 [J].教育发展研究，2019，39（06）：65-70.

（A.G.Ryan）[1]、艾坎海德（G.Aikenhead）[2] 等学者提出的各种范式都有明确的评价立场。指向核心素养的学业质量评价更趋向于综合化、整体性地服务于学生的全面发展和终身发展。[3]

评价理念凸显了教育教学的可持续评价观念，三种发展观都在一定程度上展示了评价的重要意义。[4] 素养评价不仅要突出学科内的核心素养维度要求，还要关注超越学科界限的人际、内省、信息领域的素养表现与发展评价。[5]

评价方式从实践上看，课标对素养整体及其层级的描述，在宏观上提供了评价赖以依托的表现标准，是对标准建设的最大贡献。具体到学业水平评价制度上，就需要整体化、结构化设计，要让学生通过每门课程的学习为自身的终身发展奠定基础。具体到不同学习领域与课程，其评价方式也需要根据课程特点而制定。

总之，基于核心素养的学业质量评价是一个系统工程，需要我们把传统的考试领入这一崭新领域。只有贯彻课标整体评价理念，才能取得高质量的节点评价。研究学科素养的梯次评价要求，研究评价操作要领和方式，就成为评价实践的重要课题。

学业测评理论相关研究正以素养发展为导向，走向育人为本的发展之路，焦点为学业测评概念的重构、依据的更新、目的的转向、手段的变革以及民族性的彰显。评价主题从单一简化体系走向多元化综合模式，从基于课程标准的测评走向基于学业质量标准的测评，从判断学生在测试中的表现走向如何让学生成为更好的学习者，从纸笔测评走向自适应的计算机

[1] RYAN A.G.Program evaluation within the paradigm：mapping the territory[J].Knowledge：Creation，Diffusion，Utilization，1988，（1）：25-47.

[2] AIKENHEAD G S. A framework for Reflecting on Assessment and Evaluation[R].Seoul：International Conference on Science Education，1997.

[3] 邵朝友.评价范式视角下的核心素养评价 [J].教育发展研究，2017，37（4）：42-47.

[4] 辛涛，姜宇.基于核心素养的基础教育评价改革 [J].中国教育学刊，2017，（4）：12-15.

[5] 王俊民，林长春.核心素养评价的基本问题探析 [J].中小学教师培训，2018，（11）：28-32.

测评，从立足国际性走向自觉追求本土化。[1]

（四）学习进阶理论

学习进阶（learning progressions）是近年来西方科学教育领域的研究焦点之一。2012 年，美国《新一代科学教育标准》的前期框架《K-12 科学教育的框架：实践、交叉观念和核心概念》（A framework for K-12 science education：practices，crosscutting，concepts，and core ideas），以学习进阶的形式呈现学科核心观念和科学实践的学段发展，并将之运用到评价领域。2013 年正式颁布的美国《新一代科学教育标准》（NGSS）则贯穿着学习进阶研究的成果和思想，学习进阶是其中不可或缺的关键词。[2-3]

1.学习进阶的内涵及特点

学习进阶是对学生在各学段学习同一主题概念时所遵循的连贯的、典型的学习路径的描述，一般呈现为围绕核心概念展开的一系列由简单到复杂、相互关联的概念序列。[4]

对学习进阶的掌握，实质在于把握其独有的特征。这些特征包括以下几点：（1）以学科融合为背景。学习进阶的设计和运用绝非是单学科所能完成的，它往往包含了科学教育、心理认知、人文科学等多方面的知识，是各学科之间相互联系、相互融合的结晶。（2）以核心概念为中心。学习进阶是围绕着学科核心概念构建而成的，核心概念在学习进阶的设计中起到了"中心骨架"的作用。（3）以实证研究为基础。从对学习进阶的界定中可以看出，学习进阶是基于实证的假设，这就意味着学习进阶的开

[1] 陈瑞生.学业测评理论研究的新趋势：凸显育人为本 [J].课程·教材·教法，2014，34（2）：39-46.

[2] 王磊，黄鸣春.科学教育的新兴研究领域：学习进阶研究 [J].课程·教材·教法，2014，34（1）：112-118.

[3] 李佳涛，王静，崔鸿.以"学习进阶"方式统整的美国科学教育课程：基于《K-12 科学教育框架》的分析 [J].外国教育研究，2013，40（5）：20-26.

[4] 张玉峰.基于学习进阶的科学概念教学内容整合 [J].课程·教材·教法，2019，39（1）：99-105.

发是一个假设与验证、理论与实践不断交替、逐步完善的过程，这个过程既包括学习进阶框架本身的完善，又包括相关测评试题的修订和补充。（4）强调进阶途径多样性。学习进阶的确定并不意味着学生发展轨迹的唯一性。相反，由于学生教育背景的不同、个体差异的存在等原因，其学习发展的路径也不尽相同，即便是同一个学习进阶，不同学生到达各个水平的时间，对每个水平上概念知识的掌握程度也不会完全相同。[1]

2. 学习进阶与学业质量评价

学习进阶具有教育评价的功能。在法案《不让一个孩子掉队》（NCLB）通过之后，美国国家自然科学基金会（National Science Foundation，简称 NSF）责成美国国家与研究理事会（National Research Council，简称 NRC）设计一个能够为各州提供指导的高质量科学教育评估体系，用以贯彻 NCLB "要求各州提高学生科学成绩，并且缩小不同背景学生的成绩差异"的指导思想。NRC 经过充分的调研，最终提出在大时间跨度中评价学生对学科核心内容理解力和科学实践能力的主张。[2] 随后，一批研究者加入旨在反映学生学习随时间发展变化的形成性评价的研究。其中，威尔逊和斯隆等人提出的伯克利评估系统（The BEAR Assessment System，简称 BAS）最具影响力。不同于传统标准化测试，BAS 嵌入到日常的课堂教学任务中，将学习目标、教学目标和评价目标相匹配，构建学生认知发展与外显行为表现的进阶模型，以此来帮助教师测试学生的能力水平，并设计朝着课程目标发展的教学活动。克莱斯根思（Claesgens）开发的 ChemQuery 评价系统以化学核心概念为框架，应用项目反应理论（IRT）进行标准参照分析，刻画和测量学生化学核心概念理解的路径。[3] 李（Lee）等致力于评估学生在物质科学、生命科学和地球科学等不同学科领域中，

[1] 皇甫倩，常珊珊，王后雄. 美国学习进阶的研究进展及启示 [J]. 外国中小学教育，2015（8）：53-59，52.

[2] 袁媛，朱宁波. 探析国外科学教育领域的"学习进阶"研究 [J]. 外国中小学教育，2016（7）：59-64.

[3] CLAESGENS J，SCALISE K，WILSON M，et al.Mapping student understanding in chemistry：the perspectives of chemists[J].Science Education，2009，93（1）：56-85.

对能量概念理解的发展状况，并根据概念的数量和学生用来生产解释的链接创建了一个能量概念的六层次发展模型。[1] 阿朗佐（Alonzo）对学生关于"力和运动"概念的理解力发展进行了详细的探讨。他通过对比分层多选项目和反思课程项目在评价学生概念理解水平上的差异，发现分层多项选择项目能提供对学生概念发展更精确的诊断，建议以此作为评价认知以及引导学生理解概念的手段。学习进阶源于教育对形成性评价的需要，所以学习进阶诞生之时就带着强烈的教育评价色彩。[2]

虽然在研究者们不断的努力下和先进测量模型的监测下，研究工具的信度、效度和精细化程度已经达到空前水平，但在未来的进阶研究中测量工具改进和开发仍是关键。问题集中体现在以下几个方面：（1）当前的研究工具多面向大范围测评，属于终结性评价，缺乏形成性测试工具；（2）如果学习进阶融合科学概念的理解和实践能力的培养，那么仅局限于纸笔测试将难以满足要求；（3）精巧的研究工具和复杂的测量模型难以被教学实践者掌握。从现代教育测量的发展来看，基于电子测评系统的自适应组卷测验、对应开发相应的操作类任务和网络化的教研支撑体系将有助于上述问题的解决。[3]

3. 学习进阶的应用

教育和心理领域都很关注学生的学业成长，因此学习进阶在评价方面的应用表现在两个方面。

首先，基于将测试同学科的不同水平的测验转换到同一份数量尺上的垂直量尺化（vertical scaling）方法获得广泛应用，而将学习进阶与垂直量尺化结合能更有效刻画学生的学业增长。在实际测量中，为客观评价教师和学校在学生学业发展中的作用，评价学生学业增长往往基于常模参照，

[1] LEE H S，LIU O L.Assessing learning progression of energy concepts across middle school grades：the knowledge integration perspective[J].Science Education，2010，94（4）：665-688.

[2] ALONZO A C，STEEDLE J T.Developing and assessing a force and motion learning progression[J]. Science Education，2009，93（3）：389-421.

[3] 姚建欣，郭玉英.为学生认知发展建模：学习进阶十年研究回顾及展望[J].教育学报，2014，10（5）：35-42.

即在具有相同初始能力或特质的学生群体中评价学生的增长。基于学习进阶的垂直量尺设计将形成性评价与终结性评价相结合，一方面提供学生在总体中的位置，另一方面提供概念掌握进程中学生所处的位置，有助于教师和家长的理解。[1]

其次，自适应学习是当今心理和教育领域的研究热点，学习进阶的建立和发展能够应用到自适应学习的理论和实践中。学习进阶作为学生概念理解和认知发展路径的细致呈现，包含了每一个进阶水平所需达到的学业表现或期望达到的学业表现，基于学习进阶的评价系统还包括有效评价学生所处学习进阶水平的题目，所以理论上基于学习进阶的自适应学习系统更加科学。实践中，通过诊断出学生所处的进阶水平，可让其有针对性地练习该水平的题目，还能让教师更加明确学生概念理解的发展水平，能够通过不同的学习路径确定合适学生的知识获取方案。[2-3]

学习进阶更多的是关注学生在不同学段上具体的学习表现，这给了我国教学研究者们极大的启发。教师在日常教学活动中应改变视角，从微观处着眼，留心学生在学习过程中出现的一些不易被察觉到的"小错误""小反常"，认真分析其背后的深层原因。分析原因的目的在于：一方面，能够为教师积累教学经验，为后续教学的有效开展打下坚实的基础；另一方面，能够让广大教育研究工作者意识到，在学习进阶中测评工具对于分析学生成就水平、解释学生学习行为等方面的重要性。这就为日后我国教学研究中测评工具的开发、测评标准的设置、测评内容的选择指明了新方向，即测量评价系统不应只局限于对学生学业结果的评价，更要将其与学生学习中的具体表现结合起来，用于解释不同学段学生异常学习行为背后所反映出来的知识和能力水平。[4]

[1] 高一珠，陈孚，辛涛，等．心理测量学模型在学习进阶中的应用：理论、途径和突破 [J]．心理科学进展，2017，25（9）：1623-1630．

[2] 韦斯林，柳秀峰，王祖浩．基于 Rasch 理论的计算机模型教学测验的设计与应用 [J]．中国电化教育，2014（7）：139-144．

[3] 同 [1]．

[4] 皇甫倩，常珊珊，王后雄．美国学习进阶的研究进展及启示 [J]．外国中小学教育，2015（8）：53-59，52．

二、多元化评价的理论

20 世纪 90 年代以来，多元化评价在美国、英国以及我国的台湾和香港相继兴起，多元化评价注重评价的整体性，给学生以弹性化、人性化的发展空间，强调评价方式的多元化、评价参与者的多元化、评价内容的多元化。实质是全方位真实地评价学生的潜能、学业成绩，以提供教学改进信息，促进学生的全面发展。多元化评价来自多元智力理论和建构主义理论。

（一）加德纳的多元智力理论

多元智力理论（theory of multiple intelligences，简称 MI 理论）由美国教育学家和心理学家加德纳（H. Gardner）提出，是一种全新的人类智能结构的理论。加德纳于 1983 年在其《智力的结构》一书中首先系统地提出多元智力理论，并于 1999 年在《智力的重构——21 世纪的多元智力》一文中发展和完善了人类智能结构理论。该理论认为，智力是在一种文化环境中个体处理信息的生理和心理潜能，这种潜能可以被文化环境激活以解决实际问题和创造该文化所珍视的产品。[1] 加德纳认为，人的智力是多元的，除了言语智力和逻辑—数学智力两种基本智力以外，还有视觉—空间、音乐—节奏、身体—运动、人际交往、自我内省、自然观察者六种智力与之并存。[2]

践行该评价观至少应该具备以下特征：其一，评价多维度。不同个体在不同智力领域、同一智力领域上的发展程度均存在差异，因此对个体开展的评价内容和标准应是多元的、分层的。其二，评价反馈注重描述性。评价是为了促进学生全面发展，详细的描述性反馈就是必须有的内容。其三，评价指向深层次能力。加德纳倡导"为理解而教"的教育模式，倡导在教学中选择较少的主题而开展深入的探讨从而帮助学生提升多项智力，由此可以看出，评价过程需要基于学生在特定情境中的表现以对个体的深层次能力开展评价。

[1] 周文叶 . 中小学表现性评价的理论与技术 [M]. 上海：华东师范大学出版社，2014.
[2] 范翠英，孙晓军 . 青少年心理发展与教育 [M]. 武汉：华中师范大学出版社，2013：94.

对智力的新认知导致与智力相关的评价发生改变，多元智力理论评价观的核心是一种"全人观"，它认为评价要给每个学生创造成功的机会，让学生发现自己的优势智能领域和不足之处，尽可能使自己在多方面得到充分发展[1]。多元智力理论对我们今天在教育教学评价方面有着重要的启示。

1. 倡导弹性的、多要素的智力观

多元智力理论中的各种智力不是以整合的方式存在，而是相对独立的，各自有着不同的发展规律并使用不同的符号系统。因为每个人的智力都有独特的表现方式，每一种智力又有多种表现方式，所以我们很难找到一个适用于任何人的统一的评价标准，来评价一个人的聪明和成功与否。在正常条件下，只要有适当的外界刺激和个体本身的努力，每一个个体都能发展和加强自己的任何一种智力。影响一个人的智力发展的因素有三种，即先天资质、个人成长经历和个人生存的历史文化背景。这三种因素是相互影响、相互作用的，虽然人的先天资质对智力的类型起决定作用，但智力发展水平的高低取决于个体后天接触到的历史文化教育活动。

2. 提倡全面的、多层次的人才观

人才的培养主要取决于后天的环境和教育作用。社会的发展需要多样化、层次化和结构化的人才群体，每个学生都有一种或数种优势智力，只要教育得法，每个学生都能成为某方面的人才，都有可能获得某方面的专长。传统的智力观和偏重语言、数理逻辑智力培养的教学观与评价观，极大地抑制了多样化人才的培养，忽视了许多个人潜质的开发，必须迅速予以改变。

3. 倡导个性化的教学观

每个学生都具有在某一方面或几方面的发展潜力，只要为他们提供合适的教育和训练机会，他们相应的智力水平都能得到发展。因此，教育应该为学生创设多种多样的，有利于发现、展现和促进各种智力发展的情景，为学生的学习提供多样化的选择，使学生能扬长避短，激发潜在的能力，充分发展个性。在注重全面发展学生的各种智力的基础上，更加注重个性

---

[1] 罗宇佳 . 高等学校音乐表演专业学业表现性评价研究 [D]. 西安：陕西师范大学，2012.

的发展，将"全面发展"与"个性发展"有机地统合起来，教学就是要尽可能创设适应学生优势智力发展的条件，使每个学生都能成才。由于不同的智力领域都有自己独特的发展过程和所依托的不同符号系统，因而不同的教学内容需要运用不同的教学技术，以适应不同的智力特点。即使是相同的教学内容，针对每个学生的不同智力特点、学习风格和发展方向，教学时也应当采用丰富多样的、适应性的、有广泛选择性的方法和技术。

4. 倡导多样化、发展性的评价观

主张通过多种渠道、采取多种形式、在多种不同的实际生活和学习情境下进行的，切实考查学生解决实际问题的能力和创造出初步产品（精神的物质的）的能力的评价，是一种超越了传统的以标准的智力测验和学生学科成绩考核为重点的评价取向。这种评价观坚持三大评价标准——必须是智力展示、必须具有发展眼光、必须和学生建议的活动相关联。主张评价是手段而不是目的，从单一的纸笔测验走向多种多样的作品评价，从重视结果评价走向基于情景化（专题作业作品集）的过程性评价，推崇的是一种更自然、对情景更敏感、生态学上更可行的评价方式，评价是双方参与的一项活动。

学生评价应对学生发展发挥更大的促进作用。教育者应通过多种渠道、多种方式对学生进行评价，以使每个学生都能通过适合其智力特点的途径展现自己的知识和能力，为我们评价内容设置的开放性和选择性、评价方法的多样性提供理论依据。基于多元智力理论，我们可能需要考虑摒弃以标准的智力测验和学生学科成绩考核为重点的评价观，树立多元化的评价观。[1]

（二）现代建构主义学习理论

建构主义心理学的提出被视为"教育心理学的一场革命"，兴起于20世纪80年代。与之相对应的建构主义学习理论来源于认知加工学说以及皮亚杰、维果斯基、布鲁纳等人的思想。建构主义学习理论认为学习是个体在原有知识经验基础上，积极主动地进行意义建构的过程，即根据自

---

[1] 琳达·坎贝尔，布鲁斯·坎贝尔.多元智能与学生成就[M].刘竑波，张敏，译.北京：教育科学出版社，2003：11.

己的经验背景，对外部信息进行主动地选择、加工和处理，从而获得自己的有意义学习。建构主义主张世界是客观存在的，但是对事物的理解却是由每个人自己决定。不同的人由于原有经验不同，对同一事物会有不同理解。建构主义学习理论认为，学习是引导学生从原有经验出发，"生长"（建构）出新的经验。

建构主义从研究视角层面分为个体建构主义和社会建构主义。个体建构主义与认知学习理论有很大的连续性，认为学习是一个意义建构的过程，是学习者通过新旧知识经验的相互作用，来形成、丰富和调整自己的认知结构的过程。学习是一个双向的过程，一方面把新知识纳入已有的认知结构中，获得了新的意义；另一方面，原有的知识经验因为新知识的纳入，而得到了一定的调整或改组。如探究式学习就是个体建构主义的观点在具体教学中的运用。社会建构主义认为，学习是一个文化参与的过程，学习者是通过参与到某个共同体的实践活动来建构有关的知识。学习不仅是个体对学习内容的主动加工，而且需要学习者进行合作互助。因此社会建构主义更关注学习和知识建构背后的社会文化机制，认为不同文化、不同环境下，个体的学习和问题解决之间存在着很大的不同。建构主义学习理论的基本观点有以下几个方面。

1. 建构主义知识观

建构主义在一定程度上质疑知识的客观性和确定性，强调知识的动态性。具体体现在以下方面。（1）知识并不是对现实的准确表征，只是一种解释、一种假设。（2）知识也不是问题的最终答案，它会随着人类的进步而不断被改正并随之出现新的解释和假设。知识并不能概括世界的法则，在具体问题中，并不能拿来便用、一用就灵，而是需要针对具体情境进行再创造。（3）知识不可能以实体形式存在于具体个体之外，虽然我们通过语言符号赋予了知识一定的外在形式，但是学习者仍然会结合自己已有的知识经验背景进行分析与理解，并最终建构属于自己的知识。

2. 建构主义学习观

建构主义学习观强调学习的主动建构性、社会互动性和情境性三方面。（1）学习的主动建构性。建构主义认为，学习不是由教师向学生传递知识的过程，而是学生建构自己的知识的过程；学习者不是被动的信息吸收者，而是主动的信息建构者。（2）学习的社会互动性。学习者和学习都不是孤立存在的，学习是通过对某种社会文化的参与而内化相关知识和技能、掌握有关工具的过程。这一过程常常通过一个学习共同体的合作互动来完成。（3）学习的情境性。建构主义者提出了情境性认知的观点。强调学习知识和技能的情境性，认为知识不可能脱离活动情境而抽象存在，知识存在于具体的或情境式的或可感知的真实活动中，只有通过实践活动才能真正为人所了解。学习应该与情境化的实践活动相结合，通过对某种社会实践的参与而逐渐掌握有关的社会规则、活动程序等，从而形成相应的知识。

3. 建构主义教学观

由于知识的动态性、相对性和学习的建构过程，教学不再是传递客观而确定的现成知识，而是激活学生原有的相关知识经验，促进知识经验的"生长"，促进学生的知识建构活动，以实现知识经验的重组、改造和转换。建构主义理论在教学中的应用主要有以下几个方面。

（1）支架式教学：进入情境—搭建支架（引导探索）—独立探索—协作学习—效果评价。（2）抛锚式教学（情景教学）：创设情境—确定问题—自主学习—协作学习—效果评价。（3）随机通达教学（随机进入教学）：呈现基本情境—随机进入学习—思维发展训练—小组协作学习—学习效果评价。（4）认知学徒制：示范—指导（训练）—隐退。（5）探究学习：基于问题解决活动。（6）合作学习：以小组为单位，组间同质、组内异质。

4. 建构主义学生观

建构主义强调学生经验世界的丰富性，强调学生的巨大潜能，指出学生不是空着脑袋走进教室的。强调学生经验世界的差异性，每个人有自己的兴趣和认知风格，所以在具体问题面前，每个人都会基于自己的经验背景形成自己的理解，每个人的理解往往着眼于问题的不同侧面。因此，教学不能无视学生的这些经验另起炉灶，而是要把学生现有的知识经验作为新知识的生长点，引导学生从原有的知识经验中"生长"出新的知识经验。

5. 建构主义教师观

建构主义把教师看成是学生学习的帮助者和合作者。在教学活动中，教师通过帮助和支持引导学生从原有知识经验中"生长"出新的知识经验，为学生的理解提供"梯子"，使学生对知识的理解逐步深入；帮助学生形成思考和分析问题的思路，启发他们对自己的学习进行反思，逐渐让学生对自己的学习能自我管理、自我负责。教师还应创设良好的、情境性的、富有挑战性的、真实的、复杂多样的学习情境，鼓励并协助学生在其中通过实验、独立探究、讨论、合作等方式学习；组织学生与不同领域的专家或实际工作者进行广泛的交流，为学生的探索提供有力的社会性支持。

基于建构主义的学习理论，尤其是其中的知识观、学习观、教学观的核心思想，强调在教学中教师要唤醒学生类似的生活经历，调动学生已有的知识储备，促进学习。教学活动必须建立在学生已有的知识经验基础上，学生学习的过程是在教师的帮助和引导下自我建构、自我生成的过程，这也是新课程改革的基本理念。因此，作为在新课改背景下的教师，在课堂教学中要尊重学生已有的知识与经验，不断强化学生的能动意识，使学生认识到，学习过程不是消极的"等、靠、听、记"，也不单是信息的简单累积过程，而是一个新旧知识经验之间双向的相互作用、相互促进的过程，是主动进步与发展的过程。建构主义学习理论对当前教育实践有着重要启示：

（1）从建构主义的知识观出发。建构主义强调知识是个体对于现实的理解和假设，其受到特定经验和文化等的影响。因此每个人对知识所建构的理解是不同的。教师在教育教学过程中应当要更加重视学生的个性化特点，因材施教。教育教学不是对所有的学生传授完全相同的原理知识，而是要让每个学生能够按照他的知识经验建构新的知识内容。

（2）从建构主义的学习观出发。建构主义认为学生是意义的主动建构者，而不是被动接受者。因此，在教学过程中，除了知识的传授，还应当充分发挥学生的主体地位，强调学生的自主性和能动性，使学生在学习过程中能主动发现、分析、解决问题。教师是学生学习的帮助者和引导者，师生之间是共同学习的伙伴和合作者。

（3）从建构主义的教学观出发。教学不再是传递客观而确定的现成知识，而是激活学生原有的相关知识经验，促进知识经验的生长和知识建构，以帮助学生实现知识经验的重组、改造和转换。因此，在教学中，应当注意学生的有意义建构，通过适当的教学策略启发学生自主建构认知结构；要尊重学生的观点和经验、重视与学生相关的问题和学生关注的问题，针对学生的观点和经验进行教学，在教学中坚持"少而精"的原则。

（4）从建构主义的多元化评价观出发。皮亚杰的建构主义在学生评价方面强调用多元化评价方法，认为学习应着眼于解决生活中的实际问题，应在具体情境中进行，学习的效果在情境中评估；强调过程性评价，尤其关注和重视学生在学习过程中所表现出来的发现知识、认知策略、自我监控、反省与批判思维、探究与创新能力的评价；反对"答案唯一性"的评价，提倡开放的、多解的多元化评价，以充分反映学生知识建构过程中的不同水平差异；主张在真正的现场活动中获取、发展和使用认知能力，提倡在真实情景中通过让学生完成操作任务来进行教学的真实性教育，对学生学习结果的评价建立在高度情境化的操作任务上，即提倡采用"真实性评量"和"操作性评量"等多元化的方法。

（三）布卢姆的掌握学习理论

20世纪60年代，美国以布鲁纳的结构主义课程理论为指导，进行了轰轰烈烈的课程改革，旨在为美国社会培养未来的科学家，以提高美国的科学技术水平。然而，这场改革因为过分强调理论化，导致美国教育质量下降，学校出现了大量的不能掌握课程内容的"学困生"。面对这样的现实，布卢姆响亮地提出了"教育功能是挑选不是发展"的质疑，并提出了"掌握学习理论"。

布卢姆是美国著名的心理学家和教育学家，他早期专注于考试、测量和评价方面的研究，20世纪70年代后开始从事学校学习理论的研究。构成布卢姆教学理论体系的四个重要组成部分分别是教育目标分类学、掌握学习理论、教育评价理论和课程开发理论。其中教育目标分类学可以说是该理论体系的基础，掌握学习理论是核心，该理论为我们将多样性评价、形成性评价与总结性评价相结合提供了理论依据。[1]

布卢姆等人把教育目标分为三个领域，即认知领域、情感领域和动作技能领域。在每个领域中都按层次由简单到复杂将目标分为不同类型，还可以将每一个类型进一步细化区分为若干个亚类。如认知领域的目标分类包括知道、领会、运用、分析、综合、评价；情感领域的目标分类包括接受、反应、价值评价、组织、有价值或价值复合体形成的性格化。

1. 基本原理

所谓"掌握学习"，就是在"所有学生都能学好"的思想指导下，以集体教学（班级授课制）为基础，辅之以经常、及时的反馈，为学生提供所需的个别化帮助以及所需的额外学习时间，从而使大多数学生达到课程目标所规定的掌握标准。布卢姆认为只要给予足够的时间和适当的教学，几乎所有的学生对几乎所有的内容都可以达到掌握的程度（通常能完成80% ～ 90% 的评价项目）。学生学习能力的差异不能决定他能否学习要学的内容和学习的好坏，而只能决定他将要花多少时间才能达到该内容的掌握程度。换句话说学习能力强的学习者可以在较短的时间内达到对该内容的掌握水平，而学习能力差的学习者则要花较长的时间才能达到同样的掌握程度。

在掌握学习程序中，先将学习任务分成许多小的教学目标，再将教程分成一系列小的学习单元，后一个单元中的学习材料直接建立在前一个单元的基础上。每个学习单元中都包含一小组课，学习时间为 1 ～ 10 小时。然后教师编制一些简单的诊断性测验，这些测验提供给学生对相应单元中的目标掌握情况的详细信息。达到了所要求的掌握水平的学生可以进行下一个单元的学习，若成绩低于所规定的掌握水平就应当重新学习这个单元的部分或全部，然后再测验直到掌握。

布卢姆的掌握学习教学原理是建立在卡罗尔关于"学校学习模式"的基础上的。卡罗尔认为，学习的程度是学生实际用于某一学习任务上的时间量与掌握该学习任务所需的时间量的函数，即学习程度 = f（实际用于

---

[1] 陈伟国，何成刚.历史教育测量与评价 [M].北京：高等教育出版社，2003：45.

学习的时间 / 需要的时间）。实际用于学习的时间是由机会（即允许学习的时间）、毅力和能力倾向三个变量组成的。需要的时间由教学质量、学生理解教学的能力和能力倾向三个变量组成的。布卢姆接受了上述卡罗尔"学校学习模式"中的五种变量（其中两种能力倾向为一个变量），将其作为掌握学习教学理论的变量。

（1）允许学习的时间。它是指教师对学生完成一定的学习任务所明确规定的时限。布卢姆和卡罗尔一样，认为学生要达到掌握水平，关键在于时间的安排要符合学生的实际状况。如果学生有足够的时间去学习，则绝大多数都能达到掌握水平。为此，他认为教师应做到以下两点：①改变某些学生所需的学习时间。如师生有效地利用时间，可以大大减少大多数学生的学习所需时间。②找到为每个学生提供所需时间的途径。当然布卢姆也承认，学生掌握某一学习任务所用的时间易受其他变量影响。

（2）毅力。布卢姆认同卡罗尔对毅力的与众不同的解释，认为毅力就是指学生愿意花在学习上的时间，还认为毅力与学生的兴趣、态度有关。如果学生的学习不断获得成功或奖励，那他就乐于在一定的学习任务中花更多的时间；反之，当他在学习过程中受到挫折或惩罚，必然会减少用于一定的学习任务的时间。因此，布卢姆认为应通过提高教学质量来减少学生掌握某一学习任务所需要的毅力。

（3）教学的质量。在布卢姆和卡罗尔看来，教学的质量指教学各要素的呈现、解释和排列程序与学生实际状况相适合的程度。布卢姆认为教学的要素是：向学生提供线索或指导；学生参与学习活动的程度；给予强化以吸引学生学习；反馈—矫正系统。由于每个学生在完成某一学习任务时，其认知结构各有特点，使他们对教师提供的线索或指导等有不同的需求，故教师应寻找对学生最适合的教学质量。他认为如果每一个学生都有一个了解该生实际状况的个别辅导者，那么他们大多能掌握该学科。布卢姆指出，教学质量评价的主要依据应是每个学生的学习效果，而不是某些学生的学习效果。

（4）理解教学的能力。布卢姆和卡罗尔对理解教学的能力的看法相同，认为它是学生理解某一学习任务的性质和他在学习该任务中所应遵循的程序的能力。布卢姆认为理解教学的能力主要取决于学生的言语能力。目前绝大多数学校采取班级授课制，一位教师面对几十个学生。如果某些学生不善于理解教师讲解的内容和教科书内容，学习就会遇到困难。所以，只有改进教学，如通过小组交流、个别对待、有效地解释教科书、视听方法的运用与学习性游戏等一系列教学活动，才能使每一个学生提高言语水平，并发展其理解教学的能力。

（5）能力倾向。布卢姆和卡罗尔的观点相同，他们对能力倾向的定义均独树一帜：能力倾向是学生掌握一定的学习材料所需要的时间。因此，只要有足够的时间，大多数学生都能完成一定的学习任务。这就是说，能力倾向只是学习速度的预示，而不是学生可能达到的学习水平的预示。布卢姆不相信能力倾向是完全不变的。有证据表明，通过提供适当的环境条件和在学校、家庭中的学习经验，改变能力倾向是可能的。

布卢姆认为在上述掌握学习教学的五种变量相互作用下，都会对教学效果产生影响。教师的任务是控制好这些变量及其关系，使它们共同对教学发挥积极的作用。

2. 主要内容

布卢姆的掌握学习理论可设计到教育目标、教学过程、教育评价、课程标志、教材教法、教育研究、早期教育、才能发展等领域。布卢姆侧重对学生学习过程的评价，并把评价作为学习过程的一部分。评价或测试的目的在于如何处理所测到的学生水平和教学效用的证据。因此，测试不仅仅是要了解学生学习多少内容，也是一种矫正性反馈系统，以此及时了解教学过程中的每一阶段是否有效并采取相应措施。

（1）学生具备必要的认知结构是掌握学习的前提

布卢姆是认知派心理学家。他认为，学生具备从事每一个新的学习任务所需的认知条件越充分，他们对该学科的学习就越积极。学生原有的认知结构决定着对新知识的输入、理解和接纳，对学习结果及其以后学习都有重大的影响。所以，布卢姆强调学生在学习前应具备所需的认知结构。由于不同学生的认知结构在数量和质量上存在着差异，布卢姆主张教师在学期初，应先对学生进行诊断性评价。目的是确定学生是否具备了先决技能、先决态度和先决习惯；鉴定学生对教学目标的掌握程度；辨别学生需要帮助的程度。然后根据诊断性评价的结果，为学生提供预期知识，使教学适合学生的需要和背景。

（2）学生积极的情感特征是"掌握学习"的内在因素

布卢姆认为，学生成功地学习一门学科与他的情感特征有较高的相关性。具有较高学习动机、对学习有兴趣、能积极主动学习的学生，会比没有兴趣、不愿学习的学生学得更快更好。教师在教学中能否充分注意并合理满足学生的情感需要，对学生的发展具有非常重要的作用。教师应尽可能让每个学生都有一个好的学习体验，获得成功的快乐，在一次又一次的成功体验中，学习的愿望得到加强，学习的内驱力也会大大增强。

（3）反馈—矫正系统是掌握学习的核心

布卢姆指出，掌握学习策略的实质是群体教学并辅之以每个学生所需的频繁的反馈与个别的矫正性的帮助。教学过程的每个步骤都必须通过评价来判断其有效性，并对教学过程中出现的问题进行反馈和调整，从而保证每一个学生都能得到他所需要的特殊帮助。

反馈—矫正通常分四步。首先，每堂课结束前留 10 分钟左右的时间，用课前编制好的几个突出反映"目标"的小题目进行检查。检查的方法灵活，个别提问、集体回答，口答、笔答都可采用。目的是使回答者所学知识得到强化，听者知道错在何处并知道如何补救。其次，在每个单元结束时进行一次形成性测试。测试突出"目标"中规定的重点、难点，涉及本单元的所有新知识。再次，根据形成性测试的结果，进行个别补救教学。个别补救教学最有效的方法是：将学生按学习成绩分成四到五人一组的学习小组，引导"掌握"者做"未掌握"者的小老师，互相帮助，这样既帮助未掌握者深化理解，又帮助未掌握者找出错误所在并及时纠正。最后，进行第二次形成性测试，对象是在第一次测试中"未掌握"而接受辅导、矫正的学生，内容是在第一次测试中做错的题目，目的是获得反馈信息，了解有多少人经过矫正达到了掌握，能否进行下一次单元的教学。

3. 操作流程

掌握学习的基本操作流程为：学生定向—常规授课—揭示差错—矫正差错—再次测评—总结性评价。

学生定向阶段主要是教师告知学生学习目标。教学开始时，教师需要为学生的掌握定向，向学生说明掌握学习的策略、方法与特点，使学生了解学习的方向并树立能够学好的信心以及形成为掌握而学的动机。这是为了使学生适应所要采用的操作程序。教师应向学生表明其信心：大多数学生能够高水平地学会课程的每一单元或教科书的每一章的内容；如果学生在学习每一单元时尽力去达到掌握水平，那么他们就会在为分等级而进行的测试与考核中做得十分出色。学生应当懂得分等级是根据既定的标准，而不是依据在班里的次序。这就是说，只要他们的表现可以证明得分正当，所有人都可能得到最高的等级。每个学生的学习等级以期末的成绩为依据，达到标准都将获得优良。

教师应当明确需要额外时间与外界帮助的学生可以得到的一切辅助，如得到一些供选择的学习程序或矫正方法，以帮助他们掌握所学知识，并尽快掌握在每次形成性测试时那些难以理解的概念。教师还应强调，那些需要额外努力的学生将会发现他们逐渐地只需要越来越少的额外时间，便可掌握每一新的单元或章节的内容。教师应该告诉学生，他们在学习过程中一定会激发起更大的兴趣，发现更多的乐趣，而且在经历了这样的学习过程后所获得的经验将最终帮助他们学习其他学科，以达到比往常更高的水平。

教师还应说明，在掌握学习实验教学中，常规班与实验班所用的学习材料完全一样。所不同的是实验班在每个学习单元结束时进行一次形成性测试（形成性测试 A），为师生提供反馈，以便及时发现学习中的问题，并采取矫正性措施使问题得到解决。然后在两天内对学生进行第二次平行形式的形成性测试（形成性测试 B），这一次学生只需回答第一次测试时未做对的问题。

常规授课，即学生定向阶段以后，教师用群体教学方法讲授第一单元，实验班及常规班都给予学生相同的学习时间。揭示差错，即完成这个单元内容学习之后，教师要对全班学生进行单元形成性测验。然后对这一测验打分（通常由学生自己评分），以便确认哪些题目做对了，哪些做错了。

教师给出解答方案或正确的答案，学生自己给测验打分。宣布表示掌握的分数（通常是试题数量的 80%～85%）后，通过举手或其他手段了解达到掌握水平和未达到掌握水平的学生人数。矫正差错，即通过测验的学生，可自由参加提高性学习活动或做未达到掌握水平学生的个别辅导者；未通过的学生则被要求使用适当的矫正手段来完成他们的单元学习。

再次测评，即在补救教学结束之后，让未掌握单元学习任务的学生参加形成性测验 B。前单元的教学通过上述程序，绝大多数学生达到该单元的教学目标后，便可转入后单元的教学。对于尚未达到掌握水平的学生，教师还要再尽力帮助他们。掌握学习的实质是群体教学辅之以每个学生所需的频繁的反馈与个别化的矫正性帮助。提供个别化的矫正性帮助能使每个学生学会他未领会的重点。这种帮助可以由一名助手、其他学生、家庭提供，或者要求学生参考教材中的适当之处。做好这一工作，大多数学生便能够完成每一项学习任务，达到掌握水平。总结性评价，即在完成学习任务后教师应开展实施课程的终结性考试，给考试分数达到或高于预先规定掌握成绩标准的所有学生 A 等或相应的等级。

4. 现实意义

布卢姆的掌握学习理论及与其相关的教育目标分类学理论，运用在教学实践中均收到了显著的成效。不仅在美国，澳大利亚、韩国、日本、印度尼西亚等国都进行了掌握学习理论的大规模实验，该理论在我国也引起了一定的反响。这的确是值得重视的一种理论体系。但是，这一理论体系也存在某些缺陷。掌握学习理论虽然强调面向全体学生，但是它所采用的矫正性教学措施似乎难以满足部分优秀生的学习需要而使其进步处于停滞状态。掌握学习操作程序的设计偏重于对知识与技能的掌握，在如何发展学生的能力与创造性方面则涉及不足。

掌握学习理论是对传统教学中等级、分组制的挑战，打破根深蒂固的偏见，主张教师对每个学生的发展充满信心，并为每个学生提供有针对性的教学，提供均等的学习机会，为需要帮助的学生提供充足的时间和帮助，让每个学生都得到理想的、适合自己个性需要的教学，让每个学生都得到发展。这种乐观的、面向全体学生的教学观，对于当前教育教学改革中新的教学观、学生观的确立具有重要的意义。

教育实践证明，个别化教学效果虽然显著，但是需要耗费一定的时间和师资；集体教学虽然能在短时期内教授大批学生，但是效果较差，容易产生大量"学困生"。掌握学习理论通过特定的程度，将集体教学与个别教学相结合，取得了较好的效果。在认知方面，不仅提高了学习成绩，还使学习的有效性得到增强。在掌握学习理论的帮助下，大多数学生在终结性测试中达到了较高的认知水平；学生在情感变化上最明显的表现是对已掌握的学科产生了学习兴趣，开始喜欢它，并希望多学点知识。学生的自我观念也由于掌握学习理论的作用而处于更深层次；在心理健康方面，教师对学生学习能力的信任，使大多数学生的学习变得十分主动。

掌握学习的策略，客观上对教与学都会产生很大的影响。对学生而言，在提高学习效率、激发学习动机、消除焦虑和缓解压抑心理等方面都有明显的效果；对教师而言，既有助于面向全体学生开展教学，也能有效地进行因材施教，加上对学生充满信心，最终实现学生学习成绩的大幅度提高。

第二节　学业质量评价的内容维度

现代教育评价要求对评价对象进行整体的、全方位的、动态的评价，而不仅仅是对结果的评价。因此，评价的内容不仅包括以学校为单位的群体学生取得的学业质量结果，还有对这部分学生学业的过程质量做动态的增值性评价。评价内容是通过评价目标体系体现出来的，而评价目标是依据高中生物学课程目标和教学目标而设定。从 2017 年版课标设定的课程目标到学业质量水平再到评价建议，评价内容处在不断具体化的过程中。

我国基础教育质量监测是对中小学教育的目标规划、工作实施流程和教育质量结果的"测度"，体现国家在教育系统改革中，评价管理决策层所努力追求的一种"教育调控"战略，反映了一个国家在国民教育体系中对基础教育管理的权力分配和责任义务。对于基础教育质量监测，应从以下三个方面把握其含义：一是目标与对象，二是学业评价体系，三是制度与政策。

实施监测工作的中心任务是拟订基础教育质量监测标准、研发监测工具、建立评价体系等。其中学业评价体系建设是重点，它是基于国家课程标准，在专业化水准上建构的基础教育阶段学生学习质量评估系统，既包括评价目标、评价范畴、评价工具等内在要素，又包括评价实施的环节。一个完备的学业评价体系是在大样本测试与调查分析基础上的教育质量评估体系，一般可分划为四大系统：监测目标系统、评估系统、报告系统和支持系统，且各个系统相互联系，相互补充，作为一个整体功能发挥学业评价体系的作用。

课程目标把生物学教育的基本和核心任务定位于培养和提高学生的生物学学科核心素养，要求高中生物学课程在义务教育基础上，进一步提高学生的生物学学科核心素养。学业质量标准以生物学学科核心素养及其表现水平为主要维度，结合课程内容，对学生学业成就表现进行了总体刻画。评价建议指出，评价内容应以课程目标、课程内容和学业质量标准为依据，结合具体的教学内容，以生物学大概念、重要概念等主干知识为依托，检测学生生物学学科核心素养的发展水平。[1] 评价内容的具体框架如表 2-1 所示。

表 2-1　高中生物学学业质量评价的评价内容

评价内容	关键指标	指标考查要点
学业发展水平	生命观念	学生是否逐步形成了认识生命的基本观念，如生物体的结构与功能相适应、生物始终处于发展变化之中，生物对环境具有适应性。学生能否运用这些生命观念，探索生命活动规律，解决实际问题
	科学思维	学生是否逐步养成科学思维习惯，运用归纳与概括、演绎与推理、模型与建模、批判性思维、创造性思维等方法，探讨、阐释生命现象及规律的能力
	科学探究	学生是否具备了观察能力、发现问题的能力、设计和实施探究方案的能力以及对探究结果分析、交流的能力
	社会责任	学生是否具有关注社会重要议题的意识和社会责任感，以及开展生物学实践活动的意愿和能力等

[1]　中华人民共和国教育部．普通高中生物学课程标准（2017 年版 2020 年修订）[M]．北京：人民教育出版社，2020：61-62.

　　学生学业质量评价的内容是教育目标的具体体现，反映了具有时代特点的教育观、质量观和人才观。教育不仅要为社会培养合格的公民和人才，还要使每一个学生成为有能力追求幸福生活的个体。学会做人、学会做事、学会合作、学会学习是对一个合格公民的基本要求。传统的生物学学业质量评价往往只要求学生提供问题的答案，而对于学生是如何获得这些答案的却很少关心。这导致学生获得答案的思考与推理、假设的形成以及如何应用证据等，都被摒弃在评价的视野之外。缺少对思维过程的评价，就会导致学生只重结论，忽视过程，就不可能促使学生注重科学探究的过程，养成科学思维的习惯和严谨的科学态度。

　　所以，高中生物学学业质量评价应该强调评价内容的全面性和综合性，强调对学生各方面活动和发展状况的全面关注、综合考查。评价既关注学生的知识和技能，又关注学生的学习过程和方法、情感态度和价值观；既重视学生的学业成绩，判断学生学业水平所达到的程度，又重视学生创新精神和实践能力的发展。关注学生良好的心理素质、健康的体魄、浓厚的学习兴趣、积极的情感体验以及较强的审美能力的形成与发展，引导学生学会学习、学会生存、学会做人。通过这种对学生生物学学科核心素养的全面的评价，由此得出的评价结果才能够真正反映学生的生物学学习情况，提供真实的评价反馈信息，也有利于教师和学生利用评价结果对工作和学习进一步完善。

　　生物学是灵动的、发展的生命科学，培养学生的生物学学科核心素养是中学生物学课程的价值追求。生物学学科核心素养包括生命观念、科学思维、科学探究和社会责任四个方面。生命观念是生物学学科核心素养的基础和支柱，是指对观察到的生命现象及其相互关系或特征进行解释后的抽象，是经过实证后的想法或观点。生命观念的形成依赖于科学思维和科学探究，其终极价值是形成一定的社会责任。细胞作为生物体生命活动的基本结构和功能单位，是最基本的生命系统，在教学过程中尽可能地引导学生以系统的视角看待细胞，分析生命系统的独特性质，正确认识生命观念的核心内涵。[1]

---

[1] 孟凡龙，崔鸿. 以系统论的视角聚焦细胞层次生命观念的培育 [J]. 中学生物学，2019，35（1）：67-69.

一、生命观念维度的学业质量评价

观是行为的方法，是人们认识事物的一种方式；念乃动机的产生，是外界事物在人脑中的反映；观念则是主体思想所表达出的意识形态，是人们对事物主观与客观认识的系统化之集合体。2017 年版课标中提出，生命观念是指对观察到的生命现象及相互关系或特性进行解释后的抽象，是人们经过实证后的观点，是能够理解或解释生物学相关事件和现象的意识、观念和思想方法。换句话说，生命观念是对生命的组成、结构、功能、运行规律及发展变化的本质特征进行抽象和概括后所形成的一种对生命现象、事实的认识结论和思维方式（如图 2-5）。[1]

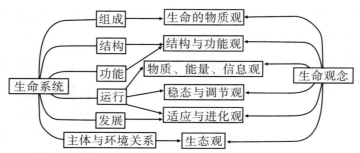

图 2-5　以生命系统的特点提炼出的生命观念

生命观念维度的学业质量评价首先需要厘清几个问题：什么是生命观念？中学阶段需要建立的生命观念具体有哪些水平的内涵标准？学生的生命观念会有怎样的外在表现特征？如何探查这些生命观念？中学生应该在较好地理解生物学相关概念的基础上逐步形成生命观念（如图2-6），如结构与功能观、进化与适应观、稳态与平衡观、物质与能量观等；能够用生命观念认识生物体及其组成物质的多样性、统一性、独特性和复杂性，形成科学的自然观和世界观，并以此指导探究生命活动规律，解决实际问题。

[1] 吴成军. 以生命系统的视角提炼生命观念 [J]. 中学生物教学，2017（19）：4-7.

图 2-6　大概念统摄下的生物学知识层级结构

生命观念的建立以概念性知识的学习为基础，大概念是在事实性知识或技能的基础上抽象与提炼出来的概括性理解，是在认知结构化思想指导下的课程设计方式，是用居于学科基本结构的核心概念或若干位于课程核心位置的抽象概念，统整相关知识、原理、技能、活动等课程内容要素，进而构建有内在逻辑自洽体系的课程内容组块。大概念处于生物学学科中心位置，包括对原理、理论等的理解和解释，对学生学习具有引领作用（如表 2-2）。学生获得了大概念，就会对原来的问题、认知有一个深度理解，才能够用这些大概念对世界进行解释、说明、预测以及解决实际问题。这有利于学生理解具体知识背后更为本质的学科思想和方法，形成良好的认知结构和思维方式，促进观念素养的有效落实。高中生物学课程内容聚焦学科大概念，使学生在深刻理解和应用重要的生物学大概念的基础上不断发展学科核心素养。

表 2-2　《普通高中生物学课程标准（2017 年版）》中的大概念内容及分布

课程及模块		概念层级（内容和数目）		
课程类型	模块内容	一级概念内容	二级	三级
必修课程	模块 1 分子与细胞	概念 1　细胞是生物体结构与生命活动的基本单位	3	13
		概念 2　细胞的生存需要能量和营养物质，并通过分裂实现增殖	3	10
	模块 2 遗传与进化	概念 3　遗传信息控制生物性状，并代代相传	3	15
		概念 4　生物的多样性和适应性是进化的结果	2	7

续表

课程及模块		概念层级（内容和数目）		
选择性必修课程	模块 1 稳态与调节	概念 1 生命个体的结构与功能相适应，各结构协调统一共同完成复杂的生命活动，并通过一定的调节机制保持稳态	6	23
	模块 2 生物与环境	概念 2 生态系统中的各种成分相互影响，共同实现系统的物质循环、能量流动和信息传递，生态系统通过自我调节保持相对稳定的状态	4	22
	模块 3 生物技术与工程	概念 3 发酵工程利用微生物的特定功能规模化生产对人类有用的产品	2	8
		概念 4 细胞工程通过细胞水平上的操作，获得有用的生物体或其产品	3	10
		概念 5 基因工程赋予生物新的遗传特性	2	6
		概念 6 生物技术在造福人类社会的同时也可能会带来安全与伦理问题	3	6
统计		10	31	120

（一）结构与功能观

1.基本概念阐释

从生命系统的视角看，结构是生命系统内部要素在空间和时间方面的耦合关系与联系方式，各要素只有通过有序的结构体系才能组成有机统一的整体。结构观主要包括以下基本认识：生命系统的结构以物质为基础；生命系统的结构有层次性；生命系统不同结构之间紧密联系；生命系统中的结构大多是动态的、变化的，如染色体和染色质是同一物质在不同细胞周期的两种存在形态，且能在纺锤体等结构的协助下在细胞内运动。

功能则是生命系统与外部环境相互作用的关系，生命系统只有通过呈现相应的功能特征才能体现它与外界的关联程度。功能观则包括以下基本认识：认识某层次结构的功能，不能离开它上一层次的整体；某一个结构的功能的实现需要其他结构的配合或一些其他外部条件；功能是作为部分的结构对整体的贡献，这是结构与功能关系的实质；对生命体各层次结构与功能的理解主要围绕生命体的自我更新和自我复制这两个基本特征展开。

结构与功能分别从内部要素和外部特征反映了生命系统的整体性，同时两者之间也存在着对立统一性，一方面结构是功能的基础，不同的结构具有不同的功能；另一方面功能是结构的外部表现，在一定的条件下会影响结构的变化。如细胞的各部分结构与其功能相适应，细胞各部分在结构和功能上是密切联系的有机整体；细胞器既有分工又有合作，共同完成各种复杂的生命活动（如图 2-7）。

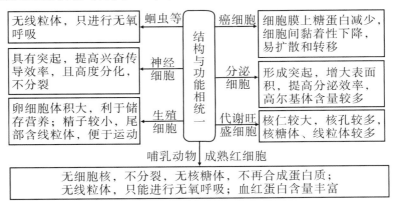

图 2-7　细胞结构与功能相统一的实例分析

结构与功能观包含结构观、功能观及结构与功能的关系观，结构观是对生命系统各层次结构的认识；功能观是对各层次功能的认识。结构与功能观主要体现在：结构与功能相适应；结构与功能是统一的整体，是适应环境的表现，是进化的必然结果；生物体的各个结构既独立又相互协作，共同完成各种生命活动；整体结构的功能大于局部结构的功能之和，即整体大于部分之和。结构与功能观为我们分析生物学现象和问题，提供了思想方法上的指导。生物学的结构与功能观具有柔性的、非线性的、相互联系的、动态变化的、作用与反作用的特征，建立这样的生命观念，有助于培育学生的理性思维和辩证唯物主义世界观，鲜明地体现了生物学科课程的育人价值。

2.学业评价内容

2019年人教版《普通高中教科书　生物学　必修 1　分子与细胞》（简

称"必修 1"）中"走近细胞"的内容除了让学生初步形成细胞是基本的生命系统的观念、认识生命系统的结构层次外，还对结构与功能观有着初步渗透。例如，将细胞分为原核细胞和真核细胞就是从细胞的结构上进行比较和区别的；在阐述细胞是基本的生命系统时，还从细胞的功能和结构之间的关系进行阐述，初步渗透进化观。"组成细胞的分子"对结构与功能观做了明确的阐述，例如，在说明水的作用时，讲到"水是细胞内良好的溶剂"并说明水分子的这种特性是由它的分子结构所决定的，还具体介绍了水分子之间所形成的特殊的氢键；在介绍蛋白质时，以蛋白质的功能来源于它所具有的特殊结构引导学生学习和讨论，呈现蛋白质的四级结构以及每级结构所具有的特点，还讨论了蛋白质的空间结构与其功能之间的关系。"细胞的基本结构"充分体现了结构与功能观：细胞的各部分结构与其功能相适应，基于结构诠释功能，基于功能理解结构；细胞各部分在结构和功能上是密切联系的，使细胞成为一个有机的整体；细胞器既有分工又有合作，共同完成生命活动。"细胞的物质输入和输出"对结构与功能观有着比较明显的渗透，如载体蛋白和通道蛋白的结构与其转运物质关系的阐述。"细胞的能量供应和利用"在酶、ATP 的结构与功能，线粒体、叶绿体的结构与功能上，对结构与功能观有所体现。"细胞的生命历程"对细胞分裂和衰老时的形态、结构及功能变化上进行了描述，渗透了结构与功能观。

2019 年人教版《普通高中教科书　生物学　必修 2　遗传与进化》（简称"必修 2"）中涉及结构、功能的内容比较丰富，如 DNA 结构，DNA的复制、转录和翻译，基因的变异等。这些内容从分子水平呈现了遗传物质调控生命活动的过程，体现了 DNA 怎样通过精巧的结构储存、传递遗传信息。此外，讨论结构与功能的关系，还应思考结构的物质基础，结构中蕴含的信息，结构与功能在生命的个体层面、群体层面的意义，如结构对遗传信息传递的意义，遗传信息传递对进化和生物多样性的作用，这样有利于在不同生命观念之间建立结构联系，形成整体观念。理解结构与功能观，不能机械地、线性地、孤立地看一个结构和它的功能，还要考虑实现这些功能所需的外部条件。

2019 年人教版《普通高中教科书 生物学 选择性必修 1 稳态与调节》(简称"选择性必修 1")中的结构与功能观主要体现在第 2 章到第 4 章,分别先介绍神经系统、内分泌系统、免疫系统的结构,然后阐述它们的功能。具体到详细内容,教材中又着意安排了很多素材。例如,在"内环境稳态与消化、呼吸、循环、泌尿系统的功能联系示意图"中,分析小肠绒毛、肺泡及肾小球结构,凸显其发挥相关功能是与它们独特的结构密不可分。对反射及其结构基础、自主神经系统的组成和功能、神经元的结构与功能、大脑皮层第一运动区与躯体运动的功能、皮肤与体温调节作用相关的结构等内容的呈现,也丰富了结构与功能观的素材。

其他模块体现的生命观念主要以结构与功能观为基础,展现了其他的生命观念。如选择性必修 1 中主要体现了稳态与平衡观、信息观,但神经细胞、内分泌细胞、免疫细胞的结构与特有功能都在一定程度上体现了结构与功能观。2019 年人教版《普通高中教科书 生物学 选择性必修 2 生物与环境》(简称"选择性必修 2")主要体现了稳态与平衡观、信息观,但种群、群落、生态系统的群体结构与功能之间的联系也在一定程度上体现了结构与功能观。2019 年人教版《普通高中教科书 生物学 选择性必修 3 生物技术与工程》(简称"选择性必修 3")主要体现了生命伦理观,但基因和细胞的结构与功能是各种现代生物技术工程的理论基础。

(二)物质与能量观

1. 基本概念阐释

辩证唯物主义自然观认为:自然界是各种事物相互作用的整体,也是各种作用过程的集合体;任何物质形态都处于不停顿的运动变化之中;任何层次的物质形态都具有内部结构,都包含决定其性质的各种要素和它们的相互作用。生命在本质上是物质的,组成生命体的元素都来自无机自然界。同时,组成生命体的物质又有特殊性,如组成细胞的多糖、蛋白质和核酸等生物大分子是生命体所特有的,它们是生命赖以存在的物质,也是生命活动的产物,生命体也有选择地从外界吸收有用的物质。以上认识构成了生命的物质性,在此认同的基础上逐步构建生命的物质观。

　　世界是由物质、能量和信息三大要素组成的。对于生命系统来说，物质是本原的存在，能量是运动的存在，信息是联系的存在。物质与能量相伴而生，物质是能量的载体，能量是物质变化的动力。信息以物质和能量为媒介，穿越时间和空间进行传递。任何一个生命系统都是物质、能量和信息的统一体，它们相互依存、相互制约。系统的自组织理论认为，一个远离平衡的开放系统，通过与环境进行物质、能量和信息的交换，即通过物质、能量和信息的耗散，从而就可能自发组织起来，实现从无序到有序的转变，形成具有一定 组织和秩序的动态结构。

　　生命的物质观是结构与功能观的基础，物质组成结构，结构体现一定的功能。生命的本质是物质，生命的生存发展也需要一定的物质与能量供应。生命的存在过程就是物质代谢、能量转化和信息调控的对立统一过程。生命系统的能量来自太阳能，通过光合作用进行物质合成与转化，并储存能量。从物质的角度看，光合作用将无机物转化为有机物；从能量的角度看，将光能转化为电能，电能转化为化学能；从信息的角度看，光本身就是一种信息分子，可以激活叶绿体类囊体膜上的色素分子进行电子的跃迁和转移。与光合作用对应的是呼吸作用，两者受遗传信息和生理信息的调控，是两个统一的基础的生命活动。在细胞中，哪些基因表达，什么时候表达，表达的程度如何，都是遗传信息调控的产物，基因的表达出现异常，就会出现相应的病理变化。激素分子是一种信息分子，激素发挥作用主要是通过激活基因的表达来实现的。

　　对于个体而言，激素分子的分泌及发挥作用，神经系统对外界的感知及发生的反应，都是个体生存的基础。向日葵朵朵向太阳，向日葵之所以面向太阳，是因为太阳光是一种信息分子，向日葵在花盘盛开前，其花托部感受光的刺激作用，调控体内激素的分布，从而实现幼嫩花盘的向光生长，将捕获的光能转化为储存在有机物中的化学能。中心法则是物质、能量和信息统一的集中体现。基因指导蛋白质的合成，实际上是遗传信息从DNA 流向 RNA，再从 RNA 流向蛋白质的过程。在遗传信息的流动过程中，DNA、RNA 是信息的载体，蛋白质是信息的表达产物。DNA、 RNA、蛋白质本身都是物质，在此过程中，ATP 为信息的流动提供能量。生命的延续和发展，是物质、能量和信息的高度统一。

在生态系统中，能量依托于物质，沿着食物链和食物网流动，物质在无机环境和生物群落之间进行循环。种内生物之间的交流，不同种群之间的交流，生物与环境的交流，都离不开信息传递。自然界的花开花落、鸟类迁徙、鱼类洄游、哺乳动物的发情周期、哺乳动物的季节性换毛、人类的青春期发育等，无不是信息调控的产物。总之，生命系统时刻与环境进行着物质、能量和信息的交换，它自身也在不断地进行物质、能量和信息的处理，以维持自身的生存和发展。[1]

生命体在物质上跟无机自然界既有联系，又有其独特性。生命的物质性，还体现在物质的运动变化是一切生命活动的基础。生命体内部的物质并不是随机堆放在细胞中就能完成生命活动的，而是有序地组织起来形成结构。结构是物质的有序组织形式，这就是物质观和结构观的联系。生命体的各种结构都有其独特的物质基础，这也是物质观的内容。

生命的能量观需要建立在以下重要概念的基础上。生命过程需要能量驱动，生命系统都是耗散结构，需要引入能量来维持有序性。生命系统的各个层次都有能量的流动和转换。能量以物质为载体。细胞内的化学反应有放能反应和吸能反应，二者总是偶联的。光能是几乎所有生命系统中能量来源的最终源头，但是对大多数生命体来说，光能并不能直接利用，而是要通过化学反应转化为化学能才能被利用。生命系统的能量流动同样遵循能量守恒定律。这些概念经过进一步提炼，就可以升华为生命的能量观。

综上所述，物质与能量观主要体现在以下几个方面：细胞的生存需要物质和能量；物质和能量是相伴相随的，物质的合成与分解总是伴随着能量的储存和释放，光合作用和呼吸作用是最基础的物质代谢和能量代谢；ATP 是生命活动的直接能源物质，是生命系统中物质和能量的直观体现；能量可以推动物质的转化、运动和空间结构的变化。生命的物质和能量观与生命的系统观、生态观有内在联系。生命系统是开放系统，时刻进行着物质和能量的输入输出。生物之间相互依存、相互竞争，乃

---

[1] 吴成军. 生物学学科核心素养的教学与评价 [M]. 上海：华东师范大学出版社，2020：17-19.

至捕食与被捕食，主要也是为了获得生存、繁殖所需的物质和能量。从生命的物质和能量观层面来理解，生命体是物质的特殊存在形式，它的存在和发展都需要能量来驱动，而能量的传递和利用又需要以物质为载体，了解这些有助于形成辩证唯物主义世界观。[1]

2. 学业评价内容

必修 1 中的"组成细胞的分子"一章充分发展了学生的生命的物质观，让学生明白组成细胞的物质具有特殊性，蛋白质和核酸等生物大分子是生物所特有的，它们是生命赖以存在的物质，也是生命活动的产物，理解生命在本质上是物质的、非生命与生命的统一物质性。"细胞的物质输入和输出"一章体现的物质与能量观是细胞膜是一种选择透过性膜，物质的进出与细胞膜上的转运蛋白密切相关，主动运输、胞吞和胞吐需要消耗能量。物质与能量观在"细胞的能量供应和利用"一章中也得到了充分体现：生命活动需要物质和能量，物质是能量的载体，能量是物质变化的动力；光合作用和呼吸作用是细胞中最重要的物质和能量代谢的生理机制。

必修 2 中解释了遗传物质的本质，让学生知道控制性状的是位于 DNA 上的基因，基因是有物质实体的，从而加强对遗传物质的理解。生命的物质观主要指对生命的物质性的理解。生命是有物质基础的，组成生命的物质都来自自然界；生命的不同层次、生命系统的各组成部分有着不同的物质组成；这些物质组合在一起，成为有功能的生命体；生命表现为物质的运动和变化。

其他模块体现的生命观念主要以物质与能量观为基础。如选择性必修 1 中主要体现了稳态与平衡观、信息观，但人的大脑是物质的实体，是许多神经元的组合，在一定程度上体现了物质与能量观。选择性必修 2 中种群、群落和生态系统都是生命系统，认识它们的发展变化必然体现稳态与平衡观，认识它们的组成和结构必然体现结构与功能观。此外，探讨生态系统的物质循环、能量流动和信息传递，则体现生命的物质观、能

[1] 赵占良 . 对生物学学科核心素养的理解（一）：生命观念的内涵和意义 [J]. 中学生物教学，2019（11）：4-8.

量观和信息观。选择性必修 3 中主要体现了生命伦理观，但细胞工程中的细胞培养需要适宜的条件，在体外培养细胞，就需要给细胞提供合适的条件。

（三）稳态与平衡观

1. 基本概念阐释

稳态是生命系统最基础的特征之一，一般情况下任何一个生命系统都是结构有序、动态平衡且不断变化的。现代生命科学已从分子、细胞、器官、个体、生态系统等各个层次阐明了生命活动中普遍存在着相对稳定的状态，即稳态的现象。生命系统是一个复杂系统，自组织是系统的显著特征，是指系统在特定的内外条件下，从混沌到有序，从有序程度低到有序程度高，并稳定在一定有序程度上的自我完成过程。根据系统整体生成的自组织理论，一个呈耗散结构非线性的开放动态系统，经过混沌状态的协同演化后会逐步生成复杂网络系统。生命系统的自组织行为表现有自稳定、自修复、自适应、自学习等，逐步形成生命系统的稳态。

平衡，从哲学概念上分析，是事物处在量变阶段所显现出来的一种面貌状态，是在绝对的、永恒的运动过程中所表现出来的暂时的、相对的静止状态。生命系统在不同层次水平上都存在着各种要素和过程的动态平衡，例如：细胞层次上的元素和化合物比例、细胞器数量的平衡；个体层次上同化作用和异化作用的平衡、血糖平衡、水盐平衡等；群体层次上的生产者和消费者数量、不同营养级生物相互关系的平衡等生态平衡。生态平衡也离不开生态系统内部信息的调控，这又与生命的信息观相联系。

从概念视角来分析，稳态是生命系统维持自身相对稳定状态的特性和能力，稳态既是一种性质特征、结果状态，也是一种过程能力；从存在意义来分析，稳态是生命系统的特征，也是机体生活的条件，生命系统稳态的意义就是使系统的组分拥有一个相对稳定适宜的环境，如人体的稳态可使机体细胞拥有稳定、有序、适宜的环境；从实现机制来分析，稳态通过自我调节实现稳定状态，在不同类型的生物、不同层次的生命系统中，调节机制多种多样，如人体的稳态通过神经调节、激素调节和免疫调节来实现，生态系统的稳态通过种群数量的调节来实现；从状态特征来分析，稳态作为生命系统的显著特征，说明生命系统的存在状态不会被动地随环境而发生同样程度的改变，体现了生命的自主性。

生命系统是开放的系统，它们与外界环境之间不断进行着物质交换、能量转化和信息交流，在整个过程中生命系统时时刻刻都处于相对平衡、相对稳定的动态变化中，其变化幅度、程度一般都保持在一定的适宜范围内，一旦偏离其适宜范围可能就会引起生命结构解体，甚至导致系统崩溃。实际上任何系统的稳态都是在一定范围内波动的，如唾液淀粉酶的活性 pH 范围是 6.2 ～ 7.4，人体血细胞生活的 pH 范围是 7.35 ～ 7.45，人体的体温维持在 37℃ 左右，生态系统具有一定的抵抗力稳定性和恢复力稳定性，可以有效地保持生态系统中各物种的数量在一定范围内波动，生态系统的稳态是通过调节抵抗力稳定性和恢复力稳定性来实现的。因此，稳态可以看成是一种状态、能力或特性。稳态是生态系统能够独立存在的必要条件。

稳态也可以看成是生命体的一种存在状态，稳态的维持需要通过调节来实现，而调节依赖于生命系统对内部和外界环境的刺激所作出的各种反应。在分子水平上，存在基因表达的调控、酶催化活性的调节；在细胞水平上，细胞的分裂、分化、衰老、凋亡的状态，都是细胞层次综合调节的结果；在器官水平上，有心脏节律、激素分泌、血糖和水盐平衡的调节；在个体水平上，人体内环境的稳态，是通过神经—体液—免疫系统的协调平衡而得以实现的；在群体水平上，有种群密度、群落丰富度、生态系统平衡的调节。调节是实现稳态的必要手段，生命系统的稳态和对环境的适应都是调节的结果。

稳态与平衡观是对个体或系统保持相对稳定状态和平衡能力的理解，稳态是一种可变的、相对稳定状态的维持。生物体内各个系统的相互联系、协调统一使个体处于稳态与平衡中，如人和高等动物的稳态由神经、体液和免疫调节共同来实现。植物的生长受植物激素的调节，激素的作用有适度与平衡的特点。对种群、群落、生态系统而言，每个系统内因组成要素之间的相互作用而保持平衡；不同层次的系统之间又相互关联、不可分割，使更大一级的系统保持平衡。若受到干扰，在一定限度内，生态系统也具有恢复生态平衡和维持稳定性的能力。

综合以上从不同层面、不同角度的分析，稳态与平衡观主要体现在：生命系统是一个整体的、开放的以及动态平衡的有机系统。稳态是生命体生存的必要条件，稳态由机体所有的要素组分共同建构。生物个体的生命活动，通过一定的调节机制保持稳态。生物体内部各种过程的平衡受各种信息的调控，如遗传信息、激素、神经冲动、细胞因子等，在理解稳态和平衡概念的基础上，学生可通过进一步抽象概括、提炼升华，使之内化为看待事物和分析问题的视角、思路甚至是态度倾向，形成稳态与平衡观。例如，认识到人体的稳态"让所有细胞共享，靠所有细胞共建"，进而认同共建共享的理念，甚至将其迁移至分析人类社会的发展，认同和谐稳定的重要意义，认同人类命运共同体的理念。认识到生命系统的自我调节能力是有限的，就会转化为做相关决策时把握分寸、尊重客观规律的意识。

2. 学业评价内容

稳态与平衡观是课程标准列出的生命观念之一，所有的生命系统都存在于一定的环境之中，在不断变化的环境条件下，依靠自我调节机制维持其稳态。稳态与平衡观在必修模块中体现较少，如必修 1 中组成细胞的元素和化合物、细胞中的一系列化学反应体系都能够在一定范围内保持相对稳定，必修 2 中的遗传信息传递和表达的平衡与调控、生物体的性状是基因与环境相互影响、协同进化的结果。

稳态与平衡观在选择性必修 1 "稳态与调节"中得到了充分体现，本模块从个体层面，包括以人体为代表的动物体和植物体，来探讨稳态的维持。稳态与平衡观成为贯穿这个模块的一条重要线索。第 1 章首先讲了稳态的概念及意义，并对稳态调节机制做了总括。稳态是生命系统维持自身相对稳定状态的特性和能力；它是生命系统的特征，也是机体存活的条件；稳态通过自我调节实现。在不同类型的生物、不同层次的生命系统中，调节机制多种多样。例如，人体的稳态通过神经调节、激素调节和免疫调节来实现；植物体的稳态主要通过植物激素调节来实现。生命系统内部存在着各种因素和过程的平衡，这种平衡是动态的。通过神经系统的分级调节，自主神经系统对内脏活动的调节，血糖平衡的调节，甲状腺激素分泌的调节，体温的调节，水盐平衡的调节，植物激素对植物生命活动的调节，环境因素对植物生命活动的调节等具体的调节过程，学生将深入地理解稳态和平衡的概念。之后经过进一步抽象概念和提炼升华，才能形成稳态与平衡观，最终认识到第 1 章的章首页中提出的观点：稳态让每一个细胞分享，又靠所有细胞共建。另外，通过对免疫失调等其他稳态失调的实例的分析，学生会认识到生命系统的自我调节能力是有限的，就会转化为做相关决策时把握分寸、尊重客观规律的意识。

生物体内各个系统的相互联系、协调统一使个体处于稳态与平衡中，稳态是指一种可变的、相对稳定状态的维持。稳态与平衡观主要是对个体或系统保持相对稳定状态和平衡能力的理解，在选择性必修 2 中从群体视角得到了充分体现。对种群、群落、生态系统而言，每个系统内因组成要素之间的相互作用而保持平衡；不同层次的系统之间又相互关联、不可分割，使更大一级的系统保持平衡。若受到干扰，在一定限度内，生态系统也具有恢复生态平衡和维持稳定性的能力。学习该模块，有助于学生以运动、发展的观点看待问题，并认识到生态系统的稳态与平衡的实现是有限的，从而与生态观联系在一起。为什么系统可以保持相对稳定的状态呢？这与系统的结构密切相关。生态系统的结构越复杂，该生态系统抵抗外界干扰的能力就越强。生态系统的结构不同，其外貌、功能也会不同。维持生态系统稳定性的关键是能量的持续摄入，在能量流动的过程中，太阳能首先转化为化学能，能量就有了物质实体依托，能量沿食物链流动，伴随着物质的变化。物质不灭，循环往复；能量耗散，驱动生命运转。物质与能量相伴相生，是生命、生态系统存在的前提。在这个过程中，信息起着调控作用，生态系统也是物质、能量和信息的统一体。多种不同的生态系统，其中的生物各异，各种生物具有的适应环境的形态结构、生理特征和分布特点等，都是长期进化与适应的结果。

（四）进化与适应观

1. 基本概念阐释

进化，又称演化，在生物学中是指种群里的遗传性状在世代间的变化。随着基因在种群中传递，当生物的遗传变异受到非随机的自然选择或随机的遗传漂变影响，在种群中变得较为普遍或不再稀有时，就表示发生了进化。进化观就是对生物的本源、过程、机制与结果的本质认识，其基本看法如下：生物是不断进化的，现存的所有生物之间由于都是进化来的，都有亲缘关系，它们有着共同的祖先；进化的过程大体是从简单到复杂，从低等到高等，从水生到陆生；进化的机制主要解释为现代生物进化理论，包括以自然选择学说为核心的物种形成理论以及协同进化理论；进化的结果表现为基因、物种及生态系统的进化；进化的方向是多元的，进化的结果是不完美的，进化产生的新物种不一定对环境的适应能力更强，而是占领更多的生态位，更加充分地利用地球上的资源和空间等。

　　自然选择学说认为，适应环境的生物得以生存，而不适应环境的则被淘汰。现代生物进化理论从遗传和变异的角度进行了阐述，由于表型是由基因控制的，基因在传递过程中可能会发生突变和基因重组，这就为自然选择提供了原材料，随着漫长的进化过程，及方向一致的基因选择，变异的表型得以保留，并最终在遗传上形成了生殖隔离，新物种的形成就是进化的阶段性体现。生物的进化包括不同物种之间的协同进化，也包括生物与无机环境之间的相互影响。正如系统进化观认为，进化远远不仅是简单趋向平衡和片面适应环境，而且是适应与创造的相互作用的展开，环境本身就是一个能适应和进化的活系统，进化就是有机体与环境的协同进化。系统的正常运行是适应的表现，正常运行时系统会随着环境的变化而进行调整，种群中的这种变化逐渐积累并朝着一定的方向发展，就是进化，进化的最终结果是形成新的物种，同时也是新适应的开始。

　　适应是指生物的形态结构和生理机能与其赖以生存的一定环境条件相适合的现象。适应的内涵包括结构与功能相适应、生物与环境相适应两个方面。生物的结构大都适合于一定的功能，如 DNA 分子结构适合于遗传信息的存贮和"半保守"的自我复制，各种细胞器适合于细胞水平上的各种功能，高等动植物个体的各种组织和器官分别适合于个体的各种营养和繁殖功能，由许多个体组成的生物群体或社会组织的结构适合于整个群体的取食、繁育、防卫等功能。生物的结构与其功能适合于该生物在一定环境条件下的生存和繁殖，如鱼鳃的结构及其呼吸功能适合于鱼在水环境中的生存，陆地脊椎动物肺的结构及其功能适合于该动物在陆地环境的生存等，这都是适应复杂环境而表现出的适应性特征，也体现出各自不同的进化方向。

适应是生物区别于非生物的特征之一，既有普遍性，也有相对性。适应是生物的遗传变异与环境相互作用的结果，也就是自然选择的结果，其方式具有多样性。生物只有适应环境才能生存。生物对环境的适应，指的是生物和它具有的某些遗传性状提高了它在特定环境中生存和繁殖的能力。结构与功能是生物适应环境的具体表现，适应是进化的具体结果。环境是多种多样的，也是多变的，因此适应是多种多样的，进化的方向也是多样的。例如同样营水生生活，鱼用鳃呼吸，但鲸、龟、鳖、鳄等动物却可以用肺呼吸。动物的同功器官是适应多样性的生动体现，适应的多样性正是进化的必然结果。

从生命系统的视角看，系统的运行和发展体现了适应与进化观。适应与进化观主要体现在以下几个方面：适应是普遍存在的，生物的生存是适应的结果；适应是相对的，当环境发生变化时，适应就成为生存的阻碍因素；适应是自然选择的结果；生物的物种丰富多样，具有共同的祖先。生物进化体现出由简单到复杂、由低等到高等、由水生到陆生的特征。生物进化的方向多种多样，进化的结果是适应和物种的形成。

2. 学业评价内容

必修 1 细胞学说中的"新细胞是由老细胞分裂产生的"指出，"新细胞由老细胞产生，老细胞由更老的细胞产生，如此上溯，现代生物的细胞都是远古生物细胞的后代，小小的细胞内部，凝聚着数十亿年基因的继承和改变"。这些论述为后续学习和理解进化观奠定了一定的基础。

必修 2 中展现的进化观解释了生命的统一性与多样性，它包括遗传与变异、进化与适应等生命观念。遗传和变异本身是对立统一的，遗传保证了物种的稳定性，变异增加了生物的多样性。适应是自然选择的产物，生物面对复杂多变的环境，能够适应环境并存活，才有繁殖后代的机会，这种适应是生物对环境的适应；在生物个体水平内，适应还体现为结构与功能相适应。遗传、变异、适应的整个过程形成了进化。理解了这些内容，才能进一步形成正确看待生命世界的进化观，如认同人类与其他生物一样，都是进化来的；认同人类应当尊重自然、顺应自然、保护自然，与大自然和谐共生。必修 2 中介绍了遗传的分子机制、生物的变异和生物进化，内容步步深入，引导学生树立正确的进化观。

"生命的物质观"是一切生命存在的基本物质性意识，处于整个系统的基石环节，是生命系统"结构与功能观"的基础；"生命的物质观"和"结构与功能观"又是其他生命观念的基础，在此基础上才有"物质与能量观"和"稳态与平衡观"，它们反映了生命系统赖以生存的运行机制和基本规律；"进化与适应观"则是生命系统不断发展前进的必然结果，反映了生命系统适应复杂内外界环境的基本能力和方式。上述生命观念之间的基本关系可用图 2-8 来表示。

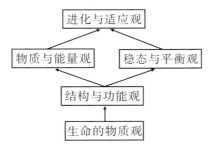

图 2-8　生命观念各要素之间的关系

（五）其他生命观念

学科核心观念，是体现学科本质特性和教育价值的最关键的学科概念、原理、思想和态度。生命观念是在理解概念的基础上进一步抽象而成，它比一般的概念更为宏大、上位，更接近于以往所说的生物学思想。生命观念是以回答生命"是什么""怎么样""为什么"等问题建立的系统化的概念为基础，抽象出来的关于生命本质的观点、思想。它是能够统领组成生命的物质，生物的结构与功能，生物的遗传、变异与进化，生物与生物、生物与环境之间的关系等问题的一系列思想、观点。谭永平认为生命观念主要包括三大观念群：系统观、进化观、生态观，每个观念群包括若干具体的生命观念（如表 2-3）。[1]

---

[1] 谭永平.发展学科核心素养：为何及如何建立生命观念 [J].生物学教学，2017，42（10）：7-10.

表 2-3　生命观念中三大观念群及简要概述

观念群	生命观念	观念内容要点
系统观	结构与功能	生命系统存在从细胞到生态系统的多个层次，都是结构有序的系统；结构与功能相适应
	物质与能量	生命系统是物质的，生命活动依赖于物质的运输和变化；物质的运输和变化往往与能量供应、流转相伴
	稳态与变化	生命系统是开放的，内部也时刻在发生物质变化和能量转换，但多数时候又维持相对的稳定状态
	信息与调控	生命系统的正常运转离不开信息的传递，基因是最根本的生命信息；维持稳态离不开调控，调控依赖于信息传递
	生殖与发育	细胞能分裂，个体能繁殖，群体能繁衍，细胞、个体能生长发育
进化观	统一性与多样性	生命存在着丰富的多样性，多样性中又蕴含着深刻的统一性
	遗传与变异	生命因遗传而延续，因变异而多样
	进化与适应	生命存在着精巧的适应性，适应性是进化的结果
生态观	群体与共存	生命无法孤立存在与延续，而是依赖于群体共存
	生物与环境	生物与环境构成统一的整体

生命的系统观是从系统的视角认识生命的观念，在必修 1 和选择性必修 2 中得到了充分体现。所谓系统，是指同类事物按一定的关系组成的整体。生物体本身就是一个系统。种群由同种生物的许多个体组成；群落是一定时空条件下不同物种的天然群聚；生态系统是由生物群落与环境组成的统一整体；生物圈可以视作地球上最大的生态系统。种群、群落、生态系统，分别是由很多个体按照一定的关系组成的群体，各自都是系统。每个较小的系统都是高一级系统的子集。学习这些内容，学生可以逐步认识局部与整体、个体与群体的关系，并学会用整体性思维认识和处理问题。

必修 1 中的"细胞的生命历程"一章通过细胞分裂、分化、衰老和凋亡，体现了生命的发展观。从生命活动的本质来看，细胞的生命历程是围绕着遗传物质的复制、传递、表达而展开的，遗传物质是表象，遗传信息才是核心，是生命的延续传下来的主要信息。因此，这章也隐含了生命的物质观和生命的信息观。必修 2 中突出了生命信息观的建立，主要是对遗传信息的理解。生命系统内具有多种信息，如遗传信息、生理信息、生态系统中的信息等。生命活动不仅有物质循环、能量流动，信息传递也贯穿始终。基因的化学本质是核酸，但核酸上碱基的排列并非无序和随机的，而有其自然规律，其中蕴藏了生命的密码——遗传信息。遗传信息指导生命的有序进行；在生命自我延续的过程中，遗传信息会传递给子代；基因变异的本质是遗传信息的改变；遗传信息改变后，适应环境的生命存活和繁殖下去，最终呈现出生物多样性。必修 1 和必修 2 中的这两个模块在物质观、信息观等方面的阐述的侧重点不同。必修 1 中突出物质观与能量观；必修 2 中突出物质观与信息观。两个模块综合起来，帮助学生形成生命是物质、能量、信息的统一体的观念，加深对生命本质的理解。

　　信息观在选择性必修 1 中非常突出，人体调节及植物的激素调节都强调了信息分子的重要作用。如在选择性必修 1 第 5 章章首页的小诗写道："唤醒沉睡的种子，调控幼苗的生长。引来繁花缀满枝，瓜熟蒂落也有时。靠的是雨露阳光，离不开信息分子。"直接点出植物生命活动的调节离不开信息分子。在该册教材"问题探讨"环节及其他正文中有大量涉及信息观的内容，并反复出现"信息"一词。例如，在讲激素的特点时，强调了它作为信使传递信息；在讲免疫调节时，强调了免疫细胞与病原体、免疫活性物质等的识别通过信息来完成；在讲植物生命活动的调节时，将光看作一种信号等。从信息的视角，在正文也可看到许多对相关内容进行深度总结的例子。例如，神经调节、体液调节和免疫调节的实现都离不开信号分子（如神经递质、激素和细胞因子等），这些信号分子直接与受体接触发挥功能，有助于学生从信息的角度阐释生命的本质；再如，基于对免疫系统各组成成分之间相互作用、相互配合，共同完成免疫功能的认识，有助于学生从系统与相互作用及信息的视角阐释生命本质。

　　生态观是对生态系统结构与功能等基本规律的整体认识，包含对人与环境关系的认识，是生态学的核心观念，在选择性必修 2 中得到充分体现。生态系统由多种组分组成，各组分之间相互作用、相互联系，使生态系统处于平衡中，因此生态系统具有整体性、层次性和稳定性等特点。随着人类社会的发展，人类既依赖于自然界，对自然界的影响也越来越大。学习该模块有助于学生形成尊重自然、顺应自然、保护自然的生态观，形成人与自然和谐共生等观念。

选择性必修 3 中对生命观念教育的阐述侧重在生命伦理观，如基因工程、细胞工程涉及能否和如何改造现有的生命体，以及生物技术的安全性等。对于这些问题，我们需要从以下三个方面思考：首先，生命体本身是变化的，是可以改变的，这是改造生命的内在逻辑。其次，生命体的发展变化是有规律的。因此，人类对生物的利用和改造需要合规律。最后，生命系统是复杂的巨系统，人类对它的认识是十分有限的。因此，改造生命体要格外慎重，要权衡其效益和风险，使其合目的，合目的就是能为人类造福，不仅是要合乎眼前的利益，还要考虑长远的福祉。

二、科学思维维度的学业质量评价

思维，从本质上来说，是具有意识的人脑对客观现实的本质属性、内部规律的自觉的、间接的和概括的反映。生理学上的思维是一种高级生理现象，是脑内一种生化反应的过程，是产生第二信号系统的源泉。信息论视角下的思维是人接受信息、贮存信息、加工信息及输出信息的活动过程，是概括地反映客观现实的过程。思维以概念、范畴为工具去反映认识对象的本质特征，这些概念和范畴通过思维结构框架形式存在于人的大脑之中，这些框架将不同的概念、范畴组织在一起，形成一个相对完整的思想加以理解和掌握，进而达到认识的目的。因此，思维结构既是人的一种认知结构，又是人运用概念、范畴去把握客体的能力结构。

辩证唯物主义认为，思维是高度组织起来的物质，即人脑的机能，人脑是思维的器官。思维是社会中的人所特有的反映形式，它的产生和发展都同社会实践和语言紧密地联系在一起。科学思维，也叫科学逻辑，即形成并运用于科学认识活动、对感性认识材料进行加工处理的方式与途径的理论体系；它是真理在认识的统一过程中，对各种科学的思维方法的有机整合；它是人类实践活动的产物。在科学认识活动中，科学思维必须遵守三个基本原则：在逻辑上要求严密的逻辑性，达到归纳和演绎的统一；在方法上要求辩证地分析和综合两种思维方法；在体系上，实现逻辑与历史的一致，达到理论与实践的具体的历史的统一。

《普通高中生物学课程标准（2017 年版）》中提出，"科学思维"是指尊重事实和证据，崇尚严谨和务实的求知态度，运用科学的思维方法认识事物、解决实际问题的思维习惯和能力。《普通高中物理课程标准（2017 年版 2020 年修订）》中关于科学思维的表述则更好地阐述其显性特征：科学思维是从物理学视角对客观事物的本质属性、内在规律及相互关系的认识方式；是基于经验事实建构物理模型的抽象概括过程；是分析综合、推理论证等方法在科学领域的具体运用；是基于事实证据和科学推理对不同观点和结论提出质疑和批判，进行检验和修正，进而提出创造性见解的能力与品格[1]。

概念是思维的产物，科学思维是形成概念的工具和途径。设计一系列的任务或活动，依据任务或活动提出相应的问题，引导学生思考、讨论，并进行相应的逻辑分析，最终通过归纳、综合、抽象与概括形成概念。学生应该在学习过程中逐步发展科学思维，如能够基于生物学事实和证据运用分析与综合、比较与分类、抽象与概括、归纳与演绎、模型与建模、批判性思维等方法，进行探讨、阐释生命现象及规律，审视或论证生物学社会议题。科学思维是人对自然界中客观事物的一种认知动机、认知行为、认知方式和认知品质的反映。教学的核心是培养思维，学习的关键是思考。在课堂教学中，师生的核心活动是思维活动，需要通过创设真实情境，开展各种思维活动，发展学生的科学思维能力。

（一）分析与比较

分析是把研究对象的整体分解为各个部分、侧面、属性，分别进行研

---

[1]　中华人民共和国教育部. 普通高中物理课程标准（2017 年版 2020 年修订）[M]. 北京：人民教育出版社，2020：4-5.

究的思维方法，是认识事物整体的必要阶段。综合与分析相反，是把事物各个部分、侧面、属性按内在联系有机地统一为整体，以掌握事物的本质和规律。分析是综合的基础，综合是分析的发展，分析之后要进行综合，综合之后要进行分析，可见，两者相互依存、相互渗透甚至相互转化。分析与综合，循环往复，推动认识的深化和发展。一切论断都是分析与综合的结果。自然科学中的任何活动都离不开分析，无论是观察与实验、比较与分类，还是归纳与演绎都离不开分析，分析是最基本的科学方法。在分析的基础上进一步综合，是思维的延伸和发展。

　　一些概念的形成就是分析与综合的结果。例如，分析甘氨酸、缬氨酸、丙氨酸、亮氨酸等几种不同氨基酸的结构式，从中发现这些氨基酸所共有的基本特点，从而综合得出氨基酸的结构通式，这里用到的就是分析与综合；分析细胞膜的物质组成和排列方式，可以得出细胞膜的结构特点，综合不同细胞膜的结构特点，科学家提出了细胞膜的流动镶嵌模型；孟德尔之所以选用豌豆进行杂交实验，就是分析了豌豆的优点。再如，针对森林中的植物、生长在树上的昆虫和啄木鸟以及部分腐烂树桩上的蘑菇，分析这些生物之间的关系，在生态系统中所承担的角色和地位，就会得出生态系统中生物成分的类型及其作用的概念；当我们分析了光合作用的条件、场所、原料、产物等后，就会自然而然地综合出光合作用的概念。

　　比较是人们根据一定的认识和实践目的，把某一事物与其他事物的属性和特征加以比较，以确定事物之间的共同点和差异点的思维方法。比较法是生物学教学中常用的方法，例如，比较蓝细菌和大肠杆菌的结构特点，从中发现原核细胞的共同特点，这是比较法中的求同思维；比较单子叶植物和双子叶植物的叶脉特点，这是求异思维的体现；比较植物细胞和动物细胞，找出其相同点和不同点，这是比较法中的既求同又求异思维。比较时需要根据比较对象的特点和教学目的确定比较范围的大小。可进行整体或局部比较、纵向或横向比较、单项或多项比较、简单或复杂比较。例如，比较光合作用和呼吸作用可以进行整体比较，比较有丝分裂和减数分裂就可以进行局部比较。比较是深刻认识事物的重要思维方法，人类对自然界和事物的认识离不开比较。

比较是分类的基础，只有明确了比较对象的共同点和差异点，才能进行科学的分类。分类是根据对象的共同点和差异点，把对象分为不同种类的逻辑思维方法。"分"的依据是对象的不同点，"类"的依据是对象的相同点，分类体现了客观事物的共性与个性的差异，有助于人们更好地认识客观事物的本质。由于人类对事物的认识是从现象到本质的深入过程，需要突破现象分类，进入本质分类，才能有效地从本质上将对象分开。例如，蓝藻与绿藻的本质分类，鲸鱼、蝙蝠本质上是哺乳动物，泥鳅本质上是鱼。比较和分类是生物分类的基础，由此所建立的生物分类法是人类认识生物界的基础。比较和分类在生物学教学中得到了广泛应用，掌握这两种科学思维方法，有助于认识生命现象、理解生命的本质。

（二）抽象和概括

抽象是对同类事物抽取其共同的本质属性或特征，舍弃其非本质的属性或特征的思维过程，是抽取客观事物的一般的、本质的、属性的思维方法。任何抽象都依赖于所研究的对象的性质、特点和研究它的目的。概念的抽象也同样地要依赖于所研究的对象的性质、特点和研究它的目的。

概括是指把抽象出来的个别事物的本质属性连接起来，推及至其他同类事物上去，从而归结全类事物的共性的思维方法，是一种由个别到一般的认识过程。概括过程的基本特点是从特定的、个别的、小范围的认识，扩展到一般的、普遍的、大范围的认识。它是以个别的认识为基础，进而去认识一类事物的过程，因此概括的结果可能导致发现。

抽象与概括是从具体共同性的事物中揭示其本质意义的两种不同方向的思维活动，抽象侧重于分析和提炼，概括侧重于归纳与综合，二者既有区别又有联系，不可分割。概括在抽象的基础上进行，没有抽象就不能进行概括；抽象中寓有概括，概括又借助于抽象，其目的都是为了揭示事物本质。生物学简单概念的形成一般靠归纳与综合，如 DNA 主要存在于细胞核中这一简单概念，只需要对不同细胞进行对比后归纳即可，而复杂概念的形成则多是抽象与概括的结果，如 DNA 是主要的遗传物质的概念，就需要抽象和概括。

（三）归纳与演绎

科学推理的本质就是逻辑方法，包括演绎法和归纳法。其中，归纳法是从不同的特定的事件中发展出普遍的原则（定律、定理或原理）的方法。通过观察和实验，把其归纳上升成定律定理，形成系统的知识体系，这就是经验科学形成的过程。经验科学的一个重要问题是怎样合理地归纳，如何发现因果关系等。归纳逻辑是指对经验科学以及日常思维中非演绎论证类型的推理过程与方法的种种研究。具体内容包括归纳概括、统计推理、因果推理、探求因果联系的逻辑方法、类比推理等。

一般意义上的归纳推理，是指根据一类事物的部分对象具有某种性质，推出这类事物的所有对象都具有这种性质的推理。归纳推理的前提是一些关于个别事物或现象的命题，而结论则是关于该类事物或现象的普遍性命题。除完全归纳推理这一种特殊的归纳推理之外，真正的归纳推理都是不完全的归纳，其结论所断定的知识范围超出了前提所断定的知识范围。因此，归纳推理的前提与结论之间的联系不是必然性的，而是或然性的。也就是说，其前提真而结论假是可能的，所以，归纳推理乃是一种或然性推理。

演绎推理是指从一般性知识的前提推出一个特殊性知识的结论这样一种推理方法，其前提和结论之间的联系是必然的。演绎推理只要前提真实并且推理形式正确，那么，其结论就必然真实。可见，演绎法是人们以一定的反映客观规律的理论认识为依据，从服从该认识的已知部分推知事物的未知部分的思维方法。归纳推理与演绎推理的实质表明，它们是两个对立的方面，是两个方向相反的思维方法，它们之间的主要区别如表2–4所示。

表 2–4　归纳推理与演绎推理的主要区别

类别	演绎推理	归纳推理
属性	必然性推理	或然性推理
衡量标准	有效性	合理性
从思维运动过程的方向来看	从一般性知识的前提推出一个特殊性知识的结论，即从一般过渡到特殊	从一些特殊性知识的前提推出一个一般性知识的结论，即从特殊过渡到一般。这种推理对于扩展知识有重要价值

续表

从前提与结论的联系的性质来看	演绎推理的结论不超过前提所断定的范围，其前提和结论之间的联系是必然的，一个演绎推理只要前提真实并且推理形式正确，那么，其结论就必然真实	归纳推理（完全归纳推理除外）的结论所断定的知识范围，其前提和结论之间的联系不是必然的，而只具有或然性，即其前提真而结论假是有可能的

归纳推理与演绎推理虽有上述区别，但它们在人们的认识过程中是紧密联系着的，两者互相依赖、互为补充，它们既是对立又是统一的。比如，演绎推理的一般性知识的大前提必须借助于归纳推理从具体的经验中概括出来，从这个意义上我们可以说，没有归纳推理也就没有演绎推理。当然，归纳推理也离不开演绎推理。比如，归纳活动的目的、任务和方向是归纳过程本身所不能解决和提供的，这只有借助于理论思维，依靠人们先前积累的一般性理论知识的指导，而这本身就是一种演绎活动，而且单靠归纳推理是不能证明必然性的。因此，在归纳推理的过程中，人们常常需要应用演绎推理对某些归纳的前提或者结论加以论证。从这个意义上我们也可以说，没有演绎推理也就不可能有归纳推理。[1]

（四）模型与建模

模型的概念在不同的角度有其特定的内涵，从本体论视角看，模型是一种反映科学理论经历过的经验事实的中介表征，是一种既不同于感性直观，又不同于概念的理论部分存在；从认识论视角看，模型是由人创建的，人工的、精神的或物质的客体，如结构模型、过程模型、实体模型、状态模型、条件模型等；从方法论视角看，模型被认为是一种凝聚了科学智慧而建构的具有解释、预测等功能的重要科学思维方法。因此，模型的概念可以总结为是根据科学研究需要，对原型的某些属性进行抽象和简化而形成的具有解释和预测功能的近似表征。模型思维是一种具有创造性的思维，它在一定的抽象、简化、假设条件下，以物质形态或精神形态再现原型客

---

[1] 周建武 . 科学推理：逻辑与科学思维方法 [M]. 北京：化学工业出版社，2017：23-28.

体的某种本质特性，从而认识和改造原型客体，构建新客体。

模型一般分为三种类型：一是实物模型，凸显了模型的物质性，包含原型部分属性，并与原型有一定的相似结构，是对原型的进一步简化，也是对模型最初级、最普遍的认识；二是心智模型，是人的意识性活动的产物，是人类思维通过对研究对象的简化描述和模拟来建构的个体认知结构，具有个体独特性、内在异质性、不完全不稳定性；三是概念模型，科学机体元素，是科学家为解释科学现象而在科学理论和现实世界之间架起的桥梁，是头脑中的认知结构与外部表征相互作用后，形成的共同体内便于交流和理解的根据。

建模是为了研究某种现实或实物而建构某个对象的动作或过程，囊括了建模认知、建模意识、建模行为、建模方式、建模素养等维度。各学科对建模的理解和应用不同，导致对建模概念尚未形成一致性的理解，然而建模的本质就是通过建构模型解决实际问题，要求个体从实际错综复杂的关系中找出其内在规律，然后用数学符号或公式、图形图像或图表等表示出来，再经过一系列的运算处理，得出能够供人们解释、预测或控制、决策的定量或定性结果。因此建模就是将实际问题抽象、简化为模型，然后用数学符号或公式、图形图像或图表加以表征的过程。[1]

高中生物学教学中的模型主要包括物理模型、数学模型、概念模型。物理模型是以实物或画图形式直观地表达认识对象特征的模型，如必修 1 中的生物膜的流动镶嵌模型、真核细胞的三维结构模型、酶的专一性解释、动植物细胞有丝分裂模式图，必修 2 中的性状分离比的模拟实验、动植物细胞减数分裂模式图、DNA 分子的结构模式图、染色体变异。数学模型是用来描述一个系统或它的性质的数学形式，如必修 1 中的影响酶活性的因素、有丝分裂中染色体和 DNA 数量变化曲线图，必修 2 中的减数分裂中染色体和 DNA 数量变化曲线图、基因的分离与自由组合的模型。概念模型是以文字表达来抽象概括出事物本质特征的模型，如必修 1 中的生命系统结构层次模型、组成细胞的分子、物质的跨膜运输、生物膜系统图解、

[1] 袁媛 . 高中生物理建模能力及其培养对策研究 [D]. 大连：辽宁师范大学，2017：33-34.

酶的本质与特性、呼吸作用过程模型、光合作用过程模型、细胞周期，必修 2 中的复制、转录和翻译的示意图与达尔文自然选择学说的解释模型。

作为一种现代科学认识手段和思维方法，模型具有两方面的含义：一是抽象化，二是具体化。一方面，我们可以从原型出发，根据某一特定目的，抓住原型的本质特征，对原型进行抽象、简化和纯化，建构一个能反映原型本质联系的模型，并进而通过对模型的研究获取原型的信息，为形成理论建立基础。另一方面，高度抽象化的科学概念、假说和理论要正确体现其认识功能，又必须具体化为某个特定的模型，才能发挥理论指导实践的作用。所以，模型作为一种认识手段和思维方式，是科学认识过程中抽象化与具体化的辩证统一。建立模型的过程，是一个思维与行为相统一的过程。通过对科学模型的研究来推知客体的某种性能和规律，借助模型来获取、拓展和深化对于客体的认识的方法，就是科学研究中常用的模型方法。[1]

运用模型方法把抽象的、不可预测的事实或过程借助身边的材料、用具，或者运用数学方法、图形图像、方程式等加以描述、概括总结，有助于将教学内容由深奥抽象变为简单形象，有利于学生对知识的理解和学习方法的掌握。高中生物学课程中的模型建构活动，其主要价值是让学生通过尝试建立模型，体验建立模型中的思维过程，领悟模型方法，并获得或巩固有关生物学概念。模型建构不仅要做，而且要在做中有概念的形成和理解，更要在建构过程中实现体验、思维和创造的统一。

（五）批判性思维

批判性思维的概念一直处于发展过程中，不同的人的理解可能各不相同。彼得·法乔恩认为批判性思维是指做出有目的、自我监督的判断的过程；目的是就观点和行为构建一个合理且公正的判断；自我监督是自我监控自己的思维过程的能力，以及发现错误和进行更正的能力[2]。简言之，批判性

---

[1] 谭永平. 高中生物学新课程中的模型、模型方法及模型建构 [J]. 生物学教学，2009，34（1）：10-12.

[2] 法乔恩. 批判性思维: 思考让你永远年轻 [M]. 李亦敏，译. 北京: 中国人民大学出版社，2013: 7.

思维就是理由充分、逻辑严密的反思判断。保罗和埃尔德认为批判性思维是建立在良好判断的基础上，使用恰当的评估标准对事物的真实价值进行判断和思考，是为了提高我们的思维水平而对自身思维进行的系统性监视。[1]

　　批判性思维包括分析、评估、创造性三个维度，作为批判性思考者，我们分析思考以评估我们的思维，而又在评估思考中提高自身思维的质量。当我们进行批判性思考的时候，不能从它的表面价值进行评定，需要对思维的各方面进行批判性分析和质疑，必须清楚、准确、有深度、有广度和有逻辑性地对思维进行分析和评价。我们发现所有的推理都发生在观点和参考框架中，这些推理都是由一定的目标引发，并具有一定的信息基础，用来推理的所有信息和数据都能够被解释，涉及概念、需要假设，思维中使用的基本参考信息都有一定的意义。

　　批判性思考者必须具备深度的洞察力、思维的公正性、高度的条理性，同时努力培养必要的思维特质和品质，如对推理的信心，思考的勇气，换位思考的意识，思维的自主性、公正性、正直性等。美国哲学协会报告《批判性思维：以教育评估和教学为目的的专家联合声明》中提出了批判性思维的核心技能（表 2-5）。批判性思维是其他思维的综合体现，而且具有评估解释和自我调整等认知技能，也包括好奇、敏锐、坚毅、求真等思维习性。批判性思维对我们的生活、学习和工作具有重要意义，它不仅可以解放我们的思想，而且可以推动人类文明的发展。

表 2-5　批判性思维的核心技能 [2]

技能	专家共识	子技能
阐释	领会和表述各种经验、境况、数据、事件、判断、公约、信念、规则、程序或标准的意义或重要性	破解深层含义 澄清意义

[1] 保罗，埃尔德 . 批判性思维工具 [M]. 侯玉波，姜佟琳，等译 . 北京：机械工业出版社，2013：6.

[2] KINCHELOE J L ，WEIL D. Critical thinking and learning：An encyclopedia for parents and teachers[M]. London： Greenwood Press，2004： 379-380.

续表

技能	专家共识	子技能
分析	从陈述问题、概念、描述，以及其他旨在表明信念、判断、经验、理由、信息或观点的各种表达形式之中，识别出所意向的或实际的推理关系	检验观点 识别论证 识别理由和主张
推理	找出并夯实得出合理结论所需的因素；形成猜测和假设；考虑相关的信息，从数据、陈述、原理、证据、判断、信念、观点、概念、描述、疑问或其他表达形式中推导出结论	寻求证据 考虑多种可能性 得出逻辑有效的或可以辩护的结论
评估	评估可信度和逻辑性，包括评估各种用于说明或描述个人的见解、经验、处境、判断主张的陈述或其他表达形式的可信度，以及各种主张、描述、疑问或其他类似表达形式之间的实际或所意向的推理关系是否合乎逻辑	考量论断的可信度 考量论证中所用的归纳或演绎 推理的质量
解释	既要在多个层面陈述和论证自己的推理结果，顾及证据性、概念性、方法论、标准以及背景因素，又要能以合理的论辩形式展示推理过程	陈述结果 为过程的合理性进行辩护 陈述论证
自我调整	有意识地回顾自己的认知活动和这些活动中使用的元素，以及得出的结果，特别是指将分析和评估技能用于自己的推理判断，来质疑、确认、验证或修正推理过程和结果	自我监控 自我修正

　　科学思维方法是建构概念的重要方法，而概念就是一种重要的模型，称为概念模型。概念形成的过程就是建立模型的过程，即建立模型离不开科学思维方法。除概念模型外，数学模型和物理模型也是认识事物的常见方式，在建立这些模型的过程中，也要用到归纳、抽象、概括等科学思维方法。生物学中的概念有不少是通过归纳或概括形成的，某种概念的形成既可能是比较与分类、归纳与演绎的结果，又可能是分析与综合、抽象与概括的结果。概念的建构要用到多种逻辑思维方法，其中分析和比较是基础的逻辑思维方法，其他方法都是建立在分析、比较的基础上的。抽象程

度越高的概念，用到的逻辑思维方法就越高级。科学思维的本质是理性思维，而理性思维主要是指逻辑思维，因而科学思维主要体现在逻辑思维上。逻辑思维在概念的建构中起着重要作用。

（六）学业评价内容

概念的建构过程也体现了科学思维是认识事物内在规律及相互关系的一种方法，是基于科学事实建构模型的抽象概括过程，是分析、综合、推理、论证等方法在科学领域的具体运用。重要概念的建构，大致遵循"问题情境—科学思维—重要概念"的基本程序，这反映了概念学习是一个认知建构的过程。在早期建构概念的过程中，以学习和训练学生科学思维方法、培养思维品质为主；在后续建构概念的过程中，以运用科学思维方法、增强科学思维品质为主。例如，必修1在"思考·讨论　对细胞膜成分的探索"活动中提出了4个问题，分别反映了科学思维的不同侧面（如表2-6所示），表现出科学思维的特征，可帮助学生一方面学习和训练科学思维方法，提升科学思维品质；另一方面也形成了"细胞膜主要是由脂质和蛋白质构成的"重要概念。

表2-6　解决问题的过程中所需要的科学思维方法

活动问题设置	科学思维方法	科学思维特征
1. 最初对细胞膜成分的认识，是通过对现象的推理分析，还是通过对膜成分的提取与检测？	分析、比较、归纳	尊重事实和证据 严谨求实的态度 严密的逻辑推理
2. 根据磷脂分子的特点解释，为什么磷脂在空气—水界面上铺展成单分子层？科学家是如何推导出"脂质在细胞膜中必然排列为连续的两层"这一结论的？	分析、归纳、概括	
3. 磷脂分子在水里能自发地形成双分子层，你如何解释这一现象？由此，你能否就细胞膜是由磷脂双分子层构成的原因作出分析？	分析、类比、概括	
4. 如果将磷脂分子置于水—苯的混合溶剂中，磷脂分子将会如何分布？	分析、抽象、演绎	

科学思维是指基于事实证据，运用科学概念，通过科学推理和论证对客观事物的本质、规律及其相互关系作出判断和解释，对客观事物的发展变化作出预测的认识方式。运用科学思维可能包括以下环节：批判质疑是起点，需要培养学生批判质疑的精神和态度；培养学生的证据意识、获取证据的能力、评价证据的能力；培养学生逻辑思维的严谨性、全面性、深刻性和流畅性。如在必修 2 中关于假说—演绎法的设计体现了梯度性，在学习孟德尔的豌豆杂交实验时重点分析该方法的基本操作要点及其本质内涵，接着按假说—演绎法的一般过程介绍摩尔根如何证明基因在染色体上，引导学生温习这种方法；然后引导学生运用假说—演绎法来探究 DNA 的复制方式。这样设计有利于学生从认识到熟悉，再到掌握和运用知识。

此外，创造性思维、非逻辑思维等对科学思维能力的提高亦有帮助，培养学生的创造性思维，要为学生创设产生创造性思维的环境，培养他们浓厚的学习兴趣，激发求知欲，引发好奇心，丰富想象力，并加强意志力和学习态度的培养等。例如，大量的探究活动提供了让学生动脑动手的机会，在"建立减数分裂中染色体变化的模型""制作 DNA 双螺旋结构模型"等活动中，制作模型的方法更具开放性；对"父母是单眼皮，生出双眼皮孩子的实例"的探讨，探究基因检测的利与弊等，增加了思维的发散性；"孟德尔通过严谨的推理和大胆的想象，对分离现象的原因提出假说"，引导学生进行想象和推理，发展学生的想象力、创造力。

选择性必修 1 中通过提供科学史资料来启发学生不畏权威、勇于质疑的科学精神，如促胰液素、胰岛素的发现过程等。基于蛙心实验的"推断假说与预期"、基于性别决定实验的"验证假说，预测结果"和基于生长素运输方向的"评价实验设计和结论"等思维训练，既可以训练学生巧妙寻找证据的能力，又可以训练学生逻辑思维的严密性。学生批判性思维的素材，如在"特异性免疫"中关于体液免疫和细胞免疫关系的问题讨论可以训练学生关于批判性思维的多方面技能，如寻找证据、评价观点、根据证据确认关系等；课后习题中关于捐献器官的策略评估，训练的是学生的评估技能；关于 Rh 血型的习题，要求学生解释原因；关于设计 HPV 疫苗的思路，相当于让学生简单地做出决策，这是对批判性思维最后一个环节的锻炼。

　　选择性必修 2 中除了注重培养学生的质疑精神、证据意识，还训练逻辑思维能力，在训练整体性思维、建立模型、理解因果关系等方面有独特价值。生态学思维就是整体性思维的典范，关注事物和过程的网状因果关系和环状因果关系，重视非线性的和循环因素的分析；注重将人类生态系统作为各种组分相异相依、相克相生、共存共荣的有机整体，如分析种群的数量变化受哪些因素的影响，影响种群数量变化的因素，种群变化应从整体上综合理解影响因素的作用。模型是人们按照特定的科学研究目的，在一定的假设条件下，再现原型客体某种本质特征的物质形式或思维形式的类似物，如"建立减数分裂中染色体变化的模型""制作 DNA 结构模型""种群数量'J'形增长""自然选择学说的解释模型""用数学方法讨论基因频率的变化"等。因果关系是一个事件与另一个事件的相互作用关系，在研究生物学问题时，需要考虑研究对象的特殊性和复杂性，如影响物种数量变化的因素有捕食、竞争、寄生等内因和外界环境条件的共同作用，其数量变化往往呈现循环因果现象，机制表现为负反馈调节，也体现了生态学思想注重整体性思维的特点。

　　选择性必修 3 中突出了与科学思维并列的技术思维、工程思维，以及伦理思维。按照 STEM 教育的理念，欲培养创新和实践能力，需要将科学、技术、工程和数学学科有机融合，选择性必修 3 很好地体现了这种融合。科学思维是在认知领域去寻找问题的答案，是认识事物本质和规律的求真思维，主要以概念作思维的工具，属于抽象逻辑思维；技术思维包括抽象思维、形象思维和实践经验；工程思维是在技术思维的基础上，用一系列技术的组合，去完成系统化的任务，是抽象思维和形象思维基础上的综合。技术思维和工程思维是去制造自然界没有的东西，是在实践领域思考如何制造产品的求用思维。伦理思维是思考人类的行为、技术和工程如何更符合人类的利益，包括近期利益和远期利益、局部利益和整体利益等，是求善思维。对培养创新型科技人才来说，科学思维、技术思维、工程思维和伦理思维都是不可或缺的，由此可见选择性必修 3 在育人价值上的不可替代性。

三、科学探究维度的学业质量评价

大多学者认为科学探究起源于美国教育家杜威主张的"做中学"重要教育思想，强调学生要在实践中掌握知识和科学研究的过程和方法。美国《国家科学教育标准》提出科学探究是一种学生运用科学知识、科学观和科学方法进行的活动，这是国际上比较公认的对科学探究的定义。我国《普通高中生物学课程标准（2017年版）》提出，"科学探究"是指能够发现现实世界中的生物学问题，针对特定的生物学现象，进行观察、提问、实验设计、方案实施以及对结果的交流与讨论的能力。我国《义务教育初中科学课程标准（2011年版）》中明确指出，科学探究主要包含"提出科学问题；进行猜想和假设；制订计划，设计实验；获取事实与证据；解释、检验与评价；表达与交流"这六个要素。综上所述，科学探究能力是指学生运用内化的思想观念、已掌握的科学知识和方法等，发现生产生活中存在的问题现象，进行探究过程并解决问题的能力。

科学探究是生物学学科核心素养的重要组成部分。掌握和运用科学探究的基本思路和方法，提高实践能力，同时获得重要的概念，是开展科学探究的主要目的。科学探究可以更好地帮助学生发现现实生活中的生物学问题，并开展自主的探究活动。科学探究是人们通过一定的过程和方法对客观事物和现象进行探索、质疑和研究，是人类认识世界的一种重要方式，也是学生获取新知、提升能力的重要学习方法。《普通高中生物学课程标准（2017年版）》提出，科学探究是指能够发现现实世界中的生物学问题，针对特定的生物学现象，进行观察、提问、实验设计、方案实施以及对结果的交流与讨论的能力。

以科学史、科学研究的结果为任务驱动的科学探究活动（其一般教学程序如图2-9所示），要求学生分析、讨论、交流和寻求答案，强调思维上的探究，有助于科学思维的培养和重要概念的形成，有助于对科学过程和本质的深度理解。如"分析细胞学说建立的过程""对细胞膜成分的探索""关于酶本质的探索""探索光合作用原理的部分实验"等。以学生实践操作为主的科学探究教学活动，提升学生的科学方法和操作技能，同时通过探究活动获得相应的重要概念。

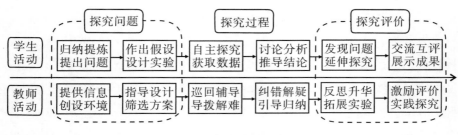

图 2-9　科学探究活动的一般教学程序

　　学生在探究过程中，逐步增加对自然现象的好奇心和求知欲，掌握科学探究的基本思路和方法，提高实践能力；在探究中，乐于并善于团队合作，勇于创新。通过科学探究过程，习得重要概念、提升探究技能、形成科学态度、培养科学精神。[1]科学家在科学探究中都具有自己的独特性，通常也会总结出一些基本的步骤，即观察现象、提出问题、实验设计、方案实施、得出结论、表达交流（表 2-7）。

表 2-7　科学探究的基本步骤及具体内涵

步骤	维度	具体内涵
观察现象 10%	观察意识	①能否有意识地对周围事物进行观察；②是否带有一定的目的进行观察
	观察过程	①是否联系生活经验来观察事物；②是否全面地观察了对象；③是否认真地观察了对象
	观察结果	①是否获得了有效的观察结果；②能否有效地分析观察结果；③能否根据观察结果发现相关规律
提出问题 15%	发现问题	①尝试从给定的情境中发现与生物学相关的问题；②尝试从日常生活、生产实际或学习中主动发现与生物学相关的问题
	表述问题	①尝试以疑问句形式对所发现的问题进行口头表述；②尝试以疑问句形式对所发现的问题进行具体而明确的书面表述

[1] 人民教育出版社课程教材研究所生物课程教材研究开发中心 . 初中生物学学业评价标准（实验稿）[M]. 北京：人民教育出版社，2012：5-7.

续表

步骤	维度	具体内涵
提出问题 15%	分析问题	①说出自己已知的与所发现问题有关的科学知识；②描述已知科学知识与所发现问题的冲突所在
实验设计 30%	提出假设	①针对问题，分析作出假设的必要性和可能性；②应用已有的知识和经验，对问题的答案提出可能的设想
	分析假设	①评估假设的可靠性；②根据假设的可检验性，对问题和假设进行必要的反思和修改
	理清思路	①明确探究的目的，如对问题的回答是定性的还是定量的，是探究事实还是分析原因等；②针对问题或假设提出探究的途径，如观察、调查、实验、模拟实验、收集和分析资料等
	制订计划	①列出所需要的材料与用具；②对于实验探究，明确控制变量；③提出控制变量的方法，设计对照实验；④对材料和用具作出必要的补充和修改；⑤写出详细的探究步骤
方案实施 25%	开展探究	①准备并检查材料和用具；②完成探究过程；③认真操作，仔细观察，爱护器具
	收集数据	①收集数据，如实、准确、清晰地记录所获得的数据；②在必要的情况下，设计适当的表格记录数据
	评价数据	①从操作、观察、记录等环节分析数据的可靠性，对收集的数据是否能客观地反映真实情况作出评价；②根据收集数据的可靠性，确定是否重新收集数据
得出结论 10%	解释数据	①对观察到的现象进行准确的口头和书面描述；②用事实证据阐释实验现象与假设之间的关系；③以文字、图表等形式整理数据，使之便于分析和交流
	结果结论	①对观察到的现象和数据进行比较、分析等，得出符合逻辑的结论；②分析实验过程、方法与结果之间的因果关系，对实验结果作出合理的解释；③分析实验结果是否支持所作的假设，得出符合逻辑的结论

续表

步骤	维度	具体内涵
表达交流 10%	撰写报告	①清晰地表述探究的目的、材料用具、方法步骤；②以文字、图表等形式清晰地展示探究的结果；③准确地表述探究的结论；④如果有必要，指出需要进一步讨论或探究的问题
	交流反思	①在小组内与同学一起分析探究过程和结果，共同得出结论；②向全班口头报告自己或本小组的探究过程和结果，必要时能借助黑板、实物投影仪、电脑等工具进行更为有效的展示；③虚心听取其他同学的质疑，对自己或本小组的探究过程和结论进行必要的辩护、反思和修改

对科学探究能力的评价，国际上比较受欢迎的评价方式主要有纸笔测验、现场观察和工作单等方式，现场观察和工作单常被归属于表现性评价。计算机模拟尽管是评价科学探究能力的新方式，但由于前期开发成本较高，也会受到编程能力和时间限制，所以使用较少。科学探究能力评价方法呈多样化、综合使用的趋势。罗国忠对多因素科学探究能力评价进行了研究，提出纸笔测验的评估要素涉及探究计划、误差分析以及改进意见等能力要求，其集合更接近替代工作单整体的程度，其他探究要素及其集合都不能替代工作单。[1] 在科学探究能力评价的过程中，应该改变采用单一评价方式的局面，综合运用工作单、纸笔测验、现场观察等评价方式，从而提高科学探究能力评价的有效性和公平性。

国际大型测试项目 PISA、TIMSS 和 NAEP 虽然对学生核心素养评价的侧重点不同，但都重视培养学生的科学探究能力，且都同时采用纸笔测验和表现性评价两种方式评价学生的科学探究能力。[2] 美国也极力倡导运用表现性评价落实"21 世纪技能"，美国在对学生科学探究能力进行评价时不但注重学生表达和交流的能力而且紧抓学生的实践能力。目前，美

[1] 罗国忠 . 初中生科学探究能力评价方式的比较研究 [D]. 重庆：西南大学，2007：96-112.

[2] 罗国忠 . 科学探究能力的多元化评价：以美国康涅狄格州的科学探究能力评价为例 [J]. 外国中小学教育，2013（3）：18-21.

国在表现性评价应用于测评学生科学探究能力上已经非常成熟。

2013 年美国国家研究理事会在《新一代科学教育标准》用"科学实践"代替了 1996 年美国《国家科学教育标准》提出的"科学探究"一词。首位关键词由"科学探究"变为"科学实践"[1-2]，包括提出科学问题、开发与运用模型、计划与开展调查、分析与解释数据、运用数学与计算思维、构建科学解释、基于证据进行论证，以及获取、评估与交流信息八个维度，更加强调互动交往、结合具体学科知识以及科学活动的话语交流属性[3]，凸显了融合社会、认知、行为三个维度的实践观[4]。科学实践更具有主体性、开放性、多维性、过程性，有助于学生科学素养的提升，包括科学知识的理解、科学能力的发展、科学精神的培育。开展科学实践的政策建议有科学实践课程化、科学实践多样化、科学实践常态化。

美国教育学界在 NGSS 的基础上，于 2018 年公布了《新一代科学教育测评》（Next Generation Science Assessment，简称 NGSA），以课程、教学与测评三角理论模型和学习进阶为理论支撑，采用基于证据的测评设计为教师提供了全面的课堂评估系统，以表现期望（performance expectation，简称 PE）作为测评目标，构建系统的学习表现（learning performance，简称 LP），并做出相应的教学反应，进而提高学生的科学素养。[5]通过以证据为中心的设计系统地将 NGSS 的表现期望分解为多个组成部分，即学习过程中的各种表现，学生在达到更高的期末成绩期望时将这些概念整合起来，进而实现与 NGSA 相一致的形成性评价目标。

[1] STROUPE D.Describing "science practice" in learning settings[J].Science Education，2015，99（6）：1033-1040.

[2] FORD M J. Educational implications of choosing " practice" to describe science in the next generation science standards[J].Science Education，2015，99（6）：1041-1048.

[3] 肖思汉，SANDOVAL W A. 科学课堂上的"探究"与"实践"有何不同 [J]. 课程·教材·教法，2017，37（12）：110-115.

[4] 唐小为，丁邦平 . "科学探究"缘何变身"科学实践"？：解读美国科学教育框架理念的首位关键词之变 [J]. 教育研究，2012(11):141-145.

[5] National Research Council. Next generation science assessment [EB/OL].[2021-04-27]. http：//nextgenscienceassessment.org/.2019-09-29.

本书沿用我国新课标中的"科学探究"表述，本土化吸收"科学实践"的相关要素和评测方案。以探究为特点的教学不仅会直接影响核心素养中"科学思维"与"科学探究"的落实，还会间接影响另外两个核心素养的达成。因此，生物学教学不仅是教师讲解和演示的过程，还是师生交流、共同发展的互动过程。教师应该提供更多的机会让学生亲自参与和实践，重视信息化环境的学习。这种有目的、有步骤的学生自主学习活动主要包括对生物及其相关事物进行观察、描述、提出问题、查找信息、提出假设、验证假设、思维判断、做出解释，以及能与他人合作和交流等。在此过程中，培养学生的创新精神和实践能力。教师应结合具体的教学内容，积极开展探究性学习，采用多种不同的教学策略和方法，达到教学目标[1]。

（一）观察现象

在探究活动过程中通过眼睛细看、耳朵静听、鼻子嗅闻、身体感知等方式准确地描述观察对象及其实验现象，以获取可靠的事实与证据。对实验现象的观察既要做到细致，又要全面，如反应前观察并记录仪器名称、装置特点，物质名称及形态、外观等；反应中观察并记录操作方法、反应条件，物质的形态、外观、能量变化及其他现象；反应后观察并记录生成物的名称、形态、外观等。实验现象的记录要实事求是，不能以结论代替现象；表述现象时必须运用准确、规范的语言，要做到习惯用语的恰当性，要按照活动开展的逻辑顺序进行表述，确保内容的全面完整性。

教师需要引导学生明确观察重点，注意活动过程中的异常现象，及时、有效、真实地记录各种现象和数据；指导学生通过观察、实验、测量、网络等多渠道收集信息，引导学生使用多种科研方法鼓励学生之间相互合作，并参与学生讨论；能够设置矛盾，提示背景知识和提供解决的途径，引导学生解决问题；引导学生自己亲身发现探究活动中的问题，给学生提供足够的探究时空和自由度。教师在学生进行探究活动的过程中，需要帮助其调整方案的细节问题，保证实验能够顺利进行并控制教学进度，但同时能

---

[1] 中华人民共和国教育部. 普通高中生物学课程标准（2017 年版 2020 年修订）[M]. 北京：人民教育出版社，2020：57.

为学生创造尽可能多的活动空间；提高学生探究的热情和积极性，保证课堂气氛的热烈；学生发生分歧时，组织他们和谐、主动、民主地交流；当学生过于兴奋、激动时，提醒他们冷静地进行思考。教师在整个探究活动中需要关注过程性观察评价，如善于观察学生的投入状态，个性化评价不同的学生行为；评价尽可能不要打断学生的思维和行为，及时指导需要帮助的学生；评价导向以激励为主，尊重并肯定学生的积极性。关于观察现象的 PTA 评价量表的具体指标如表 2-8 所示。

表 2-8　观察现象的 PTA 评价量表具体指标

步骤	维度	具体内涵
意识态度	目的性	是否有意识地对周围事物进行观察；是否带着明确目的进行观察
	计划性	是否设计好观察的目的、过程和结果的相关记录表
	积极性	是否积极参与观察活动；是否认真地观察对象；是否全面地考察对象
过程方法	程序性	是否按照计划有序开展观察活动；是否有效地进行记录、思考、讨论
过程方法	关联性	是否联系生活经验来观察事物；是否结合已有认知进行观察
	全面性	是否从整体视角观察对象；是否关注到对象的细节
获得结果	准确性	是否正确地描述观察对象；是否全面准确地记录观察结果
	针对性	是否获得了全面的观察结果；能否有效地分析观察结果
	有效性	通过观察能否独立提出自己的疑问；能否根据观察结果研究现象背后的本质
	探究性	能否根据观察结果发现需要进一步探究的课题；能否根据观察结果发现相关规律

（二）提出问题

"提出问题"步骤一般包括发现问题、表述问题、分析问题三个环节。创造思维基于实验始于问题，学生的积极思维是从迫切需要解决某个问题开始的。从这个意义上说，问题是思维运行的动力和发展催化剂。问题的提出通常依赖于问题情境的创设。所谓问题情境是指"当前探讨的学习内容与学习者原有知识水平不和谐、不平衡而又亟须解决的心理状态"。在创设问题情境时，教师要根据教材目标和教学内容，从学生认知水平和社会生活实际出发，将学生已有的知识经验与将要学习的知识联系起来，精心设计可以进行实验探究的问题。

　　提出问题并不难，难在提出有探究性的问题。如果只要求学生根据这个问题情境提出问题，学生的自由度很大，运用发散思维可以提出很多问题，但其中很多问题很可能是低水平的或没有探究价值的。因此，提出问题的关键在于创设有效问题情境，引导学生提出有探究性的问题。问题要"难易适度"，既具有一定的思维容量和思维强度，又含有需要经过分析、探索、比较、综合等思维活动才能得出结论的未知成分。显然，这种落在学生的"最近发展区"内的问题，需要学生经过努力思考才能解决。对于教材的重点难点内容，要尽可能设计一组有层次有梯度的问题，处理好问题的衔接与过渡，用组合、铺垫或设台阶等方法来提高问题的整体思维价值。

　　在生物学探究性实验的教学过程中，教师要抓住生物学知识之间的渗透和迁移，努力创设问题情境，明确提出探究问题，积极引导和鼓励学生自己去发现问题，提出探究课题，充分发挥学生的主观能动性，激发学生的探究兴趣和思维潜能，将学生的注意力吸引到问题情境中来。有效的情景，不仅能充分激发学生的探究兴趣，其本身的目标指向也很明确。在具体实施中，教师可以通过提供相关的图文信息资料、数据，或呈现生物的标本、模型、生活环境，或从学生的生活经验、经历中引出即将要通过实验探究的问题，也可以从社会关注的与生物学有关的热点同题切入等。另外，作为教师也应鼓励学生提出个性化、多样化的问题，在保证安全的前提下，让学生大胆探究。

　　在经过适当训练后，教师可以只根据教学需要创设问题情境，而具体问题的提出则可以交给学生。通常情况下，总有一些学生提出的问题可能仅根据自己的经验而脱离具体问题情景，也就是提出的问题较为发散，此时教师应组织学生一起梳理这些问题。梳理的标准有三点：一是根据已有知识和经验判断学生提出的问题本身是否合理；二是即使合理的问题也要判断是否符合问题情境的目标指向，当然对于不符合问题情境的提问，教师应给予分析并鼓励学生在课外继续探究，而不能一概否定或不予理会；三是就学校现有的教学条件而言，这些问题是否具有进行探究实验的基础，也就是探究活动的可操作性。经过上述梳理后，学生提出的问题基本都满足相关指标，进一步加工就能形成可探究的课题（如表 2-9 所示）。在实际操作中，课题的呈现应尽量提前，要让学生有足够的时间查阅资料和开展讨论，以便制订适宜的学习方案，并能探讨学习过程中需要的探究条件，以及一些可能发生的现象和相应的结论。

表 2-9　学生提出问题的 PTA 评价量表具体指标

评价要素	一级指标	二级指标
提问的意识	积极性	教师或教材中是否直接给出问题；教师或教材中是否引导学生提出问题；学生是否主动提出问题；学生是否积极从现象中寻找问题
	参与性	学生是否提出了数量足够的问题；是否每位学生都提出了问题；学生提出的问题是否经过认真的思考
问题的质量	相关性	学生提出的问题是否与所观察的现象有一定的关联
	探究性	是否明确指向科学探究关系；是否确定了探究方法；是否明确为量化或质性研究；是否明确了各种变量；是否具有控制变量的意识
	创新性	是否突破了教材和已有情境；是否在陌生情境中进行了迁移；是否提出发散性问题
问题的表述	准确性	是否是一个疑问句；表述是否清晰；指向是否明确；语言结构是否完整严密
	科学性	是否符合学生的认知规律和思维特点；是否科学合理；是否体现情境的本质

（三）实验设计

"实验设计"步骤一般包括提出假设、分析假设、理清思路、制订计划四个环节。假说是根据已知的科学原理和科学事实对未知的自然现象及其规律作出的一种假定性说明。假说佐证是自然科学研究中广泛应用的一种方法。在进行新知识情境探索性实验时，教师可以提出多种可能的结论假说，以刺激和保持学生对生命现象的自主探究兴趣和注意力，使他们的思维始终处于高度活跃的状态。要鼓励学生通过自己查阅文献资料、收集整理信息数据，亲自去感受和探明问题的关键所在。在科学理论的基础上提出多种可能的假设，进而设计佐证假说的实验方案并进行实验操作。

在实际操作中，当探究目标明确后，教师就要为学生提供大量的资料、素材，或者提供给学生获得资料、素材的途径，达到帮助学生答疑解惑的目的。接着，在学生对课题进行充分讨论的基础上，教师应尽量在诱发性的问题情景中引导学生通过分析、比较、综合、类推等不断产生假设并围绕假设进行推理。引导学生将原有的各种片段知识、素材，从各个不同的角度加以改组，从中发现必然的联系，逐步形成比较合理的学习方案。教师一方面要允许学生有形形色色的猜测、想象，强调独立思维、直觉思维和洞察力的形成；另一方面也要指导学生明确因果关系，强调逻辑推理，而不是胡乱猜测。一般情况下，一个好的假说总是和作出假说的前提有着高度的一致性、派生性和演绎性。

根据日常的观察，和基于从已有的研究结果中归纳出来的假设，或由联想和直观的推测所构成的假设等，来计划实验、确定实验的方法。当这个假设或由假设推导出的命题，被实验所证实，则作为科学的命题被采用，如果实验结果违背了假设，便要修正这个假设，或者放弃它，而提出新的假设，反复实验。可见，实验不是像尝试错误那样，没有预想的乱撞，而应以假设为先导。假设可以帮助人们提出新的理论、新的实验目的，树立一个明确的实验目标，建立和发展科学理论。

科学假设是人们将认识从已知推向未知，进而变未知为已知的必不可少的思维方法，是科学发展的一种重要形式。科学理论发展的历史就是假设的形成、发展和假设之间的竞争、更迭的历史。科学假设对科学问题的研究常常起着一种纲领性的作用。在探求现象之间的因果关系、事物的内部结构及其起源和演化的规律时，一旦有了假设，科学工作者就能根据其要求有计划地设计和进行一系列的观察、实验；而假设得到观察、实验的支持，就会发展成为建立有关科学理论的基础。也就是根据现在的科学基础对未来的世界或者其余的发展作出某一种科学的定义。

　　科学假设主要有以下三个基本特点：第一，科学假设是建立在一定实践经验的基础上，并经过了一定的科学验证的一种科学理论。它既与毫无事实根据的猜想、传说不同，又和缺乏科学论据的冥想、臆测有区别。第二，具有相当的推测性。它的基本思想和主要论点，是根据不够完善的科学知识和不够充分的事实材料推想出来的，它还不是对研究对象的确切可靠的认识。第三，具有明显的过渡性。科学假设是科学性与推测性的对立与统一。它既包含着真，又包含着假，是真与假的对立与统一。它有可能失真而成为假，也有可能由假而转为真。它是为由假达真而生，也为这种转化的实现而亡。因此，假设是理论形成中的生与亡的对立统一，这种对立统一的转化条件在于实践，实践是检验假设的唯一客观标准。关于作出假设的 PTA 评价量表的具体指标如表 2-10 所示。

表 2-10　作出假设的 PTA 评价量表具体指标

要素	一级指标	二级指标
假设的主体	教师	教师是否有效引导学生作出假设；教师是否直接给出假设
	学生	学生是否经过教师启发后作出假设；学生是否自己作出假设；学生的参与度
假设的过程	可行性	是否能够接受事实的考验；能否基于事实证据作出可靠假设
	相关性	假设是否与问题的主题明确相关；假设的数目是否切合主题要求
	审辨性	是否会思考分析自己或他人假设的合理性；能否完善自己或他人的假设
假设的内容	规范性	假设的表述是否清楚规范；能否说出规范表达的要求和意义
	充足性	能否说出与问题相关的两个以上假设；能否描述假设与事实的吻合程度
	预测性	能否预测问题的本质；能否说出问题的主要影响因素；能否用已有知识和条件进行探究
	创新性	是否突破了教材的束缚；是否突破了思维固化的影响；能否提出独特的、新颖的假设

　　学生对探究性问题提出合理的假设后，就需要理清问题解决的基本思路，自主制订实验探究方案。考虑到探究方案的制订需要较强的整体规划能力，同时也需要一定的文字描述能力，部分学生可能只会动手操作，但难以准确描述，因此实验探究方案的制订是学生挑战性最大的环节之一。要解决这个问题，关键在于帮助学生克服文字障碍，引导学生尽可能地精准描述需要进行的实验操作流程及要点。

　　实验方案设计主要考查的指标是方案的完整性和可操作性。实验方案设计通常包括实验课题、实验要求和目的、实验方法类型、实验对照类型、实验方法步骤、实验结果预期、实验结果的分析与讨论等。其中，实验方法步骤的设计具有开放性，可以从不同角度、不同侧重点采用不同方法进行设计。在教材的实验指导中，实验假设和实验预期大多隐含在"实验原理"中，实验方法类型、实验对照类型则一般隐含在"方法步骤"里。因此。教师应善于发现并挖掘出教材中的隐含信息，帮助学生了解和掌握实验设计的理论知识，以便培养学生独立设计实验的能力。例如，"植物向性运动的实验设计和观察"的实验设计中，教师应启发学生，除了课本要设计的向光性和向重力性运动外，植物还有哪些向性运动？在"设计制作小生态瓶"时，教师应提示学生，教材上的只是一类微型的生态系统，生态系统的类型还有很多，相同组成成分的生态系统在不同的外界条件下会相同吗？让学生们发挥自己的想象，发挥自己的创造力，大胆设计。

　　提高学生的实验设计能力，还应注意拓宽学生的视野，设置不同种类的实验设计，通过不同的途径，激发学生兴趣，启迪学生的思维，从中领悟实验设计的原则和方法。如利用课本的实验，灵活地改变实验的某个条件，让学生模仿课本实验的程序进行简单的实验设计（如表2–11所示）。在学生操作实验时，教师应参与到学生中间，及时发现并帮助解决各种问题，以便在实验结束时更好地引导学生的总结工作。

表 2–11　制订计划的 PTA 评价量表具体指标

要素	一级指标	二级指标
方案的表述	准确性	方案的表述是否规范、准确；能否说出方案实施的具体要求、实践目的和意义
	因果性	方案的表述是否体现了与假设的因果联系；方案整体是否符合假设预期
	完整性	方案是否有内在的逻辑体系；是否完整呈现方案的结构体系
方案的内容	适切性	方案是否符合学生的生理和心理特征；是否有利于学生进行具体步骤操作
	灵活性	方案是否考虑到了实践过程中的条件变化；是否提出了可调整的预留步骤
	预见性	方案是否考虑到了可能出现的意外情况；是否为意外情况设计了解决问题的预案
	创新性	方案是否适合本土学生使用；是否有一些新颖独特的方案细节

　　在探究性生物学实验的实施中，关于学生生物学设计实验能力的培养应有计划分年段逐步培养。例如初期教师可以组织学生结合现有的相关实验，在充分分析的基础上进行模仿设计，然后学生可以在教师指导下进行小组合作设计，在基本掌握科学实验设计的原理和方法后可以逐步走向独立设计。为了帮助学生理解和应用科学实验原理及方法，教师在教学中要善于组织学生讨论分析学生的设计方案，通过质疑和建议引导学生不断修正自己的实验方案。同时通过讨论，还要引导学生在实验设计时追求"材料易获取、方案易操作、实验过程对环境的影响最小"等可行性原则。

（四）方案实施

　　"方案实施"步骤一般包括根据实验设计方案开展探究、收集数据、评价数据三个环节。验证是学生确立自己的假设是否成立的关键，是获得正确的概念、理论的基本保证。验证的方法一般以实验探究为主，要以实验中观察到的科学事实为依据来判断假设的科学性。当实验事实与假设不符时，学生可再进行讨论或向教师提出疑问。教师则要引导学生找出失败的根源所在，增加适当的知识素材，指导学生重新进行假设、验证。

实验验证的首要步骤是进行设计实验。生物学实验设计中，学生除了应具备一定的生物学知识，还要掌握基本的科学实验的原理和方法，如对照原则、单一变量原则、可重复原则等。由于实验设计能有效培养和训练学生的创新精神和实践能力，因此生物学实验设计能力既是生物学实验能力的重要内容，又是生物学实验能力的最高层次。

这里的实验应以学生实验为主，也可以是演示实验，如果条件不许可，还可以适当运用实验的录像、多媒体手段等，使学生在实验中观察、记录实验现象和结果，发现新知。在实验中既要让学生按照实验要求进行规范操作，又应鼓励学生进行新的尝试和探究，对于学生的一些错误的操作，教师也不应作简单的否定，可以让学生自己去尝试失败。但最后要进行认真分析，引导学生认识到失败和成功的原因。关于方案实施的 PTA 评价量表的具体指标如表 2-12 所示。

表 2-12　方案实施的 PTA 评价量表具体指标

要素	一级指标	二级指标
实践操作	规范性	对操作流程是否熟悉；是否科学规范地开展操作；能否说出步骤的要求和意义
	科学性	能否说出操作流程实施的科学依据；能否说出与生产生活的关联
	创新性	操作过程中是否考虑步骤的优化和完善；是否提出新颖独特的操作思路或步骤
数据处理	准确性	数据收集的操作是否准确；是否严格按照科学的流程开展；是否考虑误差
	科学性	数据收集是否规范、科学；是否明确数据处理的基本方法
	可靠性	数据是否翔实、可靠；能否说出重复测量后的一致性、稳定性程度
	有效性	数据是否能反映考查对象的特征；能否体现对象特质的准确程度

在科学探究中，研究者需要在收集大量的可靠证据的前提下，通过比较、分析、概括、归纳等研究方法，找出现象发生的因果性、相关性、一致性的内在联系，从而形成科学合理的结论。探究过程还需要科学解释和逻辑论证，将收集的事实证据与生活经验、已有认知联系起来，进而形成新的更高层面、更深层次的理解。

（五）得出结论

"得出结论"步骤一般包括解释数据和表述结论。在假设、验证的基础上学生必然求得结论，使感性体验符号化，成为认知结构的内在成分。因此，教师要对学生经过验证的假设进行加工，用科学的语言来表达结论，适时进行恰当的评论，让学生真正体会到从感性认识上升到理性认识的欢愉。学生则要积极地把抽象化了的概念原理应用到新情境中去，用概念原理体系去解释新的现象，这种过程既是对原有认知结构的完善，又是概念原理的复现，有助于加深对概念的理解记忆，提高了应用概念原理来解决问题的能力。

例如，在"植物的光合作用"的教学中，学生在完成实验后，教师可以要求学生在讨论教科书中问题的基础上，继续引导学生对自己的实验现象和实验操作进行分析和评价。如针对"绿叶在光下制造有机物"实验，要求学生讨论：本实验除了得出光合作用能产生淀粉，还可以说明什么问题？实验前为什么要将天竺葵的淀粉耗尽？对学生运用另选的实验材料所做的实验，在学生介绍实验结果的基础上，让学生分析可能的原因。也可以是由学生提出问题，然后由学生或师生共同解疑。

在实验操作、分析过程与表述结论中，曾有部分学生提出了这样的一些疑问：为什么会出现叶片的变色现象，有的学生明白，有的却模糊不清，是什么原因呢？有没有更好的实验手段来改进，使实验结果更明了？有没有办法判断叶片内的淀粉是否耗尽了？通过分析解疑，促使学生在实验材料的选择、实验方案的设计、实验过程和结论的分析等方面的能力都能得到训练和提高，使学生对实验不仅知其然，而且知其所以然，并在此过程中接受科学实验的思想和方法的熏陶。

结论拓展是对知识规律的巩固和活化，是思维生长和发散、能力形成和发展的过程。在生物学探究性实验教学中，教师要在学生现有的知识经验背景下及时发现学生知识和能力发展的新"生长点"，提供一些有一定难度、综合程度较高或需灵活运用知识点的问题，鼓励学生继续探究。如对知识进行重新认识，对实验装置提出改进方案，设计出新的探究实验方案等。这样可以为学生的创造性活动以及思维发展创造一个更加广阔的空间，使得探究性实验教学真正具有伸展性和开放性。同时也可以将学生的探究活动引向深入，以增加思维的广度和深度，使新知识得以巩固和迁移，从而发展学生的创造性思维。

例如，学生在进行"叶绿体色素提取分离实验"时，配错了层析液的比例，却发现分离效果优于正确配方，教师鼓励学生反复实验找出最佳配方。而且学生还依据分离原理设计出其他实验方案，如用汽油作层析液，用毛细玻璃管沾些色素提取液立在圆形滤纸中心，以粉笔取代滤纸条做实验等，上述实验方案都取得了很好的分离效果。

尽管工作单难以"看到"学生的操作细节，但可以从数据中推断一些关键的操作表现，如自变量的起点、改变次数、改变间隔、改变范围是否适当；相关变量是否控制；因变量的数据是否合理等。当然，这种推断的前提是学生清楚地呈现他们的全部数据，如果只呈现部分数据或呈现的数据混乱，则这种推断有可能失真。在预研究中，曾要求学生自己制作表格并记录数据，但一些学生没有制作表格，结果呈现的数据很混乱；一些学生虽然制作表格，但是栏目不完全，呈现的数据也不完全。对于这些情况，学生究竟是没获取数据，还是获取了但没呈现好，较难判断。也就是说，一些学生还没有形成制作表格的习惯或能力，给数据的呈现造成一定障碍，因此开展探究时需提供制作好的表格，便于学生集中精力专注于探究，真实地呈现他们收集到的数据。关于得出结论的 PTA 评价量表的具体指标如表 2–13 所示。

表 2-13　得出结论的 PTA 评价量表具体指标

要素	一级指标	二级指标
证据阐释	有效性	是否对数据进行比较、分类、归纳和概括；能否针对假设有效选择科学、合理的证据
	规范性	是否分析数据、建构模型、揭示规律；能否基于数据解释问题与假设
推理论证	科学性	能否说出推理论证的基本范式；能否基于证据开展论证活动
	合理性	推理论证过程是否符合理性逻辑；是否采用多种方法进行合理论证
	相关性	证据是否与问题和结论明确相关；能否阐明其相关性程度
	因果性	是否阐明证据与结论的因果关系；能否准确表述其达到的因果程度
得出结论	逻辑性	能否清晰阐明结论的理论依据；是否对假设与结果的差异进行分析和解释
	科学性	结论是否符合科学的基本认知规律
	简洁性	是否简明扼要地表述结论；是否清晰阐明结论与假设之间的关系

（六）表达交流

"表达交流"步骤一般包括撰写报告和交流反思。通过表达交流，能促使学生运用所学的知识解决实际问题，以进一步促使学生巩固知识，拓展思维，训练能力与方法，同时也可以通过相互质疑，激发学生进一步思考，在此基础上能进一步完善实验结论。例如，在"植物的光合作用"一课中，教师在总结概括的基础上，除了让学生讨论课本的思考题，还可以重新回到教材开头提出的两位科学家的实验，分析讨论：①怎样合理解释海尔蒙特的实验现象？海尔蒙特从他的实验得出"柳树生长所需的物质是水"的结论，你认为他的推理有什么不严密的地方？②怎样解释普利斯特利的实验现象？③在普利斯特利的实验中，如果我们还要证明光对光合作用的影响，你认为可以进行怎样的设计？让学生大胆设想、表达和交流，以此巩固和创新探究性实验。

在具体实验教学中，并非一定要追求以上探究全过程，可根据教学目标和课时安排，在不同实验中有所侧重。如在部分实验中重点训练学生提出问题和假设的能力，而在另外一些实验中则重点培养学生设计实验的能力，再结合一些具体实验重点培养学生分析实验现象、处理实验数据、得出结论的能力。最终在中学生物学实验教学设计中，使学生获得科学探究全过程的训练，并掌握科学实验的原理和方法。关于表达交流的 PTA 评价量表的具体指标如表 2-14 所示。

表 2-14　表达交流的 PTA 评价量表具体指标

要素	一级指标	二级指标
撰写报告	规范性	报告是否清楚地阐明了研究的背景、过程和结论；表述是否清晰、规范
	预见性	能否在本课题结论的基础上，预测课题的应用性和增值性价值
	创新性	是否突破本课题的束缚，提出独特的、新颖的探究设想
活动评价	体验性	是否积极投入到探究活动中；能否感受到探究活动的乐趣和学习成功的喜悦
	客观性	是否对探究过程进行反思评价；能否对自己或他人成果进行客观评价
	审辨性	是否发现实验方案的不足；是否提出改进措施；是否从不同角度阐明研究问题的价值
交流反思	积极性	是否在活动中与他人有很好合作；交流时是否进行积极互动
	参与性	能否将成果用不同形式准确表达和交流；是否乐于分享资料和成果
	反思性	是否有对结果可靠性进行评价的意识；是否发现未解决的问题或新问题

评价与反思是整个科学探究活动的主要组成部分，贯穿于整个探究过程中，是不断提升探究效果和学习质量的重要策略和核心机制。通过评价

与反思，将探究活动的整个流程作为考查对象进行积极自觉的检查、监控、反馈、完善。在探究活动开始之前，需要评价探究情境、学习目标、活动计划；活动过程中，需要监控探究进程、反馈效果、调整行为；活动结束之际，需要记录结果、评价数据和结论；活动完成之后，需要进行学习反思、流程评价和活动总结。

建构式的科学探究提倡在情境中引导学生主动学习。需要为探究性学习创设情境，探究型情境是指创设的情境可以引导学生开展探究活动。这样的情境可以是生活中的一个具体现象、一个探究实验，或一个科学研究故事。探究型情境也能激发学生学习的兴趣，创设的情境可以引导学生深入思考，并激励学生开展探究活动。创设情境的选材来源一般有日常生活、社会问题、科学史、科学研究过程和结果、科学实验、学生认知冲突、中国传统文化等。例如，提供相关的图文信息资料、数据，或呈现生物的标本、模型、生活环境的图片或影像资料，或从学生的生活经验、经历中提出探究性的问题，或从社会关注的与生物学有关的热点问题等切入。

创设的情境应尽可能地贯穿于整个教学活动中，这样一方面体现学习内容的内在逻辑和递进关系，另一方面可以让学生的学习具有连贯性，思维上具有连续性和递进性，有利于深度学习。在连续情境的创设过程中要注意几个问题：一是情境本身应具有丰富的内涵，内容单调的情境不足以在后续的学习中再次利用；二是情境的出现顺序具有逻辑性，即学习相关内容需要时，相应的情境也应及时出现；三是连续的情境应结合学生已有的知识，使情境具有验证问题或解决问题的特性。表 2-15 列出了必修 2 部分活动的情境内容，这些科学研究成果经简化处理，既真实，又符合学生的认知水平，具有可操作性。

表 2-15　必修 2 "遗传与进化" 部分探究活动所创设的情境

情境内容	活动任务
构建结肠癌发生的简化模型	探究结肠癌发生的原因
展示多种不同类型的化石证据	阐述化石证据对共同由来学说的支持
说明吸烟与肺癌患病率的相关性调查结果	分析事物间的相关性

续表

情境内容	活动任务
运用同位素标记和密度梯度离心研究 DNA 复制的科学史	证明 DNA 半保留复制的实验
检测不同类型细胞中三种基因及其 mRNA 的实验结果	分析不同类型细胞中 DNA 和 mRNA 的检测结果
分析柳穿鱼花型变化、小鼠毛色变化的表观遗传现象及其机制	探索柳穿鱼花的形态结构和小鼠毛色的遗传

选择性必修 1 中安排的探究实践活动包括模拟生物体维持 pH 的稳定、探索生长素类调节剂促进插条生根的最适浓度和尝试利用乙烯利催熟水果。前一个实验可以让学生体会模拟实验和对比实验的思路差异；后两个实验可以让学生了解预实验的方法以及怎么设计合理的梯度实验，并提高实践能力。同时在研究动植物激素过程中使用的很多案例和研究方法，有助于提高学生的实验设计能力，发展科学探究素养。

提高探究活动的情境性和开放性有助于发展学生的科学探究意识和科学思维能力，选择性必修 2 中的"分析当地自然群落中某种生物的生态位"活动以崇明东滩鸟类国家级自然保护区中 4 种鸟类生境情况的调查数据为情境内容；"分析人类活动影响群落演替的实例"中使用了两个情境，分别是我国黄土高原环境变迁的过程和长江中游某湖泊生物多样性下降的事实。这些情境经简化处理后不但真实，而且符合学生的认知水平，使得活动具有可操作性。其他方面如"调查当地的环境状况，提出保护环境的建议或行动计划""搜集保护生物多样性的实例""验证昆虫之间是否存在化学信息的传递""参观庭院生态系统或生态园"等内容则需要学生根据当地实际情况设计和实施具体的探究活动计划。

选择性必修 3 中的科学探究，突出了动手实践的探究活动，大多是让学生运用所学生物技术亲自动手制作相关产品，其目标不是去解释某个现象，而是通过技术层面的操作来获得产品，有利于培养实践能力。在实践活动的写法上，不仅对操作细节有明确要求，而且对技术原理和工程设计的思路也有清晰的阐释，还要求学生进行技术和工程的设计，这对于培养学生的技术思维和工程思维大有裨益。

科学探究实践的基本过程倡导学生关注每个环节的要点，首先需要鼓励学生自己独立观察、思考、提问，并在提出假设的基础上进行探究活动方案的设计和实施。通过不同发展水平学生之间的小组合作探究，每个成员间分工明确、适时调整，使每个成员都有机会担任不同的角色。教师应重视探究性学习报告的完成和交流，培养学生通过文字描述、数字表格、示意图、曲线图等方式完成报告的能力，组织交流探究的过程和结果，并进行适当的评价。

教师应关注融合式的探究性教学，有计划地安排好需要用一定时间才能完成的课外活动，包括必要的调查、访问、参观、资料收集整理以及观察记录等。注意探究性学习活动的课内与课外、线上与线下的有机结合。线上学习和线下学习方式各有优势，也各有劣势。只有充分发挥好线上学习和线下学习方式的各自优势，实现线上学习和线下学习相互支持、相互增值的高效融合，才能更好地提高学生的学习效果、学习能力和思维品质，才能更好地适应未来教育改革和发展的大趋势。从学习工具、资源开发、学习评价、系统管理的角度，搭建能够满足线上线下、课内课外、校内校外的融合式学习管理平台，以满足学生对在线学习、在线交流、协作学习、自主学习等功能的个性化学习需求。

四、社会责任维度的学业质量评价

社会责任素养既是中国学生发展核心素养的内容，体现了社会主义核心价值观和中华优秀传统文化，也是高中各学科课程的共同指向，还是生物学的学科核心素养，包含传播生物进化思想和科学的自然观，认同生态文明思想、健康中国理念等。高中生物学教材采取多种形式弘扬社会主义核心价值观和中华优秀传统文化，帮助学生培育科学精神，树立正确的科学技术价值观，形成并传播生物进化思想和科学自然观，形成生态文明思想和健康中国理念，并以科学态度和理性思维分析社会议题，从而发展学生的社会责任素养。

（一）社会主义核心价值观中的社会责任

社会主义核心价值观是社会主义核心价值体系的内核，体现社会主义核心价值体系的根本性质和基本特征，反映社会主义核心价值体系的丰富内涵和实践要求，是社会主义核心价值体系的高度凝练和集中表达。党的十八大以来，党中央高度重视培育和践行社会主义核心价值观。习近平总书记多次作出重要论述、提出明确要求。党中央的高度重视和有力部署，为加强社会主义核心价值观教育实践指明了努力的方向。

2017 年 10 月 18 日，习近平总书记在党的十九大报告中指出，要培育和践行社会主义核心价值观；要以培养担当民族复兴大任的时代新人为着眼点，强化教育引导、实践养成、制度保障，发挥社会主义核心价值观对国民教育、精神文明创建、精神文化产品创作生产传播的引领作用，把社会主义核心价值观融入社会发展各方面，转化为人们的情感认同和行为习惯。

社会主义核心价值观由"富强、民主、文明、和谐；自由、平等、公正、法治；爱国、敬业、诚信、友善"共 24 字组成。分别从国家层面、社会层面和个人层面规定了价值目标、价值取向和价值准则。"富强、民主、文明、和谐"，是我国社会主义现代化国家的建设目标，也是从价值目标层面对社会主义核心价值观基本理念的凝练，在社会主义核心价值观中居于最高层次，对其他层次的价值理念具有统领作用。"自由、平等、公正、法治"，是对美好社会的生动表述，也是从社会层面对社会主义核心价值观基本理念的凝练。它反映了中国特色社会主义的基本属性，是我们党矢志不渝、长期实践的核心价值理念。"爱国、敬业、诚信、友善"，是公民基本道德规范，是从个人行为层面对社会主义核心价值观基本理念的凝练。它覆盖社会道德生活的各个领域，是公民必须恪守的基本道德准则，也是评价公民道德行为选择的基本价值标准。

社会主义核心价值观的提出是面对世界范围思想文化交流、交融、交锋形势下价值观较量的新态势，面对改革开放和发展社会主义市场经济条件下思想意识多元、多样、多变的新特点，积极培育和践行社会主义核心价值观，对于巩固马克思主义在意识形态领域的指导地位、巩固全党全国人民团结奋斗的共同思想基础，对于促进人的全面发展、引领社会全面进步，对于集聚全面建成小康社会、实现中华民族伟大复兴中国梦的强大正能量，具有重要现实意义和深远历史意义。与社会主义核心价值观相联系的社会责任看起来比较抽象，实则与各个学段各个学科的教育密切联系。在高中生物学科及其教学中，社会主义核心价值观应得到充分的体现。

建立"富强、民主、文明、和谐"的中国，离不开生物科学技术在农业、医药卫生等领域作出的贡献；也离不开热爱并尊重自然的绿色生活方式和可持续发展理念及行动。实现"自由、平等、公正、法治"，离不开对退耕还田、还湖、还林、还草，依法保护环境和保护生物的多样性的理解；也离不开能明辨是非，具有规则与法治意识，积极履行公民义务的具体行动。做到"爱国、敬业、诚信、友善"，离不开对祖国和家乡的热爱，对他人的关爱；也离不开热心公益和志愿服务，敬业奉献，具有团队意识和互助精神的无私奉献。

将社会主义核心价值观与生物学科中的社会责任联系起来，用生动具体的事例内化于心、外化为行，是生物学教育的首要任务，即将社会主义核心价值观学段化、学科化、内容化、课堂化。例如，人教版高中生物学教材中的"科学家访谈"栏目，对结构生物学家施一公院士和"杂交水稻之父"袁隆平院士的访谈，就体现了科学家爱国、敬业和奉献的高尚品质，同时具有团队意识和互助协作精神等价值观念。又如，在教材中尽量多地选编中国科学研究的国际性进展和中国科学家的研究成果的事例，就能激发学生的民族自豪感，从而使其努力学习，增强为国家的科学事业贡献力量的情怀和责任感。

（二）中国学生发展核心素养中的社会责任

党的十八大报告提出"把立德树人作为教育的根本任务"。2014 年教育部研制印发《教育部关于全面深化课程改革落实立德树人根本任务的意见》，提出"教育部将组织研究提出各学段学生发展核心素养体系，明确学生应具备的适应终身发展和社会发展需要的必备品格和关键能力"。学生发展核心素养，主要指学生应具备的，能够适应终身发展和社会发展需要的必备品格和关键能力。研究学生发展核心素养是落实立德树人根本任务的一项重要举措，也是适应世界教育改革发展趋势、提升我国教育国际竞争力的迫切需要。核心素养是党的教育方针的具体化，是连接宏观教育理念、培养目标与具体教育教学实践的中间环节。党的教育方针通过核心素养这一桥梁，可以转化为教育教学实践可用的、教育工作者易于理解的具体要求，明确学生应具备的必备品格和关键能力，从中观层面深入回答"立什么德、树什么人"的根本问题，引领课程改革和育人模式变革。

2016 年 9 月发布的《中国学生发展核心素养》总体框架以培养"全面发展的人"为核心，分为文化基础、自主发展、社会参与 3 个方面，综合表现为人文底蕴、科学精神、学会学习、健康生活、责任担当、实践创新等六大素养，具体细化为国家认同等 18 个基本要点。各素养之间相互联系、互相补充、相互促进，在不同情境中整体发挥作用。为方便实践应用，将六大素养进一步细化为 18 个基本要点，并对其主要表现进行了描述。根据这一总体框架，可针对学生年龄特点进一步提出各学段学生的具体表现要求。

文化基础是人类存在和发展的根与魂，重在强调能习得人文、科学等各领域的知识和技能，掌握和运用人类优秀智慧成果，涵养内在精神，追求真善美的统一，发展成为有宽厚文化基础、有更高精神追求的人。人文底蕴主要是学生在学习、理解、运用人文领域知识和技能等方面所形成的基本能力、情感态度和价值取向，具体包括人文积淀、人文情怀和审美情趣等基本要点。科学精神主要是学生在学习、理解、运用科学知识和技能等方面所形成的价值标准、思维方式和行为表现，具体包括理性思维、批判质疑、勇于探究等基本要点。

自主性是人作为主体的根本属性。自主发展，重在强调能有效管理自己的学习和生活，认识和发现自我价值，发掘自身潜力，有效应对复杂多变的环境，成就出彩人生，发展成为有明确人生方向、有生活品质的人。学会学习主要是学生在学习意识形成、学习方式方法选择、学习进程评估调控等方面的综合表现，具体包括乐学善学、勤于反思、信息意识等基本要点。健康生活主要是学生在认识自我、发展身心、规划人生等方面的综合表现，具体包括珍爱生命、健全人格、自我管理等基本要点。

社会性是人的本质属性。社会参与，重在强调能处理好自我与社会的关系，养成现代公民所必须遵守和履行的道德准则和行为规范，增强社会责任感，提升创新精神和实践能力，促进个人价值实现，推动社会发展进步，发展成为有理想信念、敢于担当的人。责任担当主要是学生在处理与社会、国家、国际等关系方面所形成的情感态度、价值取向和行为方式，具体包括社会责任、国家认同、国际理解等基本要点。实践创新主要是学生在日常活动、问题解决、适应挑战等方面所形成的实践能力、创新意识和行为表现，具体包括劳动意识、问题解决、技术应用等基本要点。

在《中国学生发展核心素养》总体框架中，社会责任素养主要包括家庭责任、集体责任、国家责任和人类可持续发展等多个方面，是个体针对这些责任的认知、情感和能力的综合表现。主要包括：自尊自律，文明礼貌，诚信友善，宽和待人；孝亲敬长，有感恩之心；热心公益和志愿服务，敬业奉献，具有团队意识和互助精神；能主动作为，履职尽责，对自我和他人负责；能明辨是非，具有规则与法治意识，积极履行公民义务，理性行使公民权利；崇尚自由平等，能维护社会公平正义；热爱并尊重自然，具有绿色生活方式和可持续发展理念及行动等。

社会责任在个体中的表现有三个进阶的层次：情感、理念和行动。情感是人朴素心理的内在反映，理念是情感的升华，而行动是情感和理念的外在表现。教育的重要意义，就在于培养具有高尚的情感、正确的理念和社会责任意识的现代公民。基于社会责任意识的基本认知，发展学生的社会责任与核心素养，需要从整体上推动各教育环节的变革，最终形成以学生发展为核心的完整育人体系。

一是通过课程改革落实核心素养。基于学生发展核心素养的顶层设计，指导课程改革，把学生发展核心素养作为课程设计的依据和出发点，注重课程教育与社会生活的紧密联系，进一步明确各学段、各学科具体的育人目标和任务，加强各学段、各学科课程的纵向衔接与横向配合，培养学生的社会责任意识。

二是通过教学实践落实核心素养。《中国学生发展核心素养》中明确了"21世纪应该培养学生什么样的品格与能力"，可以通过引领和促进教师的专业发展，指导教师在日常教学中更好地贯彻落实国家的教育方针，改变当前存在的"学科本位"和"知识本位"现象，注重能力发展和素养品格的落实。此外，通过引领学生在核心素养层面的发展，可以帮助学生明确未来的发展方向，激励学生朝着这一目标不断努力。

三是通过教育评价落实核心素养。学生发展核心素养是检验和评价教育质量的重要依据。建立基于核心素养的学业质量标准，明确学生完成不同学段、不同年级、不同学科学习内容后应该达到的程度要求，把学习的内容要求和质量要求结合起来，可以有力推动核心素养的落实。关注真实情境下的教育教学评价是推动学生社会责任素养发展的重要途径。

（三）生物学科教学中的社会责任

为了在教学中落实国家的教育方针，建立《中国学生发展核心素养》与课程、教材、教学方面的内在联系，高中各学科分别凝练了本学科的学科核心素养，除了观念、思维、能力等方面的素养，还包括培养社会责任感。《普通高中生物学课程标准（2017 年版）》中提出，"社会责任"是指基于生物学的认识，参与个人与社会事务的讨论，作出理性解释和判断，解决生产生活问题的担当和能力。学生应能够以造福人类的态度和价值观，积极运用生物学的知识和方法，关注社会议题，参与讨论并作出理性解释，辨别迷信和伪科学；结合本地资源开展科学实践，尝试解决现实生活问题；树立和践行"绿水青山就是金山银山"的理念，形成生态意识，参与环境保护实践；主动向他人宣传关爱生命的观念和知识，崇尚健康文明的生活方式，成为健康中国的促进者和实践者。[1]

《普通高中生物学课程标准（2017 年版 2020 年修订）》中的社会责任是《中国学生发展核心素养》中社会责任素养的学科化，体现了生物学的特色，如生态文明思想、健康中国理念，也体现了自然科学学科的共性，如科学态度与科学精神、造福人类的态度和价值观等。《普通高中生物学课程标准（2017 年版 2020 年修订）》中的社会责任符合《中国学生发展核心素养》中对社会责任的解释，又独具特色：（1）凸显生物学课

---

[1] 中华人民共和国教育部.普通高中生物学课程标准（2017 年版 2020 年修订）[M].北京：人民教育出版社，2020：5.

程的学科特点。特别要求"运用生物学知识"，而且"形成生态意识，参与环境保护实践""宣传关爱生命""成为健康中国的促进者和实践者"等更充分体现了生物学课程的学科特点。（2）素养要求体现了梯度性。从"关注社会议题""参与讨论""作出解释""辨别迷信和伪科学"，到"尝试解决""树立和践行""形成生态意识""参与环保实践"，再到"主动宣传""成为健康中国的促进者和实践者"等，这些行为动词表明对学生的素养要求是逐步提高的。[1]《普通高中生物学课程标准（2017年版2020年修订）》各个模块的"学业要求"结合课程内容，对学生完成学习后应达成的目标作出了明确要求。表2-16列出了各模块的学业要求中与社会责任素养相关的内容及其侧重点。

表2-16　《普通高中生物学课程标准（2017年版2020年修订）》学业要求中与社会责任相关的内容及其侧重点

模块	与社会责任相关的内容	侧重点
必修1	举例说明细胞的分化、衰老、死亡等生命现象	健康中国理念
必修2	运用遗传与变异的观点，解释常规遗传学技术在现实生产生活中的应用	体现科学技术价值观
必修2	分析不同类型的证据，探讨地球上现存的丰富多样的物种是由共同祖先长期进化形成的	传播生物进化思想和科学自然观
选择性必修1	评估多种生活方案，认同并采纳健康文明的生活方式，远离毒品，向他人宣传毒品的危害及传染病的防控措施等	关注健康，健康中国理念
选择性必修1	基于植物激素在生产生活中应用的相关资料，结合植物激素和其他因素对植物生命活动的调节，分析并尝试提出生产实践方案	联系生产实践，体现科学技术价值观

---

[1] 王颖. 高中生物学教材中社会责任素养的内涵与体现 [J]. 课程·教材·教法，2020，40（2）：125-131.

续表

模块	与社会责任相关的内容	侧重点
选择性必修2	运用数学模型表征种群数量变化的规律，分析和解释影响这一变化规律的因素，并应用于相关实践活动中	联系生产实践，体现科学技术价值观；践行生态文明思想
	使用图示等方式表征和说明生态系统中物质循环、能量流动和信息传递的过程和特征，并对相关的生态学实践应用作出合理的分析和判断	联系生产实践，体现科学技术价值观；践行生态文明思想
	从生态系统具备有限自我调节能力的视角，预测和论证某一因素对生态系统的干扰可能引发的多种潜在变化	联系生产实践，体现科学技术价值观；践行生态文明思想
	分析或探讨人类活动对自然生态系统动态平衡的影响及人工生态系统带来的经济、生态和社会效益，并尝试提出人与环境和谐共处的合理化建议	联系生产实践，体现科学技术价值观；践行生态文明思想
选择性必修3	面对日常生活或社会热点话题中与生物技术和工程有关的话题，基于证据运用生物学基本概念和原理，就生物技术与工程的安全与伦理问题表明自己的观点并展开讨论	联系社会、生物技术与伦理，体现科学技术价值观

根据表 2-16 的分析，这些学业要求分别从生态文明思想、健康中国理念、科学技术价值观、传播生物进化思想和科学自然观等方面对学生的学习目标作出了明确要求。生物科学不仅是一个结论丰富的知识体系，而且包括了人类认识自然现象和规律的一些特有的思维方式和探究过程。生物科学的发展需要许多人的共同努力和不断探索。生物科学中丰富的科学史、科学实验与探究活动，可以培养学生的科学精神、科学态度和科学价值观。生物科学知识体系是培养社会责任的重要载体。尊重生命，关爱他人，增进健康，是建立在对生命的理解和尊重上，生物学科的很多知识内容都与此相关。

社会责任要求在选择性必修 3 "生物技术与工程"中体现得较为突出，

主要是将科学技术理性地运用于社会，为人类造福，同时全面权衡其影响。选择性必修 3 着重引导学生学习应用生物技术解决生产、环境保护及人类健康问题，同时让学生认识到，要理性地运用生物技术，关注生物技术的安全性和伦理问题。另外，选择性必修 3 在每一节开头和结尾都分别安排了"从社会中来"和"到社会中去"栏目，前者创设一个来自社会实际的情境，提出问题；后者探讨本节所学技术的应用，培养学生的社会责任素养。

第三节　学业质量评价的水平标准

　　学业质量是学生在完成本学科课程学习后的学业成就表现。学业质量标准是以本学科核心素养及其表现水平为主要维度，结合课程内容，对学生学业的总体刻画。依据不同水平学业成就表现的关键特征，学业质量标准明确将学业质量分为不同水平，并描述了不同水平学习结果的具体表现。学业质量标准的建立可以为学生的学习、学校的评价，甚至地区的教育质量监测提供支持。学业质量标准对教师的教、学生的学有一定的指导价值，通过学业质量的标准来设计测量工具，并对学生的学业表现进行评估，分析测评结果，找出问题、改进教学。

　　学业质量标准是阶段性评价、学业水平考试命题的重要依据。学业质量一、二级水平，除解决问题的情境相对简单和解决问题的程度相对较低外，涉及的大概念、方法等仅限于必修课程内容，是本学科学业水平合格性考试的命题依据。学业质量二级水平是高中毕业生在本学科应该达到的合格要求，是合格性考试的基本标准。学业质量三、四级水平，解决问题的情境相对复杂，解决问题的程度要求相对较高，涉及的大概念、方法等包括必修课程和选修课程的全部内容，是本学科学业水平等级性考试的命题依据。学业质量水平四是学业水平等级性考试的命题依据，是等级性考试的重要赋分依据。

　　高中生物学学业质量标准是依据生物学学科核心素养中的生命观念、科学思维、科学探究和社会责任四个维度及其划分的水平，结合必修课程和选择性必修课程的重要概念、方法等对学生学习相应的课程后所表现出的核心素养水平的描述。学业质量的每一级水平均包括生物学学科核心素养的四个维度以及不同水平间的差异，主要表现在在不同复杂程度的情境中运用各种重要概念和方法解决问题的程度，水平从低到高具有递进关系。[1]

一、一级水平的标准

（一）等级评估内容

学业质量一级水平是本学科学业水平合格性考试的基本要求，在此基础上把握学科核心概念及其在相对简单情境中的熟练运用，以达到学业水平合格性考试。本级水平要求考查的学科内容仅为必修 1 和必修 2，其具体知识内容要求和学习建议如表 2–17。

表 2–17　学业水平合格性考试考查内容要求与学习建议

学习模块	第一学年上学期，必修 1 "分子与细胞"	第一学年下学期，必修 2 "遗传与进化"
内容要求	本模块包括细胞的分子组成、细胞的结构、细胞的代谢、细胞的增殖以及细胞的分化、衰老和死亡等内容	本模块包括遗传的细胞基础、遗传的分子基础、遗传的基本规律、生物的变异和生物的进化等内容
内容要求	概念 1　细胞是生物体结构与生命活动的基本单位。 1.1　细胞由多种多样的分子组成，包括水、无机盐、糖类、脂质、蛋白质和核酸等，其中蛋白质和核酸是两类最重要的生物大分子。 1.2　细胞各部分结构既分工又合作，共同执行细胞的各项生命活动。	概念 3　遗传信息控制生物性状，并代代相传。 3.1　亲代传递给子代的遗传信息主要编码在 DNA 分子上。 3.2　有性生殖中基因的分离和重组导致双亲后代的基因组合有多种可能。 3.3　由基因突变、染色体变异和基因重组引起的变异是可以遗传的。

[1] 中华人民共和国教育部. 普通高中生物学课程标准（2017 年版 2020 年修订）[M].北京：人民教育出版社，2020：51-55.

续表

学习模块	第一学年上学期，必修 1 "分子与细胞"	第一学年下学期，必修 2 "遗传与进化"
内容要求	1.3　各种细胞具有相似的基本结构，但在形态与功能上有所差异。 概念 2　细胞的生存需要能量和营养物质，并通过分裂实现增殖。 2.1　物质通过被动运输、主动运输等方式进出细胞，以维持细胞的正常代谢活动。 2.2　细胞的功能绝大多数基于化学反应，这些反应发生在细胞的特定区域。 2.3　细胞会经历生长、增殖、分化、衰老和死亡等生命进程	概念 4　生物的多样性和适应性是进化的结果。 4.1　地球上的现存物种丰富多样，它们来自共同祖先。 4.2　适应是自然选择的结果
学习建议	积极参与观察、实验等探究性学习活动，增加感性认识，克服对微观结构认识的困难，领悟科学研究的方法并习得相关的操作技能。结合生物个体水平的知识、理化知识以及生活经验，突破学习难点。努力搜集有关细胞研究和应用的信息，以加深对科学、技术、社会相互关系的认识	积极参与调查、观察、实验和制作等活动，尝试从生活经验中发现和提出问题，学习有关概念、原理、规律和模型，应用有关知识分析和解决实践中的问题，体验科学家探索生物生殖、遗传和进化奥秘的过程。了解有关基因组研究的进展，以及通过生物信息学方法获得筛查遗传病的技术

（二）等级评估标准

基于以上评估内容，开展评估标准的研制，关注预期学生可能达到的学业质量水平与学科素养要求间的差距，通过设置试题的解释性、预测性、因果性表达，评估学生的基本逻辑推理与阐释能力。本等级要求的学科素养要求和学业质量描述如表 2-18 所示。

表 2-18　一级水平的学科素养要求和学业质量描述

维度	素养要求	学业质量描述
生命观念	初步具有结构与功能相适应的观念以及生物进化观念，能从分子与细胞水平认识生物体的结构与功能是相适应的，生物的适应性是长期进化的结果。初步具有物质与能量观	能初步以结构与功能观、物质与能量观等观念，说出生物体组成结构和功能之间的关系、光合作用和呼吸作用中的物质与能量转换、遗传与变异的物质基础和规律等；初步运用进化与适应观，说出生物的多样性和统一性；在给定的问题情境中，能以生命观念为指导，分析生命现象，探讨生命活动的规律，设计解决简单问题的方案
科学思维	能够认识到生物学概念都是基于科学事实经过论证形成的，并能用这些概念解释简单的生命现象	能认识到生物学概念是基于科学事实，经过归纳与概括、演绎与推理等方法形成的；能理解分子与细胞、遗传与变异等相关概念的内涵；能用上述概念和科学思维方法解释简单情境中的生命现象
科学探究	能够使用简单的实验器具；基于给定的实验方案完成简单的实验，记录相关数据；能以书面的形式将实验结果记录下来	能针对给定的分子与细胞、遗传与进化等相关的生物学问题，根据实验计划，使用简单的实验器具，按照实验操作步骤进行实验，如实记录实验数据，并分析得出结论，写出实验报告并与他人进行必要的交流；认同在生物学的探究过程中开展合作的必要性
社会责任	知道社会热点中的生物学议题；认同健康的生活方式，珍爱生命，远离毒品；认同环境保护的必要性和重要性，认同地球是人类唯一的家园	形成热爱生命、人与自然和谐共处的基本观念，认同环境保护的必要性和重要性；认同健康的生活方式，远离毒品；能对有关生物学的社会热点议题进行理性判断

（三）等级评估示例

发菜状如发丝，在我国多产于西北草地和荒漠，因发菜和"发财"谐音，有人争相食之，过度采挖破坏了生态。我国已将发菜列为国家一级重点保护生物，予以保护。某同学观察研究发菜发现：发菜没有根、茎、叶等器官；发菜的细胞有细胞壁、细胞膜和细胞质，但是没有核膜包被的细胞核，也没有染色体，但有环状的 DNA 分子，位于细胞内特定的区域；发菜细胞能够进行光合作用。据此回答下列问题。

（1）发菜是一种 _____。

A. 原核生物　　B. 真核生物　　C. 病毒　　D. 植物

（2）该同学说："发菜进行光合作用的场所是叶绿体。"你认为这种说法正确吗？请说明理由。

【评价设计】

①评价目标

本评价案例对应的学业质量水平具体描述为：能认识到生物学概念是基于科学事实，经过归纳与概括、演绎与推理等方法形成的，能够理解分子与细胞相关概念的内涵，能够运用生物学概念和科学思维方法对简单情境中的生命现象作出判断并给出解释。

②情境选择

本案例情境选择2019年人教版生物学必修1教材第1章第2节中的"与社会联系"有关发菜的介绍，发菜是一种蓝细菌（旧称蓝藻），属于原核生物，但又与其他类细菌略有不同。

③题目命制

本案例设计为综合题，首先给出有关发菜的基本介绍，然后将情境具体化到学生所做的研究，通过研究进一步给出发菜的有关信息，包括发菜的形态特征、发菜细胞的结构特点以及发菜的生理特性等。依据这些信息来评价学生的科学思维水平和能力，具体如下：第一小题为选择题，学生依据题干给出的情境并结合所学知识进行分析和推理，得出发菜属于原核生物；第二小题需要学生综合题干信息，运用所学真核细胞相关概念推理演绎，作出判断并给出解释。

【评分要点描述】

第一小题为选择题，能够选择正确选项 A，说明学生能够通过分析"发菜的细胞有细胞壁、细胞膜和细胞质，但是没有核膜包被的细胞核……"这一题干信息而作出正确判断——发菜是一种原核生物，即生物学概念是基于科学事实经过分析、推理等方法而形成。

第二小题为问答题，需要依据"发菜细胞能够进行光合作用""发菜的细胞没有核膜包被的细胞核"作出判断，即发菜细胞为原核细胞，原核细胞的结构中无叶绿体，因此发菜进行光合作用的场所不可能在叶绿体上，虽然原核细胞没有叶绿体，但是某些原核生物含有光合色素，能够进行光合作用。因此，该同学的说法是不正确的。该题需要学生在理解原核细胞与真核细胞相关概念内涵的基础上，运用分析、演绎与推理等科学思维方法，以解释简单情境中的生物现象。

【回答示例】

第一小题选择 A。

第二小题，该同学的说法是不正确的，因为发菜的细胞没有核膜包被的细胞核，说明发菜细胞为原核细胞，原核细胞中没有叶绿体，所以发菜进行光合作用的场所不可能在叶绿体上。某些原核生物含有光合色素，能够进行光合作用。

二、二级水平的标准

根据新高考的制度规定，生物学科的学业水平测试由合格性考试和等级性考试组成。合格性考试，又称会考，主要考查的是学生高中毕业认定问题，所有科目合格即高中毕业。为提高学校和学生对合格性考试的重视程度，还把合格性考试作为春季高考招生录取的依据。生物学科合格性考试内容覆盖国家课程方案规定的必修 1 和必修 2 两个必修模块的学习内容，合格性考试成绩呈现为"合格"和"不合格"，各科成绩都合格的考生才可以获取高中毕业证。合格性考试合格的科目才可以参与等级考试，且合格性考试的成绩影响着综合素质评价，合格性考试全部通过的考生才有资格参加综合评价招生；少数的重点大学的特殊类型招生也会参考综合评价的成绩。

素质教育各个阶段的教育教学目标具有一定的连续性，这种连续性体现在前一阶段学习成果是后一阶段学习成果的基础。对于即将进入高等学校的学习者来说，应当为继续发展打下坚实牢固的地基。在广阔的学科领域，高考关注各学科中的主干内容，关注学习者在未来的生活、学习和工作中所必须具备的知识、能力和素养。因此，高考要求学生对基础部分内容的掌握必须扎实。学业水平测试中应包含一定比例的基础性试题，引导学生打牢知识基础。例如，生物学科的基础性内容包括细胞的分子组成、细胞的结构基础、细胞中的酶和 ATP、光合作用和细胞呼吸、细胞增殖、遗传的分子基础、基因的表达、可遗传变异与育种、生物进化等，这些基础性内容在试题命制中必须尽量涵盖。

（一）等级评估建议

1. 关于教的建议

（1）重视各年级教学要求的差异。由于各地区实践过程中的差异，可参考部分地区的具体做法，如高一年级可参照江苏省《普通高中 2018 级学生课程调整方案》文件中的具体内容标准组织教学，所有知识性内容都可列为教学目标，最好不要遗漏，也不建议增加内容。

高二必修的学业水平合格性考试在于考查全体学生生物学学科核心素养的达成情况，其内容以必修课程要求为准，难度不超过学业质量二级水平的要求。学业水平合格性考试试题难度低于学业水平等级性考试。因此教学中应根据课程调整方案，把握教学具体要求，不要给学生添加不必要的学业负担。

（2）组织好实验教学。高一、高二实验教学内容应该被纳入教学计划中，可参照《扬州市高中生物实验教学计划（修订）》中的目录要求开设所有分组实验，不建议以"讲实验"代替"学生动手操作"。在组织实验教学过程中，可以将知识性内容渗透进实验教学中，如："探究影响酶活性的因素"教学内容可以结合"酶在代谢中的作用"知识性内容。拓展探究性实验教学内容，培养学生通过分组实验发展理性思维和科学探究的能力。如："检测生物组织中还原糖、脂肪和蛋白质"实验教学内容可以设计成探究性实验，探究实验材料、试剂、实验条件的变化对实验结果的影响以及对实验结果的评价的影响。

（3）突出科学方法的应用。高中生物学涉及的科学方法有归纳法、推理法、类比法、假说—演绎法、模型方法、数学方法等，在课堂教学中，要有意识引导学生学会运用科学方法学习生物学知识，不能将方法作为知识性内容传授给学生。如：讲授"孟德尔遗传规律"时，引导学生运用假说—演绎法的"观察—假说—演绎—实验—结论"5个步骤来讨论孟德尔杂交实验的过程。再如：在教授"细胞结构""DNA分子结构"时可以通过制作物理模型来组织教学。

（4）避免机械式教学，及时构建知识网络。在教学过程中，以大概念的建构为主线，将重要概念、次位概念联系起来。如：以"细胞生命周期"的重要概念为主线，将"细胞分裂""细胞分化""细胞衰老和凋亡"等概念联系在一起，建构完整的细胞生命周期的概念，同时可以将"细胞衰老"和"个体衰老"联系在一起，将"细胞生命周期"与"个体的生长发育"联系起来。通过知识网络的建构，避免学生进行机械式、记忆性的学习。

（5）高中生物学的教学要密切联系科学、技术和社会的联系。生物学是发展迅猛的一门学科，教材的编制可能要落后于科学技术和社会的发展。要关注生物学重大理论的创新、新技术新发明的运用、物理和化学等方法在生物学科中的应用。如：离心技术中密度梯度离心、差速离心技术的差异；讨论恶性肿瘤的防治要结合最新科学研究成果；人类基因组计划及其意义要介绍DNA测序技术的发展；转基因食品的安全性要结合社会的关注点。

（6）利用好生物科学史。生物科学史反映了科学家对生物学规律的探究过程，涉及科学方法的运用、规律的发现、理论的创新等。将生物科学史内容渗透到教学内容中，符合学生的认知规律。如：细胞学说的科学史可以作为创新细胞学说内容的情境素材；光合作用的发现史可设计成课堂教学的主线，沿着科学家探究的过程，逐步揭开光合作用神秘的面纱。

2. 关于学的建议

（1）灵活运用不同的学习方法。不同的生物学内容，采用的学习方法应该有所差异，不可以采取始终以记忆性学习为主的方法。如："细胞内重要元素的含量"需要重复、间断性记忆；细胞呼吸有关的知识可以通过概念图的形式表示；"细胞渗透失水或吸水"可以通过绘制物理模型图表示；"基因的分离规律和自由组合规律"可以通过假说—演绎的科学方法学习，即对孟德尔一对相对性状的遗传实验现象作出解释，并依据解释（假说）设计测交实验，对孟德尔测交实验结果尝试作出评价。

（2）及时将知识系统化、网络化。每一章节或主题内容学习结束后，要及时将所学内容进行整理，将碎片化的知识整合，形成系统性和网络化的知识体系。如："生物的变异"主题学习完，可以通过列表形式比较变异的实质、类型、发生时期、适用范围、产生结果、意义等；关于细胞器的知识，可以从成分、分布、功能等多角度进行梳理比较后形成知识网络。

（3）通过理性思维方式思考生物学问题。高中生物学的学习多采用观察、比较、分析、综合、抽象与概括的思维形式，以培养理性思维。生物学实验过程中需要注意观察实验现象、实验条件的改变、实验结果等，如："探究酵母菌的细胞呼吸方式"实验需要观察有氧呼吸和无氧呼吸实验装置中澄清石灰水的颜色变化。在事实性材料基础上，通过分析、综合、抽象与概括形成概念，如"光合作用"概念，通过对光合作用光反应、暗反应科学探究过程的分析，综合比较光反应和暗反应的场所、原理、物质变化、能量变化，对光反应和暗反应之间的关系进行分析，最终抽象并概括出光合作用的概念。

（4）不断尝试运用所学知识解决实际问题。学习生物学的最好途径是对生物学知识的应用，将高中生物学所涉及的知识、科学方法用于解决或解释生物学问题。如：根据癌细胞的特征尝试解释抗癌药物或方式的机理；根据生长素的作用特点解释除草剂的作用机理；根据胰岛素和胰高血糖素等激素的作用机制解释血糖调节的原理等。

（5）重视实验课的学习。高中生物学是一门实验科学，很多知识来源于实验结论。不能通过看实验、听实验来学习生物学。实验技能、实验过程中现象的发生只有通过实际操作才能有所感知。如：脂肪鉴定时出现橘黄色颗粒，蛋白质鉴定时只有紫色沉淀，无橘黄色颗粒；转换物镜时应该手握转换器小心缓慢转动，而不是手握物镜。

（6）课堂科学笔记。在课堂学习过程中，需要及时将不懂的问题、有疑惑的问题、容易遗忘的内容、学习的感悟等记录下来，而不是执着于要将课堂上板书，甚至老师说的每一句话都记录下来。课后，根据笔记记录，及时解决问题，并将解决问题后的收获也记录在笔记中。

（二）等级评估标准

基于学业水平测试的合格性考试在教学过程中的具体实践，开展评估标准的研制，关注预期学生可能达到的学业质量水平与学科素养要求间的差距，在对试题进行解释性、预测性、因果性表达的过程中，评估学生的基本逻辑推理与阐释能力。本等级要求的学科素养要求和学业质量描述如表 2-19 所示。

表 2-19　二级水平的学科素养要求和学业质量描述

维度	素养要求	学业质量描述
生命观念	具有结构与功能相适应的观念和生物进化观念，并能运用这些观念分析和解释简单情境中的生命现象。具有物质与能量观，结合简单情境说明生命活动的维持包括物质代谢和能量代谢	能运用结构与功能观、物质与能量观等观念，举例说明生物体组成结构和功能之间的关系、光合作用和呼吸作用中的物质与能量转换、遗传与变异的物质基础和规律等；运用进化与适应观举例说明生物的多样性和统一性；在特定的问题情境中，能以生命观念为指导，分析生命现象，探讨生命活动的规律，设计方案解决简单问题
科学思维	能够以特定的生物学事实为基础形成简单的生物学概念，并用文字或图示的方式正确表达，进而用其解释相应的生命现象	能基于特定的生物学事实，采用归纳与概括、演绎与推理等方法，以文字、图示的形式，说明分子与细胞、遗传与变异等相关概念的内涵；针对生物学相关问题，能运用科学思维方法展开探讨；在面对有争议的社会议题时，能利用生物学重要概念或原理，通过逻辑推理阐明个人立场

续表

维度	素养要求	学业质量描述
科学探究	能够正确使用工具进行观察；提出生物学问题，在给出的多个方案中选取恰当的方案并实施；选用恰当的方法如实记录和分析实验结果；能与他人合作完成探究，以口头或书面的形式与他人展开交流	能提出分子与细胞、遗传与进化等相关的生物学问题；能熟练地使用常见的实验器具，制订简单的实验方案或在给出的多个方案中选取恰当的方案并实施，如实记录实验数据，并分析各项数据，得出合理的结论；能与他人合作开展探究活动，规范撰写实验报告，与他人交流所得结果和存在的问题
社会责任	关注并参与社会热点中的生物学议题的讨论；接受科学、健康、文明的生活建议，珍爱生命，远离毒品；了解传染病的危害与防控知识；养成环保意识与行为；关注生物学技术在生产生活中的应用	形成热爱生命、人与自然和谐共处的基本观念，初步形成保护环境的意识，参与绿色家庭、绿色学校、绿色社区等行动；养成健康文明的生活方式，远离毒品，并能抵制封建迷信和伪科学；形成敬畏生命的观念，遵循正确的伦理道德，能对有关生物学的社会热点议题进行理性判断

（三）等级评估示例

已知只有一条 X 染色体的果蝇为雄性，而性染色体组成为 XXY 的果蝇为雌性，果蝇的红眼（E）对粉色眼（e）为显性。现准备纯种红眼和粉色眼雌、雄果蝇各若干只，将红眼雌果蝇与粉色眼雄果蝇杂交，F_1 全为红眼，F_1 自由交配得 F_2，F_2 中：红眼雌果蝇：红眼雄果蝇：粉色眼雄果蝇 =2：1：1。实验还意外发现 F_2 中出现了一只粉色眼雌果蝇。

（1）研究者猜测该变异类型是属于染色体变异，若该假说正确，该变异果蝇出现的最可能的原因是 _____。

（2）为探究该变异果蝇出现的原因，研究者制作了该果蝇体细胞制作临时装片，在光学显微镜下进行观察。若上述假说正确，观察到的实验现象是 _____。

【评价设计】

①评价目标

本评价案例对应的学业质量水平具体描述如下：能够正确使用工具进行观察；提出生物学问题，在给出的多个方案中选取恰当的方案并实施；选用恰当的方法记录和分析实验结果。

②情境选择

本案例选择果蝇的红眼和粉色眼的遗传作为情境材料，给出纯种红眼和粉色眼雌、雄果蝇杂交得到 F_1，再由 F_1 自由交配得到的 F_2 表现型及其比例的实验结果，探究实验中意外发现的 F_2 中一只粉色眼雌果蝇出现的原因。

③题目命制

本案例设计为综合题，首先选择果蝇的红眼和粉色眼的遗传作为情境材料，给出纯种红眼和粉色眼雌、雄果蝇杂交得到 F_1，再由 F_1 自由交配得到的 F_2 表现型及其比例的实验结果。以此材料来创设情境，提问学生实验中意外发现的 F_2 中一只粉色眼雌果蝇出现的原因，并根据提示提出问题、作出假设，最后利用已有的实验材料来完成实验，对实验结果进行记录。

【评分要点描述】

第一小题，对该实验现象出现所作出的假设是该变异类型是属于染色体变异，则其性染色体组成应为 XXY，是由 F_1 中雌果蝇减数第二次分裂后期姐妹染色单体未分离而造成的。

第二小题，制作临时装片来对果蝇的染色体进行观察，有丝分裂中期是观察染色体形态和数目的最佳时期，因此研究者应该选取处于有丝分裂中期的细胞进行观察，且可观察到细胞中含有三条性染色体，分别为 XXY。

【回答示例】

第一小题答案为 F_1 中雌果蝇减数第二次分裂后期姐妹染色单体未分离。

第二小题答案为处于细胞有丝分裂中期的细胞中，可以观察到三条性染色体，且其性染色体组成为 XXY。

三、三级水平的标准

（一）等级评估内容

学业质量三级水平是本学科学业水平等级性考试的基本要求，在此基础上把握学科核心概念及其在相对简单情境中的熟练运用，以达到学业水平等级性考试。本级水平要求考查的学科内容为必修两个模块和选择性必修三个模块，其具体知识内容要求和学习建议如表 2–20 和表 2–21 所示。

表 2–20　学业水平等级性考试必修模块考查内容要求与学习建议

学习模块	第一学年上学期，必修 1 "分子与细胞"	第一学年下学期，必修 2 "遗传与进化"
内容要求	本模块包括细胞的分子组成、细胞的结构、细胞的代谢、细胞的增殖以及细胞的分化、衰老和死亡等内容。 概念 1　细胞是生物体结构与生命活动的基本单位。 1.1　细胞由多种多样的分子组成，包括水、无机盐、糖类、脂质、蛋白质和核酸等，其中蛋白质和核酸是两类最重要的生物大分子。 1.2　细胞各部分结构既分工又合作，共同执行细胞的各项生命活动。 1.3　各种细胞具有相似的基本结构，但在形态与功能上有所差异。 概念2　细胞的生存需要能量和营养物质，并通过分裂实现增殖。 2.1　物质通过被动运输、主动运输等方式进出细胞，以维持细胞的正常代谢活动。 2.2　细胞的功能绝大多数基于化学反应，这些反应发生在细胞的特定区域。 2.3　细胞会经历生长、增殖、分化、衰老和死亡等生命进程	本模块包括遗传的细胞基础、遗传的分子基础、遗传的基本规律、生物的变异和生物的进化等内容。 概念 3　遗传信息控制生物性状，并代代相传。 3.1　亲代传递给子代的遗传信息主要编码在 DNA 分子上。 3.2　有性生殖中基因的分离和重组导致双亲后代的基因组合有多种可能。 3.3　由基因突变、染色体变异和基因重组引起的变异是可以遗传的。 概念 4　生物的多样性和适应性是进化的结果。 4.1　地球上的现存物种丰富多样，它们来自共同祖先。 4.2　适应是自然选择的结果

续表

学习模块	第一学年上学期，必修1"分子与细胞"	第一学年下学期，必修2"遗传与进化"
教学建议	积极参与观察、实验等探究性学习活动，增加感性认识，克服对微观结构认识的困难，领悟科学研究的方法并习得相关的操作技能。结合生物个体水平的知识、理化知识以及生活经验，突破学习难点。努力搜集有关细胞研究和应用的信息，以加深对科学、技术、社会相互关系的认识	积极参与调查、观察、实验和制作等活动，尝试从生活经验中发现和提出问题，学习有关概念、原理、规律和模型，应用有关知识分析和解决实践中的问题，体验科学家探索生物生殖、遗传和进化奥秘的过程。了解有关基因组研究的进展，以及通过生物信息学方法获得筛查遗传病的技术

表 2-21　学业水平等级性考试选择性必修模块考查内容要求与学习建议

学习模块	第二学年上学期，选择性必修1"稳态与调节"	第二学年下学期，选择性必修2"生物与环境"	第三学年上学期，选择性必修3"生物技术与工程"
内容要求	本模块包括人体的内环境与稳态、人和动物生命活动的调节，以及植物的激素调节等内容。 概念1　生命个体的结构与功能相适应，各结构协调统一共同完成复杂的生命活动，并通过一定的调节机制保持稳态。 1.1　内环境为机体细胞提供适宜的生存环境，机体细胞通过内环境与外界环境进行物质交换。	本模块包括种群和群落、生态系统、环境保护等内容。 概念2　生态系统中的各种成分相互影响，共同实现系统的物质循环、能量流动和信息传递，生态系统通过自我调节保持相对稳定的状态 2.1　不同种群的生物在长期适应环境和彼此相互适应的过程	本模块包括发酵工程、细胞工程、基因工程和生物技术安全与伦理等内容。 概念3　发酵工程利用微生物的特定功能规模化生产对人类有用的产品。 3.1　获得纯净的微生物培养物是发酵工程的基础 3.2　发酵工程为人类提供多样的生物产品。 概念4　细胞工程通过细胞水平上的操作，获得有用的生物体或其产品。

续表

学习模块	第二学年上学期，选择性必修 1 "稳态与调节"	第二学年下学期，选择性必修 2 "生物与环境"	第三学年上学期，选择性必修 3 "生物技术与工程"
内容要求	1.2　内环境的变化会引发机体的自动调节，以维持内环境的稳态。 1.3　神经系统能够及时感知机体内、外环境的变化，并作出反应调控各器官、系统的活动，实现机体稳态。 1.4　内分泌系统产生的多种类型的激素，通过体液传送而发挥调节作用，实现机体稳态。 1.5　免疫系统能够抵御病原体的侵袭，识别并清除机体内衰老、死亡或异常的细胞，实现机体稳态。 1.6　植物生命活动受到多种因素的调节，其中最重要的是植物激素的调节	中形成动态的生物群落。 2.2　生物群落与非生物的环境因素相互作用形成多样化的生态系统，完成物质循环、能量流动和信息传递。 2.3　生态系统通过自我调节作用抵御和消除一定限度的外来干扰，保持或恢复自身结构和功能的相对稳定。 2.4　人类活动对生态系统的动态平衡有着深远的影响，依据生态学原理保护环境是人类生存和可持续发展的必要条件	4.1　植物细胞工程包括组织培养和体细胞杂交等技术。 4.2　动物细胞工程包括细胞培养、核移植、细胞融合和干细胞的应用等技术。 4.3　对动物早期胚胎或配子进行显微操作和处理以获得目标个体。 概念 5　基因工程赋予生物新的遗传特性。 5.1　基因工程是一种重组DNA 技术。 5.2　蛋白质工程是基因工程的延伸。 概念 6　生物技术在造福人类社会的同时也可能会带来安全与伦理问题。 6.1　转基因产品的安全性引发社会的广泛关注。 6.2　中国禁止生殖性克隆人。 6.3　世界范围内应全面禁止生物武器

续表

学习模块	第二学年上学期，选择性必修1"稳态与调节"	第二学年下学期，选择性必修2"生物与环境"	第三学年上学期，选择性必修3"生物技术与工程"
教学建议	积极参与课标建议的相关实践活动，准确理解和掌握知识，提高运用知识解决实际问题的能力	认真参加有关的实验、调查和搜集资料等活动，特别是了解当地生态系统、保护当地环境的活动，提高环境保护意识	在教师讲授演示的基础上，批判性思考教师提供的相关实验参考资料，尝试设计和进行实验。充分利用实验室条件，主动参与各种实践活动，在做中学、做中思

（二）等级评估标准

基于以上评估内容，开展评估标准的研制，关注预期学生可能达到的学业质量水平与学科素养要求间的差距，在对试题进行解释性、预测性、因果性表达的过程中，评估学生的基本逻辑推理与阐释能力。本等级要求的学科素养要求和学业质量描述如表2-22所示。

表2-22 三级水平的学科素养要求和学业质量描述

维度	素养要求	学业质量描述
生命观念	具有结构与功能相适应的观念和生物进化观念，并能运用这些观念分析和解释较为复杂情境中的生命现象。综合物质与能量观以及稳态与平衡观，在特定情境中说明生态系统中时刻存在着物质循环和能量流动	能运用结构与功能观、物质与能量观、稳态与平衡观等观念，举例说明生物体组成结构和功能之间的关系、遗传与变异的物质基础、稳态的维持和调节机制、生态系统的平衡原理等；运用进化与适应观举例说明生物的多样性和统一性，以及与环境的关系；在特定的问题情境中，能以生命观念为指导，分析生命现象，探讨生命活动的规律；基于上述观念，能综合运用科学、技术、工程学以及数学知识和能力，设计方案解决特定问题

续表

维度	素养要求	学业质量描述
科学思维	能够从不同的生命现象中，基于事实和证据，运用归纳的方法概括出生物学规律，并在某一给定情境中，运用生物学规律和原理，对可能的结果或发展趋势作出预测或解释，并能够选择文字、图示或模型等方式进行表达并阐明其内涵	能基于给定的事实和证据，采用归纳与概括、演绎与推理等方法，以文字、图示或模型的形式，说明分子与细胞、遗传与变异、稳态与调节、生物与环境等相关概念的内涵，举例说明生物工程与技术的原理及其与社会之间的关系；针对生物学相关问题，能运用科学思维方法进行探讨、审视或论证；在面对有争议的社会议题时，能利用生物学重要概念或原理，通过逻辑推理阐明个人立场，做出决策
科学探究	能够熟练运用工具展开观察；针对特定情境提出可探究的生物学问题或生物工程需求；基于给定的条件，设计并实施探究实验方案或工程学实践方案；运用多种方法如实记录和分析实验结果；在小组学习中能主动合作，推进探究方案或工程实践的实施，并运用科学术语描述实验结果	能够针对特定情境提出可探究的生物学问题或生物工程需求，基于给定的条件，设计并实施探究实验方案或工程学实践方案，运用多种方法如实记录和分析实验结果；能举例说明人类的活动对环境产生的影响，以及生物多样性对生态系统的维持、人类生存和发展的重要意义；能主动合作，推进探究方案或工程方案的实施，并运用科学术语描述实验结果
社会责任	基于生物学的基本观点，辨别迷信和伪科学；制订适合自己的健康生活计划；珍爱生命，远离毒品；主动运用传染病的相关防控知识保护自身健康；参与社区生物多样性保护以及环保活动的宣传和实践；积极参与绿色家庭、绿色学校、绿色社区等行动；具有通过科学实践解决生活中的问题的意识和想法	形成珍爱生命、人与自然和谐共处的观念，养成保护环境、维护生态平衡的行为习惯，积极参与绿色家庭、绿色学校、绿色社区等行动，并提出人与环境和谐相处的一些建议；养成健康文明的生活方式，远离毒品，自觉地抵制封建迷信和伪科学；形成敬畏生命的观念，遵循正确的伦理道德，能对生殖性克隆人等社会热点议题进行科学判断

（三）等级评估示例

我国心血管疾病高居致死病因首位，并在持续上升。其中心肌梗死（心梗）引起心肌细胞丢失导致的心力衰竭（心衰）是心血管疾病总死亡率上升的主要原因，而现有治疗难以逆转心梗后心衰进程。研究发现，严重缺血性心衰病人的临床实验显示衍生的心血管前体细胞移植后能改善心功能，同时未见成瘤和致心律失常。来自中国科学院的一项研究进一步证实了某细胞衍生的心血管前体细胞移植在再生医学应用上具有重要前景。

认真阅读以上材料回答下列问题：

（1）请简述什么原因导致现有的治疗难以逆转心梗后心衰进程，为什么？

（2）你认为未丢失的心肌细胞能不能转化为心血管前体细胞呢？为什么？如果不能，你认为什么细胞才具有发展为心血管前体细胞的潜能？

（3）这项技术在大范围应用于心血管疾病之前还应做哪些工作？

【评价设计】

①评价目标

本评价案例对应的学业质量水平具体描述如下：能运用结构与功能观、物质与能量观、稳态与平衡观等观念，阐释生物体组成结构和功能之间的关系、遗传与变异的物质和结构基础、稳态的维持和调节机制等；运用进化与适应观阐释生物的多样性和统一性，以及与环境的关系；在新的问题情境中，能以生命观念为指导，解释生命现象，探究生命活动的规律；基于上述观念，能够将科学、技术、工程学以及数学知识和能力综合运用在实践活动中，解决生活中的实际问题。该水平要求学生能够理解生命活动正常进行需要的物质、能量和信息等化学基础，并能够在特定的问题情境中运用物质进出细胞的方式分析生命活动现象，探讨生命活动的规律及其本质。

②情境选择

本案例情境选择了"细胞会经历生长、增殖、分化、衰老和死亡等生命进程"这个重要概念。通过本概念的学习后，学生应能够运用进化与适应观等生命观念理解自我更新是生物体的存在方式和生命的运动规律，举例说明细胞的分化、衰老、死亡等生命现象，解释细胞的分化、衰老和死亡对生物个体生长、发育的意义。在此基础上整体把握能够体现细胞具有共同生命历程的具体事实、生物体生长发育等现象与细胞生命历程的关联环节，并进一步提升理念，深入理解生命生生不息的原因和意义。

③题目命制

本案例设计为非选择题。作答时，学生要清晰认识生物新个体的繁殖、生长、发育、衰老直至死亡等生命进程，以高等动物受精卵发育为例，说明细胞分化是细胞形态、结构和功能发生转变的过程，是各种组织、器官及复杂生物个体发育的基础，通过事实说明细胞衰老和死亡是一种自然的生理过程。

【评分要点描述】

本题注重考查细胞经历的生长、增殖、分化、衰老和死亡等生命进程。各小题评分要点描述如下：（1）提到心肌细胞丢失是导致心血管疾病的主要原因，现有的治疗难以减少心肌细胞的丢失或无法补充心肌细胞的数量。（2）提到心肌细胞是高度分化的细胞且会一直保持分化状态。提到人胚胎干细胞、人诱导多能干细胞等人多能干细胞，由于其具有发育的全能性，在一定条件下可以被诱导分化为心血管前体细胞。（3）提及在治疗心血管疾病的临床应用前需要经过大量试验，写出了这种试验包括了动物试验（在前）与临床试验，并提及在试验期间的相关免疫抑制的测试。

【回答示例】　（1）因为心梗后心肌细胞丢失是导致心血管疾病的主要原因，现有的治疗难以减少心肌细胞的丢失或无法补充心肌细胞的数量，这是生命医学领域亟待解决的重大科学问题。（2）不能。因为心肌细胞是高度分化的细胞，一般来说，分化了的细胞将一直保持分化的状态直到死亡。从早期胚胎或原始性腺中分离出来的一类胚胎干细胞，由于其具有发育的全能性，在一定条件下可以被诱导分化为各种组织细胞，也包括了心血管前体细胞。（3）由于临床样本案例有限，其治疗的安全性和有效性必须要在大量大型动物身上先试验后，才能启动较大规模的临床试验，期间也须进行免疫抑制疗法的开发，以有序推进干细胞疗法治疗心血管疾病的临床应用。

四、四级水平的标准

等级性考试，又称选考，基本科目为物理、化学、生物学、政治、历史、地理，多数新高考省份实行"6选3"。考试时间主要集中在6月高考之后。等级性考试成绩是将卷面分数划分等级后进行赋分，赋分后的分数计入高考总成绩。推进高中学业水平等级性考试，主要目的是提高高中教育质量，解决"考什么，就教什么，教什么，才学什么"的问题，但从现实看，要真正实现这一目标，一方面要求学校、学生认真对待合格性考试，另一方面则需要进一步推进高考录取制度改革，以引导学生根据自己的兴趣、能力选择适合自己的选考科目。

高二选修性必修学业水平等级性考试的内容范围以必修课程和选择性必修课程要求为准，难度不超过学业质量四级水平的要求：在强化基础的前提下，凸显学生的学科特长，体现甄别与选拔的功能。在高二选择性必修的新授课教学和复习课教学中，都要根据课标的学业质量水平要求和课程调整方案组织教学，以促进学生尽快进入高三的系统复习准备过程中。

（一）等级评估建议

1. 关于教的建议

（1）认真研读课程标准和考试说明，提高复习的科学性和针对性。课程标准和考试说明是高考命题的纲领性文件，复习时教师必须紧扣课程标准和考试说明，清楚地了解考点的分布及考查的等级要求。课程标准和考试说明中没有而教材中有的知识内容，应大胆进行删减，课程标准和考试说明中有而教材中没有的知识内容要适当进行补充。

（2）合理安排复习进度，提高复习的计划性和实效性。

一轮复习。一轮复习一般安排在高三上学期。此阶段是整个高三复习的基石。一轮复习备考过程中，应以《考试说明》为复习依据，以教材为线索，在强调基本知识（概念、原理、法则、定律、过程、事实）、基本能力（方法、技能、思路、记忆、理解、应用）、基本观点的基础上，注意对知识进行整理加工，使学生对原来零散的知识点进行宏观的、系统的整体构建，把知识转化为应用能力，为二轮复习奠定坚实的基础。

二轮复习。从 2 月到 5 月初之间，完成第二轮复习，此阶段是培养学生们综合能力的阶段。二轮复习一般以专题复习为主，按知识体系，一般可分为八大专题：生命的基础、细胞的代谢、生物的遗传、生物的变异与进化、生命的调控与免疫、生态与环境、现代生物科技成就、实验。复习时要善于挖掘各知识之间的内在联系，做到"点→线→面→体"，使知识结构网络化，提高复习质量和效率。

三轮复习。三轮复习大致时间是 5 月中旬到高考前。这一阶段重点解决的问题是回归课本，查漏补缺；解题方法的训练；答题规范和心理调适等。在最后的一段复习中教师要帮助学生调整好心态，夯实基础知识与基本技能，在考试中发挥自己的应有水平。

（3）突出对主干知识和核心内容的复习。从历年江苏高考题来看，高考命题一直不回避重点内容，考过的重点内容可以反复考。例如关于遗传系谱、基因工程等非选择题几乎年年都考，所以复习时教师对一些重点知识要强化复习，反复训练。同时，教师要处理好三对关系：重点与非重点的关系，必修与选修的关系，理论与实验的关系。

（4）加强学生识图析图能力的培养。高考试卷中有大量图、表，特别是非选择题几乎每题都有比较复杂的图、表，其包含了大量的解题信息。教师在平时的习题评讲中要注重指导学生学会从图、表中获取信息，提高解题的能力。

（5）重视实验复习，突出创新能力。由于实验能力是一种综合能力，不仅是有关实验的一些基本操作，而且还涉及教材各个章节的许多基础知识，只有在完成了第一阶段复习即基础知识复习的基础上，才有可能复习好实验。建议把实验内容复习列在第一轮复习之后，把实验内容列为最重要的一个专题加以系统复习。努力把高中生物课本中的实验都做一遍，使学生掌握这些实验的原理、规律、方法、步骤和操作技能，并能提炼出生物实验的普遍规律，形成学科实验能力。其中有的实验可引导学生加以改进或者进行推广应用；教学过程中多向学生介绍经典实验，然后让学生分析实验，由此让学生了解知识的发现过程，从而提高分析和解决问题的能力；加强实验设计训练，努力提高学生的实验设计能力。

2．关于学的建议

（1）重视课本，查漏补缺。高考题目年年都有变化，但考查考生"运用学过的知识灵活地分析问题和解决问题"的思想一直都没有变化。学过的知识究竟有哪些？这就需要同学们要充分认识到：树高千丈，其源在根，根即课本。在平时的复习中，不要脱离课本，每堂课都要把教材放在课桌上，随时翻看教材，努力做到书本知识无盲点。

（2）加强错题纠正，降低再错率。加强对错题的分析与研究，与错误做斗争直至消灭错误，是高三复习的核心。能解决一道错题，就等于向正确方向迈进了一步；能解决一个错误，就等于拿下了一个高考考点。因此，学生要将每次练习与考试中的一些错题进行整理，并经常拿出来不断地进行复习，这样可以起到事半功倍的效果。

（3）精选精做试题，做到举一反三。在现行高考招录方式下，学生花在生物学科上的时间很少，因此不可能通过"刷题"来提高成绩，而应精选精做一些经典的模拟试题和高考真题。高考真题永远是最好的模拟试题，而且生物学高考命题应该说还是有一定的连续性和规律性的。通过选做高考真题，学生可亲身感触高考真题的命题思路、设问方式，并从中感悟解题技巧，从而提高训练的科学性、针对性、实效性。

（4）注重解题方法的总结，提高应试能力。无论单选题还是多选题，解答的方法常见的都有以下3种。一是直接选择法。这是解生物选择题最基本的方法，其程序是依据题目所给条件，借助于已学知识进行分析和判断，直接得出结论。此方法常用于解答"正误型"选择题。二是筛选淘汰法。根据题干所给的条件和提出的问题，对各个选项加以分析，将与题目要求不符的选项排除掉，不能否定的选项即为正确答案。此方法常用于解答概念、原理类选择题。三是综合分析法。对不能直接判断的题目，需要运用教材中的规律、原理进行细致的分析、严谨的推理、正确的判断才可能得出正确的答案，解答图表曲线类型题目常采用此法。

此外，还有信息转化法、分析推理法、"题眼"突破法等。不同的题型，还要总结出相应的解题方法，例如：

图像题——不仅要会识图、读图，还要会从图形中提取信息，甚至还要会画图，用图形进行描述。图解题——要学会剖析方法，从局部到整体，把大块分成小块，看清图解中的每一个过程。表格题——要从标题审起，再从行、列入手对其中的数据进行分析处理。坐标曲线题——分3步，第一步观察曲线的横、纵坐标，明确所代表的生物学含义；第二步找特殊点，如起点、终点、最高点、最低点、转折点、交叉点等，明确这些特殊点所代表的生物学含义；第三步描述以特殊点为界限所划分的每段曲线的特点，如果有两条或两条以上的曲线，应本着逐一分析后再对比归纳并结合所学原理，找出因果关系，最后结合所提问题，精心组织语言，按照"规范、达意、通顺"原则填写答案。实验题——要注意对照原则、单因子变量原则、平行重复原则、等量原则、编号原则等。对教材中每一个实验的目的、原理、材料、步骤及注意事项等进行比较记忆，要认真领会每个实验的设计意图和总结实验方法。对于实验设计和研究性学习活动，要掌握其一般的设计思路和方法。

（5）规范答题，避免无谓丢分。审题要逐字逐句，审清题意，尽可能获得准确的信息；尽量做到用教材中的术语进行表达，表达要到位；书写简明扼要，快速规范；答案中不能出现错别字和数值缺单位等低级错误；严格地在题号规定区域内答题，避免答题错位，或用箭头引进、引出的现象。

（二）等级评估标准

基于学业水平测试的等级性考试在教学过程中的具体实践，开展评估标准的研制，关注预期学生可能达到的学业质量水平与学科素养要求间的差距，在对试题进行解释性、预测性、因果性表达的过程中，评估学生的基本逻辑推理与阐释能力。本等级要求的学科素养要求和学业质量描述如表2-23所示。

表 2-23 四级水平的学科素养要求和学业质量描述

维度	素养要求	学业质量描述
生命观念	具有结构与功能相适应的观念和生物进化观念，并能基于这些观念识别身边的虚假宣传和无科学依据的传言。具有物质与能量观，并能指导、解决生产和实践中的具体问题。具有稳态与平衡观，并能指导人的健康生活方式；指出某一生态系统中的构成要素及影响其平衡的因素	能运用结构与功能观、物质与能量观、稳态与平衡观等观念，阐释生物体组成结构和功能之间的关系、遗传与变异的物质和结构基础、稳态的维持和调节机制、生态系统的平衡原理等；运用进化与适应观阐释生物的多样性和统一性，以及与环境的关系；在新的问题情境中，能以生命观念为指导，解释生命现象，探究生命活动的规律；基于上述观念，能够将科学、技术、工程学以及数学知识和能力综合运用在实践活动中，解决生活中的实际问题
科学思维	能够在新的问题情境中，基于事实和证据，采用适当的科学思维方法揭示生物学规律或机制，并选用恰当的方式表达、阐明其内涵。在面对生活中与生物学相关的问题并作出决策时，利用多个相关的生物学大概念或原理，通过逻辑推理阐明个人立场	能基于事实和证据，采用归纳与概括、演绎与推理、模型与建模等方法，以恰当的形式阐释分子与细胞、遗传与变异、稳态与调节、生物与环境等相关概念的内涵，论述生物工程与技术的原理及其与社会之间的关系；在面对生产、生活中与生物学相关的新问题情境时，能熟练运用科学思维方法展开探讨、审视或论证；在面对有争议的社会议题时，能利用生物学重要概念或原理，通过逻辑推理阐明个人立场，作出决策并解决问题

续表

维度	素养要求	学业质量描述
科学探究	能够恰当选用并熟练运用工具展开观察；针对日常生活的真实情境提出清晰的、有价值的、可探究的生命科学问题或可达成的工程学需求；基于对相关资料的查阅，设计并实施恰当可行的方案；运用多种方法如实记录，并创造性地运用数学方法分析实验结果；能够在团队中起组织和引领作用，运用科学术语精确阐明实验结果，并展开交流	能够针对日常生活和生产中的真实情境，提出清晰的、有价值的、可探究的生命科学问题或生物工程需求，查阅相关资料、设计并实施恰当可行的方案，运用多种方法如实记录，创造性地运用数学方法分析实验结果，并客观分析与评价生物技术产品在生产和生活中的应用所产生的效益和风险；能论证人类的活动对环境产生的影响，阐释生物多样性对生态系统维持、人类生存和发展的重要意义；在生物学的探究过程中起组织和引领作用，运用科学术语精确阐明实验结果，善于沟通，开展有效的合作
社会责任	针对现代生物技术在社会生活中的应用，基于生物学的基本观点，辨别并揭穿伪科学；制订并践行健康生活计划；向他人宣传毒品的危害及传染病的防控措施；参与当地环保建议的讨论，积极参与绿色家庭、绿色学校、绿色社区等行动；能通过科学实践，尝试解决现实生活中的生物学问题	形成珍爱生命、人与自然和谐共处以及可持续发展的观念，养成保护环境、维护生态平衡的行为习惯，积极参与绿色家庭、绿色学校、绿色社区等行动，并提出人与环境和谐相处的合理化建议；养成健康文明的生活方式，自觉远离毒品，参与毒品危害的宣传；能够鉴别并自觉地抵制封建迷信和伪科学；遵循正确的伦理道德，能对生殖性克隆人等社会热点议题进行科学的评价

（三）等级评估示例

新型冠状病毒（COVID-19）的核酸检测采用逆转录 PCR 技术。将待测样本处理后先将样本 RNA 逆转录成 cDNA，再以 cDNA 为模板进行扩增。请据此回答下列问题：

（1）样本 RNA 逆转录成 cDNA 的原料是 _____ _____。

（2）逆转录 PCR 反应中使用的 DNA 聚合酶是从水生栖热菌 Thermus aquaticus（Taq）中分离提取，该菌分离提取的 DNA 聚合酶的优势在于 _____。

（3）逆转录 PCR 反应中热变性过程 DNA 结构的变化是 _____ _____。

（4）表 2-24 所示是用于 COVID-19 的 cDNA 扩增的两种引物序列，请据表回答相关问题：

表 2-24

引物名称	引物序列（5'-3'）
引物 1	TTCGATGTTGAGGGTGCTCAT
引物 2	TCACACCAGTTGAAAATCCTAATTG

①引物 1 对应的模板链序列为 _____ _____。

②图 2-10 所示为 cDNA 的部分序列，引物 1 和引物 2 分别对应的位置是（　　）。

图 2-10

A. Ⅰ和Ⅱ　　　　B. Ⅰ和Ⅳ　　　　C. Ⅲ和Ⅳ　　　　D. Ⅱ和Ⅲ

（5）PCR 技术获取目的基因的优势是 _____

_____。

（6）能否利用 COVID-19 的遗传物质作为基因工程的载体？请说明原因。_____

_____

【评价设计】

①评价目标

本题通过新型冠状病毒（COVID-19）的核酸检测，考查 PCR 及其延伸技术的原理，渗透了热爱生命、健康生活，关注人体健康，以及关注社会热点话题的社会责任素养。

②情境选择

新型冠状病毒（COVID-19）的核酸检测既结合了现实生活中的关乎每个人身心健康的具体事件，又体现了生物技术在社会生活中应用的实例，有助于考查学生的社会责任意识与行动。

③题目命制

本题考查选择性必修 3"生物技术与工程"模块中内容要求的"5.1 基因工程是一种重组 DNA 技术"，聚焦社会责任的热爱生命、健康生活，关注人体健康，以及面对新型冠状病毒这一社会热点话题，基于证据运用生物学基本概念和原理，就生物技术与工程的安全与伦理问题表明自己的观点并展开讨论。属于社会责任学业质量四级水平的考查内容。

【评分要点描述】

本题要求学生熟练掌握基因工程中的 PCR 及其延伸技术的原理，学生能科学准确地回答与描述逆转录 PCR 反应的原料、过程，阐明优势以及原因等即可。

【回答示例】

（1）逆转录 PCR 与常规 PCR 的差异在于在 PCR 之前加入一个逆转录过程，根据所学知识，逆转录以 RNA 为模板，以 dNTPs（脱氧核苷酸）为原料，合成的产物为 DNA 单链，再通过 DNA 聚合酶，可以合成双链 cDNA 分子。

（2）PCR 变性是采用高温的方式，加热到 90 ～ 95℃，使 DNA 双链打开，退火和延伸的温度也相对较高，而普通细菌中的 DNA 聚合酶无法耐高温，需要先寻找一种极热环境下的细菌，再提取其 DNA 聚合酶才能适用于 PCR 反应。因此该 DNA 聚合酶的优势是耐高温。

（3）热变性时 DNA 双链间的氢键断裂，双螺旋结构解开，DNA 变为单链。

（4）①引物与模板链序列满足碱基互补配对原则，因此引物 1 对应的模板链序列为 5'-ATGAGCACCCTCAACATCGAA-3'。②D 选项正确。引物 1 和引物 2 的序列应满足延伸方向为 5'-3'，且其延伸的方向应包含目的基因片段，因此可知引物 1 和引物 2 只能分别选择 Ⅱ 和 Ⅲ。

（5）PCR 技术相较于其他获取目的基因的方法的优势在于可以快速获得大量目的基因。

（6）基因工程中目的基因为双链 DNA 片段，而 2019-nCoV 的遗传物质为单链 RNA 片段。二者结构不统一，目的基因无法插入 RNA 片段中，因此 2019-nCoV 的遗传物质无法成为基因工程的载体。

第三章

基于纸笔测验的
学业质量评价

2020 年，中共中央、国务院印发《深化新时代教育评价改革总体方案》（以下简称"方案"），方案提出提高教育评价的科学性、专业性、客观性，形成富有时代特征、彰显中国特色、体现世界水平的教育评价体系。这要求学业质量评价要以能力导向性、发展性和规范性为原则，建立起内容全面性、主题多元性、标准合理性和方法科学性的学业质量评价体系。本章从纸笔测验的理论基础、如何进行纸笔测验、纸笔测验结果的应用三个维度进行探讨，为广大教育工作者进行生物学学业质量评价及研发评价工具提供参考和思考。

第一节　纸笔测验的理论基础

一、纸笔测验概论

纸笔测验是学生评估领域最重要的一种评估方式，也是教师最常用的评价方式，在教育评估中发挥着重要作用。所谓纸笔测验，就是以纸笔为工具进行测试的一种教育评估方式。教学过程中采用的考试通常都是纸笔测验，命题者通常根据教学目标和内容设计一定形式的纸笔测验来评估学生的学习水平，是一种以课程为基础的评估方式，因此，纸笔测验也成为考试的一个代名词。但考试实际上还可以采取除了纸笔测验外的其他形式，比如口试、情境测试等。纸笔测验可以用于学生学习的整个过程，可以在课堂教学开始前作为诊断性评估工具来确定学生的知识和技能水平、准备状况等；也可以应用在课堂教学中以及复习训练、单元测评、学业成就测验中。它可以是过程性评估工具，用于监测学生的学习进展情况，也可以作为终结性评估工具来确定学生所达到的学业水平。纸笔测验中的测试题可以有多种形式，比如填空题、选择题（包括单项和多项选择题）、判断题、问答题等。学科不同，纸笔测验中的测试题类型也会有所不同，比如生物学测试中一般分为选择题和非选择题。纸笔测验的目标就在于通过这些多样化的测试手段，来调动学生参与测试的积极性，让学生能够从不同角度表现出他们对课程内容的理解。

不同学者对纸笔测试的定义有所不同，例如，刘恩山认为纸笔测验是指以书面形式的测验工具，主要侧重于评定学生在学科知识方面学习成就高低或在认知能力方面发展强弱的一种评价方式。[1]叶成华等认为，纸笔测试（简称笔试）就是用纸作为问题载体，用笔作为答题工具，将学生有关的学力发展情况以文字形式简化并记录下来，然后按一定的参照系，用量的形式将这种发展情况客观地反映出来。[2]从评价的目的而言，纸笔测验的主要目的是评定学生的成就，特别是在认知领域的成就；从评价的方式而言，纸笔测验的方式是阅读问题。从评价结果而言，纸笔测验是以书面形式回答问题。因此，我们将纸笔测验定义为考生通过阅读问题并以书面形式回答的一组通用评估工具。目前教育测验的实施方式，已有逐渐发展使用电脑来辅助施测和解释的趋势（即计算机化测验），但是其形式只是以屏幕来代替纸张，键盘或鼠标输入来代替笔的书写功能，因此，这种类型的评价方式仍然被称为纸笔测验。

二、纸笔测验的理论基础

（一）经典测验理论

传统的纸笔测试以经典测验理论（Classical Test Theory，简称CTT）为基础，它的主要目的是估计分数与真分数间的关联程度。

经典测验理论的核心是我们所想要测量的真分数（True Score），与测试中观察分数（Observed Score）的关系。测量中的这种核心关系仅体现在三个基本组成部分：观察到的测试分数、个人在测试材料上的真分数以及由真实能力以外的因素（如疲劳、注意力分散）引起的观察分数的随机变化。但是，观察分数、真分数和随机误差之间的关系可以从概念上进行理解，但不能用观察数据表示。

1. 测量的基本假设

经典测验理论可以用非常简单的方程式表示，它用两个部分来表示观察到的测试分数：我们希望测量的是什么，以及其他影响因素。这个等式可以写成 $X=T+E$。其中，$X=$ 观察分数；$T=$ 真分数；$E=$ 随机误差。例如，在知道学生在生物学测试中所得分数（X_i）后，而我们真正感兴趣的是学

---

[1] 刘恩山 . 中学生物学教学论 [M]. 北京：高等教育出版社，2003.

[2] 叶成华，沈海驯，李建明 . 考试命题与试卷分析 [M]. 宁波：宁波出版社，2002.

生在生物学测试中的真分数（T）。在经典测验理论中，真分数表示用同一个测验或平行测验对某人进行无数次独立测量时，观察分数（X）的平均值或均值。平行测试是指如果两个题目不同的测验测得的是同一特质，并且在题目形式、数量、难度、区分度以及测验得分的分布都是一致的两个测验。[1] 在现实教学中，我们常使用生物学测试的观察分数（X_i）来推断生物学测试真分数（T_i），因为不能通过反复测试一个学生来获得这样的分数分布。

2. 经验测验理论的缺点 [2]

（1）经典测验理论所采用的指标，如难度、区分度和信度等，都是一种样本依赖的指标。因此，同一份试卷在许多不同样本的作答下，很难获得一致、稳定、客观的难度、区分度或信度等统计指标。

（2）经典测验理论以一个相同的测量标准误差，作为每位受试者的测量误差指标，这种做法并没有考虑受试者能力的个别差异情形，对于高、低能力两极端群的受试者而言，这种指标极为不合理且不准确，知识理论假设的适当性备受质疑。

（3）经典测验理论对于非复本但功能相同的测验所测得的分数间，无法提供有意义的比较，有意义的比较仅局限于相同的前后测分数或复本测验分数之间。这样的严谨理论假设前提，将造成在现实环境下的实务应用，产生理论与实用相冲突的窘境。

（4）经典测验理论对信度的假设，建立在复本测量的概念假设上，但是这种假设往往不存在于实际测验情境里。道理很简单，因为不可能要求每位受试者接受同一份测验无数次，而仍然假设每次测量间都保持彼此独立而不相关，况且，每一种测验并不一定同时都有制作复本，因此复本测量的理论假设是行不通的，不符合实际的，从方法学逻辑观点而言，它的假设也是不合理的、矛盾的。

---

[1] 戴海崎、张锋、陈雪枫. 心理与教育测量 [M].3 版. 广州：暨南大学出版社，2011.

[2] GUION R M，IRONSON G H. Latent trait theory for organizational research[J]. Organizational Behavior and Human Performance，1983，31（1）：54-87.

（5）经典测验理论忽视受试者的试题反应组型（item response pattern）的重要性，而误认为原始得分相同的受试者，其能力必定一样；但其实不然，即使得分相同的受试者，其反应组型亦不见得会完全一致，因此，其能力估计值应该会有所不同，才比较符合常理要求。

（二）项目反应理论

项目反应理论（Item Response Theory，简称 IRT）是以一个函数关系，将看不见的潜力和个人实际得分的情形连接在一起。预先设定函数关系，然后核对函数决定的得分情形和考生实际得分的情形是否相符。个人答对试题的概率对其能力的回归线就是所谓的试题特征曲线；现实受试者答对试题的可能性随着他的能力值（通常以 θ 表示）变大而缓慢上升，随着不同的理论模式，形成该函数模式的回归曲线。基本上，函数必须满足递增的原则，其要点如下：（1）纵轴是答对试题的概率（通常用 $P(\theta)$ 等表示），范围从 0 到 1（$0 \leqslant P(\theta) \leqslant 1$）；横轴是受试者的能力，范围从负无限大到正无限大（$-\infty \leqslant \theta \leqslant +\infty$），形成非线性的渐进性曲线。（2）单纯的 θ 函数，θ 增加时，$P(\theta)$ 也增加，两者应该是正相关。它的优点是不仅同时呈现试题难度和区分度的信息，并且对受试者在试题上的表现与总分之间的关联提供了完整的描述。

试题特征曲线（item characteristic curve）模式，主要有单参数模式、双参数模式和三参数模式三种。

（1）单参数模式：只有难度一个参数（通常以 b 表示）。即试题特征曲线上答对试题概率 50% 的点叫作转折点（point of inflection），表示为 $P(\theta)$=0.50，从试题特征曲线垂直落在横轴（能力）上的交叉点为 θ=b（难度）。理论上区分度的范围从负无限大到正无限大，典型的范围设定为 $-3.0 \sim +3.0$。[1]

（2）双参数模式：除难度之外增加了区分度参数，也就是试题特征曲线的斜率（通常用 a 表示）。区分度表示试题区分受试者在能力量尺的

[1] BAKER F B. The basics of item response theory[M]. College Park，MD：ERIC Clearinghouse on Assessment and Evaluation，2001：25-26.

试题位置，当试题特征曲线中间部分愈陡峻，表示该实体愈具鉴别力，愈平缓则鉴别力愈弱。在理论上区分度的范围从负无限大到正无限大，而实际的应用时，通常是 −2.80 ～ +2.80，在理想的题库里最好限定在 0.50 ～ 2.00。

（3）三参数模式：三个参数为难度、区分度和猜测度。三参数模式的试题特征曲线在低能力一端，如果出现非零的概率渐进线，此点 $P(\theta)$ 为猜测度（通常以 c 表示），即 θ 为 −∞ 时，如果 $P(\theta) \neq 0$，则 $P(\theta)$ 为猜测度。它代表猜对试题的概率，通常选择性的试题有猜测的可能，猜测都不因能力不同而变化，所有的人都具有一样的机会猜测试题。理论值是从 0.0 ～ +1.0，实用时通常在 0.35 之下，超过 0.35 则不能接受。[1]

项目反应理论的能力和难度的量尺相同，标准量尺为平均数 0、标准差 1；这个量尺为常态概率分配，但不包括受试者能力必须有常态分配。项目反应理论的受试者能力分配不重要，主要是受试者试题反应所推论的试题参数具有不变性。项目反应理论的能力测量在相同的量尺上，可以由试题难度估计受试者的能力，且试题的难度值是固定的。进一步而言，当 $b_j > \theta_i$，即 j 题对 i 受试者是难的，其中 $P(\theta) < 0.5$。如果 $b_j < \theta_i$ 时，即 j 题对 i 受试者是容易的，其 $P(\theta) > 0.5$。当 $b_j = \theta_i$，即 j 题对 i 受试者是适中的，其 $P(\theta) = 0.5$。

就项目反应理论的基本假设来看，测验必须符合以下两个假设，才能有效地利用函数来说明受试者答题的实际情形。

（1）单维性，测验的维度必须集中在单一向度，换句话说试题集中在试题某一种特定的能力上，这样可以使测验的编制单纯化，在分数的解释上较为容易。

（2）局部独立，受试者对某一试题作答的反应，并不受其他试题的影响。如果符合局部独立的条件，则受试者得分情形出现的概率，可通过计算受试者答对或答错各试题概率的乘积获得。

---

[1]BAKER F B. The basics of item response theory[M]. College Park，MD：ERIC Clearinghouse on Assessment and Evaluation，2001： 25-26.

　　项目反应理论可以估计信息函数，信息函数是某一能力的估计变异误的倒数，当变异误愈小时，信息愈大。简而言之，信息函数就是不同受试者对某个试题反应所能回馈的信息量。如果试题太容易或太困难，全部的受试者都答对或答错了，则此试题毫无信息而言，所以试题的信息愈多，愈有应用的价值。每一试题皆有其信息量，综合各试题的信息量就成为该测验的信息量；此外信息的高低随着试题参数和受试者的能力而变化，试题反应理论电脑软件都会画出测验讯息曲线图。信息函数的应用范围很广，例如：测验的编制，试题的选择，测验准确性的估计，测验准确性值的比较，加权积分的决定，编制复本测验，评分方法的比较，测验的等化，适性测验停止标准的依据等。

　　项目反应理论有以下缺点 [1]：

　　（1）单维性假定难以满足，这是 IRT 受到攻击的最主要原因。单维性是指测验测量的是单一潜在物质，但严格的单维性是难以满足的。目前的现实问题是单维性需达到什么程度才能应用 IRT，但这一标准的确定尚缺乏充分的理论依据。

　　（2）目前 IRT 的应用仍以两级记分模型为主，且局限于单维反应模型，更高级的 IRT 模型尚处于理论上的探索阶段。

　　（3）IRT 建立在更复杂的数学模型之上，依赖更强的假设，计算复杂，不易被人掌握。

　　（4）IRT 对测验条件要求较严格，样本容量要大，被试者的能力分布范围要广，测题数量要多，这些条件不满足就会影响其精确性。

　　（5）对 CTT 的一些研究领域，如测验效度问题等，IRT 并没有提出独到的见解。

---

[1] 郭庆科，房洁. 经典测验理论与项目反应理论的对比研究 [J]. 山东师大学报（自然科学版），2000，15（3）：264-266.

第二节　如何进行纸笔测验

纸笔测验是指以书面形式的测验工具，作为评定学生在学科知识方面学习成就高低或在认知能力方面发展强弱的一种评量方式。这种工具的特点是使用纸张印刷呈现要求学生回答的试题，并且要求学生在该试题上利用书写工具填写恰当的答案。目前，已经逐渐使用电脑进行测试，但从形式上来看只是用电脑屏幕代替纸张，因此仍然属于纸笔测试。

纸笔测验历经百年发展，它的原理与技术已经非常成熟，本书归纳国内外学者的观点，依据纸笔测验编制的原理与技术，提出纸笔测验编制的五个步骤：（1）确定测验目的；（2）设计双向细目表；（3）明确测验题型；（4）编写试题；（5）审核试题。以下将对这五个步骤分别进行说明。

一、确定测验目的

不同的测验有不同的特性，根据测验在教学过程中的时间，将其分为教学前评价、教学中评价和教学后评价。

（一）教学前评价

教学前评价，也成为安置性评价（placement assessment），其目的在于未开始进行教学之前，了解学生在未学习本单元之前已经具有的背景知识或起点行为，以便确定教学起点，决定是否组织复习旧教材内容，选择何种适当的教材和教法，以及在确定学生对教材熟悉程度后，调整教学计划。

（二）教学中评价

依据教学中评价的目的，又可将其分为形成性评价（formative assessment）和诊断性评价（diagnostic assessment），下面分别进行说明。

1. 形成性评价

形成性评价是在进行某一核心概念或章节的学习后，为了监控学习进度，诊断迷思概念，鼓励学生学习，及时向学生和教师提供教学反馈进行的评价。很多教师通常也称为学习测试、实践测试、小测验、单元测验等。形成性评价比较重视完成特定内容教学后，测量学生的学习结果，以及使用结果来改进学习。因此，在进行教学评价时需要谨慎地选择测验类型，设置较为复杂的评价任务，以确保能评价到全部的教学目标。

2. 诊断性评价

诊断性评价的主要目的是对学生学习水平的测定，以发现学生学习中存在的问题，分析这些问题产生的原因，针对具体情况加以指导，为改进和调整下一阶段或环节的教学提供依据。在教学过程中进行诊断性评价的一般的步骤为：通过各种方法收集相关信息；评价相关信息；在分析、综合和推理的基础上作出诊断。诊断性评价通常可采用观察法、问答法、对话法、调查法、测验法和讨论法等方法来进行。由此可见，诊断性评价是一种更综合和更精细的评价，通常需要经过专业的培训或专家的协助，才能进行专业的诊断性评价。

（三）教学后评价

在教学结束后，教师需要了解学生的学习成果是否达到预期的教学目标，以便作为评定成绩等级或学习成就的依据，因此教学后评价也称为总结性评价。

教学后评价的目的是在教学结束后，针对教学目标达成的程度及学生的学习成果进行总结反思，并评定成绩等次。教学后评价与教学中评价目的不同，教学中评价的目的是发现问题并改进教学，而教学后评价的目的是评定学生的学习成就。在编制试题时，教学后评价仅抽取特定的学习内容作为样本试题，所涵盖的教材范围较窄。

以上描述的四种关于纸笔测验的评价方式的评价目的和使用情况都不尽相同。一般而言，教师在进行单元教学前所实施的针对基本能力的评价，即为教学前评价。在教学中进行的形成性评价和诊断性评价，主要是为了控制教学品质。而在教学后进行的总结性评价，可以了解学生的学习成果是否达成预期的教学目标。[1] 此四种评价方式的关系如图 3-1 所示。

---

[1] 余民宁 . 教育测验与评量：成就测验与教学评量 [M].3 版 . 新北：心理出版社，2011.

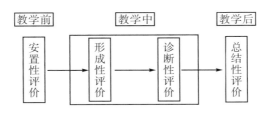

图 3-1　测验的基本类型

二、设计双向细目表

在确定测验目的后，为了保证能够测量到相关的教学目标，最重要的是设计双向细目表。学业质量评价中依据生物学学科核心素养中的生命观念、科学思维、科学探究和社会责任四个维度为一个向度，按照学业质量水平一、水平二、水平三、水平四为此向度的不同水平，以教材内容为另一向度，设计双向细目表。

设计双向细目表包括以下过程:（1）列出教学目标;（2）概述教材内容;（3）准备双向细目表。本书以 2019 年人教版生物学必修 2"遗传与进化"第 4 章"基因的表达"为例来进行说明。

（一）列出教学目标

表 3-1　教学目标

维度	水平	教学目标
生命观念	水平一	说出基因的表达相关知识，给定问题情境，设计解决简单问题的方案
	水平二	举例说出基因的表达相关知识，在特定的问题情境中，设计解决简单问题的方案
	水平三	举例说出基因的表达相关知识，在特定的问题情境中，解决特定问题
	水平四	阐释基因与性状的关系，解决生活中的实际问题

续表

维度	水平	教学目标
科学思维	水平一	理解基因的表达相关概念的内涵，解释简单情境中的生命现象
	水平二	基于特定的生物学事实，利用基因的表达相关概念，阐明个人立场
	水平三	基于给定的事实和证据，利用基因的表达相关概念，阐明个人立场，作出决策
	水平四	基于给定的事实和证据，利用基因的表达相关概念，阐明个人立场，作出决策并解决问题
科学探究	水平一	针对基因的表达相关问题，能够按照给定实验步骤进行实验
	水平二	制订简单的实验方案，记录并分析实验数据，得出合理结论
	水平三	针对特定情境，提出可探究的问题，设计并实施探究实验方案，运用多种方法如实记录和分析实验结果
	水平四	针对日常生活和生产中的真实情境，设计并实施恰当可行的方案，创造性地运用数学方法分析实验结果
社会责任	水平一	珍爱生命，认同健康文明的生活方式，对有关生物学的热点议题进行理性判断
	水平二	珍爱生命，养成健康文明的生活方式，敬畏生命，遵循正确的伦理道德，对有关生物学的社会热点议题进行理性判断
	水平三	珍爱生命，养成健康文明的生活方式，敬畏生命，遵循正确的伦理道德，对社会热点议题进行科学判断
	水平四	珍爱生命，养成健康文明的生活方式，遵循正确的伦理道德，对社会热点议题进行科学的评价

（二）概述教学内容

教学目标是教师预期学生在教学后所达成的目标，描述了对学生学业的期望，教学内容是指达成教学目标所要选择的内容。以下以 2019 年人教版生物学必修 2 "遗传与进化" 第 4 章 "基因的表达" 的知识为例概述本章教学内容。

A. 基因指导蛋白质的合成

1.RNA 的基本单位、结构、种类和功能

2. 遗传信息的转录过程

3. 遗传信息的翻译过程

4. 中心法则

B. 基因表达与性状的关系

1. 基因表达产物与性状的关系

2. 基因的选择性表达与细胞分化

3. 表观遗传

（三）准备双向细目表

双向细目表包含教学目标和教学内容，以基因的表达为例来进行说明，如表 3-2 所示。表中包含了试题的总数、评价任务和每个教学目标与教学内容的比例。

表 3-2　基因的表达双向细目表

维度　　教学内容	生命观念				科学思维				科学探究				社会责任				总计	百分比
	水平一	水平二	水平三	水平四	水平一	水平二	水平三	水平四	水平一	水平二	水平三	水平四	水平一	水平二	水平三	水平四		
RNA 的基本单位、结构、种类和功能																		
遗传信息的转录过程																		
遗传信息的翻译过程																		
中心法则																		
基因表达产物与性状的关系																		
基因的选择性表达与细胞分化																		
表观遗传																		
总计																		
百分比																		

一般而言，教师应该根据教学所预期达成的目标、实际进行教学时的教材内容、课程内容的难易程度和重要性，以及测验的目的等因素，来决定双向细目表中的试题数目和比例。

三、明确测验题型

试题是构成测验的主要要素，试题质量会影响纸笔测验的品质，不同的测验类型有不同的试题编制原则和技巧，因此，必须先确定要编制纸笔测验的试题类型，才能编制出期待的优秀试题。

试题的类型有很多，一般来说，可以分为两大类：（1）选择性试题（或称选择题），选择题是从给定的四个（一般为A、B、C、D）选项中选择出合适的答案。又可根据合适的答案的数目，将选择题分为单项选择题（仅有一个选项符合题目要求）和多项选择题（有两个或两个以上选项符合题目要求）。（2）补充型试题（或称非选择题）。如下所示：

例1：基因通常是有遗传效应的DNA片段。下列叙述错误的是（　　　）。

A.DNA分子中的脱氧核糖和磷酸交替连接，排列在外侧

B.DNA分子复制时，首先利用能量在解旋酶作用下解开双螺旋

C.不同DNA序列经转录和翻译得到不同氨基酸序列的蛋白质

D.以mRNA为模板合成具有一定氨基酸序列的蛋白质的过程称为翻译

【答案】C

例2：某种高度近视是由X染色体上显性基因（A）引起的遗传病，但男性不发病。现有一女性患者与一不携带该致病基因的男性结婚，其后代患病率为50%。下列叙述正确的是（　　　）。

A.该女性患者的女儿基因型是X^AX^a

B.该女性患者的母亲也是患者

C.人群中男性不携带该致病基因

D.人群中该病的发病率低于50%

【答案】ABD

例3：20世纪90年代，Y染色体上的性别决定基因（SRY）被首次报道。最初的线索来自科学家发现有体细胞核型为XX，但表现男性体征的人，推测这些XX男性的细胞中可能带有Y染色体片段，且该Y染色体片段上存在性别决定基因。为验证此推测，科学家对4名XX男性的体细胞进行染色体分析，发现这些男性体细胞中的一条X染色体上都带有Y染色体DNA片段，将其中共有的60 kb的片段设定为甲片段。

（1）根据上述信息，为缩小含有潜在性别决定基因在甲片段上的范围，根据甲片段DNA序列设计并制备了一系列DNA探针（DNA探针是带有荧光标记的可以与被检测DNA序列配对的DNA片段，探针如图3-2所示）。利用探针对另外3名XX男性体细胞DNA进行检测，结果如表3-3所示。3名XX男性中，带有的Y染色体片段最长的是 ＿＿＿＿；寻找性别决定基因的存在区间可缩小到探针 ＿＿＿＿ 之间，将该区间设定为乙片段。

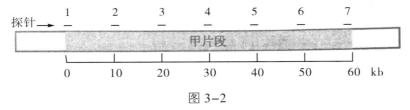

图3-2

表3-3

个体	探针1	探针2	探针3	探针4	探针5	探针6	探针7
正常男性	＋	＋	＋	＋	＋	＋	＋
XX男性-1	＋	＋	＋	＋	＋	＋	－
XX男性-2	－	＋	＋	＋	＋	＋	－
XX男性-3	－	－	＋	＋	＋	－	－

＋探针检测结果为阳性　　　－探针检测结果为阴性

（2）根据基因序列相似性分析，科学家在雄性小鼠基因组中找到了与乙片段同源的DNA序列，其中2.1 kb的DNA序列与人类高度同源，将该序列设定为丙片段。Y染色体上缺失了丙片段的XY小鼠表现为雌性性状，推测该片段存在性别决定基因。从进化的角度分析，人类和小鼠都存在丙片段的原因是_____。科学家将含有丙片段的表达载体导入小鼠受精卵细胞，通过胚胎移植技术获得的子代小鼠中出现了_____小鼠，从而证实丙片段有性别决定功能。

【答案】（1）XX 男性 -1　3和5　（2）具有共同的原始祖先　雄性

由于这两类测验题型所发挥的测量功能各不相同，在编制试题之前，需要明确达成教学目标的最适合的题型，在考虑两种形式的测验功能后（如表3-4）[1]，选定测验题型，就可根据设计的双向细目表，参考各试题类型的命制原则和技巧，设计并编写所需要的测试题。

表3-4　选择题与非选择题的比较

比较项目	选择题	非选择题
测量的能力	适用于知识、理解、应用、分析等能力的测量；但比较不适合于测量评价与创造的能力	适用于测量知识的记忆、理解、应用、分析等能力，尤其是评价与创造的能力
内容的取样	使用大量的试题，涵盖范围较大，内容的取样较具有代表性	试题数量相对较少，涵盖范围较小，内容的取样较不具代表性
编制的过程	准备优良的试题较难且费时，但评分较为客观	准备优良的试题相对较易，但评分较为主观
影响评分的因素	阅读理解能力和盲目猜测	写作和虚张声势的能力
对学习的影响	促进学生记忆、解释和分析别人的观点，可以指出自己学习的误区	促进学生认知、整合和表达自己的观点，比较鼓励创新意识

四、编写试题

在设计双向细目表并明确测验题型以后，就开始正式编写试题。编写高质量的试题并不是件容易的事情，必须参考双向细目表，充分了解各类题型的优缺点和命题原则，根据生物学知识和教学经验，创设真实的问题情境。这样编制出的试题初稿，还要经过审核与修订，才能称为完整的测

[1] GRONLUND N E. How to make achievement tests and assessments[M]. Boston：Allyn&Aacon，1993.

验试题。

一般而言，不论编写哪种类型的试卷，以下的原则均需要考虑：（1）在教材内容上试题的取材应该均匀分配，并且具有代表性；（2）试题叙述尽量简明扼要，且题意明确；（3）各试题应相互独立，避免含有暗示答案的线索；（4）试题中避免出现有争议的答案；（5）试题中应避免出现错误；（6）若要测量学生的高层次认知能力，试题不一定需要有固定答案；（7）试题避免直接抄教科书，应重新组织；（8）试题应重视生物学核心概念的理解和应用，应尽量避免零碎知识的记忆；（9）避免使用与测验无关的叙述，增加学生作答困难；（10）命题切勿超过生物学现阶段的认知水平；（11）给试题审核或修正预留足够的时间；（12）宜多命制一些试题以备不时之需。

以下对选择题与非选择题的试题类型及其命题原则分别进行说明。

（一）选择题

选择题的题型有许多种类型，每种题型都有其目标和功能，参考Aiken的选择题题型分类[1]，对近几年生物学学业质量合格性考试（学考）与等级性考试（高考）的选择题进行编码，按照其测量认知目标的高低，从低到高将选择题题型分为四类（其中，P表示命题，并且写在题干；C表示结果，为K个可能的选项；→表示产生、导致、得到的意思）。

1. 题型1：P → C

说明：此题型表示一个命题产生一个结果；也就是学生必须理解题干的陈述，从4（或K）个选项中挑选出一个正确（或较佳）的答案。

目标：主要用于测量对术语、事实等的记忆能力，但是也可以在一定程度上对理解、应用，甚至是评价的能力进行测量。

例1：细胞膜的主要成分是（　　　　）。

A. 脂质

[1] AIKEN L R. Writing multiple-choice items to measure higher-order educational objectives[J]. Educational and Psychological Measurement，1982，42（3）：803-806.

B. 蛋白质

C. 多糖

D. 脂质和蛋白质

【答案】D

例 2：减数分裂过程中，染色体数目减半发生在（　　）。

A. 减数第一次分裂

B. 减数第二次分裂

C. 减数第一次分裂和减数第二次分裂

D. DNA 复制时

【答案】A

2. 题型 2：P ∈ C

说明：此题型表示命题属于（或包含于）结果中，也就是学生必须从陈述的题干中知道应该归类到哪一个结果，然后从 4 个选项中选择出来。这种类型试题，只要变化一个命题或结果（两者之一皆可），便能产生出另一个试题。

目标：主要是测量分类层次的认知能力。

例 1：一片森林中的所有樟树，属于生命系统的哪个结构层次？（　　）

A. 个体

B. 种群

C. 群落

D. 生态系统

【答案】B

例 2：下列属于多糖的是（　　）。

A. 葡萄糖

B. 麦芽糖

C. 乳糖

D. 淀粉

【答案】D

3. 题型 3：$P_1 \cap P_2 \cap \cdots\cdots \cap P_n \to C$

说明：此题型表示交集（∩）数个命题以产生一个结果，也就是学生必须在多个命题条件的限制下思考，然后从 4（或 K）个选项中挑选出一个正确的答案。这种类型可以增加试题的困难度和复杂性，比较能够测量出较高层次的认知能力。

目标：主要是测量应用、分析以及推理层次的认知能力。

例 1：经内质网加工的蛋白质进入高尔基体后，S 酶会在其中的某些蛋白质上形成 M6P 标志。具有该标志的蛋白质能被高尔基体膜上的 M6P 受体识别，经高尔基体膜包裹形成囊泡，在囊泡逐渐转化为溶酶体的过程中，带有 M6P 标志的蛋白质转化为溶酶体酶；不能发生此识别过程的蛋白质经囊泡运往细胞膜。下列说法错误的是（　　　）。

A.M6P 标志的形成过程体现了 S 酶的专一性

B. 附着在内质网上的核糖体参与溶酶体酶的合成

C.S 酶功能丧失的细胞中，衰老和损伤的细胞器会在细胞内积累

D.M6P 受体基因缺陷的细胞中，带有 M6P 标志的蛋白质会聚集在高尔基体内

【答案】D

例 2：取某植物的成熟叶片，用打孔器获取叶圆片，等分成两份，分别放入浓度（单位为 g/mL）相同的甲糖溶液和乙糖溶液中，得到甲、乙两个实验组（甲糖的相对分子质量约为乙糖的 2 倍）。水分交换达到平衡时，检测甲、乙两组的溶液浓度，发现甲组中甲糖溶液浓度升高。在此期间叶细胞和溶液之间没有溶质交换。据此判断下列说法错误的是（　　　）。

A. 甲组叶细胞吸收了甲糖溶液中的水使甲糖溶液浓度升高

B. 若测得乙糖溶液浓度不变，则乙组叶细胞的净吸水量为零

C. 若测得乙糖溶液浓度升高，则乙组叶细胞的净吸水量大于甲组

D. 若测得乙糖溶液浓度降低，则乙组叶肉细胞可能发生了质壁分离

【答案】C

4. 题型 4：$(P_1 \cap P_2) \cup (P_1 \cap P_2) \cup (P_1 \cap P_2) \cup (P_1 \cap P_2) \to C$

说明：此题型表示题干中有 2 个命题，各有"对或错"之分，然后要求学生分别判断其对错，再从 $2n$ 个可能结果中，选出正确的一个。题干中也可包含两个以上的命题，因此增加了结果的数量。

这类型试题，也可延伸出两种变型，即"单一多选答案题型"与"排列答案题型"。

目标：主要是测量综合与评价层次的认知能力。

例 1：下列有关酶的叙述，正确的是（   ）。

①酶都是蛋白质   ②有的从食物中获得，有的在体内转化而来   ③凡是活细胞，一般都能产生酶

A. ①正确，②错误，③正确

B. ①错误，②错误，③正确

C. ①正确，②正确，③错误

D. ①错误，②正确，③正确

【答案】B

例 2：下列有关水的叙述，错误的是（   ）。

①参与运送营养物质和代谢废物的水为自由水   ②生物体内的许多生物化学反应离不开水   ③水是细胞结构的组成成分之一   ④人体细胞内水的存在形式为结合水或自由水   ⑤自由水与结合水的比例与新陈代谢的强弱关系不大   ⑥不同细胞内自由水与结合水的比例相差不大

A. ①④⑤

B. ①④⑤⑥

C. ④⑤⑥

D. ③⑤⑥

【答案】C

一道理想的选择题，不仅能够呈现出重要的问题来询问学生，也能够让学生清楚了解该问题的意思是什么。因此，它可以让已经掌握的学生答对，而让未能掌握的学生答错。为了发挥选择题应有的功能，选择题的命制应该遵循以下原则：试题的设计应该能够测量到重要的学习成果；每道试题的选项数目应该保持一致；题干的叙述宜清楚表达题意，避免过短或过长；题干的叙述宜保持完整，避免被选项分割成两个部分或两个段落；选项的叙述宜力求简短，必要或相同的叙述宜放在题干中；所有错误的叙述，应该具有与题干叙述相关联的似真性或合理性，以发挥应有的诱答功能；尽量在题干中使用肯定句叙述，避免使用否定句叙述；单选题必须确定只有一个表达清楚的正确答案或相对较佳的答案；选项的文字描述应与题干和试题格式一致；题干和选项中的叙述应该避免暗示正确答案的线索出现；错误选项应该尽量避免使用"以上皆非"和"以上皆是"；以随机方式排列及调整正确答案出现的位置和次数；以变化题干或改变选项任何一者来控制试题的难度；保持同一份测验中的每道试题可以各自独立作答。

（二）非选择题

非选择题是生物学学业质量评价中的另一种题型，徐连清等从首要标准、测量学方面的标准和经验方面的标准三个维度构建优质非选择题的观察和测量指标，结合已有的研究成果，提出考查内容聚焦重要概念。[1]

1.考查内容聚焦生物学核心概念

对生物学概念的深刻理解和应用是发展生物学学科核心素养的基础，是形成生命观念的基石，是科学思维和科学探究的着力点，也是建立社会责任的逻辑基础。

例：按照表 3-5 中的内容，围绕真核细胞中 ATP 的合成来完成表格。

---

[1] 徐连清，杨帆，王健.基于能力维度的生物学优质高考非选择题的标准 [J]. 中学生物教学，2016（9）：64-67.

表 3-5

反应部位	（1）_____	叶绿体的类囊体膜	线粒体
反应物	葡萄糖		丙酮酸等
反应名称	（2）_____	光合作用的光反应	有氧呼吸的部分过程
合成 ATP 的能量来源	化学能	（3）_____	化学能
终产物（除 ATP 外）	乙醇、CO_2	（4）_____	（5）_____

【答案】（1）细胞质基质　（2）无氧呼吸　（3）光能　（4）O_2、NADPH　（5）H_2O、CO_2

2. 题干表达清晰、明确、科学严谨

例：为了研究细胞器的功能，某同学将正常叶片置于适量的溶液 B 中，用组织捣碎机破碎细胞，再用差速离心法分离细胞器。回答下列问题。

（1）该实验所用溶液 B 应满足的条件是_____（答出2点即可）。

（2）离心沉淀出细胞核后，上层清液在适宜条件下能将葡萄糖彻底分解，原因是此清液中含有_____。

（3）将分离得到的叶绿体悬浮在适宜溶液中，照光后有氧气释放；如果在该适宜溶液中将叶绿体外表的双层膜破裂后再照光，_____（填"有"或"没有"）氧气释放，原因是_____。

【答案】（1）pH 应与细胞质基质的 pH 相同，渗透压应与细胞内的渗透压相同　（2）细胞质基质组分和线粒体　（3）有　类囊体膜是 H_2O 分解释放 O_2 的场所，叶绿体膜破裂不影响类囊体膜的功能

3. 呈现形式基于真实的情境

例：甲、乙、丙三人在一次社区健康日活动中检测出尿糖超标，为进一步弄清是否患糖尿病，依据规范又进行了血液检测。图 3-3、图 3-4 所示为空腹及餐后测定的血糖及胰岛素浓度。糖尿病血糖浓度标准为：空腹 ≥ 7.0 mmol/L，餐后 2 h ≥ 11.1 mmol/L，请回答下列问题。

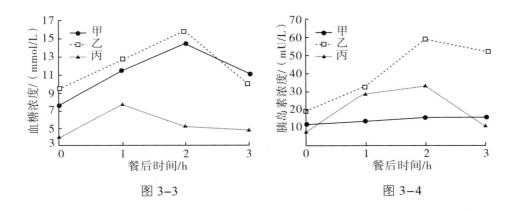

图 3-3　　　　　　　　　　　　　图 3-4

（1）正常人进食后血糖浓度上升，胰岛素分泌增多。胰岛素可促进血糖进入细胞内_____、合成糖原或转变为非糖物质，并抑制_____及非糖物质转化为葡萄糖；同时胰岛 A 细胞分泌_____受抑制，使血糖浓度下降。

（2）据图初步判断_____是糖尿病患者，需复查血糖。患者常因血糖浓度升高致细胞外液渗透压升高，_____产生渴感，表现为多饮。

（3）除糖尿病外，尿糖超标的原因还可能有_____（填序号）。

①一次性摄糖过多　②低血糖患者　③抗利尿激素分泌不足　④肾小管重吸收功能障碍

（4）结合图 3-3、图 3-4 分析，乙出现上述检测结果的原因可能有_____（填序号）。

①自身抗体与胰岛素结合　②自身效应 T 细胞持续杀伤胰岛 B 细胞③自身抗体竞争性结合靶细胞膜上的胰岛素受体　④胰岛 B 细胞膜上载体对葡萄糖的转运能力下降

【答案】（1）氧化分解　肝糖原分解　胰高血糖素　（2）甲、乙大脑皮层　（3）①④　（4）①③

4. 多个问题排列体现学习进阶

学习进阶是指学生在一定时间跨度内学习和探究某一主题时依次进

阶、逐级深化的思维方式的描述。[1] 非选择题通常由多个问题组成，问题的设置可以按照学业质量水平从一级到四级的方式进行，也可以从认知过程维度——记忆/回忆、理解、应用、分析、评价、创造[2] 来设计，使得依托真实情境素材的多个问题逐渐增加难度。

例：将生长在水分正常土壤中的某植物通过减少浇水进行干旱处理，该植物根细胞中溶质浓度增大，叶片中的脱落酸（ABA）含量增高，叶片气孔开度减小。回答下列问题。

（1）经干旱处理后，该植物根细胞的吸水能力 _____。

（2）与干旱处理前相比，干旱处理后该植物的光合速率会 _____，出现这种变化的主要原因是 _____。

（3）有研究表明：干旱条件下气孔开度减小不是由缺水直接引起的，而是由 ABA 引起的。请以该种植物的 ABA 缺失突变体（不能合成 ABA）植株为材料，设计实验来验证这一结论。要求简要写出实验思路和预期结果。

【答案】（1）增强　（2）降低　气孔开度减小使供应给光合作用的 CO_2 减少　（3）取 ABA 缺失突变体植株在正常条件下测定其气孔开度，经干旱处理后，再测定其气孔开度，预期结果是干旱处理前后气孔开度不变。将上述干旱处理的 ABA 缺失突变体植株分成两组，在干旱条件下，一组进行 ABA 处理，另一组作为对照组，一段时间后，分别测定两组的气孔开度，预期结果是 ABA 处理组气孔开度减小，对照组气孔开度不变。

五、审核试题

试题编制完成以后，为了确保测验试题能够准确、有效地测出所要达到的教学目标和教学效果，需要对编制的试题进行审核，主要是检测试题

---

[1] DUSCHL R A，SCHWEINGRUBER H A，SHOUSE A W. Taking science to school：learning and teaching science in grades K-8[M]. Washington，DC：National Academies Press，2007.

[2] 安德森，等. 布卢姆教育目标分类学：分类学视野下的学与教及其测评（完整版）[M]. 修订版. 蒋小平，张琴美，罗晶晶，译. 北京：外语教学与研究出版社，2009.

的一致性和适当性。一致性和适当性与教学品质的关系，可用图3-5表示。[1]

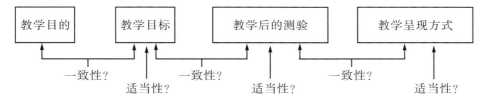

图 3-5　一致性和适当性与教学品质的关系

（一）测验适当性

　　测验适当性审核的重点在于检查试题的格式、问题陈述的品质，以及其他可能的影响因素，是否能够适切地反映出试题所要测量的行为目标。为了让纸笔测试能够顺利进行，可以根据试题检查表来审核试题，这样有助于试题有效地发挥评价功能。如果试题编制者在该检查表（表3-6）上回答"是"的项目越多，即表示评价工作已经准备完善，可以开始进行评价；如果回答"否"的项目越多，则表示还有许多试题需努力修改，等修改完成以后，才能开始进行评价。

表 3-6　试题检查表

项目	具体内容	是	否
评价测验领域与目标的适当性	1. 此评价测验领域与目标是否能表达教学目标和测量的内容？		
	2. 此评价测验领域与目标是否明确指出每项目标和内容范围的相对重点？		
评价试题的适当性	3. 每道试题的格式是否符合所要测量的结果？		
	4. 每道试题是否要求学生表现所测量结果的行为？		
	5. 每道试题是否把要求表现的问题陈述清楚？		
	6. 每道试题是否以简明易懂的语言陈述？		

[1] 余民宁. 教育测验与评量：成就测验与教学评量 [M].3 版. 新北：心理出版社，2011：82.

续表

项目	具体内容	是	否
评价试题的适当性	7. 每道试题是否具有适当的挑战性？		
	8. 每道试题是否具有一致认同的正确答案？		
	9. 每道试题的作答是否有部分给分的机会？		
	10. 每道试题是否免除技术误差和无关线索？		
	11. 每道试题是否免除种族、宗教和性别的差异？		
	12. 每道试题是否彼此互斥，可以独立作答？		
	13. 是否有足够的试题来评量每一项学习结果？		
评量格式和指导语的适当性	14. 同类型的试题是否被排列在一起或在同一组里？		
	15. 试题是否按照由简单到困难的顺序排列？		
	16. 试题是否按照顺序依序编号？		
	17. 每题保留作答的空间是否清楚标识，大小是否足够？		
	18. 是否以不规则顺序出现正确答案的方式来排列试题？		
	19. 测验题本是否间隔良好，印刷清楚，且没有错别字出现？		
	20. 每一评量单元是否都有明确的实施指导语？		
	21. 这些实施指导语是否都印刷清楚且简明扼要？		

（二）测验一致性

为了保证纸笔测试与课程标准相匹配，研究者开发了多种分析工具，如韦伯（Webb）模式、课程实施调查模式（Survey of Enacted Curriculum，简称 SEC）、Achieve "测验—标准" 一致性分析工具、试题与目标一致性（Item-Objective Congruence，简称 IOC）等。以下对 Rovinelli 和 Hambleton 提出的试题与目标一致性进行简要说明。[1] 试题与目标一致性指标的计算过程分为两步。首先，邀请生物学学科专家，根据以下所定义的三点量表（表 3–7），逐题评价每道试题是否能测量到列举

[1] ROVINELLI R J，HAMBLETON R K. On the use of content specialists in the assessment of criterion-referenced test item validity[J]. Tijdschrift Voor Onderwijsresearch，1977，2（2）：49-60.

出来的目标。

表 3-7　三点量表

专家	目标	试题							
		1	2	3	4	5	6	7	8
专家 1	目标 1								
	目标 2								
	目标 3								
	目标 4								
	目标 5								
专家 2	目标 1								
	目标 2								
	目标 3								
	目标 4								
	目标 5								
专家 3	目标 1								
	目标 2								
	目标 3								
	目标 4								
	目标 5								

+1：很明确地判断某道试题在测量某个目标；

　0：　无法确定某道试题是否能测量到某个目标；

-1：很明确地判断某道试题不是在测量某个目标。

接着，代入下列公式，计算试题与目标一致性（IOC）指标如下：

$$IOC = \frac{(N-1) S_1 - S_2 + S_1}{2 (N-1) n}$$

其中，N 为目标个数，n 为生物学学科专家数目，S_1 为所有专家在某道试题上的某个目标的评分总和，S_2 为所有专家在某道试题上的所有目标评分的总和。这样就可以计算出每个目标与试题之间的 IOC 指标。

一般而言，IOC 指标在 -1 到 +1 之间，指标值越接近 +1.0，表示目标与试题之间的关系越一致。反之，如果指标值越接近 -1.0，则表示目标与试题间越缺乏一致性，试题越无法测量到所要测量的目标。

第三节　纸笔测验结果的应用

纸笔测验的结果有哪些方面的应用？利用纸笔测验结果不仅能够进行试题分析，改进命题技巧，如进行难度、区分度、信度和效度等分析，也能利用纸笔测验的结果形成学生问题表以分析诊断学生的学习困难，了解学生学习的差异，唤起学生的学习动机，提高学生的学习积极性。以下对学习问题表分析理论进行简要介绍。

在纸笔测验完成后，可以通过软件（如 SPSS、Excel、ConQuest 等）将学生的作答加以转换和评分，以进行客观的试题和测验分析，从而获得各项指标，这样就可以作为改进教师命题能力的参考，也可以作为诊断学生学习进展与成果的辅助工具，更可以满足教学评价等各种目的。对纸笔测验结果的应用有如下几个方面。

一、了解起点行为

在教学前进行评价，有助于了解学生的起点行为，有利于教学活动的规划。在开展新学期教学之前，教师可以先实施以上一学期知识范围为主的纸笔测验，先分析学生在还未开始新学习之前的起点行为或已具备的背景知识，以便决定教学该由什么地方开始。也可以利用如单字测试等方式，单字测试就是主题中选择少量的，通常是大约 10 个关键词汇，并要求受试者在 1 分钟（或 30 秒）内写出尽可能多的相关词汇[1]。例如，给出内环境、稳态、神经系统、神经冲动、神经调节、激素、内分泌系统、激素调节、免疫系统和免疫调节 10 个关键词，要求学生在 1 分钟的时间内写出与此

[1] BAHAR M.Misconceptions in biology education and conceptual change strategies[J].Educational Sciences：Theory and Practice，2003，3（1）：55-64.

相关的词汇，这样有助于充分了解学生的前概念。即使是在教学以后，教师也可以根据测验的结果，了解学生是否具备学习下一阶段新单元的起点行为。

二、规划教学活动

课程进度的规划以教学目标为依据，选择适当的教学方法后，就开始进行教学活动。在进行教学一段时间后，可以利用纸笔测验进行教学评价并获得回馈信息，从中得知预期的教学目标是否达成，教学方法或教学策略是否得当，教学过程中的每项活动（如教学目标、教学材料、教学方法、材料组织与呈现方式等）是否合适。也可以利用纸笔测验的结果随时调整教学的步骤，从而决定是否对所学内容进行复习、重新教学、调整教学方法或修改教学目标等，并力求做到适当可行，符合学生的发展需求。

三、诊断学习困难

利用纸笔测验提供的教学反馈，可以帮助教师清楚地了解学生的学习类型和学习困难的原因，进而采取适当的补救措施。特别是在纸笔测验以后，教师与学生一起讨论纸笔测验的结果，能获得学生学习困难的原因，从而决定采取哪种补救措施，学生自己也可以进行自我评价，了解自己的学习状态。如果学生知道自己进步了，其努力的学习行为可能得到增强。如果学生得知自己退步了，也可以利用此次测验进行反思，以便调整学习方法或改进学习问题。因此，进行纸笔测验的教学评价可以提供反馈信息，能够间接提高并激励学生的学习动机。

四、评定学业成就

利用纸笔测验除了了解学生的起点行为，调整教学步骤，诊断学习困难以外，还可以将学生的学习表现予以等次评定，并将评定的结果作为学生学习成就的指标，及时向家长和学生提出学业成绩报告单，同时评定结果也能作为学校奖励学习表现的依据。

第四章

基于表现性评价的学业质量评价

传统的标准化纸笔测验多倾向于评价学生"记忆""理解"等认知能力，而对于个体适应新时代所需的"评价""创造"等思维能力难以客观评价。鉴于此种单一的评价方式不足以全面、客观地考查和评定学生的学业质量水平，表现性评价由此发展。表现性评价是在真实或模拟真实的情境中进行的评价，对发展生物学学科核心素养，实现"目标—教学—评价"一体化，助力"评价促发展"理念落实有着积极的现实意义。表现性评价可以应用于日常课堂教学之中，也可以在大规模测评中广泛应用，实现表现性评价在学业质量评价中的渗透与融合。总而言之，在生物学学科核心素养背景下开展基于标准的表现性评价的学业质量评价，是现实的呼唤，也是时代的诉求，亟须深入研究与开发。

第一节　概述

一、表现性评价发展的背景

教育是有目的地培养人的活动，评价作为教育教学的指挥棒，决定了教育的方向，影响人的发展。随着信息化时代的到来，新课程改革的持续深入，在以立德树人为导向的教育下，传统评价方式逐渐不再完全满足注重人的全面发展的多元评价需求，能切实评价个体核心素养的评价方式成为时代所需。

（一）传统评价方式的不足

传统评价方式主要包括纸笔测验和教学课堂中的问答评价。纸笔测验易于操作，结果较为客观，在减少人力、物力、财力消耗及适用范围方面具备一定的优越性。因此，纸笔测验在传统评价体系中长期占据核心地位。但随着学科核心素养的明确，以纸笔测验为主的传统评价方式的不足逐渐显现出来，并隐有阻碍个体全面发展的趋势。

1. 评价内容层次较低

根据布卢姆教育目标分类理论对三大领域及各领域下的分类界定，传统评价方式的内容大多仅能指向认知领域中的记忆和理解两类。过于强调基本知识和基本技能的传统评价方式，只能指导被评价者"知道什么"[1]，不能胜任对复杂学习的直接评价[2]，很难触及学生身心的健康、人格的完善、高品质的

---

[1] 周钧、陈林.美国加州教师表现性评价研究：体系、特征及问题 [J].外国教育研究，2020，47（10）：66-79.

[2] 王小明.表现性评价：一种高级学习的评价方法 [J].全球教育展望，2003，32（11）：47-51.

思维能力、对未知世界探索的兴趣等[1]。这些必备品格和关键能力正是核心素养的重要组成部分，是个体适应社会生存的必备素养。

传统评价方式内容较为简单，这与其使用的评价工具和实施过程密切相关。纸笔测验通常为基于相关标准编制的选择性题目、简答题和少量论述题，其中不同的试题需要考查不同的知识或技能，并且都对应着固定的标准答案或答案取向。纸笔测验还有一个典型特征，就是学生需要在较短时间内在没有外界资源帮助的情况下完成大量的试题，并且这些试题常常是学生在正式开始测试时才能知晓。因此，这样的评价很大程度是对学生的记忆能力和理解能力的检测。[2]

2. 评价功能窄化

传统评价方式由于评价主体单一、评价方式简单，其评价功能常被窄化为甄别与选拔，而促进发展的核心功能却被边缘化。传统评价方式多为自上而下的评价，秘而不宣的考试内容和评价规则、禁止学生在接受评价的过程中寻找和利用反馈。[3]学生没有参与到评价标准的制定、评价内容的选择和评价结果的解释中去，被排斥在评价主体之外，是评价过程的被动参与者和结果的被动接收者。[4]学生评价主体性长期压抑的后果是学生抵触评价，从根源上抑制评价正向功能的发挥。同时，传统评价方式简单，在传统的测试形式中，教师往往只是用评价结果来计算学生的分数等级，没有利用它们做得更多（如提供反馈，促进学习）。[5]学生在接受评价后获得的评价结果多表现为简单的数字，评价的其他功能还有待进一步拓展与深化。

3. 评价与教学分离

传统评价常在某一阶段的教学活动结束后开展，而在过度使用纸笔测

[1] 周文叶 . 中小学表现性评价的理论与技术 [M]. 上海：华东师范大学出版社 .2014：9.

[2] WIGGINS G.教育性评价 [M].国家基础教育课程改革"促进教师发展与学生成长的评价研究"项目组，译 . 北京：中国轻工业出版社， 2005：162-163.

[3] 同 [2].

[4] 周文叶 . 学生表现性评价研究 [D]. 上海：华东师范大学，2009.

[5] 朱伟强，崔允漷 .基于标准的课程设计：开发表现性评价 [J]. 全球教育展望，2007，36（10）：43-48.

验的评价环境下，评价成为在教与学结束后只举行一次的考试。[1] 通过测验被评价者的现有水平以判断预期教学目标是否达成，使得教育教学的过程被忽视，而这个过程恰是学生发展的核心环节。教学与评价的长期分离使得教学与评价的位置发生了变换，教学为评价服务，形成了"评什么就教什么"的思维定式，而不评的内容则会被舍弃，出现不考的内容不教、不评的技能不学等现象。当然也不能排除有些知识与技能被舍弃是由于教学课时安排不足等客观因素造成的，但最主要的原因还是它们不属于评价内容。

（二）理想的评价方式

随着社会的进步，教育教学的思想观念也在不断发展和完善，教育评价的观念也开始不断注重与学习者个体的发展规律相结合。当然从目前的教育评价形式来看，各种评价方式各有长短、互为补充。因此，理想的评价方式应是由多种评价方式平衡后形成的评价体系，这种评价体系以促进个体发展为根本目的。

1. 指向知、情、意、行的评价

知、情、意、行是个体在认知、情感和技能领域的综合体现。"知"，即"知道什么"，可等同于学生的认知系统。对基础知识的记忆和理解是深层次认知、情感和技能形成的基础。但是，仅考查记忆或理解基础知识是不够的，还需要能够允许教师测量理解的深度、能够检验学生的理解是否存在误解、判断学生是否明确内容实质。[2] "意"和"行"回答了"能做什么"的问题，包括了个体的思维模式和能力水平，是个体适应日益变化的现代社会，解决现实生活中多种问题所必须具备的思维能力和行动能力，其中批判性思维、创造性思维等高阶思维和观察以及科学论证等探究能力都是多元教育评价必须评价的内容。"情"回答了"愿意做什么"的问题，是个人的态度与取向，这在某种程度上会影响着个人的发展、

---

[1] WIGGINS G. 教育性评价 [M]. 国家基础教育课程改革"促进教师发展与学生成长的评价研究"项目组，译. 北京：中国轻工业出版社，2005：162-163.
[2] 朱伟强，崔允漷. 基于标准的课程设计：开发表现性评价 [J]. 全球教育展望，2007，36（10）：43-48.

个人对社会的贡献等，是信息时代需要重点关注的内容。但是深层次的"知""情""意""行"均具备一定的内隐性，需要借助外界的具体情境外显出来才能被评价。结合 21 世纪对人才要求的分析可以看出，理想的评价是一种可以对个体开展全方位且深层次评价的体系。

2. 促进个体发展的评价

威金斯曾说："教育性评价体系，其目的是改善，而不是审视学生的表现。"[1] 理想的评价是指向学生发展的评价，是可以使学生清晰定位现有水平、明确发展目标进而实现发展的评价。

学生要想实现自我发展，需要通过评价帮助学生清晰地认识到现有水平，这就要求在评价活动中教师能够及时给予学生具体的描述性反馈，以促使其能够及时根据反馈信息在学习活动中不断地调整状态。此外，理想的评价还需要给学生指明发展方向。这个发展方向应该是具体的、详细的、分层次的，甚至可以在每个具体目标方向上附带相关案例。不同水平的个体都能找到适合自己现阶段水平的发展方向，实现"评价—反馈—发展—再评价"的良性循环。

3. "目标—教学—评价"一体化的评价模式

"当代教育评价之父"泰勒曾提出："评价不是为了评价而评价，而必须是为了更好地达到教育目标的评价。"[2] 评价虽然除了考虑目标，还需要综合多方面的其他因素，但不可否认的是既定目标是否实现是评价的核心内容之一。当前被广泛讨论的"育分"不"育人"的现象，其背后的原因是评价结果与评价目标相脱离，倘若评价结果与目标相融合——目标指向人的发展，结果指向目标的达成，自然就能实现"育分"与"育人"的双向统一了[3]，这里的"分"并不单纯指纸笔测验中的分数，可以被认为是广泛意义上教师对学生的学习成果的评价。评价是教学的"遥控器"，

[1] WIGGINS G. 教育性评价 [M]. 国家基础教育课程改革"促进教师发展与学生成长的评价研究"项目组，译. 北京：中国轻工业出版社，2005：3.

[2] 卢立涛. 测量、描述、判断与建构：四代教育评价理论述评 [J]. 教育测量与评价（理论版），2009（3）：4-7, 17.

[3] 谭永平. 生物学课程哲学 [M]. 杭州：浙江教育出版社，2020：12.

可以给教学决策提供反馈信息，从而帮助教师调整教学以实现教学目标。教学策略的制定十分复杂，需要对多方面的因素开展深入的分析，特别是学生的现有水平，因此理想的评价方式应该是多维且深入的，为教学提供丰富的、有价值的反馈信息。目标引领教学和评价，而当实现"目标—教学—评价"一体化时，评价能检测多方面的学习结果，能为教学决策带来丰富的、有用的信息，那么考什么、教什么、怎么考、怎么教[1]就不再是学生发展路上的拦路石，而这就是理想的评价方式需要达成的。

（三）新课改中的评价要求

国家多次发布政策文件提出对新课改背景下的评价要求，以从评价层面保证课程改革目标实现。课程改革主要围绕核心素养开展，已形成"核心素养—课程标准（学科素养/跨学科素养）—单元设计—学习评价"这一连串环环相扣的链环[2]。其中，评价是检验核心素养是否能形成的关键，若评价评的不是核心素养，或是我们采用的评价评不了核心素养，那么我们的课程和教学，以及学生的学习将不可能发生什么实质性的变化。[3]

2001年，教育部颁发的文件《基础教育课程改革纲要（试行）》（下文简称《纲要》）指明，评价不仅要关注学生的学业成绩，而且要发现和发展学生多方面的潜能，了解学生发展中的需求，帮助学生认识自我，建立自信；发挥评价的教育功能，促进学生在原有水平上的发展；改变课程评价过分强调甄别与选拔的功能，发挥评价促进学生发展、教师提高和改进教学实践的功能。[4]《纲要》指明了评价需要由原来关注基础知识和基本技能转变为关注学生多方面的潜能、关注学生的发展，指明了教育评价改革的方向。

《普通高中生物课程标准（实验）》指出，在不同的教学方式中采用不同的评价策略，根据学生实际操作情况，评价学生的实验操作技能，从多个侧面评价学生的探究能力，通过多种途径进行情感态度与价值观方面

[1] 周文叶. 中小学表现性评价的理论与技术 [M]. 上海：华东师范大学出版社，2014：18.

[2] 钟启泉. 基于核心素养的课程发展：挑战与课题 [J]. 全球教育展望，2016，45（1）：3-25.

[3] 周文叶，陈铭洲. 指向核心素养的表现性评价 [J]. 课程·教材·教法，2017，37（9）：36-43.

[4] 中华人民共和国教育部. 基础教育课程改革纲要（试行）[R]. 北京：人民教育出版社，2001：18.

的评价 [1]，从六个层面对生物学课程中的评价进行说明，注重对学生多方面能力和情感的评价。

《普通高中生物学课程标准（2017 年版 2020 年修订）》中更是将"学业评价促发展"作为课程基本理念之一，重视评价的诊断作用、激励作用和促进作用。致力于创建一个主体多元、方法多样、既关注学业成就又重视个体进步和多方面发展的生物学课程评价体系。提倡在评价中关注学生的个体差异和发展需求，帮助学生认识自我、建立自信，改进学习方式，促进生物学学科核心素养的形成。[2]

实验教学是生物学教学中重要的部分。2019 年颁布的《教育部关于加强和改进中小学实验教学的意见》要求健全实验教学评价机制，把实验教学情况纳入教育质量评价监测体系，2023 年前要将实验操作纳入初中学业水平考试，考试成绩纳入高中阶段学校招生录取依据，在普通高中学业水平考试中，有条件的地区可将理化生实验操作纳入省级统一考试。[3]

随着课程改革的持续推进，评价必然朝着基于核心素养、以学生发展为中心、多元主体参与、多样化评价方式的方向不断发展，顺应时代对人才的需求趋势。

二、表现性评价概念界定

表现性评价作为理想评价的核心组成部分，近年来十分受教育界重视。准确认识表现性评价的概念及其基本结构是最大限度发挥表现性评价作用的基础。

（一）含义

关于表现性评价的定义，不同学者或机构从不同的角度出发，形成了

---

[1] 中华人民共和国教育部 . 普通高中生物课程标准（实验）[M]. 北京：人民教育出版社，2013.

[2] 中华人民共和国教育部 . 普通高中生物学课程标准（2017 年版 2020 年修订）[M]. 北京：人民教育出版社，2020：3.

[3] 教育部关于加强和改进中小学实验教学的意见 [EB/OL]. （2019-11-12）[2021-03-22].http：// www.moe.gov.cn/srcsite/A06/s3321/201911/t20191128_409958.html.

多种解读，主要的定义解读见表 4-1。

表 4-1　不同学者或机构对表现性评价的定义

学者或机构	表现性评价定义
美国国会技术评价办公室	是一种要求学生创造出答案或产品以展示其知识或技能的测验 [1]
国际教育评价协会	通过学生完成综合的实践性任务来判断学生对内容知识及程序性知识的掌握，以及他们运用这些知识进行推理或解决实际问题的能力 [2]
Marzano	与各种情境任务有关，学生在这些情境中（通过合作）获得机会，表达他们的理解，在这些情境中创造性地运用他们的知识、技能和思维方法。并且随着实践的推移会获得切实可见的成果；用已经确立的、公开的标准评判掌握的程度，结合分数判断，鼓励学生进行自我评定和自我改正 [3]
Stiggins R J	是基于对展示技能的过程的观察，或基于对创造的成果的评价 [4]，其形式主要包括建构式反应题、书面报告、作文、演说、操作、实验、资料收集和作品展示 [5]

[1] HAMBLETON R K. Advances in assessment models，methods and practices [M] // BERLINER D C，CALFEE R C. Handbook of educational psychology. New York ：Simon & Schunster MaCmillan，1996：902.

[2] HARMON M，ZUZOVSKY R. Introduction [J]. Studies in educational evaluation，1999，25：173-178.

[3] 周文叶 . 中小学表现性评价的理论与技术 [M]. 上海：华东师范大学出版社，2014：48.

[4] STIGGINS R J. Student-centered classroom assessment [M]. 2th ed. Upper Saddle River，N：Prentice Hall，1997：77.

[5] STIGGINS R J.Design and development of performance assessment [J]. Educational Measurement：Issues and Practice，1987，6（3）：33-42.

续表

学者或机构	表现性评价定义
McMillan J H	学生通过展现创建的产品，或构建回应，或做演示，以此来展现自己的技能或能力，有些人认为还需要有清晰的标准和评分 [1]
徐岩、吴成军	以评价学生在任务情景中所表现出来的能力为核心，强调任务的真实性和情景性 [2]
刘恩山	是具有相当评价专业素养的教师，编拟与学习成果应用情境相类似的仿真测验情境，或真实的测验情境，让学生表现所知和所能等学习成果的评价过程 [3]
朱伟强，崔允漷	是一种观察学生积极地参与到完成某项任务之中的评价，其中的任务是一个人在实际现场或模拟情境中可能做出的表现，它代表了学习的目标或标准的成就 [4]
王小明	是对内在能力（倾向）的行为表现的评价，可以同时评价认知能力和非认知结果；也是对能力（倾向）表现的直接评价，绕过了中间的作为预测或征兆的纸笔测验，直接对能力（倾向）的行为表现进行评价 [5]
周文叶	是一种指向居于课程核心的、需要持久理解的目标，需要通过真实情境中的任务来落实和检测，表现性任务是真实世界中的任务，具有情境性、复杂性，评价对象为复杂的学习结果，需要基于评分规则的判断性评价方式 [6]

　　不同的学者和机构尽管从不同的角度定义表现性评价，将其归纳起来可以发现其基本都有以下特征：1. 评价目的是促进学生发展；2. 评价对象

[1] 陈彩虹 . 英语学科表现性评价研究 [D]. 上海：华东师范大学，2018.

[2] 徐岩，吴成军 . 中学生物学科中的表现性评价及其实例 [J]. 课程·教材·教法，2011，31（8）：75-80.

[3] 刘恩山 . 中学生物学教学论 [M].2 版 . 北京：高等教育出版社，2020：225.

[4] 朱伟强，崔允漷 . 基于标准的课程设计：开发表现性评价 [J]. 全球教育展望，2007，36（10）：43-48.

[5] 王小明 . 表现性评价：一种高级学习的评价方法 [J]. 全球教育展望，2003，32（11）：47-51.

[6] 周文叶 . 中小学表现性评价的理论与技术 [M]. 上海：华东师范大学出版社，2014：58.

为复杂的学习结果，包括学生的所知和所能；3.需要设置表现性任务；4.需要背景复杂的真实情境；5.具备较强的过程性；6.学生需要展示相关的技能或成果；7.需要清晰的评分标准和要求。综合上述分析，本书认为周文叶提出的表现性评价概念框架[1]（见图4–1）内容较为全面，结构清晰，目标明确，标准合理，具有较高的实用性。

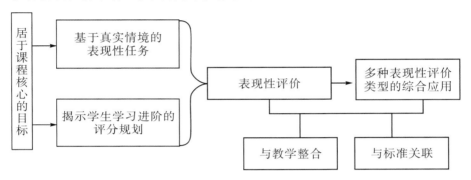

图 4–1　表现性评价概念框架

　　基于以上不同的学者和机构对表现性评价的界定，本书认为：表现性评价是一种以真实环境为基础（真实表示贴近实际生活的程度），以表现性任务为驱动，运用评分规则评价学生的表现以直接评价学生综合能力的评价方式。由于传统纸笔测验中存在的开放性论述题也常具备与该定义类似的特征，故本书认为这些具备开放性、情境性的论述题等也属于表现性评价的范畴。

（二）基本结构

　　表现性评价是一个复杂的评价概念，对于其组成要素，不同的学者有不同的观点。周文叶认为，表现性评价由目标、表现性任务和评分规则三个核心要素组成。[2] 陈彩虹认为，完整的表现性评价主要包含概念框架、表现任务和评分规则三个方面。[3] 为便于后续案例分析的实际操作，本书结合表现性评价的一般实施步骤，认为表现性评价由评价目标、表现性任

---

[1] 周文叶 . 中小学表现性评价的理论与技术 [M].上海：华东师范大学出版社，2014：58.

[2] 同 [1]：53.

[3] 陈彩虹 . 英语学科表现性评价研究 [D].上海：华东师范大学，2018.

务、评价标准等方面组成。

1. 合理的评价目标

评价目标是表现性评价的"方向盘"，直接影响了表现性评价的有效性及后续的评价任务设计、标准编制和工具选择等内容。由于情境和任务的复杂性，学生在一项表现性评价中呈现出来的表现往往是多方面的。制定合理的评价目标，有助于确定应该观察与评价的行为类型和观察的范围，以此来控制表现性评价的内容。[1]虽然相对于传统的纸笔测验，表现性评价在评价高阶思维和综合能力方面具备天然的优势，但是在评价一些浅层次的知识内容时，表现性评价则不一定适用，故为确保表现性评价的有效性，所确定的合理的评价目标应基于学生现有水平，并指向核心素养水平，从而以评价促进学生核心素养的发展。

2. 真实的表现性任务

表现性任务是触发学生表现的启动器。表现性任务应起到促成各种学业目标改革与完善的作用，同时还必须使评价活动指向有意义的、真实存在的问题、计划与方案，能够吸引学生深入参与到任务中，引发学生相应的表现。表现性评价旨在评价个体的综合能力，特别是高阶思维和价值认同等内隐的素养，个体只有在真实的、复杂的环境下完成某项任务的过程中，其内隐的素养才能显露出来，进而成为能够被评价者观察到和可评价的内容。真实的表现性任务为评价者的评价和被评价者的多层次素养提供联系的桥梁。值得一提的是，这里说的"真实"是真实环境或真实环境处理以后的仿真环境，具备一定的复杂性。个体在真实的表现性任务的驱动下，展现出其"知道什么""能做什么"和"愿意做什么"。良好的表现性任务除了要以评价目标为核心，选择有意义的真实任务以评价学生多维度素养，还需要考虑用以表现的任务数量和学生的现有水平，尽量避免由于任务本身干扰学生的能力表现。

3. 明确的评价标准

评价标准是表现性评价开展的基础。表现的关键因素或维度被称作

---

[1] 王小明. 表现性评价：一种高级学习的评价方法 [J]. 全球教育展望，2003，32（11）：47-51.

表现的评价标准，清晰的评价标准对于评价过程来说是本质的、必要的。在基于标准的课程设计与教学中往往是预先给予学生伴随着评价的评价标准。[1] 由于表现性评价内容的特殊性，表现性评价没有一个统一的标准答案，而只有答案的标准，需要评价者根据现实设置好评分规则，依靠自身的经验和智慧来决定学生表现的可接受程度。[2] 与其他评价方式不同的是，表现性评价中的评价标准并不只是为学生的能力水平绘制一条标准线，分层次的、清晰的标准说明也为学生开展有针对性的自我发展指引方向，这是表现性评价的核心作用之一。评价标准的清晰度、可行性和可信度直接决定了表现性评价的最终效果。

三、表现性评价的理论基础

（一）建构主义学习理论

建构主义学习理论认为，世界是客观存在的，但对世界的理解和赋予的意义却是由每个人自己决定的。[3] 建构主义强调，知识并不是对现实世界的绝对正确的表征，处于不断发展之中并在不同的情境中需要被重新建构，科学知识只是一种解释、假设，知识在各种情况下的应用并不是简单套用，具体情境总有特异性；学生学习时建构自己认知的过程，需要主动地建构信息的意义，注重互动的学习方式；教学强调从学生的已有经验出发，重视布置良好的学习情境、重视合作的学习方式。[4]

从建构主义的知识观、学习观和教学观中衍生出来的评价观强调，评价应该在活动中进行、在任务中进行、在表现中进行、在协商中进行、在合作中进行。[5] 这种观点认为评价是一种价值多元、尊重差异、支持合作、

[1] 朱伟强，崔允漷 . 基于标准的课程设计：开发表现性评价 [J]. 全球教育展望，2007，36（10）：43-48.

[2] 周文叶 . 中小学表现性评价的理论与技术 [M]. 上海：华东师范大学出版，2014：54.

[3] 罗宇佳 . 高等学校音乐表演专业学业表现性评价研究 [D]. 西安：陕西师范大学，2012.

[4] 刘恩山 . 中学生物学教学论 [M].2 版 . 北京：高等教育出版社，2020：65 - 67.

[5] 陈彩虹 . 英语学科表现性评价研究 [D]. 上海：华东师范大学，2018.

关注过程、重视标准的评价方式。[1] 关于建构主义学习理论下的评价，本书认为至少应包含以下两个方面：其一，需要有特定真实情境的协助。建构主义学习理论强调学习是学生依据特定情境在原有认知经验的作用下开展的深层次认知活动，故而针对该认知活动开展的评价需要在特定的真实情境的协助下，促使学生将深层次的建构活动与建构能力外显化。其二，评价多元化，包括评价内容多样和评价主体多元。受学习者个体经验差异的影响，学习者的学习结果必然多样化，对多样的学习结果的全方面评价的一大基础是评价的多元化，其中多元化的评价主体需要通过不断地"协商"与"会话"达成共识。

（二）情境认知理论

情境认知理论认为，知识是基于社会情境的一种活动，而不是一个抽象的对象，知识是个体与环境交互过程中建构的一种交互状态，是一种人类协调自身的一系列行为，是适应动态变化发展的环境的能力。情境认知理论强调个体心理常常产生于构成、指导和支持认知过程的环境之中，认知过程的本质是由环境决定的，情境是一切认知活动的基础[2]。值得注意的是，这里所说的知识并不只是我们传统意义上说的各种概念、原理、规律，还包括了个体的能力与价值观。情境认知理论强调在真实的情境中学习知识，并且这里所说的情境是真实的、复杂的，在这类情境下的学习常需要多人协助完成。

根据情境认知理论的认知观，个体需要在真实复杂的情境中开展认知活动，因此，相对应的评价活动一定以真实复杂的情境为背景，关注学生在解决真实问题过程中的表现。

（三）专家—新手研究

专家—新手研究是认知科学中的重要研究领域，试图通过比较专家和

---

[1] 罗宇佳 . 高等学校音乐表演专业学业表现性评价研究 [D]. 西安：陕西师范大学，2012.

[2] 杨蓓蕾 . 纸笔式表现性评价在中学生地理学业成就评价中的应用研究 [D]. 上海：华东师范大学，2011.

新手在面对复杂任务时表现的差异，探讨具体学科领域专家专长的特点。[1]
通过比较，认知科学家发现，专家所具备的知识是围绕少数的"大观念"
而组织形成的高度系统化的认知网络，以核心大观念统领大量基本事实和
原理，并从问题本质出发利用基本原理解决问题。

　　评价对教育教学具有导向功能，虽然我们并不期望学生经过中学或是
大学的学习后就能成为专家，但是专家所表现出的特点为评价任务指明新
方向。评价不仅要确定学生是否获得了该领域的知识、技能，而且要判断
学生是怎样组织知识的，以及他们的知识最终是否是围绕着相关的概念原
理组织起来的。[2]换言之，专家—新手研究的成果要求评价内容指向学科
领域中的基本概念及其与相关内容的关联程度，但这种认知活动无法借助
工具直接测量，需要观察个体在外界活动中的表现进而实现评价。

（四）多元智力理论

　　加德纳的多元智力理论认为人类思维和认识的方式是多元的。如第二
章所述，该理论强调关注个体成长历程，强调情景化评估，注重学生实践
能力，重视个体智能差异，提出相应的多元评价。

第二节　表现性评价的发展历程

一、表现性评价的发展背景

　　现代意义上的表现性评价起源于美国，表现性评价作为一种独特的教
育评价方式，发展不过几十年的历史，但其在整个评价体系中占据了重要
地位，意义重大。20 世纪 80 年代，在科学典范和行为主义等思想的影
响下，美国盛行以标准化考试为核心的测评制度，考试结果直指学校和学
生，在这种问责制度下，考试以各种形式影响着学生的升学和毕业、教师

---

[1] 周文叶 . 中小学表现性评价的理论与技术 [M]. 上海：华东师范大学出版，2014：21.
[2] 同 [1]：22.

的薪水、学校的排名、财政奖励等。[1] 在题型上，这种测评一般采用多项选择题或简答题来对学生进行评价；在内容上，主要集中于评价学生的知识和对学科的理解，也就是说它主要关注学生基本知识和基本技能的掌握。随后，高利害考试的弊端逐渐显现出来，诸如评价范围窄、易脱离真实情境、评价内涵低层化、评价过于神圣化等，尤其是在科学领域，选择题过于注重考查学生的事实性知识，忽略了过程性技能以及情感态度价值观的发展。此外，在此期间，美国学生在国际测评项目中的表现不佳，进一步加剧了人们对美国问责系统的怀疑与批判。于是，新一轮教育改革的浪潮席卷而来，表现性评价应运而生。"表现性评价"一词最早应用在心理学领域和企业管理领域。在工厂里，表现性评价是指对工人工作表现的抽样检查，也就是主管人员观察并评价受雇者在完成一项特殊工作任务时的表现。[2] 表现性评价很快应用于教育领域。倡导者们认为，表现性评价通过形式多样的真实活动，引导学生积极调动知识和思维，培养学生的审美情趣，对于测量那些不易评估的高阶思维、情意态度有着传统纸笔测验无法比拟的优势，可以极大地改善学业成就评价质量。在这样的背景下，表现性评价迎来了发展的热潮。

　　20 世纪 80 年代末 90 年代初，表现性评价在美国进行得如火如荼，上到国家层面，下到各州各地方，都积极参与并开发了各种表现性评价项目。与此同时，在这一国际潮流的影响下，英国将长期以来践行的"证书"考核方式变革为"证书 + 综合评价"的考试评价体系，强调了表现性评价在升学考试中的重要作用。然而，新生事物的发展必然要经历一个曲折的过程。2001 年，时任美国总统布什签署了《不让一个孩子掉队》法案，法案要求每个州采用年度评估来衡量学生的进步情况，根据学生的测试情况，学校将被问责，或获得奖励，或遭到制裁，这就给各州施加了非常大的压力。各州为避免因学生学业成绩不达标而受到严厉惩罚，

[1] 达令 - 哈蒙德，亚当森 . 超越标准化考试：表现性评价如何促进 21 世纪学习 [M]. 陈芳，译 . 长沙：湖南教育出版社，2020.

[2] 赵德成 . 表现性评价：历史、实践及未来 [J]. 课程·教材·教法，2013，33（2）：97-103.

只能降低评估过程中的标准，主要通过纸笔测验作为评价学生的工具，这使得表现性评价在美国的发展暂时停滞。直到 2007 年，美国 21 世纪技能合作组织更新了 21 世纪技能框架，并开展了"21 世纪技能"计划，全面发展学生面向未来所需的技能。2010 年 6 月，在时任美国总统奥巴马的支持下，美国颁布了《共同核心州立标准》，规定各州课程设计、实施和评价要基于一个统一的标准。澳大利亚高校招生考试制度中招考分离、综合评价、自主多元分类考试的实施方式在其基础教育课程改革和提高教育质量方面发挥了很重要的作用，如维多利亚州高中教育证书考试就是一个典型代表。近年来，各国基于现有的评价标准与制度，为培养适应社会发展的创新型人才进行了大量的探索研究，开发了各种独具特色的表现性评价项目。例如，美国斯坦福评价、学习与公平中心（Stanford Center for Assessment，Learning and Equity，简称 SCALE）近十年来通过学生表现性评价专题研究、指向深度学习的表现性评价设计、实施免费慕课的开发与实施、表现性评价资源库（Performance Assessment Resource Bank）创建等形成了大量的研究成果 [1]，并指导美国 12 个州开展表现性评价合作研究与实践 [2]。美国各州通过与联邦教育机构合作、自主开发设计等方式开展独具本地特色的表现性评价。英国则大规模使用了中心评审课程作业，教师通过学生在真实任务中的表现给予客观评分，并将其按一定比例纳入 A 级考试的成绩，作为升学的标准。澳大利亚的高校招生考试制度大多采取高中校内学业评价成绩和毕业证书会考成绩的综合评价方式来确保高校招生考试的公平性 [3]，如表 4–2 所示。可以看出，在澳大利亚，无论是高中教学还是高校招生考试中的评价，学校内部还是学校外部的评价，虽然其评价者和评价方式不同，但都十分关注对学生能力的评价，并运用了大量的表现性评价。

[1] SCALE. Student Performance Assessment [EB/OL].（2017-03-10）[2021-04-29]. https：//scale.stanford.edu/student.

[2] 周文叶，陈铭洲 . 指向深度学习的表现性评价：访斯坦福大学评价、学习与公平中心主任 Ray Pecheone 教授 [J]. 全球教育展望，2017，46（7）：3-9.

[3] 蔡培瑜 . 澳大利亚高校招生考试制度研究 [M]. 武汉：华中师范大学出版社，2016：113.

表 4-2　澳大利亚各州高校招生考试制度（部分）

州名称	高中毕业证书名称	评价方式
新南威尔士州	新州高中毕业证书（Higher School Certificate，简称 HSC）	校本学习评价（50%） HSC 会考（50%）
维多利亚州	维多利亚教育证书（Victorian Certificate of Education，简称 VCE）	校本学习评价 VCE 会考 综合学业成就测验
昆士兰州	昆士兰教育证书（Queensland Certificate of Education，简称 QCE）	校本学习评价（100%） 高中校外考试 昆士兰核心技能测验

二、国际上典型的表现性评价及其特点

（一）美国斯坦福评价、学习与公平中心以完善的评估系统指导多个州的表现性评价，助力与深度学习的融合

近十年来，美国斯坦福评价、学习与公平中心通过开展学生表现性评价的专题研究形成了大量研究成果，并以完善的评估系统、可持续的评价周期指导美国 12 个州开展表现性评价的合作研究与实践，设计了表现性评价导向的综合课程，供 12 个州的中小学教师和学生使用，同时通过研究检验评价系统的有效性和可靠性[1]，助力与深度学习的融合。传统评价方式侧重对知识性内容的评价，关注浅层知识和浅层理解，对学生的批判性思维、合作能力、语言表达能力等深层次能力的评估不足。如在科学学科中，经常涉及科学实验，而对实验的考查仅仅通过纸笔测验是不完善的，作为评价者不仅要关注学生的实验结果，而且要对学生的实验过程，包括问题研究、实验设计、实验方法、结果的讨论等环节进行多方面的科学评价，其中蕴含着学生思维的火花、解决问题的情况。基于以上分析，SCALE 的研究人员提出将表现性评价作为深层次能力评估的重要方式，并在 SCALE 网站的栏目划分中将"学生表现评估""深度学习模块"等

---

[1] 徐玲玲，刘徽.表现性评价导向下的课程设计：来自斯坦福评价、学习与公平中心的探索 [J]. 上海教育，2019（11）：62-67.

作为主要模块，也就是说 SCALE 的评估系统是服务于深度学习的目标。

　　SCALE 所涉及的评估主要是面向 K-12 学校的学生评估以及专门针对教师的表现性评价，本质上是一种基于绩效的评估。SCALE 会与合作的各州或地区签订合同，专业评估专家负责与主要利益相关者和用户协商制定评估工具，建立并监督评分程序，提供专业发展以支持从事这项工作的教师和管理人员，并进行研究以支持评估系统的有效性和可靠性。[1] 合作共同体最终会形成一个绩效评估系统，以对学生、教师和学校进行教育评估，该系统包含"设计与发展""实施""反思与修改"三个不断循环的阶段，构成一个完整的周期，且该评估系统处于不断地迭代开发中（如图4-2）。评估开发和实施周期将评估和反思作为系统的关键组成部分，目的是改进系统组件以支持教学。[2]

图 4-2　评估系统开发的动态过程 [3]

[1] SCALE. Student performance assessment [EB/OL].[2021-04-05].https：//scale.stanford.edu/student.

[2] 同 [1].

[3] 同 [1].

（二）美国纽约州既有州统一会考，又给予地方一定自主权，实现表现性评价的多样化发展

纽约州作为美国教育较为发达且最早实施高中毕业统考的地方，其表现性评价项目的开展极具特色，并在实践中取得了良好的成效。纽约州的表现性评价的典型特征是给予地方一定的自主权，既设有州政府层面的统一会考，又允许地方开发新的表现性评价，且允许合格线不相同。大部分学生要获得毕业文凭，必须要参加州政府组织的高中会考。会考对学生的综合英语、历史、科学、数学、地理等学科进行考查，如在科学学科中，要求学生能够正确进行实验操作，并与开放性题目组成的书面测试相结合，设置相应的评分细则，要求多位教师按照标准对学生的作品、完成实验过程的技能等进行评价，一般设置为双评。

地方在表现性评价上也拥有一定的自主权，只要经过州教育厅审核通过，各地方可使用自主开发的表现性评价任务对学生进行评价。如由28所小型高中组成的性能标准协会就是基于问责制度下独立进行的表现性评价实验项目。为保障表现性评价的实施效果，性能标准协会通过长期的研究制定了严格的评估系统（表4-3），以此来评价学生的能力。

表 4-3　表现性评价评估系统 [1]

组件	评价内容
主动学习	基于讨论的教室 基于项目的作业 原始研究和实验设计 嵌入课程作业中的学生选择
形成性和总结性文件	先前学校记录的成绩单包括出勤和等级 整个摄入过程包括采访和写作样本 累计文件包括出勤和课程表现以及测试等 学生报告

[1] 郑海红，段作章.美国纽约州教育问责制度下表现性评价的运用和启示[J].教育导刊，2011（7）：35-38.

续表

组件	评价内容
形成性和总结性文件	家长教师座谈会 评价者对评价模式和评价结果的审查
纠正行动策略	书面作业的反馈 叙述报告 学生教师座谈会 家长教师座谈会 课后功课试验室 同辈辅导
学生运用多种方式来表达和展示学习	写作：文学散文、论文、剧本创作、诗歌、歌词等 口头表达：讨论、辩论、诗歌朗诵、戏剧表演、外部的表现 艺术渲染：雕塑、油画、素描、摄影
与学习标准相一致的毕业级别的表现任务	解析文学短文 社会研究、调查报告、原始科学实验、数学应用
学生作品的外部评价者	各学科的专家（如作家、科学家、历史学家） 其他有兴趣的评估者（如其他学校教师） 性能评估复审委员会成员
聚焦于专业发展	以学校为基础和中心的讲习班，加强探究式教学 检讨学生作业和教师工作的会议 批评学生简报和评分程序的机会 经验丰富的教师辅导经验少的教师的师徒关系评鉴指标和审查业绩评估过程 支持以学校为基础的研究

除此之外，纽约州许多学校还会通过档案袋的形式收集学生学习过程的信息。比如纽约州东哈莱姆区的中央公园东方中学（Central Park East Secondary School，简称 CPESS），将其对学生的毕业要求用毕业档案袋

的形式呈现给学生，并据此对学生进行评定，以确定学生是否达到毕业要求。[1]学生在完成表现性任务的方式上有较大的灵活性，最终形成的档案袋可能因人而异，但都是学生高阶思维和深层次学习能力的具体表现。

（三）英国的中心评审课程作业以真实性任务促进学生综合素养与能力的养成

英国高校考试招生实行的是"证书"制度，即英国普通教育证书（GCE）高级水平（A-Level）考试，相当于中国的高考，它是高校招生录取的依据。为了拓宽考试和选修的科目，促进学生的全面发展，1989年，又在高级水平（A-Level）考试的基础上增加补充级（AS）证书考试，高校招生的录取要求也做了相应的调整。AS级课程的内容分量和选修时间为高级科目的一半，实际上属于高级科目的前半部分，故而其后半部分被称为A2[2]，即AS级和A2级正好构成了一门完整的A级课程。A级考试的评分方式采用内部评价与外部评价、过程性评价与终结性评价相结合的方式，对学生进行综合考核。

英国A级考试的一个显著特色是大规模运用了中心评审课程作业。中心评审课程作业是指在平时教学中由教师布置或者学生自定的、较为真实的任务，如实验、调查、野外考察、演讲等。学生在完成中心评审课程作业过程中可以展现自己的真实水平，教师对学生的表现加以观察并给予客观和准确的评分，并按照一定的比例将其纳入科目A级考试的最终成绩，一般以20%～35%的比例计入A级考试成绩中。英国将学生中心评审课程作业中的成绩纳入A级考试的总成绩中，不仅有利于高校在选拔录取新生时能够比较全面地考查学生的平时学习状况，而且还有利于教学过程中对学生的真实表现进行评价，促进学生综合素养与能力的养成。

1. 评价内容关注不易直接考查的技能与能力

英国注重对学生学科技能、实际操作能力以及纸笔测验中不易考查到

[1] 李雁冰. 课程评价论 [M]. 上海：上海教育出版社，2002：223.

[2] 冯生尧，谢瑶妮. 英国高考中的表现性评价：中心评审课程作业 [J]. 比较教育研究，2006（8）：78-82.

的技能进行考查。中心评审课程作业相当于一种表现性评价，内容主要包括实验、调查、论文报告、演讲等较为真实的任务。[1] 这些作业任务可以由教师布置，也可以由学生自行决定，但都是日常教学过程中能够反映学生真实学习成果的内容。中心评审课程作业注重评价学生的实际操作、技能等方面的内容，是传统纸笔测试的一种补充。

2. 评价目标明确且易操作

按照《GCE A 级生物学和人类生物学考试大纲》（下文简称《考试大纲》），以 AS 级与 A2 级生物学和人类生物学课程作业为例，中心评审课程作业的实验和调查的目标为：①设计、规划实验和调查活动，选择合适的技术；②显示安全的、熟练的实践技术；③进行精确的观察和测量工作，并能够运用合适的方法进行记录；④使用生物学的知识进行理解，以合适的专业词汇，清晰地、合乎逻辑地解释、评价和交流实验、调查活动的结果。[2] 评价目标具体明确，且利于评价者进行操作。

但具体上，AS 级与 A2 级生物学和人类生物学，在课程作业的目标技能分类上存在着一些区别。如表 4-4 所示。

表 4-4　AS 级与 A2 级生物学和人类生物学课程作业的技能分类 [3]

阶段	AS 级生物学和人类生物学	A2 级生物学和人类生物学
计划		A. 界定问题
	A. 改变自变量的方法	B. 改变自变量的方法
	B. 测量因变量的方法	C. 测量因变量的方法
实施	C 实施实践作业	D. 实施实践作业
	D. 收集和呈现原始数据	

---

[1] 冯新凤. 考试招生中引入表现性评价的探索：基于英美及我国香港地区的改革实践 [J]. 教育测量与评价，2016（12）：54-59.

[2] 冯生尧，谢瑶妮. 英国高考中的表现性评价：中心评审课程作业 [J]. 比较教育研究，2006（8）：78-82.

[3] 同 [2].

续表

阶段	AS 级生物学和人类生物学	A2 级生物学和人类生物学
分析	E. 绘图	
	F. 表格分析技术	E. 使用统计技术
	G. 诠释结果	F. 诠释结果
评价	H. 评价证据和程序	G. 评价证据和程序
交流	I. 选择和检索信息	
	J. 交流	

　　从表 4-4 可以看出，AS 级生物学和人类生物学的评价阶段分为计划、实施、分析、评价、交流 5 个步骤，每个步骤里评价若干种技能，共计10 项技能。而 A2 级生物学和人类生物学的评价阶段分为计划、实施、分析、评价 4 个步骤，每个步骤里评价若干技能，共计 7 项技能。在 AS 级与 A2 级生物学和人类生物学要求的技能中，可以发现有相同的也有不同的。如改变自变量的方法、测量因变量的方法、实施实践作业、诠释结果、评价证据和程序这 5 大技能是共有的。但在 AS 级考试中独有的技能要求有收集和呈现原始数据、绘图、表格分析技术、选择和检索信息、交流，而在 A2 级考试中需要学生界定问题，并使用统计分析的技术对数据进行分析。总之，在课程作业的评价目标上，A2 级考试相比于 AS 级明显提高了。

3. 评价任务契合评价目标

　　英国大学入学考试机构对中心评审课程作业任务的设计作出了相应的规定，并在《考试大纲》和《GCE A 级生物学和人类生物学考试大纲：中心评审课程作业教师指引》（下文简称《教师指引》）两个政策文件中提出了切实可行的建议。

　　AS 级考试生物学和人类生物学课程作业的任务由各考试中心的教师决定。教师布置具体的研究任务，同时决定是在一次还是在多次任务中评价学生的各种技能。

　　要制定合适的评价任务，既需要以所在学校和地区的实际情况作为考虑的出发点，又需要符合一般的原则。因此，《教师指引》中提出了以下建议：在一般意义上，它必须与 AS 级《考试大纲》的总体精神和框架相一致；能够在适宜的时间内完成，并收集足够多的数据，以便进行满意的分析；有一个能够持续变化的自变量。

《教师指引》中详尽地对中心评审课程作业的评价标准进行了阐述，包括如何制定科学合理的评价目标、评价任务、评价标准，以及如何对评价过程完成监控和调节。《教师指引》中还提供了大量的有关课程作业的例子供教师参考，如温度、乙醇等对甜菜根细胞膜渗透性的影响，健康状况或者运动的持续时间和强度对身体康复的影响等。[1]

而 A2 级考试生物学和人类生物学课程作业的任务，则由学生自主决定。任务设计与 AS 级的考核有许多相同之处，不同的在于 A2 级的任务要求学生在一次任务中完成所有技能的考核，同时要求学生在分析环节运用统计技术来分析得出自己的结论。

4. 实施可靠且科学的评价标准

为了保证中心评审课程作业成绩的可靠性与科学性，英国采用校外考试与校内评价相结合的方式。首先由校外考试机构提出评价标准、拟定评价方案，而后由校内教师根据所提供的评价标准与评价方案组织评价活动，之后再由考试机构对测验的结果进行抽样、审核，以确保学生的表现得到客观的评价。英国共有 5 所大学设置了入学考试机构，其中最有权威的是评价与资格联盟（Assessment and Qualifications Alliance，简称 AQA）。在对学生的作业进行评价前，教师要对相关文件进行深入解读，同时还要接受 AQA 机构定期举办的培训与指导，以此来缩小各教师之间评分的差异，尽可能保证评价结果的公平、科学、有效。

这种校外考试与校内评价相结合的方式，弥补了只有纸笔测试的不足，帮助教师了解学生在技能、操作、实践上的真实水平，从而对学生有更全面的认识与评价。

---

[1] 冯生尧，谢瑶妮. 英国高考中的表现性评价：中心评审课程作业 [J]. 比较教育研究，2006（8）：78-82.

5. 建设第三方评价机构进行监督与改进

中心评审课程作业作为表现性评价的一种形式，对其作业的评价标准及评价实施不可能完全统一，教师之间、学校之间都存在着评分的差异。AQA 等专门的大学入学考试机构在评价过程中起到监督和管理的作用，时刻监督学校、教师、学生的行为，并对不当的行为做出处罚。为了避免各校、各教师对学生的评分存在显著差异的情况，AQA 还任命专门的检查员，对学生的作业进行抽查，检查学生的作业和教师的评分情况，同时检查员有权对学生的分数做出调整，最大程度保证评分的科学性、公平性。

（四）澳大利亚维多利亚州高中教育证书考试：以促进学生全面发展为核心，将终结性与过程性评价有机结合

澳大利亚维多利亚州的高中课程是与我国相似的模块化设置，其高中教育证书考试与我国的普通高中学业水平考试有着相似的性质和功能。[1] 高中教育证书考试制度经过长期发展，形成了以促进学生全面发展为核心的将终结性评价与过程性评价有机结合的评价机制，这样的评价机制既能促进高中学生科学素养各方面的发展，又有利于学生的个性发展，既保证了高中教育质量的高水平，又为高校入学选拔提供参考依据。

教育证书制度下的生物学科目，与其他大部分科目一样分为四个单元，每个单元用时一个学期或半年。前两个单元由教师自行进行评价，学校可以选择使用成绩、描述性陈述或其他指标向学生报告成绩水平，评价结果不计入教育证书考试。而第三、四单元则是由教师在平时的教学过程中，根据 VCE 生物学课程标准进行评价与考试，评价的结果纳入教育证书成绩，且该部分成绩共占 40%，如表 4-5 所示。[2] 剩余的 60% 成绩由每年 6 月或 11 月在全州范围内举行的终结性 VCE 会考成绩决定，该考试是由州课程评估委员会统一负责管理、组织命题和评分的。值得一提的是，无论是校本课程评价还是 VCE 会考，都十分注重运用表现性评价，突出了表

[1] 张惠. 陕西省普通高中学业水平考试与澳大利亚高中教育证书考试比较研究 [D]. 西安：陕西师范大学，2009.

[2] 蔡培瑜. 澳大利亚高校招生考试制度研究 [M]. 武汉：华中师范大学出版社，2016：123.

现性评价的地位。重视表现性评价的运用，可以考查学生运用所学知识解决问题或完成特定情境下任务的能力，有助于考查学生高度综合的学科核心素养。接下来以生物学学科为例，说明表现性评价在平时的校本课程评价与 VCE 会考中的应用情况。

表 4-5　维多利亚州教育证书（生物学）评价比例

课程	评价模式	百分比/%
生物学	校本课程评价：单元 3	20
	校本课程评价：单元 4	20
	VCE 会考：笔试（2.5 小时）	60

1. 表现性评价成为高中教学的一部分

在 VCE 官方网站发布的考核原则文件中，明确指出校本课程评价是高中阶段教学的组成部分，主要目的是确定学生进一步学习的机会，描述学生的成就，阐明和维护标准，为颁发 VCE 证书提供依据，同时也作为 VCE 研究的一部分。评估活动应该基于学生的成果或一套成果的实现的证明，且必须是无障碍的、有效的、公平的、合理的和透明的。在2016—2021 年 VCE 生物学课程标准中也规定了学校评估的课程作业任务必须是常规教学计划的一部分，不得过度增加与该计划相关的工作量，且必须主要在课堂上和有限的时间内完成。

2. 课程标准明确规定表现性评价的占比及形式

生物学课程标准中规定了学校评估课程的类型和范围，维多利亚州高考课程和评估当局（Victorian Curriculum and Assessment Authority，简称VCAA）为相关内容发布了教师建议，其中包括关于评估任务的设计和对学生工作的评估的建议：教师将向 VCAA 提供一个分数，代表对学生成绩水平的评估，分数必须基于教师对每个学生在图 4-3 所列任务上的表现的评估。[1]

---

[1] Victorian Curriculum and Assessment Authority. VCE biology study design [EB/OL].[2021-06-05].
https：//www.vcaa.vic.edu.au/Documents/vce/biology/2016BiologySD.pdf.

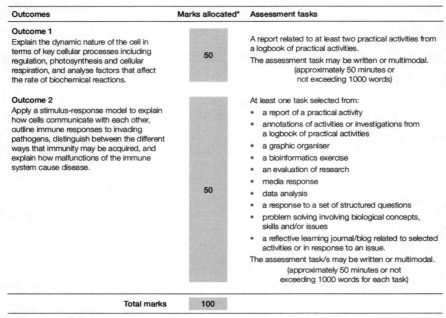

Outcomes	Marks allocated*	Assessment tasks
Outcome 1 Explain the dynamic nature of the cell in terms of key cellular processes including regulation, photosynthesis and cellular respiration, and analyse factors that affect the rate of biochemical reactions.	50	A report related to at least two practical activities from a logbook of practical activities. The assessment task may be written or multimodal. (approximately 50 minutes or not exceeding 1000 words)
Outcome 2 Apply a stimulus-response model to explain how cells communicate with each other, outline immune responses to invading pathogens, distinguish between the different ways that immunity may be acquired, and explain how malfunctions of the immune system cause disease.	50	At least one task selected from: • a report of a practical activity • annotations of activities or investigations from a logbook of practical activities • a graphic organiser • a bioinformatics exercise • an evaluation of research • media response • data analysis • a response to a set of structured questions • problem solving involving biological concepts, skills and/or issues • a reflective learning journal/blog related to selected activities or in response to an issue. The assessment task/s may be written or multimodal. (approximately 50 minutes or not exceeding 1000 words for each task)
Total marks	100	

*School-assessed Coursework for Unit 3 contributes 16 percent.

图 4-3   VCE 生物学课程第三单元评价任务

图 4-3 中所展示的是 VCE 生物学课程标准中规定的校本课程第三单元的两个评价任务，评价任务一主要是在调节、光合作用和细胞呼吸等过程中解释细胞的动态性质，并分析影响生化反应速率的因素。相应的成果呈现形式是从实践活动日志中至少涉及两项实践活动的报告，可以是书面的，也可以是其他形式的。这一结果将在第三单元学校评估课程的 100 分中贡献 50 分。评价任务二主要是应用刺激—反应模型解释细胞如何相互交流，概述对入侵病原体的免疫反应，区分可能获得免疫的不同方式，并解释免疫系统的故障如何引起疾病。学生须完成众多任务中至少一个任务。任务包括：实践活动报告、实践活动日志（包含活动或调查注释、图形），生物信息学练习，对研究的评价，媒体的回应，数据分析，结构化问题的回答，涉及生物学的概念、技能的问题解决，与选定活动或对问题的反应相关的反思性学习，期刊或博客等。这一任务在分配给第三单元学校评估课程的 100 分中贡献 50 分。

　　针对每一单元中的评价任务及评价结果，VCAA 还为教师提供了详细的评价标准以及相对应的分数，以确保不同学校、不同教师评价分数的一致性。以第三单元的评价任务一为例，其评价标准如图 4-4 所示。[1]

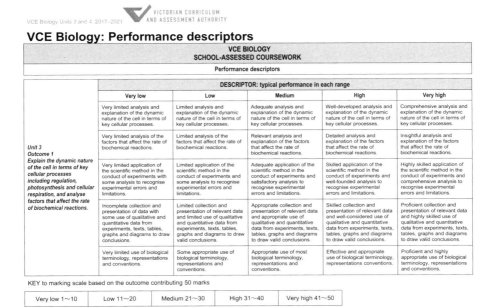

图 4-4　VCE 生物学课程标准第三单元评价任务一评价标准

　　第三单元的评价任务一为从调节、光合作用和细胞呼吸等关键过程的角度解释细胞的动态性质，并分析影响生化反应速率的因素。VCAA 将这一评价任务的结果分为了 5 个等级，分别是非常低、低、中等、高、非常高。其中非常低的结果表现为：就关键过程而言，对细胞的动态性质的分析和解释非常有限；对影响生化反应速率的因素的分析非常有限；通过一些分析来识别实验错误和局限性中科学方法的应用非常有限；从实验、文

[1] VCAA.Performance descriptors（Unit 3,Outcome 1）[EB/OL].[2021-06-05]. https：//www.vcaa. vic.edu.au/curriculum/vce/vce-study-designs/biology/advice-for-teachers/Pages/PerformanceDescriptors. aspx.

本、图表、图表中的定性和定量数据来得出结论的数据收集和呈现不完整；生物术语、表述和约定的使用非常有限。该等级对应的分数为 1～10分。而非常高的结果表现为：从关键过程的角度对细胞的动态性质进行综合分析和解释；对影响生化反应速率的因素进行有见地的分析和解释；高度熟练地用科学方法进行实验和综合分析，识别实验错误和局限性；熟练收集和呈现相关数据，熟练利用实验、文本、图表、图表中的定性和定量数据得出有效结论；精通和高度适当地运用生物学术语和表述。该等级对应的分数为 41～50 分。

3. 强调情境性与开放性的简答题

VCE 会考的生物学科目试卷由多项选择题和简答题两部分组成，以2020 年的 VCE 生物学试卷为例，其中选择题总分为 40 分，简答题总分为 80 分，简答题的分数占了总分的 2/3，且简答题的设置强调表现性评价的运用。

在 2020 年 VCE 会考生物学试卷简答题第 3 题中，以温室被用来产生比露天农业更高的作物产量为情境，第一问要求学生结合光合作用的反应，回答为什么在商业温室的狭窄范围内保持温度很重要，并要求学生证明其答案是正确的。第二问的情境为科学家们正在开发一种新的材料来覆盖温室，它可以分解入射光，并将绿色波长的射线转换成红色波长，要求学生解释这种新材料如何提高作物产量。第三问创设的情境为在植物和藻类中，光合作用是在叶绿体中进行的，叶绿体起源于细菌，要求学生描述叶绿体的两个特征，支持叶绿体起源于细菌的理论。

通过该简答题设置的 3 个问题，可以发现 VCE 会考中的生物学试题并不是简单要求学生写出答案，更多的是要求学生证明自己的想法，或结合相关的知识进行解释、论证。这样的提问方式，能够更好地考查学生除生物学相关概念、理论之外的科学能力，充分体现了表现性评价的运用与价值。可以看出在 VCE 会考的生物学科目考试中，不仅仅要考查学生能否得出正确的结论，更是考查了学生推理、分析得出结论的过程。除此之外，这样的题目也能够帮助学生了解自己还有哪些地方需要提升。例如，通过设置简答题第 3 题第一小问，结合学生的答题情况，教师发现许多学生无法确定酶与光合作用的关系，因此也无法确定温度的重要性。这说明学生对光合作用需要酶这一知识点理解不够透彻，没有完全掌握。

（五）美、英、澳表现性评价对比

以上选取的典型表现性评价，美国和澳大利亚均涉及大规模测评以及镶嵌于日常教学，而英国的中心评审课程作业集中于大规模测评。从美、英、澳三个国家典型的大规模测评以及日常教学的表现性评价的比较来看，三国的表现性评价具有一定的同一性，但在某些方面各具特色（见表 4-6 和表 4-7）。

表 4-6　美、英、澳大规模测评中的表现性评价项目比较

国家	美国	英国	澳大利亚
项目 / 地方（或部门）	纽约州	中心评审课程作业、政府	维多利亚州课程与评估中心
指导文件	《共同核心州立标准》	《GCE A 级生物学和人类生物学考试大纲》《GCE A 级生物学和人类生物学考试大纲：中心评审课程作业教师指引》	《VCE 生物学研究设计 2017—2021（单元 3 和 4）》《VCE 生物 2017—2021 年教师建议（包括评估建议）》《VCAA 公报》
实施范围	州统考与地方自主相结合	全国	全州
实施时长		AS 级考试由教师决定选择一次或多次任务考查学生表现，A2 级考试由学生选择任务并在一次任务中表现出所有技能	15 分钟的阅读时间和 2 小时 30 分钟的写作时间
评价目的	选拔	选拔	选拔
评价目标	培养学生的 21 世纪技能	—	审查学生学习结果
评价类型	纸笔测验、结构化表现测验、仿真测验、样品模板	纸笔测验、辨认测验、结构化表现测验、仿真测验	纸笔测验

表 4-7　美、澳日常教学中的表现性评价项目比较

国家	美国	澳大利亚
项目 / 部门	美国斯坦福评价、学习与公平中心	维多利亚州课程与评估中心
指导文件	《共同核心州立标准》	《VCE 生物学研究设计 2017—2021（单元 3 和 4）》《VCE 生物 2017—2021 年教师建议（包括评估建议）》
实施范围	斯坦福组织并指导多个州进行实践	全州
实施时长	每个任务短至一两天，长至两三周	3.5 ～ 5 小时
评价目的	强调过程性评价	诊断、选拔
评价目标	培养学生的 21 世纪技能	了解科学过程外，学生还发展能力，使他们能够批判性地评估科学的优势和局限性，尊重基于证据的结论，并了解科学的伦理、社会和政治背景
评价类型	纸笔测验、辨认测验、结构化表现测验、仿真测验、样品模板	纸笔测验、辨认测验、结构化表现测验、仿真测验、样品模板

　　通过对美、英、澳三国较为典型的表现性评价项目对比发现，无论是大规模测评中的表现性评价还是日常教学中的表现性评价，都是依据一定的纲领性、指导性文件，来确定评价目标并设计表现性评价任务。根据各国的政府机构、管理方式等的不同，考试评价由各州、各政府或者第三方评估机构负责执行和管理。

　　对于大规模测评中的表现性评价，其评价目的主要是为了选拔，相当于中国的高考。在美国，纽约州的测评采用州统考和地方自主相结合的形

式，理论上高中生在高中阶段从 12 次的会考中任选一次或几次参加，每次任选某些科目参加。根据刘恩山在《中学生物学教学论》中对表现性评价的分类，美国纽约州的考试评价囊括了纸笔测验、结构化表现测验、仿真测验、样品模板等多种类型。在英国的中心评审课程作业中，实施范围为全国的 A 级升学考试。在具体实施过程中，AS 级考试由教师决定选择一次或多次任务考查学生表现，A2 级考试由学生选择任务并且需要在一次任务中表现出所有的技能。评价的类型包括纸笔测验、辨认测验、结构化表现测验、仿真测验等。在澳大利亚，该项目的实施范围为维多利亚州，其项目的实施时长为 15 分钟的阅读时间和 2 小时 30 分钟的写作时间，评价类型主要为纸笔测验。

与大规模测评中的表现性评价相比，美国与澳大利亚两个国家在日常教学中的表现性评价较为突出的特点是评价类型更为多样化。如在大规模测评中，澳大利亚的表现性评价仅仅采用了纸笔测验的评价类型，而在日常教学中，除了纸笔测验以外还增加了辨认测验、结构化表现测验、仿真测验等；美国则在纸笔测验、结构化表现测验、仿真测验和样品模板的基础上增加了辨认测验。在评价目的方面，虽然美国纽约州与澳大利亚维多利亚州日常教学中的表现性评价都更加强调过程性评价，体现评价诊断、促进学习的作用，但澳大利亚则是把日常教学中的表现性评价当作了高校选拔人才的依据之一，且评价结果在高中教育证书中占据一定的比例，而美国则更加注重学生 21 世纪技能的培养。由于澳大利亚在评估手册中规定，学校评估的课程工作任务必须是常规教学计划的一部分，不得过度增加与该计划相关的工作量，它们必须主要在课堂上和有限的时间内完成，因此澳大利亚维多利亚州中的每个表现性评价任务实施时长多为 3.5 ～ 5 小时。相比之下，美国斯坦福评价、学习与公平中心所设置的表现性评价给了学生更长的时间去完成表现性评价任务。

值得一提的是，美国斯坦福评价、学习与公平中心与澳大利亚维多利亚州课程与评估中心都在其官方网站上详细地罗列出生物学教学各个单元、各个知识点所需完成的评价任务，可供选择的评价形式以及相应的评价标准、具体的评价案例，方便不同学校、不同教师能够对学生进行评价，以便得到的结果较为公平、准确，且能进行参照对比，为高校招生选拔人才提供一定的依据。

三、国际表现性评价对我国生物学评价的启示

学科核心素养提出后，对基于核心素养的教学评价的要求也逐步提升。教师应该要关注评价主体的多元化、评价方式的多样化、评价思想的发展性；要改变以书面测试为主的评价，评价注重的不仅仅是学生对知识的掌握情况，更要关注从实践出发的评价，检验学生学习的实际水平，使学生的学习过程更加贴近生活、贴近社会。[1] 美国、英国和澳大利亚在日常教学以及大规模测评中的表现性评价的运用，也为我国生物学评价的改革提供了经验和发展思路。

（一）健全教育法规制度和管理机制

美国各州在教育领域拥有较大的教育决策权，并承担具体责任。对于 K-12 阶段而言，美国各州可自主决定本州高中会考内容及形式，同时各州又给予各地区一定的自主权，各地区可根据实际情况设计开发相应的评价系统，但必须经由州政府审核通过。在表现性评价多年跌宕起伏的发展历程中，人们逐渐意识到，表现性评价的实施本身存在挑战大、成本高、标准难以统一等困难，必须由一系列的法规制度和管理机制加以保障。因此，从联邦政府出台的各种法案，到州政府制定的关于考试的具体规定以及评分规则，美国都非常注重对表现性评价实施的全流程加以严格的制度依托，保证表现性评价的实施。

（二）将表现性评价贯穿于教学与考试中

首先，表现性评价需要与教学融为一体，由教师在教学过程中对学生的表现进行持续的观察和评价。例如澳大利亚维多利亚州除了在平时教学进行的校本课程评价中大量运用表现性评价，在毕业统考中也广泛运用了表现性评价。表现在高中教育证书考试生物学试卷的试题选材的新颖上，

---

[1] 刘恩山，曹保义．普通高中生物学课程标准（2017 年版 2020 年修订）解读 [M]．北京：高等教育出版社，2020．

注重试题的情境性、综合性和开放性。例如，几乎每道试题都提供了一定的情境性背景材料。其次，高中教育证书生物学考试也十分重视对学生综合所学知识、技能和方法分析、解决问题能力的检验，着重考查学生的知识综合应用能力。最后，高中教育证书生物学考试试题还具有一定的开放性，较多题目是让学生自主提出结论并解释，或是进行实验设计等。

（三）关注评价的过程性和发展性

表现性评价发源于美国，因其重点对学生过程性技能的关注，弥补了传统的纸笔测验过度关注学生知识层面和学习结果的考查而带来的缺陷。发展几十年来，从联邦政府到各州各地方，美国教育界开发了诸多表现性评价项目，并在各州大型测评中进行应用，这些项目无一不关注对学生的过程技能的评价，很好地实现了过程性与结果性的有机统一。通过美国近些年表现性评价的发展历程可以看出，表现性评价的最终目的是服务于学生的终身发展。有的州为更好地贯彻执行联邦法案，还专门出台适应性政策，允许地方可以根据实际情况申请实施独立的评价体系，关注每个学生的具体情况和个别差异，注重为学生提供多样化评价方式和评价机会。

（四）依托第三方机构对评价过程提供支持

在美国州统一的会考中，考卷不是某个专家或教师制定的，各州教育部门也都不是自己单独制作考卷，而是通过公开招标、签订合同，把考试的具体工作外包给专业考试机构，它们根据各州的要求量身定做。[1] 为了确保评价的有效性，有的州成立了专门的评估委员会，每隔五年审查一次评估系统。而英国的 AQA 等专门的大学入学考试机构在评价过程中起到了监督和管理的作用，时刻监督学校、教师、学生的行为，并且任命专门的检查员对学生的作业进行抽查，检查学生的作业和教师的评分并对不当的行为作出处罚。同时各级政府、各级考试机构也建立了健全的规章制度，落实第三方机构的任务职责，进行必要的监督和调节。

因此，这就需要国家专门花费时间和精力培养专业的第三方教育评估机构，将教育质量检测的工作交给专业人员，充分发挥其专业性和灵活性，

---

[1] 韩家勋 . 教育考试评价制度比较研究 [M]. 北京：人民教育出版社，2010：77.

为教育评价注入科学的新鲜血液，为政府、学校、学生提供科学的、专业的、详细的评估报告，以此作为学生学习的反馈，不断改进教师的教学和提高学生的学习。

（五）提供教师专门培训的机会

为保证教师能够胜任对学生表现性评价的任务，教师需要明确表现性评价实施的原则、步骤以及过程。英国以各方机构为平台，对教师进行培训，加强教师对表现性评价的认识与实施。通过专门培训，让教师真正学会在实践中运用表现性评价方法，不断掌握表现性评价的方法，不断缩小因教师个人差异而导致的评价结果的差异。我国也需要不断鼓励一线教师参与相关培训，不断提升教师的评价素养，以促进表现性评价在我国广泛开展与应用。

（六）制定明确清晰且易操作的评价目标

明确、清晰的评价目标有利于评价任务的有效设计和准确实施，有利于评价者作出更准确的评价，能更好地达到评价目的，从而了解学生的真实表现，由此给教学提供有效反馈。英国生物学科目 AS 级和 A2 级考试中的评价目标分类非常具体、易于操作。澳大利亚维多利亚州高中教育证书生物学考试，从校本课程评价和 VCE 会考两方面对学生进行评价，评价目标明确，评定细则详细，方案具体，操作性强，对学生科学素养及探究能力的养成有很强的指导作用，能够有效引导高中生物学教学向关注学生全面发展，形成探究能力的方向发展。

（七）制定详细且可操作的表现性评价标准

表现性评价需制定详尽可行的评价标准，才能够保证其有效性。英国中心评审课程作业中，各科目的考试大纲都制定了详细的评价指标，各科的教师指引中评价标准更是占据了主要篇幅，这样详细、准确的评价标准能帮助教师对学生表现进行更精确的评价，也在一定程度上缩减不同教师因个人差异带来的评分差异。同时，详细的、具体的评价指标也有利于学生找出自己的薄弱之处，进行相应的改进与努力。而澳大利亚维多利亚州针对每一个表现性评价任务都给出了具体的不同分数区间的表现以及评价标准，并且要求学生在课堂内由教师监督完成任务。这样的评价标准及方式，既防止学生在进行表现性任务过程中作弊，又方便教师在学生表现过程中及时进行评价，在一定程度上保证了评价的公平性与及时性。

第三节　基于表现性评价的学业质量评价设计与分析

一、我国表现性评价的现状

2018 年 1 月，教育部关于印发《普通高中课程方案和语文等学科课程标准（2017 年版）》的通知中提出，要推动"教""考""招"形成育人合力，促进学生全面而有个性的发展，并在《普通高中课程方案（2017 年版）》中明确要求深入理解普通高中课程改革要求，准确把握课程标准和教材，围绕核心素养开展教学与评价[1]，我国由此开启了以核心素养为导向的新一轮基础教育改革，相应的教育评价制度的变革以考试招生制度的改革为"牛鼻子"开展并推进。[2]

从政策的转变来看，我国的人才选拔制度经历了从"一考定终身"的单一分数决定论到如今将学生综合素质评价纳入选拔标准，意味着人才选拔将不再仅以单一的纸笔测验结果作为唯一标准，而是走向了评价主体、评价内容的多元化，其设计理念在不断地更新进步。而由于表现性评价自身的特点，在实践过程中必然经历理想与现实的碰撞。

例如，香港中学文凭考试是我国香港地区的一项综合类型的评估考试，起源于香港中学会考和香港高级程度会考，并于 2012 年正式合并而成新的考核制度。其考核方式分为公开考试和校本考核两种。公开考试的形式类似于内地的考试制度，校本考核的结果以一定的比例（15% ～ 50%）纳入学生的总成绩，内容包含了学生日常学习生活，以及任课教师对学生进

[1] 教育部关于印发《普通高中课程方案和语文等学科课程标准（2017 年版）》的通知 [EB/OL].
[2018-01-05] http：//www.moe.gov.cn/srcsite/A26/s8001/201801/t20180115_324647.html.
[2] 常生龙 . 21 世纪考试评价制度改革回眸与前瞻 [J]. 今日教育，2020（Z1）：66-71.

行的表现性评价。[1] 此外，香港地区从制度、实践和管理层面对校本考核
进行了监督，以保证考核结果的公平公正。在制度层面，香港考评局给予
了明确的指导以及详尽的评分准则，并辅以典型案例帮助评分者理解。在
实践层面，香港教育管理部门开办了大批培训班，提高教师对校本考核的
认识，以保障校本考核的水平。在管理层面，还有相应的教育管理人员参
考专家意见和统计方法，对各个学校的校本考核分数进行调整，以平衡各
校间的水平。

　　香港地区的中学文凭考试延续至今，其成功经验证明了将表现性评价
融入大规模测验的可行性。当前各地区已认识到基于核心素养的表现性评
价十分重要。但是各地要科学地实行表现性评价，使得表现性评价具备足
够的信度与效度，需要克服以下几个问题：（1）表现性评价的主体呈现
出多元化的形势，不同的评价主体（教师、教育部门、第三方机构）需要
一定的理论指导和操作实训 [2]，使得表现性评价的实施具备可操作性。（2）
表现性评价在大规模测验中耗费人力、物力、财力，需要政府、教师、教
研员等多方群体出力，制订完善的评价方案。（3）表现性评价根据评分
者的不同，其结果带有一定的主观性，导致表现性评价结果在不同学校间
的呈现并不能充分反映学生之间的差异性，在大规模测评中可能导致学业
质量评价的甄别与选拔作用被弱化，因此，表现性评价在整体测评中所占
有的比例确定需要进行长时间的探索。

　　从课堂教学中的应用来看，表现性评价的运用流程已经基本固定，大
致分为明确评价目标、设置表现任务以及制定评分规则。如在"绿叶中色
素的提取和分离"实验中，教学目标有：解释绿叶组织中色素的分类与性
质，掌握绿叶中色素的提取和分离方法，形成严谨认真、实事求是的科学
态度，等等。在明确教学目标以后，必须对教学目标进行分析：哪些目标
可以通过表现性评价衡量其达标，可以采用哪些表现性任务进行评价，如

[1] 冯新凤 . 考试招生中引入表现性评价的探索：基于英美及我国香港地区的改革实践 [J]. 教育测
量与评价，2016（12）：54-59.

[2] 周先进，张睦楚 . 高考改革：高中生综合素质评价的"可为"与"难为" [J]. 全球教育展望，
2014，43（7）：101-111.

何对学生的表现进行科学划分。通过厘清这些问题完成表现性任务和表现性评价标准的制定。但是在实际教学中，表现性评价的真正作用还没能得到充分的发挥，具体原因可以归结为以下几点：（1）表现性评价在课堂教学中的应用仍然较少。一方面是表现性评价在课堂中的使用面较窄，多局限于具体的操作过程或是单一的活动。例如，在生物学课堂中的表现性评价多呈现于实验课的操作过程评价，而对学生在课堂学习中表现的思维评价或者是对学生进行跨学科能力表现的评价仍然较少。另一方面是开展表现性评价相对于纸笔测验更加耗时，教师不仅要制作足够完善的评分细则，还需要全面地关注课堂中的每一位学生。对学生的表现进行尽可能全面的记录，可能还涉及课堂录像、学生访谈等活动。（2）教学目标与表现性评价的目标不完全匹配。在教学过程中，教学目标的实现部分依赖于表现性评价，然而在实施过程中，评价者不能充分地利用表现性评价实现预期的教学目标，或是教学任务不适用于表现性评价。（3）表现性评价实施需要有相应的评分细则，对同一评分项目的理解往往因人而异，因此落实到具体任务中，可能出现评分细则的可操作性较差，或是考查点与任务脱节等问题，影响评价的信度与效度。

　　从大规模测评的方面来看，高考的改革伴随着试题灵活性增强，试题内容与生活的联系越发紧密。此外，表现性评价的地位有上升的趋势。以生物学高考题为例，新高考改革以来，生物学高考试题呈现出以下几个特点：（1）生物学试题中非选择题的数量有上升的趋势[1]，且试题情境更加多样化，关注学生根据材料获取信息的能力，注重培养学生语言逻辑能力和表达能力[2]，部分论述试题已显现出开放性、情境性的表现性评价的特征。张龙龙将2018—2019年浙江省三次学选考的生物学试题分为了实验探究、概念识记、信息处理和理解应用四个方面，并分别统计了四种类型试题的分值（如表4-8所示）[3]。总体考查了学生的实验探究、信息处

[1] 张龙龙. 有的放矢，高效回归：从近三次高考题看高中生物复习如何回归教材 [J]. 中学生物学，2019，35（10）：54-57.

[2] 宋扬. 一道高考题的分析引发生物教学思考 [J]. 理科考试研究，2013，20（19）：88.

[3] 同 [1].

理等科学素养。

表 4-8　浙江学选考生物学能力考查及赋分值

（单位：分）

考查目标	2018 年 4 月			2018 年 11 月			2019 年 4 月		
	选择	非选择	合计	选择	非选择	合计	选择	非选择	合计
概念识记	40	18	58	36	7	43	34	13	47
实验探究	4	10	14	4	10	14	8	10	18
信息处理	8	3	11	6	7	13	4	7	11
理解应用	4	13	17	10	20	30	10	14	24

对试题的情境设置类型进行分析（见表 4-9），不难看出，在学考、选考试题中，题目以"文字材料""文字材料＋表格"及"文字材料＋图片"的呈现方式为主，关注学生根据材料获取信息的能力。

表 4-9　浙江学选考试题情境设置类型分布表

试题情境设置	直问式			文字材料			文字材料＋表格			文字材料＋图片		
	题数		分值	题数		分值	题数		分值	题数		分值
	选择	非选择		选择	非选择		选择	非选择		选择	非选择	
2018 年 4 月	16	0	32	1+1	0+2	28	1+1	2	18	7+1	1	22
2018 年 11 月	16+1	0	34	2	1+1	20	0+1	1	9	7+1	1+1	37
2019 年 4 月	15	0	30	4+1	1+2	41	2	1	11	4+2	1	18

注："16+1"或"4+1"等前一个数字表示学考的题数，后一个数字表示加试题数。

（2）突出核心素养，以实验设计为依托考查学生的科学思维和科学探究能力，重视实验分析与操作，强调对生命观念的整体认知。生物学作为一门实验学科，实验、探究与操作能力是生物学高考的必考内容之一。

例如，光合作用的题目几乎在每一年的高考卷中均有出现，试题中的知识、情境或材料往往源于教材，又有其创新之处。学生只有在深刻理解相关的概念与实验设计的基础上，运用结构与功能观、物质与能量观、系统观把握现象之间的联系，才能够顺利地解决问题。因此，这一类试题往往十分注重学生的科学思维和科学探究能力的考查。

（3）强化生物学知识与实际生活的联系，重视利用生物学知识解决生活问题的能力。[1]上海地区的教育改革走在前列，其生物学高考试题的变化也十分具有代表性，能够反映我国生物学高考试题的变化趋势。赵东方等通过分析2003—2013年上海市的生物学高考试题（见表4-10）能够看出，几乎每年的生物学高考试题都涉及了利用生物学知识解决实际问题的实例，充分展现了学以致用的目标[2]。除此之外，部分试题还涉及了生物学领域的重要科研成果，强化学生对生物学史的认识，渗透社会责任。

表 4-10　上海生物学高考题中的部分热门考点

年份	内容	题型	分值
2003	北方冬季常绿植物矿质养料的运输减弱或停止的原因；"绿色食品"相关概念；"人类基因组计划"；进入西藏的上海援藏干部的高原生理反应分析	单选	4分
2004	水体污染指示生物裸藻的相关知识；雅鲁藏布大峡谷森林分布分析；"螳螂捕蝉黄雀在后"的生物学分析；学生做俯卧撑后的生理反应	单选	7分
2005	血型分析；遇海难而漂浮在海面上的人的生理分析；森林保护的意义	单选综合填空	7分
2007	控制人口的基本国策；沙漠植物叶片少且气孔小的原因	单选	2分

[1] 赵东方，谢建平 . 关注生活关注健康：十年上海生物学高考题浅析 [J]. 生物学教学，2014，39（1）：56-58.

[2] 同 [1].

续表

年份	内容	题型	分值
2008	血型分析；纤维素结构；能源问题	单选 综合 填空	14分
2009	疾病成因分析；玉米在沸水中变甜的原因分析	单选	3分
2010	寄生虫寄生在人体淋巴管内的反应；血型分析；双胞胎的遗传病分析	单选	6分
2011	乘车恶心的原因；登革热传播途径及疫苗的制备；环境污染物的降解	单选 综合 填空	12分
2012	血型分析；古细菌对某些抗生素表现较高耐药性的原因分析；人体感染白喉杆菌后的免疫反应	单选	6分
2013	工业化大量培养植物试管苗；人在面临紧急情况时生理反应分析；大熊猫蛋白质分析	单选	6分

其中，以综合填空为代表的表现性评价的试题情境涉及个人、社会、全球等各层面问题，考查学生运用生物学知识解决各类问题的能力。

从以上国内的生物学高考试题的分析中，我们不难看出，在大规模的学业质量评价中，表现性评价的应用已然引发了试题设计者的关注，但仍然处于探索阶段。作为考查学生生物学学科核心素养，为高校选拔人才的高考以及其他的大规模学业质量评价，如何以课程标准为指引，关注学生生物学核心素养的提升，还需要研究者和实践者进行深入的探索。

二、基于标准的表现性评价

2017年，各学科相继颁布了学科课程标准，强调了标准的指导性，即标准为编写教材服务、为教学服务、为考试评价服务，重视标准对教材编写、教学实施、考试评价的指导。学科课程标准是开发表现性评价的依据，也是每一个表现性任务的核心。学科课程标准决定着教学的最终目的，即学生需要学习的内容。如果表现性评价与标准之间没有建立联系，无论是评价还是标准都会没有意义。由此，对于基于标准的表现性评价的原因及如何构建基于标准的表现性评价的讨论是必要的。

（一）表现性评价为何需要基于标准

本书所提及的表现性评价为学业质量评价的一种方式，为学业质量评价服务。从宏观角度来说，学业质量评价有两个目的：对外要满足社会发展对人才培养的要求；对内要能满足学生自身学习改善的要求。从微观的角度来说，表现性评价也有两个目的：检测学生对复杂学习目标的理解程度和促进学生能力的发展。而无论是宏观还是微观目的的实现都离不开课程标准。

1. 课程标准规范表现性评价的设计理念

任何一种表现性评价都是基于对教学、学习、学习者的能力的假设而作出的，这些隐藏的设计理念在很大程度上决定了表现性评价的性质、范围等。课程标准的意义就在于能够对不同类型的表现性评价从基本的设计理念上进行统一。当前实践中存在各式各样的表现性评价，不同的评价设计理念其重心有着不同的偏向，在这种情况下，难以保证评价的有效性，也很难担负起学校、教师、家长对表现性评价的期望。课程标准中所提出的"学业评价促发展"理念旨在重视评价的诊断作用、激励作用和促进作用，重视以评价促进学生的学习和发展。该评价应当是帮助学生认识自我，建立自信，改进学习方式，促进学科核心素养形成。这种理念也就给不同的表现性评价设计带来了共同的基础，只有建立在这种基础上的表现性评价，才能担负起学业质量评价的重任，也才能够促进学生的发展，满足社会对人才培养的需求问责。

2. 课程标准划定表现性评价的维度

针对各学科的表现性评价都需要基于统一的内容维度。如果不同的表现性评价是基于不同维度的内容而制定的，就必然会引起极大的混乱。表现性评价的一大功能就是为教学决策提供证据，教学是基于标准进行的，若表现性评价的内容维度是标准之外的，那么通过表现性评价所获得的反馈则毫无意义。此外，没有标准限制的表现性评价也会导致教师和学校对学生需要学习哪些内容感到困惑。因此，我们需要课程维度对表现性评价在内容维度上作出限定。

3. 课程标准决定表现性评价的要求

评价标准是对课程标准的深入解读，如果说课程标准是对表现性评价广度的限制，那么评价标准就是表现性评价深度的限制，能够详细地反映课程内容标准的难度和复杂程度。课程标准是对全国学生需要知道什么，需要做什么以及做到什么程度的最低要求。通过将表现性评价建立在课程标准上，一方面能够明晰"学生需要做到什么样""什么样才算好"等问题，避免出现过难、过偏等忽略学生已有水平的情况；另一方面也能较好地促进学生在不同程度上的学习。

（二）基于标准的表现性评价的适切性分析

1. 情境性

生物学是研究生命现象和生命活动规律的科学，生物学学科核心素养培养的是在现实世界的复杂情境中解决生物学问题所需要的价值观念、必备品格和关键能力，也就是说真实的生活情境或模拟真实的生活情境是促进学生生物学学科核心素养发展的重要桥梁。在这种真实或模拟真实的情境中，学生能够更好地参与实践，并根据实践的目的与相关的反馈，有效调节自身实践的过程，促进生物学学科核心素养的发展。

学生的知识掌握情况能够很好地通过纸笔测验的方式来检测与评价，因为知识具有具象化和符号化的特点，可以通过文字或图像表现出来。而核心素养却很难用纸笔测验的方法来检测和评价，在真实的场景或情境中，通过对学生言行的观察进行评价能获得更多、更真实的信息。如评价学生的社会责任，没有办法通过"你会使用一次性餐具吗"等问题来检测学生真正的价值取向，而只能通过观察学生在日常生活中如何用餐来评价。这是由于核心素养具有主体性、模糊性，一旦核心素养客观化、符号化成为具体的事物，就变成了知识。主体化的核心素养一般不会通过客观化、符号化的文字进行传递。如某个学生在分享自己对生命观念的理解时，其他人就只能获得关于生命观念这部分核心素养的解释而并非生命观念本身。因此，无论是生物学学科核心素养的培养还是评价，都必须依赖于真实的或模拟真实的情境。也就是说，核心素养所需要的情境性与表现性评价的情境性是相互切合的。

2. 内隐性

生物学学科核心素养既包含内在的修养，又包括外在的实践。生命观念、科学思维、科学探究以及社会责任，每一部分都有着与人内在修养、品质所对应的地方，因此，相对于学生的生物学知识的掌握情况，生物学学科核心素养所具有的内隐性使其难以进行直接的观察和检测。在生物学学习评价中要同时关注到学生外显的行为表现和内隐的意志品格，因为学生内隐的意志品格和价值观念通常是外显行为表现的基础和源泉，同时学生内隐的意志品格和价值观念往往会蕴藏在个体外显的行为之中。而现行的评价方式多聚焦于学生外显的易测量的数理逻辑智力和抽象知识的掌握情况，所测量到的只不过是自身素养可以外显的冰山一角，而忽略了学生真正的、藏于冰山之下的丰富的内在素养。要想观察和检测学生完整的生物学学科核心素养，就需要对学生的外显表现进行深入的挖掘，关注与生物学学科核心素养存在密切联系的复杂的外显行为。

表现性评价是在真实或模拟真实的生活情境中考查学生多种复杂能力发展状况的评价模式，通过对学生多种复杂能力的检测及深入分析，能够有效了解学生内在素养的真实发展水平，由此表现性评价与生物学学科核心素养内隐性的特点不谋而合。

3. 实践性

生物学是实践的自然科学，在实践中实现对生命现象和生命活动规律的认识。生物学课程也是实践的课程，课程标准在基本理念中强调高度关注学生学习过程中的实践经历，让学生积极参与动手和动脑的活动，能用科学的观点、知识、思路和方法探讨或解决现实生活中的某些问题。

作为生物学的关键能力、必备品格、价值观念以及课程的目标，生物学学科核心素养同样具备实践性。如生命观念中的解决实际问题，科学思维中的论证生物学社会议题，科学探究中的提高实践能力以及社会责任中的解决生产生活问题。由此看来，生物学学科核心素养的发展也是需要通过长期的生物学实践活动来实现的。同样，在学习评价中，要观察、检测学生的生物学学科核心素养的发展水平就必须通过有意义的实践活动。但当下的学习评价，大多是纸笔测试，只是简单地考查学生对生物学知识的识记、复现和描述，背离了课程标准的实践要求。

表现性评价是在真实或模拟真实的情境中通过学生实践完成对学生考查的评价方式，由此与生物学学科核心素养的实践性也是密切联系的。

三、基于标准的表现性评价的开发流程

（一）表现性评价与核心素养的联系

表现性评价是在对传统纸笔测试的不足的弥补过程中发展起来的，对比传统纸笔测试，表现性评价聚焦实际能力，能够评价更为复杂的学业目标，如创造能力、实践能力等，但并非所有的学业目标都适合使用表现性评价。斯蒂金斯指出，对于知识的评价不适合使用表现性评价。斯蒂金斯认为，尽管表现性评价能够测评的学习结果很多，但其中最重要的目标是对理解的评估和促进。表现性评价能够深入评价学生的高阶能力，得益于表现性评价不仅关注课题、任务、实验等学习结果，更关注这些学习结果形成的过程。而这也不可避免地使得表现性评价具有耗时长、成本高、规划复杂等特点。

生物学学科核心素养是学生在生物学课程学习过程中逐渐发展起来的，在解决真实情境中的实际问题时所表现出来的价值观念、必备品格和关键能力，是学生知识、能力、情感态度与价值观的综合体现，包括生命观念、科学思维、科学探究和社会责任。生物学学科核心素养四部分内容并不是相互割裂的关系。四者之间的关系更类似于正四面体，相互融合，共同体现生物学主要的育人价值。如生命观念通过概念与其他三者密切联系：概念是观念形成的基础，是思维和探究的结果，而观念的建立对品格的形成起到支持作用。[1]

由此，基于标准的表现性评价需要结合表现性评价和生物学学科核心素养的共同点，对生物学学科核心素养进行分析，明晰生物学学科核心素养中需要进行表现性评价的内容。

---

[1] 谭永平 . 生物学学科核心素养：内涵、外延与整体性 [J]. 课程·教材·教法，2018（8）：86-91.

1.生命观念

生命观念是指对观察到的生命现象及相关关系或特性进行解释后的抽象，是人们经过实证后的观点，是能够理解或解释生物学相关实践和现象的意识、观念和思想方法。[1] 课程标准中将生命观念划分为四个水平，分析后尝试对其进行了精准描述，如图 4-5 所示。

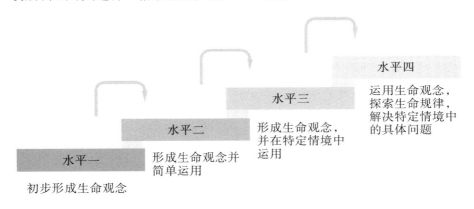

水平四
运用生命观念，探索生命规律，解决特定情境中的具体问题

水平三
形成生命观念，并在特定情境中运用

水平二
形成生命观念并简单运用

水平一
初步形成生命观念

图 4-5　生命观念的表现水平

立足于表现性评价特点，以布卢姆目标分类理论为基础，对生命观念进行分析发现，水平一初步形成生命观念，水平二要求学生形成生命观念并简单应用，属于学业水平合格性考试要求，属于布卢姆目标分类理论中理解和应用的低水平阶段，可以仅通过标准化测试就能够较好测量，没有必要使用表现性评价。水平三、四强调特定情境生命观念的运用及问题解决，属于布卢姆目标分类理论中的高层次，与表现性评价内涵切合。水平三中，强调能够形成生命观念，并在特定情境中分析和解释生命现象，是学生在分析水平上对生命观念的应用。水平四要求能够识别传言，解决生产实践的问题，能够指导健康生活方式，指出影响生态系统构成的要素。水平四相较于水平三而言，更加地贴近日常生活，要求生命观念的应用更具灵活性，达到布卢姆目标分类学中综合、评价的水平。

---

[1] 中华人民共和国教育部.普通高中生物学课程标准（2017 年版 2020 年修订）[M].北京：人民教育出版社，2020：4.

在生物学学科核心素养的四部分内容中，科学思维、科学探究及社会责任都具有自然科学领域的跨学科属性，而生命观念则是独具生物学学科特点的要素，是本学科核心素养的标志和关键。因此，聚焦于生物学学科核心素养的表现性评价，其目标和任务的构建需要建立在生命观念之上。同时，生命观念也是评价其他核心素养的"具备生物学学科特性"的重要载体，学生只有在具备与要求相匹配的生命观念的基础上，才能在表现性任务中展现出科学思维、科学探究以及社会责任的相应水平。例如，以DNA双螺旋方向的争论为背景，提供相关材料要求学生构建DNA结构模型。学生需要在对碱基互补配对、双螺旋结构、双链反向平行知识了解的基础上，才能够有效进行，进而评价科学思维、科学探究、社会责任等表现水平。

2. 科学思维

科学思维是指尊重事实和证据，崇尚严谨和务实的求知态度，运用科学的思维方法认识事物、解决实际问题的思维习惯和能力 [1]，如归纳与概括、演绎与推理、模型与建模、批判性思维、创造性思维等。根据课程标准中学业质量的内涵，科学思维被划分为四个不同的表现水平，各水平从低到高依次递进（如图4-6所示）。

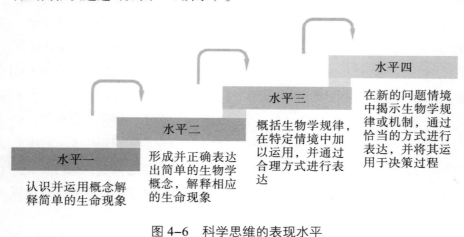

水平四
在新的问题情境中揭示生物学规律或机制，通过恰当的方式进行表达，并将其运用于决策过程

水平三
概括生物学规律，在特定情境中加以运用，并通过合理方式进行表达

水平二
形成并正确表达出简单的生物学概念，解释相应的生命现象

水平一
认识并运用概念解释简单的生命现象

图4-6　科学思维的表现水平

[1] 中华人民共和国教育部. 普通高中生物学课程标准（2017年版2020年修订）[M]. 北京：人民教育出版社，2020：4-5.

　　根据课程标准的要求，科学思维水平一要求学生能够基于对概念的认识解释生命现象，水平二要求学生形成并正确表达生物学概念，将其用于解释相应的生命现象，以上两个水平都是学业水平合格考试的命题依据，一定程度上可通过精心设计的纸笔测验予以考查，但对试题本身有较高要求。然而，根据布卢姆教育目标分类理论，在科学思维方面，学生需要达到分析、评价、创造三种层级[1]，才能较好地匹配核心素养的培养目标以及社会发展的需要，解决各种真实情境中的问题。以上三种层级属于布卢姆教育目标分类中的高层次要求，对情境要求较高，而这也正是表现性评价的特点所在。表现性评价因其在真实情境中完成复杂的表现性任务的独特属性，能够较好地实现发展学生高层次能力的功能，关注对学生的能力和态度的测评，关注过程性评价。因此对于科学思维的测评，表现性评价是一种适宜的评价方式，教师选定一定的主题，设置合理的表现性目标和表现性任务，根据精心制作的、信效度良好的评分规则，运用合理的评价工具，真实地评价学生在真实情境中完成表现性任务的情况。尤其是科学思维的水平二、水平三、水平四，强调学生运用科学的思维方法在实践中形成对概念、原理、规律等的认识，并能够在某种情境中运用概念、原理、规律等解释现象或解决实际问题，更加突出直接经验的价值，注重学生在完成任务的过程中归纳与概括、演绎与推理、模型与建模、批判性思维、创造性思维等高阶思维的发展，不但关注学生最终的任务成果，还高度关注学生完成任务的过程。

　　科学思维是生物学核心素养"能力"因素的关键部分，既是概念形成的工具，又是生命观念建立的工具；既是科学探究的基础，又在科学探究中得到磨砺，在社会责任的"担当、能力"中，科学思维也是不可或缺的。[2]科学思维具有内隐性，其评价路径的建立必须借助一定的载体和工具。生命观念可以作为评价科学思维的载体，精心设计的表现性任务可以作为评

---

[1] 肖安庆，颜培辉. 基于布鲁姆教育目标分类的高中生物核心素养评价 [J]. 创新人才教育，2019（2）：84-88.

[2] 谭永平. 生物学学科核心素养：内涵、外延与整体性 [J]. 课程·教材·教法，2018（8）：86-91.

价学生科学思维的良好工具。例如以社会广泛关注的转基因三文鱼上市为情境，考查学生能否基于对减数分裂、基因工程以及生物多样性保护等概念的理解，运用科学思维回答转基因三文鱼是否会通过有性生殖扩散到野生种群的基因库中，影响遗传多样性，并运用合理的证据对自己的论点进行论证。学生要顺利完成这项任务，必须具备一定的生命观念，并能够逻辑清晰地列举自己的论点、论据，了解论证的基本过程，通过归纳概括、演绎推理等思维过程构建自己的主张，并对他人的观点进行合理的批判、质疑，对自己的主张进行不断修正，最终形成合乎逻辑的主张。

　　3. 科学探究

　　在教育学领域，探究是作为一种学习方式来研究的。探究学习是学生通过自主的参与获得知识的过程，掌握研究自然所必需的探究能力，同时形成认识自然的基础——科学概念，进而培养探索未知世界的积极态度。而科学探究，在不同的时期，有着不同的内涵。1996 年，《美国国家科学教育标准》提出，科学探究包含从事探究的能力，对探究本身的理解以及探究何以导致科学发现的理解，科学探究旨在让学生懂得人类是如何获得已有知识以及什么样的证据能够支持我们的认识。2000 年，《科学探究与国家科学教育标准——教与学的指南》一书将科学探究解释为学生需要发展的设计和实施科学实验研究的能力以及应获得的对于科学探究本质的理解。[1]科学探究的内涵逐渐从认知层面向实践层面扩展，至 2020 年，我国《普通高中生物学课程标准（2017 版 2020 年修订）》（下文简称"新课标"）对科学探究的表述是"是指能够发现现实世界中的生物学问题，针对特定的生物学现象，进行观察、提问、实验设计、方案实施以及对结果的交流与讨论的能力"[2]，更是强化了科学探究中的实践元素，契合新课标"教学过程重实践"的理念。随着科学探究的内涵逐渐丰富，对学生

---

[1]（美）国家研究理事会科学、数学及技术教育中心，《国家科学教育标准》科学探究附属读物编委会. 科学探究与国家科学教育标准：教与学的指南 [M]. 罗星凯，等，译. 北京：科学普及出版社，2004：24.

[2] 中华人民共和国教育部. 普通高中生物学课程标准（2017 年版 2020 年修订）[M]. 北京：人民教育出版社，2020：5.

科学探究能力的评价方式也需要逐渐趋向多元化，无论是抽象的思维层面的测评，还是具体的实践能力的考查，都很难通过简单的标准化纸笔测验充分反映学生的能力发展。

新课标将科学探究水平划分为了四个等级，在此基础上，可以将科学探究素养的四个水平简化为如图4-7所示。

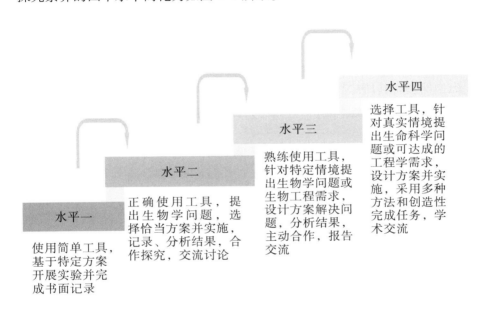

图 4-7　科学探究的表现水平

从图4-7中可以看出，水平一侧重于具体的实验操作过程，水平二相较于水平一更加注重提出问题、方案选择、分析交流、合作探究。虽然水平一和水平二都属于学业水平合格性考试要求，但是二者在评价方面存在着较大的差别。水平一可以通过纸笔测验或简单实验操作技能考试测评学生的素养水平，但是用这些评价方式去测评学生科学探究素养水平二时，显然无法全面反映素养水平二的达标情况，特别是学生在提出问题、小组合作、交流讨论过程中的思维、能力和情感体现，尤其需要借助表现性评价的方式测评。值得一提的是，单一的操作技能考试由于不能够反映学生的高阶思维，因此不能被认为是表现性评价的类型。水平三、水平四是在水平二基础上的进一步深化，强调在特定情境或日常生活的真实情境中提出清晰的、有价值的、可探究的生物学问题或生物工程需求，并能够创造性地设计实验方案，在实践中强调团队合作能力、正式的交流与报告能力。根据水平三和水平四的说明，显然其已经要求学生个体在真实情境中运用素养完成具体任务，这与表现性评价契合；并且其中的认知、能力和情感要求均属于布卢姆目标分类理论的高层次水平，需要且必须借助表现性评价开展测评。

学生科学探究素养的发展依赖于日常教学，将表现性评价融入生物学日常教学，以表现性评价促进学生科学探究素养的发展具备重要作用，且这一行为在新课标中存在基础。对新课标中课程内容部分的学业要求模块分析发现，科学探究素养渗透于每一个学习模块。例如，在人教版必修1"分子与细胞"模块，关于科学探究素养的学业要求的论述包括：建构并使用细胞模型，阐明细胞各部分结构通过分工与合作，形成相互协调的有机整体，实现细胞水平的各项生命活动（生命观念、科学思维、科学探究）；从物质与能量视角，探索光合作用与呼吸作用，阐明细胞生命活动过程中贯穿着物质与能量的变化（生命观念、科学思维、科学探究）；观察多种多样的细胞，说明这些细胞具有多种形态和功能，但同时又都具有相似的基本结构（生命观念、科学探究）；观察处于细胞周期不同阶段的细胞，结合有丝分裂模型，描述细胞增殖的主要特征，并举例说明细胞的分化、衰老、死亡等生命现象（生命观念、科学探究、社会责任）。每一模块中都包含着大量的实验教学内容，无论是验证性实验（如提取和分离叶绿体中的色素），还是探究性实验（如探究酶催化的专一性、高效性及影响酶活性的因素），不同类型的实验都可以渗透科学探究的元素。科学探究的一般步骤可以分为提出问题、作出假设、制订计划、实施计划、得出结论五个环节，每一个环节不一定每一次都全面地反映学生高层次能力，但是从整个教学单元来看，科学探究能力的发展贯穿于生物学的学习，因此，表现性评价同样需要渗透于教学与评价之中。

4. 社会责任

社会责任是指基于生物学的认识，参与个人与社会事务的讨论，作出理性解释和判断，解决生产生活问题的担当和能力。[1] 它既是一种态度和意愿，又高度依赖学生学习过程的综合能力，具有跨学科的属性，是生物学课程中的重要目标。由于社会责任侧重于情感、态度与价值观方面的内容，因此它是生物学学科核心素养目标中的非智力维度。并且社会责任是其他三个生物学学科核心素养发展的动力和目的，能够综合体现其他三个生物学学科核心素养的水平。在生命观念、科学思维、科学探究三者的支撑下，学生能够形成正确的社会责任意识、提升履行社会责任的能力，并在实践中践行生物学学科的社会责任。可以说，社会责任是生物学核心素养的最终目的。

　　课程目标从社会责任维度作出了明确要求：具有开展生物学实践活动的意愿和社会责任感，在面对现实世界的挑战时，能充分利用生物学知识主动宣传引导，愿意承担抵制毒品和不良生活习惯等社会责任，为继续学习和走向社会打下认识和实践的基础。[2] 这段话强调了社会责任的情感目标，即具有"意愿和社会责任感"。这要求学生既要在主观上有承担责任的意愿，又要"运用生物学知识"主动宣传引导，承担一些具体的社会责任。从"关注社会议题""参与讨论""作出解释""辨别迷信和伪科学"到"尝试解决""树立和践行""形成生态意识""参与环保实践"，再到"主动宣传""成为健康中国的促进者和实践者"等，这些行为动词表明对学生的社会责任素养要求是逐步提高的。[3]

　　李瑞雪等曾依据心理学提出的"态度的 ABC 理论"，结合高中生物学学科的社会责任的发展和培育规律，将高中生物学学科的社会责任划分为 4 个进阶过程（如图 4-8）：情感意识、参与讨论、乐于传播和解决问题。[4] 这 4 个进阶过程体现了基于社会责任的表现性目的水平进阶：水平一要求

[1] 中华人民共和国教育部 . 普通高中生物学课程标准（2017 年版 2020 年修订）[M]. 北京：人民教育出版社，2020：5.

[2] 同 [1]：6.

[3] 王颖 . 高中生物学教材中社会责任素养的内涵与体现 [J]. 课程·教材·教法，2020，40（2）：125-131.

[4] 李瑞雪，王健 . 高中生物学学科核心素养之社会责任：内涵、进阶及教学建议 [J]. 生物学通报，2019，54（1）：17-20.

学生知道社会相关议题；水平二要求学生关注并参与相关社会议题；水平三要求学生在评价任务中能够基于生物学基本观点，辨别伪科学，参与任务相关的社会议题活动；水平四要求学生能够基于现代生物技术的应用，辨别伪科学，参与相关社会议题活动，科学解决生活中的问题。黄徐丰基于 SOLO 分类评价理论和哥特曼量表法将社会责任核心素养分为 4 个水平层级（如表 4-11），并确定相应的反应样式，促使评价实现"标准答案设计"向"证据推理佐证"的范式转变。[1]

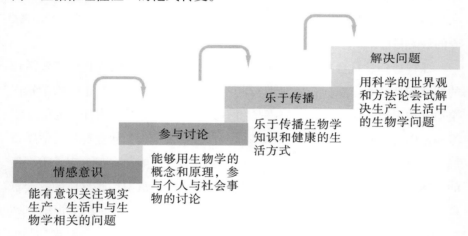

图 4-8　高中生物学学科社会责任的水平进阶

表 4-11　社会责任核心素养的层级

水平	SOLO 等级	表现
水平一	单点结构	知道社会热点中的生物学议题，认同健康文明的生活方式
水平二	多点结构	关注并参与社会热点中的生物学议题的讨论；了解传染病的危害与防控知识；关注生物学技术在生产生活中的应用

[1] 黄徐丰 ."社会责任"核心素养评估研究：基于 SOLO 分类评价理论和哥特曼量表法 [J]. 中学生物学，2020，36（6）：45-47.

续表

水平	SOLO 等级	表现
水平三	关联结构	基于生物学的基本观点，辨别迷信和伪科学；主动运用传染病的相关防控知识保护自身健康；具有通过科学实践解决问题的意识和想法
水平四	抽象拓展结构	基于生物学的基本观点，辨别并揭穿伪科学；向他人宣传传染病的防控措施；通过科学实践，尝试解决现实生活中的生物学问题

　　无论是从上述哪一种社会责任核心素养水平划分来看，社会责任作为一种态度与意愿，其在纸笔测验中难以测出学生的水平，更适合运用表现性评价来检测。例如，水平一，要求学生知道、了解、意识到社会中有关生物学的议题。这就要求学生能够在一定的真实情境中表现出其对社会议题的了解，可以是根据某一话题展开小组研讨、口头表达，教师通过学生的表现来判断其是否达到水平一，甚至可以体现出社会责任的更高阶水平。水平二，要求学生能关注并参与讨论社会热点中的生物学议题。这就需要学生不仅关注生物学相关的社会议题，还要参与到讨论中，教师可以借助角色扮演、调查、纸笔测验等形式来设计表现性任务。水平三，要求学生能基于科学的生物学观点，传播生物学知识和健康生活方式。这就需要学生在基于科学的生命观念基础上，借助汇报、海报、展示、表演等形式传播科学的知识与观点，帮助周围的人树立健康中国的生活理念。水平四，是对学生的最高要求，期望学生能基于科学的生物学观点，解决现实生活中的问题。要评价学生是否达到了水平四，教师可以通过项目来进行。要完成一个项目，需要学生应用并整合一系列的知识、技能，还需要考虑到伦理、道德、安全、环境等方面，而这些知识、技能、情感态度、价值观的运用，最终都是为了解决一个问题。但是需要注意的是，一个项目往往需要学生小组合作完成，这就需要教师针对小组与个人，制定不同的表现性评价标准，从而能够准确、公正地评价学生的社会责任核心素养水平。

　　以新冠肺炎疫情的情境为例，可以开发相关表现性任务检测学生的社会责任核心素养水平。在情感意识水平上，学生能对社会热点事件——新冠肺炎疫情感兴趣，并联系生物学相关内容，如传染病知识；在参与讨论水平上，学生能将新冠肺炎疫情的事例与生物学相关内容建立正确联系，提出自己的观点，并运用生物学相关知识、原理作出合理解释；在乐于传播水平上，学生能鉴别社会上与新冠肺炎疫情相关的伪科学，并在各类公共场合如班级、学校、社区等公开宣传；在解决问题层面上，学生能正确运用生物学概念、原理对新冠肺炎疫情等相关话题持应有的科学观点进行科学辩护，并针对性驳斥错误观点。

社会责任是价值观素养的核心成分，必然具有价值观性质的形成和发展规律，因此需要开发社会责任核心素养形成与发展中的过程评价和综合素质评价。从以知识掌握为中心转化为以学生社会责任核心素养培养为中心的考核内容，注重学生社会责任情感与态度的体验，提升其担当社会责任的技能与能力。表现性评价是评价社会责任核心素养形成的关键形式之一，但整体来看，如何基于生物学核心素养的育人目标开发针对社会责任核心素养等方面的有效表现性评价，研究显得较为空白，仍需进一步挖掘探究。总体来说，在生物学学科核心素养中，社会责任核心素养最为抽象，难以运用纸笔测验进行检测，亟须开发适切的表现性任务检测学生该素养。

（二）构建基于标准的表现性评价的步骤

基于标准的表现性评价，就是通过运用表现性评价这一评估工具从标准出发考查学生的生物学学科核心素养，并将评价获得的反馈信息运用于学生的学习和教师的教学，发挥促进学习和改进教学的作用。由此，基于标准的表现性评价的设计步骤需要保证该评价是有效的、可靠的和可行的，能够为教师和学生提供有关生物学学科核心素养发展的准确信息。基于此，将基于标准的表现性评价的步骤划分为：评价目标的界定、评价任务的设计以及评分规则的开发。

1.评价目标的界定

评价目标，是"评什么"中的"什么"，指我们期望的学生学习结果。表现性评价聚焦复杂的、需要持久理解的、整合多种智能的目标，在设定指向核心素养的表现性目标时需要在课程标准和深度学习框架的共同指导下进行系统设计。评价目标的界定可以从以下几方面出发：

第一，从所学内容对应的课程标准出发，厘清该内容到底要让学生掌握什么。在课程标准中可参考的包括学科核心素养要求、学业质量标准和内容标准。

第二，思考针对上述内容，学生需要经过怎样的学习过程，选择怎样的学习方式，以帮助学生像学科专家一样思考、行动、探究、推理，进行信息的获取、组织进而形成论点。

第三，整合学习结果和学习过程，思考两者中可测评的表现性目标，并通过合适的方式呈现出来。

2. 评价任务的设计

评价目标确定后，就需要构建与目标相契合的表现性任务，以更好地达成目标。表现性任务是情境、知识和任务的整合，是学生在特定情境中，运用特定知识和技能来解决相关问题，完成对应任务，以证明自己所掌握知识和技能的过程。常见的表现性任务包括纸笔测验、展示、实验与调查、口头表达与项目等。评价任务的设置可以分为以下几点：

（1）任务分析。表现性任务是复杂的具有挑战性的任务，需要学生经历实验、收集信息、交流讨论、反思和解决问题的过程。这样的任务依赖于学生先前的学习结果，因此在设计表现性任务时，必须明确学生完成任务所必须具备的基础知识、学生所具备的特征，了解学生的最近发展区。

（2）设置问题情境。表现性评价任务需要还原学生在现实情境中解决问题的条件和过程，真实的情境也是表现性评价与纸笔测验的重要区别。因此在创设情境时，需要注意情境应当是与学生的日常经验相符的、对大部分学生具有个人意义的、能够将学生所学知识充分迁移并且对于他们来说是较为新颖的。

（3）撰写任务指导语。任务指导语能够帮助学生更好地理解任务，能够让学生知道需要表现什么、需要怎么表现以及如何分工等。在撰写任务指导语的过程中，指导语的措辞应当是根据学生学习水平而定的，以确保他们能够理解所期望的反应是什么。

（4）修改完善。评价任务设定之后还需要进行任务实验，包括使用评价任务前给同事或专家检查和修改开发好的任务，使用评价任务后，运用评价任务实施中所获得的反馈来修改评价任务，完善任务质量。

3. 评分规则的开发

与纸笔测验相比，表现性评价不能使用标准的答案来进行评分，通常需要根据表现性目标和表现任务编制评分规则，即一种描述性的评分量表。通常来说，在表现性评价中常使用的评分工具包括核查表、等级量表等。制定评分规则的方法大致有三种：一是收集学生作品，明晰作品特征，形成不同等级和维度的评分规则；二是基于理论框架，结合教师经验和所评内容来细分具体表现；三是采取混合型评分规则，即既有理论框架的指导，又考虑学生作品的特征。总的来说，评分规则的开发就是为了将评价目标在学习过程或结果中的表现进一步澄清和细化，从而让教师和学生都清楚学生当前所处的位置。

四、基于生物学学科核心素养的表现性评价案例分析与开发

（一）表现性评价标准的分析与开发

本书对表现性评价标准三要素（评价目标、评价任务以及评分规则）的评价主要是以斯蒂金斯的相关评价标准为依据，结合其他学者的观点以及我国普通高中生物学课程标准的要求进行改编的，其目的在于制定出更适应我国教育发展背景和我国高中生物学特征的表现性评价标准。

1. 评价目标的评价标准

近年来，我国越来越重视教、学、评的一体化发展，即以培养学生学科核心素养为目标，以评价驱动教学，教师指导学生"学会"的理念。其中，第一个要点即为教学、学习与评价的活动都要围绕着清晰的目标展开，教学目标与学习目标的指向应该是一致的。在此基础上，本书结合中学生物学教学设计中关于教学目标制定的规则以及斯蒂金斯关于表现性评价目标的相关标准描述（见表4-12），将评价目标的标准划分为内容、清晰度、可行性和可信度4个要素，每一个要素都有相应的说明以及水平划分。

表 4-12　表现性评价目标的评价标准（斯蒂金斯）

关键	可以使用	需要修订	不能使用
关键 1，明确目的：评估的目的明确而恰当	很明显，用户的评估是为了反映优先学习目标，以便收集证据，用于作出人事评估目的的简要判断	这里没有中间立场。用户要么理解总结性评估上下文，要么不理解	用户无法理解正在开发或选择的评估的最终目的
关键 2，明确目标：评估反映了一个有价值的学生学习目标	目标明确，重点突出，并与教师教学职责范围内的优先标准相联系。目标是重要的——值得为此投入评估时间。例如，目标明确地与国家和地区的内容标准相关，或者目标的描述和定义反映了该领域的最佳思维	学习目标可以通过工作明确，与地区标准相联系，并具有中等重要性。与主管协商将导致对优先事项的不一致	所选择的学习目标没有明确的表述，与地区成绩标准没有明显的联系，在教师的教学职责范围内没有足够的学术优先权，或者没有得到导师的批准
关键 3，合理的评估设计：将学习目标转化为能够产生准确结果的评估	选择最佳方法。该方法匹配学习目标和上下文；选择的理由提到目标，学生特征和理想与效率之间的平衡	选择最佳方法。这里没有中间立场。该方法是否能够反映优先事项实现的标准	选择最佳方法。这种方法似乎不能胜任这项工作。人们会问："为什么他们要这样评估目标？"或没有证据表明优先学习目标、学生特点、准确性或效率在决定评估方法方面起作用

续表

关键	可以使用	需要修订	不能使用
	写作问题。 任务和练习清楚地以学习目标为中心，清晰、有针对性且可行，学生有可能成功完成学习。	写作问题。 尽管某些任务或练习存在一些模糊情况或具有令人困惑的功能，但它们反映了目标并且总体上是合理的。	写作的问题。 项目、任务或练习不能反映目标，模糊或混乱，而且很难看出这些问题将如何得到解决。
	评分标准明确，定义明确，涵盖了学习的最重要特征及表现	计分标准可能有点含糊，但通常是合理的，只需要进行一些调整或重新措辞即可	评分标准没有涵盖的重要元素，表现是模糊的，或是令人困惑的或不正确的，没有抓住重点
关键3，合理的评估设计：将学习目标转化为能够产生准确结果的评估	采样。 没有太多的任务或者练习，但刚好足以获得对学习的稳定估计，并且这些任务很好地涵盖了学习目标。	采样。 评估任务反映了既定的学习目标，但其他任务将加强样本。	采样。 没有足够的任务或练习，而且任务或练习并没有能够反映既定的学习目标，无法得出有关学生学习的理想结论。
	偏差的来源。 会针对学生的不同特点做出调适，并且这种调适不会影响学生学习的最终判断。	偏差的来源。 有一些适应不同学生特点的措施，或适应措施有时会影响对学生成绩的最终判断。	偏差的来源。 没有适应各种学生学习特征的措施，而且这些措施的实施可能导致无法准确地了解学生的学习情况。
	文化或性别差异不会干扰学生准确展示其学习的能力，几乎没有潜在的偏见和错误计量来源	该评估对于一组学生可能效果很好，但可能需要重新设计才能与其他组一起使用	容易识别出可能导致错误计量（如性别或文化偏见等）的潜在来源

续表

关键	可以使用	需要修订	不能使用
关键4，良好的沟通：评估结果得到良好的管理和有效的沟通	管理信息。 随着时间的流逝，教师记录好成绩，对成绩保密，并将其合并为学生状态的准确摘要，使用测试前/测试后数据对比增长。	管理信息。 随着时间的流逝，信息混杂着清晰而混乱的影响力证据。提供了一些基于标准的解释。	管理信息。 在测试前/测试后的时间段内，不会以促进基于标准的报告的方式记录或汇总评估信息。
	沟通。 交流计划是评估的一部分。作者已经预期了用户的需求。影响的证据是清晰、可理解的。从所提供的证据很容易得出关于教师影响的推论。完整地解决了影响学生成长的外在因素	沟通。 交流似乎适合上下文，但在描述教师的影响方面需要改进。提到了超出指令的影响性能的因素，但没有进行足够详细的描述	沟通。 作者根本没有考虑过交流环境，报告机制似乎不适合捍卫关于教师活动对学生成长的影响的推论，没有提及影响教师无法控制的表现的因素

在斯蒂金斯的关于表现性评价目标的评价标准划分的基础上，我们将每一个要素划分为多个指标。其中，内容要素是独具生物学学科特点的部分，它要求教师在制定的评价目标中体现出生物学课程标准的素养要求，并与学习目标和学生发展需要相适应；清晰度要求评价目标的内容表述清楚，指向明确；而可行性要求评价目标的实现与否以及实现的程度能够被观测与评价，即可操作性强，并能准确地转化为学生的学习成果，即针对性强；可信度要求评价目标要基于学生的现有水平，又处于学生的最近发展区内。从评分要素上看，对评价目标的评分规则延续了斯蒂金斯提出的关键要素，主要以语言的本土化、内容的课程化、要素的细节化三个方面为切入点对评价标准进行了改编，具体的标准划分见表4-13。

表 4-13 表现性评价目标的评价标准

要素	可以使用	需要修订	不能使用
要素1：内容	1. 评价目标能够准确反映学习目标	1. 评价目标不能完全准确地反映学习目标	1. 评价目标不能准确地反映学习目标
	2. 评价目标中体现出多个课程标准中要求的核心素养要点	2. 评价目标中指向单一课程标准中要求的核心素养要点	2. 评价目标中没有体现课程标准中要求的核心素养要点
	3. 评价目标与学生的基础知识能力、学生特点、期望的效率匹配，学生能够在实践中逐步完成每一个目标	3. 评价目标与学生的基础知识能力、学生特点、期望的效率不完全匹配，学生不能完全在实践中逐步完成每一个目标	3. 评价目标与学生的基础知识能力、学生特点、期望的效率不匹配，学生无法在实践中完成目标
	4. 目标的挑战性符合课标要求和学生发展的需要	4. 目标具备一定的挑战性，但没有很好地适应课标要求和学生发展需要，应进行调整	4. 目标不具备挑战性或过高
要素2：清晰度	评价目标表述清晰，学生能完全明确目标指向	评价目标表述较为模糊，不能够完全被学生所理解	评价目标表述不具体或没有表述，学生无法理解或理解错误
要素3：可行性	1. 评价目标可充分被观察与测评	1. 评价目标需要调整后被观察与测评	1. 评价目标借助外力或调整后也无法观察与测评
	2. 评价目标能够准确地转化为学生所需要产生的学习结果	2. 大部分评价目标能够转化为学生所需要产生的学习结果	2. 评价目标不能准确地转化为学生所需要产生的学习结果
要素4：可信度	评价目标的设计基于学生现有水平，不会因为学生不具备相关内容而无法达成评价目标	评价目标的设计基本基于学生现有水平，可能会因为学生不具备相关内容而无法达成评价目标	评价目标的设计没有基于学生现有水平，会因为学生不具备相关内容而无法达成评价目标

2. 表现性评价任务的评价标准

表现性评价的实施依托于一定的评价任务，教师将评价任务中学生的表现作为评价的依据。因此表现性评价是否能将高认知水平的测评落到实处，很大程度上依赖于表现性评价的质量，表 4-14 介绍了斯蒂金斯关于表现性评价任务的评价标准。

表 4-14　表现性评价任务的评价标准（斯蒂金斯）[1]

要素	可以使用	需要修订	不能使用
要素 1：内容 指我们希望学生做出的表现，指明了完成任务的具体要求	1. 与期望的学业目标相符合，学生的表现就能够展现所期望具备的能力水平	1. 与表现的重要标准或关键要素的一致性还不够，需要改进	1. 任务与评价标准显然不太符合
	2. 这个任务向学生说明了所有的相关期望	2. 不能充分激发学生的表现力	2. 任务的要求不明确，学生不知道该做什么或者该创建什么
	3. 能够激发学生的充分表现		3. 学生可能感觉不到任何吸引人的地方
要素 2：清晰度 使用者对任务细节没有任何异议	1. 任务说明清晰、明确，所有人都能看懂或听懂任务的要求	1. 说明不够清晰；教师或学生不明白某些环节用意	1. 没有任何说明或者根本没说清楚
	2. 学业期望（表现的种类，要实现的目标）清楚地反映在表现性准则中	2. 表现性期望描述得不够清楚，教师或学生可能会产生不理解	2. 没有解释关键术语
	3. 实施表现的条件（时限，要使用的资源等）规定得很清楚	3. 实施条件不完整或者容易让人混淆，但是可以改进	3. 没有对要应用的表现准则做任何提示

[1] STIGGINS R J. 促进学习的学生参与式课堂评价：第 4 版 [M]. 国家基础教育课程改革"促进教师发展与学生成长的评价研究"项目组，译. 北京：中国轻工业出版社，2005：179-180.

续表

要素	可以使用	需要修订	不能使用
要素3：可行性 正如表现性规则必须实用一样，表现性任务也必须具备课堂实施的可行性	1. 学生有足够的时间和资料来完成这项任务	1. 不能确定学生能否利用现有的资源完成这项任务，或稍作调整可以增加可行性	1. 完成规定的任务会给学生或其他人带来危险
	2. 任务要求不会对学生或其他人造成危险	2. 对既定任务的调整可以提高评价的效率	2. 利用现有的资源很难达到任务的要求
	3. 所有必要的资源都已经准备完毕		3. 从评价结果提供的信息来看，所花的时间和精力都是不值得的
	4. 从结果信息来看，在完成任务和观察上所花的时间是值得的		
要素4：可信度 要保证任务中没有可能导致不准确结论的因素，所有学生都有平等的表现机会	1. 如果是多重评价任务，它们只是站在不同的角度上，但都是以同样的标准来考查某种能力	1. 只要稍作调整，就可以利用多重任务评价同一种能力表现	1. 由于缺乏重心和清晰的表述，不同评价者对不同能力会产生不一致的方法
	2. 没有当众展示能力的压力或焦虑感，因为这会影响学生的表现水平	2. 只要稍作调整，就可以消除由于学习障碍或语言困难造成的评估焦虑或困难。就是说，每个学生都有平等的表现机会	2. 存在学习障碍或语言能力不足的学生可能会得到不准确的评价
	3. 对存在学习障碍或语言困难的学生会相应地调整任务的要求		3. 一些亚文化背景的学生在这个评价体系中将处于不利地位
	4. 任务的要求不会偏向或不利于某种特定文化或语言背景下的学生		

斯蒂金斯的表现性任务评价标准从内容上看，存在两个方面的问题：一是标准中等级划分后的内容表述有缺失，即表格的内容不完整。二是三个等级之间的界定模糊，评价者很难理解"可以使用""需要修订"以及"不能使用"之间的边界，容易导致评价者内部一致性降低，进而导致标准的信度降低。本书以斯蒂金斯的表现性评价任务的评价标准为基础，结合了阿特和普查斯的标准、鲍里奇和汤巴里的标准等进行了设计，其具体内容见表 4-15。

表 4-15　表现性评价任务的评价标准

要素	可以使用	需要修订	不能使用
要素1：内容	1. 关联评价目标，能通过测评学生的学业表现准确了解其与目标相关的水平	1. 基本关联评价目标，但与其中核心要素一致性不够，能通过测评学生的学业表现基本了解其与目标相关的水平	1. 不关联评价目标中的核心要素，不能通过测评学生的学业表现了解其与目标相关的水平
	2. 任务激发出学生多方面能力的表现	2. 任务激发出学生的部分能力表现	2. 任务不能激发出学生的能力表现
	3. 任务要求明确	3. 任务要求不充分或给学生带来困扰	3. 任务的要求不明确，学生不知道该做什么或者该创建什么
	4. 任务可以给予学生充分自由度，可自主选择子任务或任务完成的路径	4. 任务可以给予学生部分自由度，学生可自由选择任务完成的路径	4. 任务不能给予学生自由度，学生只能按照既定的路线完成任务
要素2：清晰度	1. 任务（及各环节的子任务）说明清晰、明确，所有人都能看懂或听懂任务的要求	1. 任务（及各环节的子任务）说明不够清晰，学生无法明白部分环节的用意	1. 任务（及各环节的子任务）没有任何说明或者根本没说清楚

续表

要素	可以使用	需要修订	不能使用
要素2：清晰度	2. 学业期望（表现的种类，要实现的目标）清楚地反映在表现性准则中	2. 表现性期望描述得较为清楚，学生可能会产生不理解	2. 没有解释关键术语
	3. 实施表现的条件（时限，要使用的资源等）规定得很清楚	3. 实施条件不完整或者容易让人混淆，但是可以改进	3. 没有对要应用的表现准则做任何提示
要素3：可行性	1. 学生有足够的时间和资料来完成这项任务	1. 学生完成该项任务的时间较为充足（不会影响核心任务完成），具备基础资源	1. 学生没有完成该项任务的足够时间或不具备基本资源（这些资源学生无法通过自主努力获得）
	2. 任务要求不会对学生或其他人造成危险	2. 任务要求不会对学生或其他人造成危险	2. 完成规定的任务会给学生或其他人带来危险
	3. 所有必要的资源都已经准备完毕（部分学生可自主获取的资源可以不直接配备）	3. 能确定学生能否利用现有的资源完成这项任务，稍作调整可以增加可行性，并在调整后可以提高评价的效率	3. 利用现有的资源很难达到任务的要求
	4. 从结果信息来看，在完成任务和观察上所花的时间是值得的	4. 从结果信息来看，在完成任务和观察上所花的时间是值得的	4. 从评价结果提供的信息来看，所花的时间和精力都是不值得的
	5. 任务要求的技能学生已提前接触过	5. 任务要求的核心技能学生已提前接触过	5. 任务要求的核心技能学生完全陌生
	6. 任务难度适当，学生能充分表现出测评技能的真实表现	6.任务难度略高或略低，学生能展示大部分测评技能的真实表现	6. 任务过难或过于简单，学生无法表现出恰当的技能
	7. 任务情境新颖，但学生能很快熟悉情境	7. 任务情境依照学生熟悉的情境改编	7. 任务情境学生过于熟悉或完全陌生

续表

要素	可以使用	需要修订	不能使用
要素4：可信度	1.若存在平行任务，不同平行任务的难度和条件水平应保持一致	1.若存在平行任务，不同平行任务的难度和条件水平应基本保持一致，并存在调整后保持一致的可能	1.若存在平行任务，不同平行任务的难度和条件水平差异较大，无法通过调整保持一致
	2.具备可重复性	2.重复任务出现差异，但差异略微超过可接受的范围	2.重复任务会出现极大的差异
	3.如果是多重评价任务，它们只是站在不同的角度上，但都是以同样的标准来考查某种能力	3.只要稍作调整就可以利用多重任务评价同一种能力表现	3.多重任务评价不同能力表现，且无法调整
	4.没有当众展示能力的压力或焦虑感	4.只要稍作调整就可以消除由于学习障碍或语言困难造成的评估焦虑或困难	4.存在学习障碍或语言能力不足的学生可能会得到不准确的评价
	5.对存在学习障碍或语言困难的学生会相应地调整任务的要求；任务的要求不会偏向或不利于某种特定文化或语言背景下的学生	5.只要稍作调整就可以消除由于文化背景带来的评估困难	5.一些亚文化背景的学生在这个评价体系中将处于不利地位

3. 评分规则的评价标准

评分规则是表现性评价的主体要素，评分规则质量的好坏直接影响表现性评价的效果。因此，需要选择恰当的评价标准以对评分规则进行评价并对该规则提供修改意见与方向。关于评分规则的评价标准不同学者有不同的看法。其中斯蒂金斯从内容、清晰度、可行性和可信度四要素出发对表现性评价的规则展开评价，认为合格的评分规则必须体现评价的重要内容，必须清晰明确，有较高的可行性、可重复性和公平性（如表4-16所示）。

表4-16 表现性评价评分规则的评价标准（斯蒂金斯）

要素	可以使用	需要修订	不能使用
要素1：内容 我们借以判断学生作业质量的内容依据，包括与表现有关的所有重要内容，而省去那些我们认为不重要的方面	1. 规则中的所有内容都符合这个学科领域的当前规定，即它与相关的标准是一致的	1. 大部分内容都直接相关，但有些重要的内容被遗漏了。需要关注某些重要的标准	1. 表现的主要特征都被忽略了；一些表现标准就没有提到
	2. 使用者都认为这个表现性连续体可以很好地评价学生的表现——教师对此毫无异议	2. 大方向是正确的，但评分规则对有些特征的表述并不准确	2. 有许多无关的表现特征
	3. 对成功要素的描述有适当的侧重——更重要的内容强调得更多，但并不过分	3. 尽管评价连续体看起来很合理，但它包括了一些无关的特征	3. 界定不正确
			4. 评分规则的范围和覆盖面太宽泛，包括了过多的细节内容

续表

要素	可以使用	需要修订	不能使用
要素 2：清晰度评分规则使用清晰、合适的语言来描述表现，使得所有人都能够理解并作出相同的解释。根据设定的表现连续体很容易找到与各个评分点相对应的样例	1. 尽管各自独立工作，不同的教师对同一份作业的评定结果都是一致的	1. 模糊的语言描述使得很难作出适当的、一致的评定	1. 含混不清的解释让使用者难以理解规则的意思
	2. 一旦掌握了这个评分规则，即使在不同的时间里应用，评价结果也是一样的	2. 有时缺乏清楚的界定和描述性细节，使得教师间很难达成一致的评估意见	2. 没有作出界定，或者界定得不正确
	3. 说明具体而准确，提供了足够的细节		3. 描述太笼统，区分不同的能力水平是不可能的
			4. 本身的解释就存在差异，评分者很难达成一致的评估意见
要素 3：可行性、操作性强。根据评分规则得出的评定结果必须有助于教师作出具体的教学决策——这样才能帮助学生获得进步	1. 要评估的表现方面是可量化的——教师和学生都能理解和应用它们	1. 提供了不错的信息，但应用起来有点费劲	1. 评定结果对作出有助于学生改进的具体决策没有什么帮助

续表

要素	可以使用	需要修订	不能使用
要素3：可行性、操作性强。根据评分规则得出的评定结果必须有助于教师作出具体的教学决策——这样才能帮助学生获得进步	2. 评价结果可以转化为教学决策，即根据结果很容易就能作出下一步的计划	2. 如果再详细一点，就可以评估学生的具体表现了	2. 对评定效率的要求好像超出了对实用性的要求
	3. 有学生版——学生知道如何修正自己的表现以提高水平	3. 学生能够评定自己的表现，但不太明白该怎样改进	3. 要评定的方面太多或太少，因此评分规则用处不大；使用者不知该如何使用
	4. 评分规则规定了一般性原则，即它不是指向特定任务的规则，它可以用于评估一系列不同的表现任务		
要素4：可信度要保证任务中没有可能导致不准确结论的因素，所有学生都有平等的机会	1. 评分规则重点突出、清晰明确，不同的评定者在任何一份学生作业的表现水平上都能达成一致意见	1. 在重要内容和清晰度问题上处理不当，使得评定者不一定能达成一致意见	1. 因为缺乏重点和清晰度，不同的评定者难以在各个表现的能力水平上达成一致的意见
	2. 能够满足课堂上各种背景的学生的需要——规则的措辞有利于所有的学生	2. 评分规则不能满足不同背景学生的需要，但只要稍作调整即可	2. 评分规则的说明中反映出了一些陈腐的观点，没有针对不同的文化背景，可能会伤害有些学生的感情
	3. 一名合格的教师已经独立检查了这个评分规则，进一步提高了它的质量		3. 没有经过一名合格教师的检查，不能保证它的公正性

　　斯蒂金斯的评价标准在长期的使用过程中，其有效性已经被证实，他提出的四要素是良好评分规则必须具备的条件。虽然标准中各要素的评价

维度已较为全面，但是仍需要进一步丰富，以增加标准的实用性，从多方面对标准进行评价进而实现标准的修正。同时，在斯蒂金斯的评价标准中，某些评价维度并不连续，只存在于"可以使用""需要修订"或"不能使用"中的某个部分，对于被评价标准后续修改的指导建议有待加强。基于以上分析，本研究选择对斯蒂金斯的表现性评价评分规则的评价标准进行本土化的改编（见表4-17），以使得其更适用于我国的表现性评价标准的评定，并为评价标准后续修订提供指导建议。

表 4-17　表现性评价评分规则的评价标准

要素	可以使用	需要修订	不能使用
要素1：内容	1. 评价内容与目标高度关联	1. 评价内容基本指向评价目标，但内容范围略小于目标或大于目标	1. 评价内容与评价目标无关
	2. 评价规则包含针对所有预期表现的评价	2. 评价规则中包含针对大部分预期表现的评价，但遗漏了小部分重要表现	2. 评价规则忽略了大部分重要表现或是有许多无关表现特征
	3. 规则中各要素权重分布合理	3. 规则中存在部分要素权重分布不合理的情况，需要稍作调整	3. 规则中各要素权重分布严重不合理
	4. 规则说明使用详细、具体的描述性语言	4. 规则说明使用描述性语言，但部分规则说明笼统	4. 规则说明表述简单，仅使用"优秀""良好"等词
	5. 以发展性语言表述各水平规则	5. 不用贬低性语言表述各水平规则	5. 用贬低性语言表述各水平规则
要素2：清晰度	1. 各水平特征表述清晰，不存在理解上的歧义	1. 各水平特征表述较为模糊，存在部分理解上的歧义	1. 各水平特征表述不明，评价者无法理解
	2. 规则中每一条只有一个评价要点	2. 规则中每一条有2～3个评价要点	2. 规则中每一条有4个以上评价要点

续表

要素	可以使用	需要修订	不能使用
要素2：清晰度	3. 表述明确，提供足够细节	3. 表述缺乏清晰的界定和细节	3. 表述太笼统
	4. 不同水平间存在显著差异，具备有效、可靠的区分性	4. 不同水平间存在差异，部分相邻水平间存在界限模糊现象	4. 不同水平间差异模糊，不具备区分性
要素3：可行性	1. 评估指标可测量	1. 评估指标提供方向，但较难测量	1. 评估指标无法测量
	2. 评价结果可为教学决策提供方向	2. 评价结果可为教学决策提供方向，但需要通过一定的努力转化	2. 评价结果无法转化为教学决策，对学生作出改进没有引导作用
	3. 学生使用评价标准，知道如何修正自己的表现以提高水平	3. 学生了解评价标准，但无法依据评价标准发展自我	3. 学生不了解评价标准，无法使用评价标准
	4. 评分规则可以指向一系列不同的表现性任务	4. 评分规则可以指向大部分的表现性任务	4. 要评定的方面太多或太少，使用者不知该如何使用评分规则
	5. 评分规则分水平且水平划分全面	5. 评分规则分水平，但水平划分过少或过多	5. 评分规则没有区分水平
要素4：可信度	1. 不同评价者对该规则的理解是一致的	1. 不同评价者对该规则的理解较难一致	1. 不同评价者对该规则的理解不一致
	2. 评分规则面向所有学生	2. 评分规则稍作调整就可以面向所有学生	2. 评分规则中存在明显针对特定背景学生的情况
	3. 评分规则受到广泛认可	3. 评分规则需要稍作调整以受到广泛认可	3. 评分规则不能受到广泛认可
	4. 不同水平的规则间距离相等	4. 不同水平的规则间距离不相等，但经过一定的调整可以纳入可接受的范围	4. 不同水平的规则间距离相距甚远

（二）大规模学业质量测评中的表现性评价案例分析

大规模学业质量测评中表现性评价的形式大多为纸笔测验或实践操作，根据评价形式、任务情境给予学生的自由度和信息技术的应用程度，选取"澳大利亚 2020 年 VCE 生物学考试简答题第 3 题""澳大利亚2020 年 VCE 生物学考试简答题第 10 题""2020 年厦门市中考生物学实验考试相关内容""PISA 2015 科学素质样题：模拟在炎热的天气下跑步"作为典型案例，运用前文所设计的表现性评价标准对这些案例进行分析。

依据前文设计的表现性评价标准，案例分析包含了表现性评价目标、表现性评价任务、表现性评价评分规则三个方面。在表现性评价目标方面，主要关注内容、清晰度、可行性三个维度，而在表现性评价任务和表现性评价评分规则方面，则增加了可信度这一要素。期望从这"三方面、四要素"挖掘出一些国内外大规模学业质量测评中成功应用表现性评价的经验，并为后面的案例改编与设计提供一些启示。

澳大利亚高校招生考试制度中招考分离、综合评价、自主多元分类考试的实施方式，包括很多具体实践中表现性评价的运用，例如维多利亚州 VCE 生物学考试，其成绩占高考总分的 50%，并注重运用表现性评价的方式。本节以纸笔测验的题目要求及情境给予学生的自由度为区分，选取了澳大利亚 2020 年 VCE 生物学考试简答题第 3 题和澳大利亚 2020 年VCE 生物学考试简答题第 10 题两道具有不同自由度的纸笔测验题目，运用前文所设计的表现性评价标准对案例进行分析。其中，案例 2 较案例 1给予了学生作答更多的自由度，更能体现不同学生的思维水平。

澳大利亚 VCE 生物学考试公开材料未表明特定的表现性评价目标，因此案例 1、案例 2 着重分析表现性评价任务及评分规则两个方面。

1. 案例 1——澳大利亚 2020 年 VCE 生物学考试简答题第 3 题

Question3（6 marks）

Greenhouses have been used to generate higher cropyields than open-field agriculture. To encourage plant growth in greenhouses, the conditions required for photosynthesis are controlled. Commercial greenhouses, like the ones shown below, often use a lot of energy for heating, ventilation, lighting and water.

图 4-9

a. Consider the reactions of photosynthesis . Why would it be important to maintain the temperature within narrow limits in a commercial greenhouse? Justify your answer.   **2 marks**

_____

_____

_____

b   Scientists are developing a new material to cover greenhouses, which can split incoming light and convert the rays from green wavelengths into red wavelengths. Explain how this new material increases crop yields.

2 marks

_____

_____

c. In plants and algae, photosynthesis is carried out in chloroplasts. It is thought that chloroplasts originated from bacteria.
Describe **two** features of chloroplasts that support the theory that chloroplasts originated from bacteria.   **2 marks**

_____

_____

_____

（1）表现性评价任务的分析

①内容

从题目所能测评的学生素养来看，该简答题是立足于基础的科学概念，主要考查了学生是否能够基于生物学事实和证据运用归纳与概括思维进行科学论证。除此之外，在该题提供的问题情境中，融合了科学史与社会生产相关的内容，能够在考查科学思维的同时渗透科学本质观念，培养学生的社会责任感。在 VCE 官网的文件中，也明确提出：考试问题可能涉及一个或多个研究领域，并可能整合研究方法和道德原则。所以可以说，该题目所设置的任务能激发学生表现出与既定目标相契合的多种素养。

从题干的表述来看，第 1 题要求学生给出为何要将温室中的温度保持在一定范围内的答案，并证明其答案是正确的；第 2 题要求学生解释这种新材料如何提高作物产量；第 3 题要求学生描述叶绿体的两个特征，支持叶绿体起源于细菌的理论。题干对于任务的要求明确，动词运用与表述也较为恰当，使学生在看到题干之后，就知道题目的要求。但是从另一角度来看，在如此明确的任务要求下，学生能够自由发挥的程度受到了限制，他们只能根据题干的要求与设置来选择相对固定的原理、概念、方法完成题目。这也是在题干表述中应该考虑的一个重要方面，即在任务要求明确与任务给予学生的自由度之间达到一个平衡。结合以上分析可得，该题目在"任务要求明确，学生能充分理解"层面达到了较高的水平，但是在任务的自由度方面还有待进一步加强。

②清晰度

由于该题目是以大规模测试中的纸笔测验形式出现的，因此题干与大多数的简答题相同，简洁明了，明确清晰，且在题干中已经直接给出了要求，因此不需要结合任务说明学生就能够直接明白任务的具体要求。

同样的，由于该题目是 VCE 生物学考试中的一题，这就限制了学生的表现形式，即必须在试卷上以纸笔的形式进行呈现，且要求学生在所提供的空间内完成所有问题。已经注明考试时长为 2 小时 30 分钟，在正式考试前 VCE 官网也给出了试题样例并提供作答格式指导、常见问题指导，等等。因此，该任务的预期表现、实施表现的条件（时限、资源等）说明得较为清楚。

③可行性

首先，该题目所提供的情境是"温室被用作农业生产比露天农业生产具有更高的作物产量优势。控制光合作用所需的条件是为了促进温室中的植物生长。商用温室，就像下面所示，经常使用大量的能源来取暖、通风、照明和供水"。除了对温室大棚进行了文字介绍，还辅以了较为直观、清晰的图片，即使是没有见过、了解过温室大棚的学生也能够通过题干文字介绍与其他学生达到相似的认知起点。且三个问题的设置都围绕着该情境展开，所涉及的知识点均在维多利亚州当地的生物学学习手册或生物学教材中出现过，三个问题的设置从"证明"到"解释"到"描述……以支持"，难度适当且具有递进性。所以说任务情境是大部分学生熟悉的生物学背景，且题目要求掌握的知识、技能都是学生之前接触过的，对于目标的实现是必要的，任务情境及题目的设置可行性较高。

由于学生是在 VCE 生物学考试的大环境下完成该题目，因此对于大部分的学生来说，都有足够的时间和资源来答题，且在答题的过程中，是单独完成试卷，不存在受他人影响或对他人产生影响的情况，学生在答题过程中所需要的信息也都尽可能体现在题干与图片中。

④可信度

该任务是针对澳大利亚的学生，因此要求学生只能使用英语来答题。若是其他母语为非英语的学生，可能无法进行该题的作答，但只需稍作调整就可以消除该影响。此外，该题目仅有三个问题，且是必答，不具有平行任务。通过以上分析可得，该题具有一定的可信度。

（2）表现性评价评分规则的分析

①内容

由于是大规模测评中的纸笔测验，因此在评分规则中针对每一小题都罗列出了学生可能的回答要点，且规定了回答出几个要点对应的分数，评分规则较为详细、具体。但是评分规则中所罗列出的学生回答只针对大部分的预期表现性评价，并没有包含所有的预期表现，且对于各个分数等级的给分描述较为局限，没有体现权重的分布。

②清晰度

评分规则中虽然罗列出了预期的学生回答以及相应的给分情况，但是并没有对各个分数等级展开表述。不同分数等级之间的界限较为模糊，不能根据学生的分数等级来区分、评价学生的能力。通过分析可得，该题目的评分规则清晰度不够明显，需要进一步进行修改。

③可行性

在该任务评分规则中，给出了给分要点及对应的分数，使得评价指标可测量。但由于这是澳大利亚维多利亚州高校招生考试的终结性评价，因此学生无法通过该评价及其标准来修正自己的表现以提高水平，评价结果也无法为教师教学及决策提供参考方向。因此，该题目的评分规则可以落实，但可行性不高，无法形成"教—学—评"一体化模式。

④可信度

该题选自澳大利亚 VCE 生物学考试，是经过多位经验丰富的教师、专家经过多轮讨论、修改得出的，相应的评分规则也经过反复确认，因此该题的评分规则具有较高的可信度。

2. 案例 2——澳大利亚 2020 年 VCE 生物学考试简答题第 10 题

Question10（10 marks）

Measles in Samoa

Measles is one of the most contagious viruses affecting humans. Measles spreads when an infected person coughs or sneezes and the virus is breathed in by another person，or by direct contact with bodily fluids. In a susceptible population- people who have neither been vaccinated nor had measles previously - one person with measles could infect 12 to 18 other people.

The Pacific island nation of Samoa had a significant measles outbreak in 2019. This started when a person who had measles arrived in Samoa by plane in August 2019. In the following months over 5 000 measles cases were recorded and more than 70 people died.

A measles outbreak was declared by the Samoan Government in October 2019. On 15 November the Samoan Govemment declared a 30-day state of emergency as the number of measles cases continued to rise and more people died. Ninety per cent of the deaths were among children less than five years old. More than one in five Samoan babies aged six to 11 months contracted measles during this outbreak and more than one in 150 babies in this age group died. Fewer deaths occurred in babies who were less than six months old.

Prior to the measles outbreak in Samoa, the vaccination rate for measles for five-year-old children in the country had fallen to 31% in 2018. One of the responses of the govemment to the outbreak was a mandatory vaccination program for all people. By early December 2019 over 90% of the population had been vaccinated.

In Australia a measles-containing vaccine（MMR vaccine）is recommended for children aged 12 months of age or older. A single dose of the measles vaccine provides protection for between 95% and 98% of recipients, while two doses protects 99% of vaccinated people. In 2018 in Australia, 95% of five year old Australian children were fully vaccinated.

a. Is the measles outbreak discussed in the article above best described as an epidemic or a pandemic ?

Give your reasoning. 2 marks

_____

_____

_____

b. Consider the Samoan children who were less than five years old during the measles outbreak. Of this group, what age were the children who were least likely to die from measles ? Explain why children of this age would be less likely to die. 2 marks

_____

_____

_____

People who are vaccinated are unlikely to be affected by the measles virus.

c. i.What is the percentage difference between vaccinated five-year-old children in Samoa and Australia in 2018?　　　　　　　　　　1 mark

_____

ii.The MMR vaccine contains antigens for measles，mumps and rubella.

What form of immunity is given when a person is vaccinated with the MMR vaccine?　　　　　　　　　　　　　　　　　　　　　　1 mark

_____

iii.Some children，for example those undergoing chemotherapy，can not be vaccinated.

Explain how high vaccination rates can also protect unvaccinated individuals.
2 marks

_____

_____

_____

d. Describe two strategies，other than vaccination，that could reduce the transmission of measles.　　　　　　　　　　　　　　　　　　　2 marks

_____

_____

与案例 1 相同，案例 2 也选自澳大利亚 VCE 生物学考试，公开资料中未呈现特定的表现性评价目标，因此着重分析表现性评价任务及评分规则两个方面。

（1）表现性评价任务的分析

①内容

上述简答题主要考查学生关于流行病及其预防相关的学科知识内容。通过呈现资料，向学生提出一系列基于生产生活实际的问题，考查学生是否能够基于生物学事实和证据运用归纳及概括的思维进行科学论证。同时，将试题背景置于萨摩亚麻疹的真实事件下，能够在考查学生科学思维的同时考查及培养学生的社会责任感。可以说，该题目设置的任务能激发学生表现出与既定目标相契合的多种素养。

从题干的表述来看，第 1 题需要学生通过呈现的资料辨别麻疹的暴发是流行病还是大流行病，并给出理由；第 2 题需要学生通过呈现的资料判断麻疹致死率最低的儿童年龄段，并解释自己的推测；第 3 题，在接种疫苗的大情境下给出连续 4 个问题，即通过阅读资料回答 2018 年萨摩亚和澳大利亚的 5 岁儿童疫苗接种的百分比差异是多少，给人接种 MMR 疫苗后将产生何种形式的免疫力，多高的疫苗接种率能保护未接种疫苗的个体，以及描述除疫苗接种外的两种可减少麻疹传播的策略。题干对于任务的要求明确，动词表述也较为清晰，学生阅读题目要求后都能大致理解。并且本题更多是通过资料推测出答案或是给出相应的策略，题目具有一定的自由度与开放度。因此，该题目在"任务要求明确，学生能充分理解"的层面上达到了较高水平，且任务给予学生一定的自由度。

②清晰度

该题目主要以大规模测试中的纸笔测验形式呈现，题干描述清晰，任务明确，学生能够较为清楚地了解任务的具体要求。

由于该题目为 VCE 生物学考试中的一题，即规定了学生的作答方式仅为纸笔作答。考试形式、教师和学生预测的问题类型等在考试前 VCE 已给出考试说明，且时长限制在试卷开头已明确。总体来说，该任务的预期表现、实施表现的条件（时限、资源等）已说明得较为清楚。

③可行性

本试题的情境设置为萨摩亚麻疹的真实事件，所设置的考题难度适当，所涉及的学科知识都是学生已熟知的流行病相关知识。总体来说，任务情境是大部分学生熟悉的生物学背景，所考查的知识、技能等都是学生以前接触过的，且问题设置从判断、推测再到给出相关策略，逐步深入且具有递进性，在此问题背景的设置下能较好地评价学生的相关知识及素养，题目设置可行性较高。

由于学生是在 VCE 生物学考试的大环境下完成该题目，学生在完成题目过程中所需要的信息也全部体现在题干中，因此对于大部分学生来说，都有足够的时间和资源来答题，且通过纸笔测验的形式不存在对别人造成危险的情况。

④可信度

该试题是 VCE 生物学考试，试题指向的对象是澳大利亚的学生，因此以英语呈现题目并要求以英语来作答。若对于有学习障碍或语言困难的学生，任务要求可以根据需求进行弹性调整，则可完成任务。且本试题要求尽量保持公平，对文化、语言具有差异的学生不会造成过大的影响。此外，该题均为必答题，不存在平行任务。通过以上的分析，该题具有一定的可信度。

（2）表现性评价评分规则的分析

①内容

本试题是大规模测评中的纸笔测验，在此试题的评分规则中针对每一小题罗列出了学生可能的回答要点，且规定了回答要点所对应的分数，评分规则较为详细具体，具有一定的可操作性。但评分规则中只罗列出大部分学生的预期表现性评价，并没有包含所有预期表现的评价，同时对于评分规则中的各个要素没有给出权重分布。

②清晰度

评分规则中虽然列出了预期的学生答案及相应的评分标准，但是没有对每个分数等级展开表述，且没有提供评分的细节。另外，在不同水平等级之间的界限比较模糊，很难通过学生的分数为学生划分等级并进行能力评定。因此，该题目的评分标准在清晰度上不够完善，需要进一步完善。

③可行性

在该试题评分规则中，给出了评分要点及对应的分数，评价指标具有可测量性。评价结果可以为教师的教学和学生的进一步学习提供一定的防线，但因为这是澳大利亚维多利亚州高校招生考试的终结性评价，因此学生通过该评价及标准对自己的表现进行进一步提升和修正存在一定的困难。同时，该评分规则的水平划分不明显，不能指向一系列不同的表现性任务。因此该评分规则的可行性还有待进一步提高。

④可信度

该试题选自澳大利亚 VCE 生物学考试，是由多位经验丰富的教师、专家通过多轮的讨论、修改、实证后确定的，其相应的评分规则也是经过反复确认的，较为公平地面向所有学生，因此该试题的评分规则具有较高的可信度，得到广泛认可，且不同评价者对该规则的理解是一致的，但不同水平的规则间等距离呈现不明显。总体而言，该题的评分规则具有较高的可信度。

3. 案例3——2020年厦门市中考实验考试

评价目标：

①能按步骤进行实验；

②能安全、规范地使用各种实验仪器；

③能真实地记录和收集实验数据；

④能科学处理实验数据，合理解释实验结果，得出相应结论；

⑤具有良好的实验习惯和实事求是、严谨认真的科学态度。

评价任务：

实验操作考试采用现场动手操作形式，每位学生从以下4个试题中随机抽取1个实验进行独立操作考试。

①制作和观察番茄果肉细胞临时装片；

②制作和观察洋葱鳞片叶表皮细胞临时装片；

③使用显微镜观察根尖永久切片；

④使用显微镜观察人血永久涂片。

实验结束后由教师进行检查。

评分规则：

每个实验20分，其中15分为操作分，5分为书面分，得分12分及以上为合格。

实验操作过程的评分规则：制作并观察细胞临时装片的考试（其评分规则见表4-18）分别对擦拭、滴液、取材、展平、盖片、染色、安放装片、调节焦距、观察、整理实验桌等步骤进行考查；使用显微镜观察永久切片的考试（其评分规则见表4-19）分别对显微镜安放、对光、安放装片、调节焦距、观察以及显微镜复原等步骤进行考查。

实验结果评分规则：根据学生制作的临时装片细胞形态或是观察永久

切片的操作进行评分。

实验习惯的评分规则：对学生实验后整理实验桌等行为进行评分。

考试时间：20 分钟。

表 4-18　制作并观察细胞临时装片的评分规则

序号	考试内容	分值	考试要求
1	擦拭	1	擦拭载玻片和盖玻片，方法正确
2	滴液	1	滴加清水，水滴大小适中
3	取材	2	①取材正确（取内表皮，大小、厚薄适中）；②必须使用镊子、刀片或解剖剪等取得材料
4	展平	1	用镊子将材料在水滴中展平
5	盖片	1	用镊子、盖片操作规范
6	染色	2	①操作规范；②染色均匀
7	安放装片	1	将临时装片置于已经对光完毕的显微镜载物台上，正确使用压片夹。标本正对通光孔中心
8	调节焦距	3	①下调镜筒时（或上升载物台），眼看物镜，使用粗准焦螺旋；②上升镜筒时（或下降载物台），眼看目镜；③先使用粗准焦螺旋，再使用细准焦螺旋
9*	观察	2	在低倍镜下找到洋葱鳞片叶表皮细胞（①细胞清晰完整、无重叠；②气泡、杂质少）
10*	整理实验桌	1	清洗临时装片，将器材药品归回原位，整理实验桌

备注：标出 * 的步骤，要求考生举手示意监考教师检查。

表 4-19　使用显微镜观察永久切片的评分规则

序号	考试内容	分值	考试要求
1	显微镜安放	1	安放位置距实验台边缘 7 厘米左右
2	对光	2	①正确转动转换器选择物镜；②正确转动聚光器，选择光圈，看到白亮视野（或调解光源亮度，看到白亮视野）

续表

3	安放装片	1	正确使用压片夹。标本正对通光孔中心
4	调节焦距	5	①下调镜筒时（或上升载物台），眼看物镜，使用粗准焦螺旋（2分）； ②上升镜筒时（或下降载物台），眼看目镜（2分）； ③先使用粗准焦螺旋，再使用细准焦螺旋
5*	观察 根尖永久切片	5	①用指针正确指示监考教师指定的结构（根冠、分生区、伸长区、成熟区等四个结构中的两个），或将指定结构移至视野中央；（说明：每个结构2分） ②物像清晰
6*	显微镜复原	1	物镜位置正确，镜筒（或载物台）下降到最低

备注：标出 * 的步骤，要求考生举手示意监考教师检查。

厦门市中考实验考试是以《义务教育课程标准（2011年版）》的学业水平要求为依据制定的初中阶段科学实验的终结性考试。其目的一方面在于衡量学生是否达到初中毕业标准，另一方面也有助于引导学生进行实验探究，培养学生学习兴趣，提高学生实验操作技能、科学探究能力和科学素养。

（1）表现性评价目标的分析

①内容

该表现性评价目标注重学生实验中的规范操作、数据处理能力的提升和科学精神的渗透。中考实验考试作为一种合格性的考试，其目标在于考查学生是否符合毕业要求，因此，在目标设计上符合课标的要求。

②清晰度

该表现性评价目标总体上的描述清晰具体、指向明确，学生通过认真阅读，能够了解实验考试应该达到的预期结果。

③可行性

该表现性评价目标的达成情况能够通过教师的观察进行测评，评价目标与学生所需要产生的学习结果是一致的。

（2）表现性评价任务的分析

①内容

表现性评价任务的要求明确，完成任务相应的步骤是固定的，对于学生来说，只需要按照步骤的要求即可顺利完成实验，因此，从学生发展的角度来看，实验考试能使学生对实验的过程以及操作的注意事项更加熟悉，但是对于学生的思维发展、实验设计能力的提升并没能充分地体现。

②清晰度

表现性评价任务的设计以及学生预期的表现都能够清晰地呈现，学生能够通过自己的实验操作和任务表现的要求获知自己的达标情况。

③可行性

从时间上讲，学生在20分钟内完成要求的任务是可行的。任务以观察细胞为主题，基本上没有操作上的危险，且实验器材准备充足，可行性强。

④可信度

该表现性任务分为了4个平行的任务，主题均为在显微镜下观察细胞，并记录实验结果，撰写报告。从平行任务的难度上看，学生自制临时装片进行观察和学生观察永久切片的难度有差异，任务的评价指标不一致。因此在任务的设计方面或需要稍作调整。

（3）表现性评价评分规则的分析

①内容

该表现性评价的评分规则与目标关联，并对预期的学生表现作出了声明。但是评分要点只针对操作的过程，而没有对学生的书面记录进行描述，在内容上该评分规则不够完整。

②清晰度

评分规则中仅对学生的表现进行"是"与"否"的评价，而没有进行多水平的等级划分，在这一方面可以考虑进行重新调整。

③可行性

通过这一标准，学生可以自主判断并修正自己的表现。获知自己在实验操作方面的不足并加以改进，该评分标准具有可行性。

④可信度

该评分规则并没有对学生的表现进行水平划分，影响评分者的评分一致性。

通过对厦门市中考实验考试的分析，笔者认为，目前中学理化生实验考试在日常教学中的地位和作用都得到了很大的提升，不同的地区陆续按照课程标准的要求开展实验教学，不少地区还将中学生实验考试纳入中考评分体系。2019 年《教育部关于加强和改进中小学实验教学的意见》提出，"把学生实验操作情况和能力表现纳入综合素质评价；2023 年前要将实验操作纳入初中学业水平考试，将考试成绩纳入高中阶段学校招生录取依据；在普通高中学业水平考试中，有条件的地区可将理化生实验操作纳入省级统一考试"[1] 的目标。可见，实验教学对于促进学生发展有着举足轻重的作用。

以厦门市中考实验为例，目前的中考实验考试存在一些问题，具体来说分为以下两个方面。

一是实验内容的确定。目前实验考试的目标停留在考查学生的操作是否达标，而缺少激励、选拔的意义。因此实验考试停留在对学生操作的考查而缺乏思维的测评。另外，对于纳入中考的实验操作考试，一般来说，学校会花较长的时间反复训练学生对于这几个实验的操作，一方面，从时间投入和成果产出的效率来看，实验考试的目标设定、任务要求和评分规则还有调整提高的空间。另一方面，初中生正处于对自然、科学充满好奇的阶段，喜欢新鲜的事物，而将纳入考试的实验操作进行反复训练可能会导致学生对实验的兴趣下降，不利于学生科学素养的发展。因此，笔者认为对于中考实验内容的选择以及训练还可以进一步调整。

二是实验考查方式的选择。目前我国开展实验中考项目的北京、广州、河南、福建等省市，其实验考试的形式以限时的现场操作为主，评分者为教师或是实验员。在实验的考查方面，同样存在两个问题：一是部分学生

---

[1] 教育部关于加强和改进中小学实验教学的意见 [EB/OL]. （2019-11-22）[2021-04-20].http：// www.moe.gov.cn/srcsite/A06/s3321/201911/t20191128_409958.html.

存在临场紧张的情绪，即使考前反复训练，在考试当天，或因为教师来回巡查产生紧张情绪进而影响发挥，导致实验考试的测评存在误差。二是评分者的专业性、每一个考场的评分尺度是否一致受到质疑。从这两个角度出发，笔者认为，未来的实验考试可以从提高评分者的专业素养和改革实验考查方式两个方向加以改进。前者需要对评价规则进一步细化，对评分者进行专业的规范化训练；后者则可以考虑建立实验操作云平台，形成实验考试题库，利用网络技术考查学生多方面的实验技能，发展学生的思维能力，并以机考的方式对学生进行统一的评价，能够在一定程度上解决由于评分者主观性带来的实验考试公平性问题的质疑。

4. 案例 4——PISA 2015 科学素质样题：模拟在炎热的天气下跑步 [1]

试题背景：通过模拟软件模拟人在炎热天气下跑步时，体温升高并且出汗，当失水过多时可能会危及生命的情况。模拟软件如图 4–10 所示。

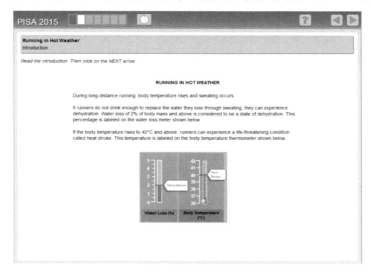

图 4–10

模拟练习：模拟一个人在跑步一小时后的出汗量、失水量和体温。简要介绍模型控制的操作过程（如图 4–11 所示）后，测试者模拟体验练习。

---

[1] PISA2015 科学素质样题 [R/OL].[2021-04-12].https：//www.oecd.org/pisa/test/PISA2015-Released-FT-Cognitive-Items.pdf.

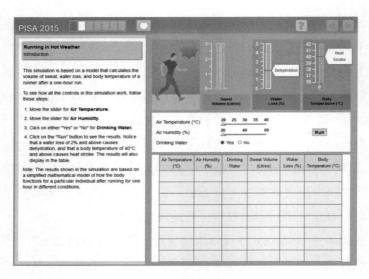

图 4-11

题目一：测试者需要运用模拟装置以确定给定条件下，跑步者是否遭遇脱水或中暑危险，并从跑步者的排汗量、失水量或体温三方面展开说明（如图 4-12 所示）。

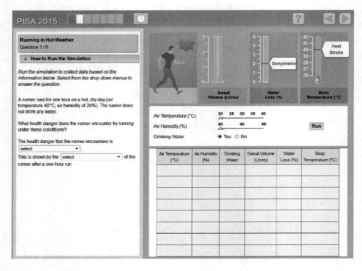

图 4-12

题目二：在湿度和温度保持不变的情况下，测试者需要运用模拟装置判断跑步者在跑步后不喝水有无脱水和热休克危险（如图 4–13 所示）。

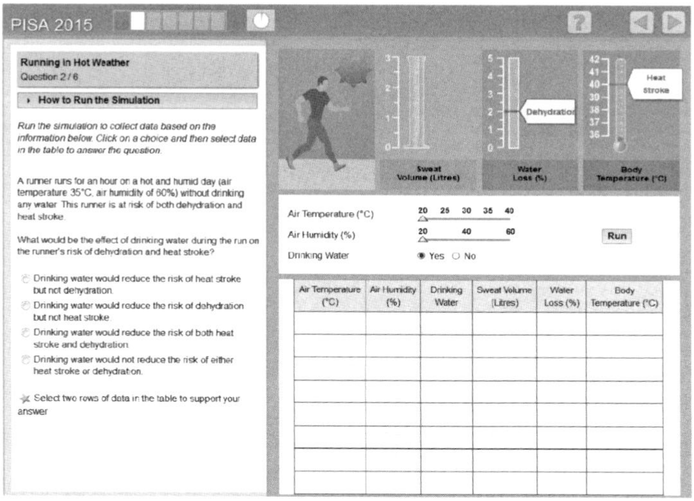

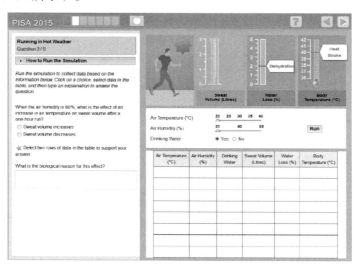

图 4–13

　　题目三：测试者研究空气湿度对出汗量的影响，并解释其生物学原因（如图 4–14 所示）。

图 4–14

　　题目四：当湿度为 40% 时，测试者使用模拟装置确定跑步者不中暑的最高气温，并说明相关数据如何支持答案（如图 4-15 所示）。

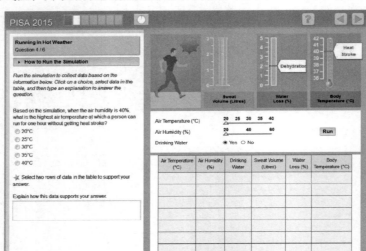

图 4-15

　　题目五：在空气湿度为 50%、气温为 40℃并可以饮水的条件下，测试者运用模拟装置再次探究该情境下跑步者跑步是否安全，在表格中选择支持判断的数据并解释（如图 4-16 所示）。

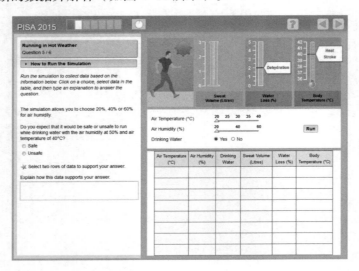

图 4-16

（1）表现性评价目标的分析

①内容

本试题旨在通过测试者运用模拟软件获得数据，并运用相关的内容性知识和程序性知识判断、解释现象进而评价跑步者的生命状况。这些内容是学生应对现实社会挑战的关键知识和技能，与个体学习的最根本目标保持一致。根据图 4-17 所示的 PISA 2015 科学评价框架可以看出，试题的评价目标体现了多个维度内容，特别是在能力方面。虽然各维度涉及的程度不同，但均有涉及。试题中各小问的测评目标逐步深入，从低级到高级。由于此框架由多位测评专家根据社会需要、学生发展需要等多方面需要制定，故基于该框架下制定的评价目标符合学生发展的需要。

图 4-17　PISA 2015 科学评价框架

②清晰度

表现性评价目标清晰，并且每个小题的评价目标均有呈现。虽然由于评价方式的限制，该表现性评价并没有直接向测试者指出评价目标，但整个测评的试题直观反映出评价目的，学生是可以完全明确目标指向的。

③可行性

测试者在开始测试之前，对于评价目标中涉及的能力要素、知识要素均有一定的了解。例如，科学解释数据和证据的能力是学生学习过程中会不断使用的能力，在当前的测试环境下可以通过设计恰当的评价任务来呈现。因此，该表现性评价的评价目标是可以被充分地观察与测评的。目标指向学生个体对现实世界的适应能力和问题解决能力，与学生的学习目标指向一致，能够准确转化为学生所需要产生的学习结果。

（2）表现性评价任务的分析

①内容

根据该表现性任务——试题，可以整理出如表4-20所示的素养考查要点表。

表 4-20　试题素养考查要点

题目	知识	能力
题目一	程序性知识	科学解释数据和证据
题目二	内容性知识——生命	科学解释现象
题目三	程序性知识	评价和设计科学探究
	内容性知识——生命	科学解释现象
题目四	程序性知识	评价和设计科学探究
题目五	程序性知识	评价和设计科学探究

根据上表可以看出，本任务可以激发学生表现出多方面的素养，且评价任务关联评价目标，可以通过分析学生对不同题目的作答情况准确了解个体多方面素养的具体水平。

由于本试题主要考查学生的科学素养，为了避免学生阅读能力对试题考查的影响，各题目在表述时不管是题干还是选项都十分清晰、简短，学生可以快速地理解题目的要求，以按要求作答。题干虽然对跑步时的天气进行了一定的限制，但由于题目具备较强的人机交互性，可以及时获得相关数据，试题仍给予测试者一定的自由度。例如，在解答题目三时，测试者可以自由选择当时的气温进而根据所得数据以解释现象，并且在答题时间上给予测试的时间较长，学生可自主分配各任务的时间。

②清晰度

试题表述清晰、指向明确。例如，在题目四中明确指出跑步者跑步的环境湿度，学生需要通过设计科学探究活动，运用操作软件完成任务，并选择两行数据以支持答案并做出解释。清晰明确的题干使得学生能够明确理解各任务的要求以及预期的表现。同时，试题向学生提供了相应的时间、空间和模拟软件，明确说明了任务完成的条件。

③可行性

题目所设置的情境"在炎热的天气下跑步"是学生在日常生活中十分熟悉的情境，并为了避免部分学生没有使用过模拟软件而影响测试的实行，在正式开始作答前提供了模拟练习的机会。试题考查的论证、探究、解释现象等技能在日常学习和生活中均常使用，并且在认知需求上由低到高，逐渐深入，难度适中。基于以上分析可以发现，学生有足够时间操作模拟软件来完成任务，而且使用的模拟软件在正式使用前也会经过多方检验。同时，在测试过程中由于学生在人机交互的环境中自主使用计算机开展答题，不会对个体或他人造成危险。故该试题具备较强的可行性。

④可信度

PISA 测试是一项全球性的、大规模的且具备一定权威性的测试，为消除语言差异对测试结果的影响，在机考时会为不同国家或地区的测试者提供其更为熟悉的语言环境。并且从题目所提供的情境以及任务要求来看，其是所有文化及语言背景的学生都熟悉的日常生活情境，没有文化或语言背景的倾向。因此，可以认为，该任务的可信度较高。

（3）纸笔式表现性评价的未来展望

在信息时代背景下，社会对于高素质人才的需求不断增加，故而对人才评价方式也逐渐发生转变，对表现性评价的需求不断增加。然而，设计并将表现性评价应用于大规模测评耗时、耗力且耗财，而传统的纸笔测验却在这方面具备天然的优势，在此背景下，纸笔式表现性评价是十分值得提倡的。当前，人工智能、5G 技术不断发展，将其与纸笔式表现性评价相结合，让学生可以在虚拟平台中运用相关技术或软件完成表现性任务，不仅在一定程度上解决纸笔测验不能测试高阶思维的问题，而且还能降低对人力、物力、财力的消耗。虽然这样的测评方式不能完全取代表现性评价的现有方式，但是随着技术的不断成熟，这也必然会是纸笔式表现性评价的一大发展方向。

5. 基于生物学学科核心素养的大规模学业测评表现性评价案例改编

2020 年澳大利亚 VCE 生物学考试简答题第 11 题，以探究不同的限制性核酸内切酶对线性 DNA 片段的影响的实验为情境，通过提供学生实验步骤及实验结果，设置一系列问题包括分析实验结果、推测实验结果差异的原因、影响 DNA 片段通过琼脂糖凝胶移动速率的因素和实验安全原则等，考查学生有关限制性核酸内切酶及用其切割 DNA 分子相关的学科知识内容，且通过本题考查学生阅读材料、分析材料、归纳与概括等科学思维。

（1）2020 年澳大利亚 VCE 生物学考试简答题第 11 题

Question 11（11 marks）

A student wanted to investigate the effect of two different endonucleases（restriction enzymes）on a linear DNA fragment.

The student used three tubes containing a buffered solution of linear DNA fragments, each fragment being 9 500 base pairs in length

Two different endonucleases were available：BamHl and Hindlll

The student followed the steps below

Step1–2 μL of BamHI was added to the sample in Tube 1.

Step2–2 μL of HindIII was added to the sample in Tube 2.

Step3–2 μL of HindIII and 2 μL of BamHI were added to the sample in Tube 3.

Step4–All three tubes were incubated for one hour at a constant temperature of 37° C.

Step5–A1% agarose gel was placed into an electrophoresis chamber and the gel was covered with buffersolution.

Step6–40 μLofa DNA ladder with fragments of known sizes was added to the first well of the 1% agarose gel.

The known sizes of the fragments were 10 000 bp，8 000 bp，6 000 bp，5 000 bp，4 000 bp，3 000 bp，2 000 bp，1 500 bp，1 000 bp，500 bp and 250 bp.

Step7–40 μL of the contents of each of the tubes was loaded into three separate wells of the 1% agarose gel.

Step8–An electric current of 100 V was run through the gel for 45 minutes.

After45 minutes the student obtained the results shown below.

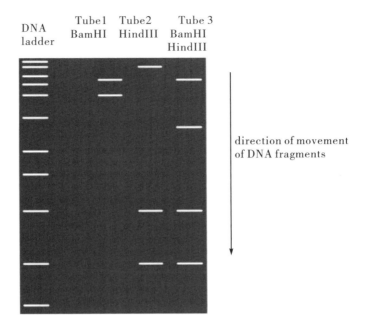

图 4—18

a.　Analyse the results of the experiment performed by the student.　5 marks

_____

_____

_____

_____

_____

_____

_____

The student repeated the experiment the next day and obtained the following results.

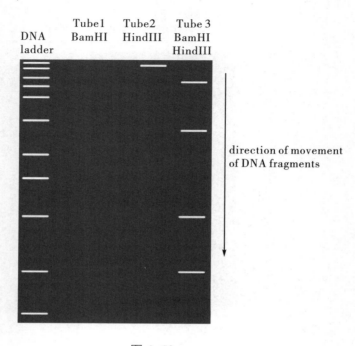

图 4-19

b. Identify **one** difference between the new results and the previous
    results, and suggest a possible reasonfor this difference.   2 marks

_____

_____

_____

c. State **two** factors that will have an impact on the rate of movement
    of the DNA fragments through the agarose gel.   2 marks

_____

_____

d.　Outline **two** safety guidelines that should have been followed by the student.　　　　　　　　　　　　　　　　　　　　　　2 marks

_____

_____

_____

_____

　　该题以真实实验作为问题背景，是学生熟悉但又不曾经历过的生物学情境，能给学生沉浸式的情境体验。并且问题设置是基于课内知识的进阶，不仅仅停留在"说出""简述"等了解、理解水平，更多的是考查学生"分析"等应用水平及以上的学习目标，注重对学生高阶思维的考查。但就本题题目设计而言，存在几点不足，如该试题的考查范围局限于限制性核酸内切酶这一重要概念，不利于学生联系运用多个重要概念，形成概念网络。另外，本试题与生活、社会的联系不强，不利于引导学生联系生活实际，培养学生社会责任感。

　　本试题设计的内容对应 2019 年人教版《普通高中教科书　生物学选择性必修 3　生物技术与工程》第 3 章"基因工程"的内容，课程标准中对应的大概念为"基因工程赋予生物新的遗传特性"。结合我国新课改的要求，基于高中生物学学业质量标准对生物学学科核心素养的考查，本书尝试对该题进行本土化改编，重点突出对学生"生命观念""科学思维""科学探究""社会责任"四大核心素养的培养与考查。原试题中对"科学思维""科学探究"两大核心素养的考查较为突出，而对"生命观念""社会责任"两大核心素养的考查较为薄弱，笔者将以此作为突破口，改编原试题使其适应我国高中生物学课程标准的要求。

　　（2）改编后案例呈现

　　【评价目标】

　　1. 通过阅读了解限制性内切核酸酶广泛存在于原核生物中的现象，引导学生从生物进化角度对该现象进行解释，认识到这是生物进化的结果。

（生命观念）

2. 让学生阅读限制性内切核酸酶对线性DNA分子影响的实验步骤及实验结果图，引导学生通过阅读资料、分析资料，最后归纳与总结得出结论。（科学思维）

3. 通过阅读了解限制性核酸内切酶对线性DNA分子影响的实验步骤及实验结果，体会对结果进行交流与讨论的探究过程，增强对科学探究的好奇心和求知欲。（科学探究）

4. 通过列举并分析生活中转基因技术的生物产品，理性解释和判断生产生活问题，辨别迷信和伪科学，并能积极运用生物学的知识和方法理性看待现实问题。（社会责任）

【表现性评价任务】

一位学生想研究两种不同的核酸内切酶（限制性内切酶）对线性DNA片段的影响。该学生使用了三支装有线性DNA片段缓冲溶液的试管，每个片段的长度为 9 500 个碱基对。根据提供的两种不同核酸内切酶——BamHI 和 HindIII，该学生按以下步骤展开实验。

步骤1：将 2 μLBamHI 添加到试管 1 的样品中。

步骤2：将 2 μLHindIII 添加到试管 2 的样品中。

步骤3：将 2 μLHindIII 和 2 μLBamHI 添加到试管 3 的样品中。

步骤4：将所有三支试管在 37 ℃恒温下孵育 1 小时。

步骤5：将 1%琼脂糖凝胶放入电泳室中，并用缓冲液覆盖凝胶。

步骤6：将 40 μL 具有已知大小片段的 DNA 阶梯添加到 1%琼脂糖凝胶的第一个孔中。

片段的已知大小为 10 000 bp，8 000 bp，6 000 bp，5 000 bp，4 000 bp，3 000 bp，2 000 bp，1 500 bp，1 000 bp，500 bp 和 250 bp。

步骤7：将每支试管中 40 μL 的内容物装入 1%琼脂糖凝胶的三个单独的孔中。

步骤8：使 100 V 电压通过凝胶 45 分钟。

45 分钟后，学生获得了如图 4-20 所示的结果。

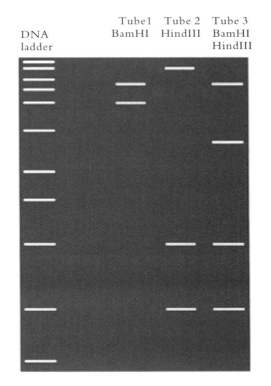

图 4-20

1. 请根据题干信息及所学知识分析学生得到的实验结果。（4 分）

_____

_____

_____

该学生第二天重复了该实验，并获得了如图 4-21 所示的新结果。

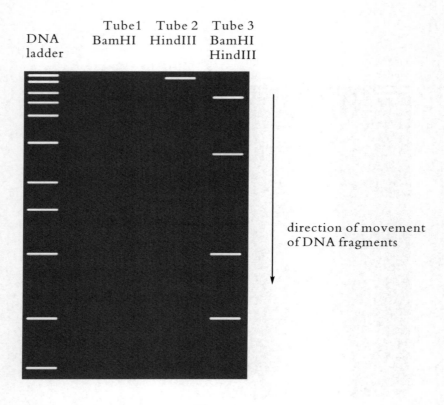

图 4-21

2. 找出新结果与先前结果之间的差异, 并解释造成该差异可能的原因。
(2分)

_____

_____

3. 陈述两个可能影响 DNA 片段通过琼脂糖凝胶的移动速率的因素。
(2分)

_____

_____

_____

4. 切割 DNA 分子的工具是限制性核酸内切酶, 这类酶广泛存在于原

核生物中，仅存在于极少部分的真核生物中。请尝试从生物进化的角度出发，解释该现象的原因。（3分）

_____

_____

_____

5. 你知道在日常生活中有哪些生物产品在生产过程中用到了转基因技术吗？请举一个例子。并谈谈你对该产品使用基因工程技术的看法，并给出理由。（4分）

_____

_____

_____

_____

【评分规则】（见表 4-21）

表 4-21　各小题评分规则

题序	评价目标	对应水平	回答等级描述	回答结构样例	赋分
1	能基于给定的题干信息及图片，结合生物工程与技术的原理，采用归纳与概括、演绎与推理等方法分析实验结果	科学思维素养水平四	拒绝回答或者作出与题设无关的分析结果	如：空白；用两种不同的限制性内切核酸酶比单独用一种酶效果好	0 分
			仅从较为表面、直观的实验现象及结构进行分析，并得出实验结论	如：较短的碎片移动的距离更远，较长的碎片移动的距离更小；BamH Ⅰ 切割 DNA 片段的一个地方，并产生两个片段；Hind Ⅲ 将切割 DNA 片段的两个地方，并产生三个片段	0～2 分
			能够在得出初步实验结论的基础上，结合题干信息进行深度分析，得出有依据且完整的实验结果	如：最大／最小的碎片是由 Hind Ⅲ 切割时产生的；BamH Ⅰ 片段长度为 4 000 bp，5500 bp；Hind Ⅲ 片段长度为 8 000 bp，1 000 bp 和 500 bp；当两种内切酶存在时，产生四个片段，大小分别为 5 500 bp、2 500 bp、1 000 bp 和 500 bp	2～4 分

续表

题序	评价目标	对应水平	回答等级描述	回答结构样例	赋分
2	能够针对两次实验不同的实验结果，运用科学思维方法展开论证，并给出原因	科学探究素养水平二	拒绝回答或者作出与题设无关的分析结果	如：空白	0分
			从实验操作或实验材料其中一个角度进行原因分析	如：BamHⅠ/管1的条带缺失可能是由于DNA样品不正确地加载到井中所致	1分
			从实验操作及实验材料多角度进行分析	如：BamHⅠ/管1的条带缺失可能是由于DNA样品不正确地加载到井中所致，HindⅢ/管2只有一个带可能是由限制性内切酶变性引起的	2分
3	能够提出实验实施过程中存在的问题及影响因素	科学探究素养水平二	拒绝回答或者作出与题设无关的分析结果	如：空白；时间长短	0分
			从实验仪器或实验材料其中一个角度进行原因分析	如：碎片的大小或长度；琼脂糖的浓度或黏度；使用的电压或功率	1分
			从实验仪器及实验材料多角度进行分析	如：①碎片的大小或长度，②琼脂糖的浓度或黏度，③使用的电压或功率	2分
4	能够从进化与适应观的角度出发，	生命观念素养水平一	拒绝回答或者作出与题设无关的分析结果	如：空白	0分

续表

题序	评价目标	对应水平	回答等级描述	回答结构样例	赋分
4	解释限制性核酸内切酶在原核生物与真核生物之间的分布	生命观念素养水平一	能够从限制酶的功能角度来解释该现象的原因	如：原核生物体内的限制酶能将外来的DNA切断，即能够限制异源DNA的侵入并使之失去活力，但对自己的DNA却无损害作用，这样可以保护细胞原有的遗传信息	0～1分
			能够从真核与原核生物限制酶的功能异同、在进化上的联系等多个角度来解释该现象的原因	如：原核生物不像真核生物，体内有一系列DNA修复系统，它们只能依靠简单方式来保证自身遗传稳定性，因此原核生物需要限制酶将外来的DNA切断，限制异源DNA的侵入并使之失去活力，从而保护细胞原有的遗传信息。而真核生物经过长时间的进化已经具有了一套成熟、完善的DNA修复系统	1～3分
5	能够举例基因工程技术在生产生活中的应用，并就该技术的应用进行合理分析与科学判断	社会责任素养水平三	拒绝回答或者作出与题设无关的实例	如：空白；杂交水稻	0分
			仅举例基因工程技术在生产生活中的应用	如：转基因抗虫棉；转生长激素基因的鲤鱼	0～2分
			举例基因工程技术在生产生活中的应用，并阐述自己的看法	如：转基因抗虫棉，种植转基因抗虫棉花对生态环境有利。一是在全国范围内有效控制了棉铃虫和红铃虫的危害；二是为天敌和益虫提供了良好的环境条件，农田生物多样性更加稳定；三是发展了配套的害虫综合治理技术，能够有效控制多种害虫，保护农田生态环境	2～4分

结合我国高中生物学教材内容及课程标准改编的题目，借助原本题目的实验情境以及图片等信息，考查学生的科学思维及科学探究素养水平。其中第 1 题是要求学生对实验结果进行分析并得出实验结论，由于分析是基于题干、图片等信息，且要求学生拥有较好的推理论证思维，因此对应了科学思维的素养水平三。第 2、3 题是对实验结果与实验过程的问题进行判断、解释，考查学生能否在探究过程中对实验操作、实验器材等方面的问题及影响因素提出思考，具备良好的科学探究素养，因此对应了科学探究的素养水平二。除了科学思维与科学探究素养，本题的第 4 小题还结合基因工程中的相关知识点，将其与进化与适应观相结合，考查学生是否具备进化与适应的生命观念，并能够对应到相应的问题情境中，因此对应生命观念的素养水平一。最后，第 5 题将基因工程技术落脚到生产生活中的实际应用，考查学生是否能够举例基因工程技术在生产生活中的应用，并就该技术的应用进行合理分析与科学判断，根据学生的回答是否涉及对社会热点议题的思辨性思考，考查学生具备的社会责任，对应社会责任的素养水平三。

（三）镶嵌于教学中的表现性评价

阿特指出，表现性评价具有极其重要的教学价值，它是基于标准的教学的最好例证。[1] 可以说，镶嵌于教学中的表现性评价是表现性评价中的一种重要的、常见的实施形式。下面以表现性评价实施时间长短为标准，选取了"制作真核细胞的三维结构实物模型""线粒体与衰老过程的关系"两个不同时长的表现性评价典型案例，运用前文所设计的表现性评价标准对案例进行分析。其中，案例 1 是一节课内就能完成的表现性任务，而案例 2 的实施周期为 3 ～ 4 周。

依据前文设计的表现性评价标准，在对案例进行分析时，可以从表现性评价目标、表现性评价任务、表现性评价评分规则三个结构模块入手。在表现性评价目标方面，主要关注评价目标的内容、清晰度、可行性三个

---

[1]ARTER J.Teaching about performance assessment[EB/OL].[2021-05-05].http：//files.eric.ed.gov/fulltext/ED423270.pdf.

维度是否满足标准的要求；在表现性评价任务和表现性评价评分规则方面，增加了可信度这一维度对表现性评价进行测评。需要指出的是，虽然维度划分较为相近，但根据每个结构模块的具体内容，分析的角度有所差异。

1. 案例1——制作真核细胞的三维结构实物模型

【评价目标】

①根据已有知识，制作真核细胞的三维结构模型；

②说明结构模型间的连接和组合，形成一个完整的三维细胞实物模型；

③能够对实物模型制作作品进行展评。

【评价任务】

精心设计3个阶段性评价任务，分别是设计制作方案、模型制作过程和展示作品成果。学生通过设计制作方案而形成模型制作步骤，然后依据模型制作步骤完成制作过程，最后对所完成的作品成果进行展示，与其他学生进行交流讨论。

【评分规则】

制作方案的评分规则：①材料用具价格低廉；②材料用具易获得；③材料色彩搭配合理；④制作细胞结构的顺序是否说明合理；⑤模型中细胞结构之间是否正确连接。

制作模型过程的评分规则：①能够积极参与小组活动，服从组长的任务分配；②在组内能积极主动阐述个人观点，并且能够认真倾听同伴的观点；③能与组内成员互相帮助。

作品成果的评分规则：①完整性方面，完成了实物模型制作且保持其完整性；②准确性方面，实物模型准确且不存在科学性错误；③美观性方面，实物模型简单，表达的知识点完全准确，材料色彩丰富且搭配适宜，视觉效果较好；④总评（见表4-22）。

表 4-22　　"制作真核细胞的三维结构实物模型"作品的分项评分规则 [1]

序号	要素	评价标准	得分	小组互评	教师评价
1	完整性	完成了实物模型制作且保持其完整性	3		
		完成了大部分实物模型制作，但有少部分没有完成，模型较不完整	2		
		只完成了少部分实物模型制作或没有完成制作	1		
2	准确性	实物模型准确且不存在科学性错误	3		
		实物模型不够准确且存在部分科学性错误	2		
		实物模型错误且存在大量科学性错误	1		
3	美观性	实物模型简单，表达的知识点准确无误；材料色彩丰富且搭配合理，视觉效果非常好	3		
		模型简单但表达的知识点不完全准确，有少许错误的地方。材料色彩较多，搭配比较合理，视觉效果较好	2		
		实物模型复杂，并且表达的知识点有大量错误。材料色彩太丰富或单一，搭配混乱，视觉效果复杂或单调	1		
4	总评	以上 3 项为单独评分，总分在 7～9 分为优秀，总分在 4～6 分为合格，总分在 4 分以下为不合格			

（1）表现性评价目标的分析

①内容

该表现性评价目标紧密联系生物学科核心素养，重在培养学生生命观念中的系统与联系的观点、科学思维中的模型与建模能力以及运用知识解决问题的能力，鼓励学生展示自己的作品，注重学生语言表达能力的锻炼，是学生在实践中能够通过相互合作逐步完成的，即目标的设计完全符合课

[1] 吴洁，李超雪，于焕梅 . 高中生物教学中的表现性评价研究 [J]. 西部素质教育，2020（3）：224-225.

标要求与学生发展的需要。

②清晰度

该表现性评价目标总体上的描述清晰具体、指向明确，学生通过认真阅读，能够了解本节课应该达到的预期结果，但对于学科核心素养的部分描述不够清晰、完善、准确，未能指明学生达成该目标的途径。

③可行性

本节课是建立在学生已经学习并掌握了真核细胞的三维结构的基础上，因此学生已经具备了一定的知识基础，经过多年的训练，其动手能力也达到一定水平，且高中阶段的学生乐于与同伴交流合作，因此可以在合作中达到运用知识构建模型、了解模型中各部分的联系与意义、展示交流成果的目标，教师可以通过学生建构模型的过程以及最终成果对学生的表现进行观察与测评。

（2）表现性评价任务的分析

①内容

根据模型构建的一般过程，该表现性评价设置了 3 个阶段性表现性任务，分别为设计制作方案、模型制作过程和展示作品成果，要求学生通过设计制作方案了解模型制作步骤，然后依据模型制作步骤完成制作过程，最后对所完成的作品成果进行展示和交流讨论，不断完善模型。其任务设置与评价目标是相契合的，也是学生能够理解并完成的，符合学生的最近发展区，既提供给学生一定的框架，又给予学生一定的自由选择的空间。

②清晰度

表现性评价任务的设计遵循模型构建的一般过程，逻辑性较强，描述清晰明确，通过教师的引导，学生能够准确理解任务性质，明确预期结果，通过小组合作获取实现任务的条件。

③可行性

在时间上，该表现性任务虽然是课堂任务，但是考虑到高一学生动手实践构建模型的机会较少，教师允许学生将任务带到课下，且为确保目标达成，教师为学生提供了充足的资源，在诸多支架的支持下，任务难度适当，是学生通过小组合作能够顺利完成的。

④可信度

本节课是在学生学习了细胞膜、细胞器、细胞核等知识内容之后进行的，学生对于真核细胞的三维结构已经有了比较充分的认识，因此大多数学生对该任务的知识基础是足够的，其在知识方面完成任务的机会是均等的。但不同学生在动手能力、创新意识等方面可能存在差异，这对任务的完成效果也会造成一定影响，这是本任务稍显不足之处。

（3）表现性评价评分规则的分析

①内容

该评分规则与评价目标高度关联，包含了学生应该达到的预期结果的评价，每一要素维度下设置了三种不同的等级及其表现，通过小组互评、教师评价相结合的方式进行评价，满足评价的多元主体性原则。

②清晰度

在表述方面，该评分规则表述明确，不存在理解上的歧义。但部分要素的描述内容过于冗杂，多个内容划分到同一水平，还不够清晰简洁。

③可行性

该评分规则将三个要素均划分为三个不同水平，每一水平具体展示了对应的表现，均指向不同的表现任务。通过这一评分标准，学生可以自主判断并修正自己的表现，但美观性这一要素的指标过于冗杂，不利于学生打分，操作性不强。

④可信度

该评分规则划分了三级水平，能够涵盖不同水平学生的表现，即该评分规则是面向所有学生的。此外，各水平间距是相等的。

2. 案例2——线粒体与衰老过程的关系

【评价目标】

①根据资料的阅读结果，能够解释线粒体在衰老进程中的作用。

②结合相关材料，说明当前线粒体的研究进展。

③通过小组合作，形成自己关于线粒体在衰老进程中的立场的文章。

【评价任务】

精心设计 4 个任务，分别是为任务前的准备、阅读材料、写作前的准备以及文章写作。学生通过叙述文章与线粒体之间以及两篇文章之间的关系为文章的学习做准备；通过阅读文章，提炼文章主旨，尝试进行写作，形成作品并进行交流和讨论。

【评分规则】

包括中心思想、证据的选择和呈现、资料的解释和利用、文章的结构、写作的习惯、内容的理解 6 个维度。每个维度又分为形成、接近期望、满足期望、超越期望 4 个等级，具体如表 4-23 所示。

表 4-23　评分规则

等级	形成	接近期望	满足期望	超越期望
	1	2	3	4
中心思想	呈现一个不清楚的中心思想	呈现一个能解决问题的清晰的中心思想，但没能聚焦	呈现了一个清晰、具体的中心思想，能解决问题的所有方面并考虑了主题的复杂性	呈现了一个精确且实质的中心思想，能解决问题的所有方面，考虑主题的复杂性，并在适当的情况下承认证据或信息的差距
证据的选择和呈现	仅使用了最低程度的资料并没有标注来源	对资料中的案例、引文等有所使用，但没有正确标注来源	对资料中的案例、引文的引用能够支持中心思想，正确标注来源但存在格式问题	对资料中的案例、引文精心挑选，它们能完全支持中心观点，且完全正确地标注来源
资料的解释和利用	对思想和材料的解释不相关、不完整或不准确	对思想和材料的解释能够支持中心思想，并具有一些不完全的推理	准确解释思想和材料，以及它们如何支持中心思想	彻底解释思想和材料，以支持并发展中心思想
文章的结构	缺乏明显的结构，使得思想、概念与信息之间的联系不清楚	具有一定结构，能够使用过渡来发展中心思想，但在连贯性和组织方面存在不足	对想法进行分组和排序，以形成连贯的解释。使用过渡来澄清复杂想法、概念与信息之间的关系	按照逻辑顺序对想法进行分组和排序以构建成为一个统一的整体。通过各类过渡来澄清复杂想法、概念和信息之间的精确关系

续表

等级	形成	接近期望	满足期望	超越期望
	1	2	3	4
写作的习惯	具有影响写作清晰度的巨大语法错误，语言或语气不恰当	具有影响写作清晰度的语法错误偶尔使用的语言或语气不恰当	语法标准，偶有错误但不影响文章清晰度，且语言和语气恰当	语法标准，几乎没有错误，且用词精确。语言与语气始终恰当
内容的理解	试图在解释中包含学科内容，但对内容的理解薄弱，内容不相关，不适合，不准确	简要说明与问题相关的原理，对内容的理解较为基础，解释上存在小错误	准确地陈述了与问题相关的原理，并提供了充分的解释，以证明对内容的准确理解	将相关且准确的学科内容与全面的解释相结合，显示了更为深入的理解

（1）表现性评价目标的分析

①内容

该表现性评价目标紧靠生物学学科核心素养，立足于细胞的结构和功能，重视科学思维和社会责任维度的表现，通过文章的阅读与写作，发展学生批判性思维，完善生命观念，培养社会责任，符合学生的最近发展区，是学生在教师指导下、同伴合作中能够层层推进的。

②清晰度

总评价目标清晰具体，指向明确，学生阅读后能够了解评价最终所应达到的预期结果，但本案例是长周期型表现性评价，由多轮课程构成，由于缺乏每一阶段课程的评价目标，学生可能在某阶段课程中不能明确目标。

③可行性

本评价建立在学生已经学完细胞的基本结构的基础上，学生具备相应的知识基础。同时评价对象为高一阶段学生，其具备基本的阅读与总结、交流与合作能力，在相关任务的完成过程中能够有效对行为进行评价。最终产品的得出需要学生完成多方面的任务，也能够促进学生多维度能力的发展和在原有的基础知识之上的进一步理解。

（2）表现性评价任务的分析

①内容

该表现性评价设置了4个表现性任务，从文章阅读的准备开始逐层深入直至形成含有自己观点的文章。整个任务流程紧密贴合表现性评价目标，促进目标的完成。不仅关注生命观念的建构，而且重视科学思维和社会责任的培养，同时也涉及一些跨学科知识的学习，总体上来说符合表现性评价的任务标准。

②清晰度

本案例任务要求表述清楚，对每一环节将要使用到的资源以及预计用时都有明确规定，对学生应该达到的表现程度也有所体现，但该任务也存在一些不足，即缺乏子任务的相关说明，可能会给学生带来困扰。

③可行性

任务总体时间为3～4周，有利于学生对文章的深入解读以及对写作方面内容的交流和探讨，保证学生有足够的时间完成作品。同时该表现性评价在材料、场所等资源上的要求较低，仅在教室等寻常场所就能进行，因此具有相当的可行性。

（3）表现性评价评分规则的分析

①内容

该评分规则与评价目标高度关联，包含了学生应该达到的预期结果的评价，每一维度设置了四种不同的等级及表现，每种等级下都有相当详细的描述，以便于评价者进行评价。但也缺少权重等相关因素，可能会在一定程度上影响评价的科学性。

②清晰度

不同水平之间的评价规则存在差异且距离适中，表达比较明确但缺乏相关案例列举，每个维度专注于一个能力的评价，重视对能力水平的细致刻画。

③可行性

该评分规则每个维度分为4个水平，每个水平展示了对应的表现，都指向了对应的表现任务，通过该规则，一方面学生能够进行自评，了解自己所应达到的水平，另一方面教师可通过评价结果获得有效的反馈。

④可信度

由于评价规则中较多地使用了准确、不准确等形容词，可能会造成不同评价者对该规则的理解不一致，因此需要进行改进。

3.基于生物学学科核心素养的、镶嵌于教学中的表现性评价案例改编

（1）案例呈现

美国斯坦福大学评价、学习与公平中心设计了一个关于牙签鱼的模拟性活动（节选如图4-22所示），以生态系统内的因素如何影响牙签鱼种群和遗传多样性的变化为情境，要求学生在牙签鱼种群环境中模拟基因实验，解释基因、性状、变异、存活和繁殖之间的关系。通过三个不同的任务以及情境试题，介绍牙签鱼的基本信息、肤色与基因之间的关系，模拟实验的流程等，考查学生对孟德尔遗传定律、基因与性状的关系、种群间的相互作用以及自然选择的概念等学科知识的理解，关注学生阅读科学材料、对知识的迁移运用、分析处理数据、运用证据解释观点等高阶思维能力，强调学生要关注重点社会议题、具有生态环保的意识。

Innovation Lab Network Performance Assessment Project

Subject area/course: Science/Biology - Genetics
Grade level/band: 10
Task source: New Hampshire Task Bank; Author: Megan Brown and Maureen Munn, The GENETICS Project. University of Washington. Modified by: Rita Ciambra, Valerie Cunha, John Duplinsky, Marilyn Shepardson, and Michelle Webber; Science Department, Spaulding High School, Rochester, NH.

Toothpick Fish Inquiry Task

STUDENT INSTRUCTIONS

A. Task context:

Essential Question: How can factors within an ecosystem effect changes in the population and genetic biodiversity of the Toothpick Fish species?

The purpose of this activity is to experiment with genes in an environment for a population of "toothpick" fish, explaining the relationships between genes, traits, variation, survival, and reproduction. The activity is a simulation, but it models the way actual fish and other organisms live in nature. This activity will require you to understand the basic concepts of genetics and natural selection as well as to make predictions about and explain the effects of changes in your "toothpick" fish's environment. A word bank is available on the last page of this task for reference.

图 4-22

　　该案例设置的每一个问题都围绕该部分的情境设置，问题描述简洁，侧重于对学生高阶思维能力的考查，要求学生运用证据解释观点。学生要正确解答问题，必须要经过深入分析推理，若是仅通过简单的记忆难以达到任务要求。总体来说，问题设置考虑到多个概念间的联系，既有微观层面的基因，又有宏观层面的种群乃至群落间的相互联系。

　　该试题设计的内容对应生物学必修 2 "遗传与进化"第 1 章"遗传因子的发现"与第 6 章"生物的进化"、生物学选择性必修 2 "生物与环境"第 1 章"种群及其动态"等内容，课程标准对其要求为"阐明有性生殖中基因的分离和自由组合使得子代的基因型和表现型有多种可能，并可由此预测子代的遗传性状""说明自然选择促进生物更好地适应特定的生存环境""尝试建立数学模型解释种群的数量变动"等[1]。课程标准明确提出"以核心素养为宗旨""内容聚焦大概念""教学过程重实践""学业评价促发展"，本任务设计紧紧围绕着课程标准的基本理念，全面考查学生的综合素养，以牙签鱼的模拟性实践活动串起诸多大概念，注重与生产生活实践的联系。在原版试题中，虽有对学生多种概念与思维的考查，但为更明确地落实课程标准的要求，改编后的案例对原试题进行了进一步的凝练，将核心素养的考查显性化，并增加了对社会责任的测评。

　　（2）改编后的案例呈现

【评价目标】

　　①通过阅读及分析科学资料，联系遗传信息控制生物性状概念，正确分析得出相关表型；基于进化与适应观、稳态与平衡观，合理解释黄色牙签鱼被秃鹰和鱼鹰捕食的原因，正确理解生物与环境之间的相互关系。（生命观念）

　　②通过阅读牙签鱼的基本信息及模拟实验流程，能够运用模型与建模的思维以及文字、图示等多种表达方式正确阐述生物学规律，解释相应的

---

[1] 中华人民共和国教育部. 普通高中生物学课程标准（2017 年版 2020 年修订）[M]. 北京：人民教育出版社，2020：16-24.

生物学现象；通过模拟牙签鱼种群活动，能够合理地组织、呈现和分析数据，并运用证据进行解释。（科学思维）

③通过牙签鱼种群模拟实验活动，如实记录并分析实验结果，对结果进行交流讨论，掌握科学探究的一般过程，提高实践能力，善于团队合作。（科学探究）

④通过分析并列举牙签鱼受到的环境影响以及保护措施，理性解释生产生活实践中的问题，并积极运用生物学知识解决实践中的问题。（社会责任）

【表现性评价任务】

A. 任务情境

基本问题：生态系统内的因素如何影响牙签鱼类种群和遗传多样性的变化？

B. 活动目的

这项活动的目的是在牙签鱼群体的环境中进行基因实验，解释基因、性状、变异、存活和繁殖之间的关系。这种活动是一种模拟，但它模拟了实际鱼类和其他生物在自然界中的生活方式。这项活动要求了解遗传学和自然选择的基本概念，并对牙签鱼的环境变化做出预测和解释。

C. 任务时间

三个课时。

D. 任务结构

此任务分为三个部分（每部分为一节课）。

第一部分：阅读并提取信息，思考科学问题。

第二部分：组织、呈现和分析数据。

第三部分：使用证据和应用所学的知识。

第一部分：阅读并提取信息，思考科学问题

活动简介：

牙签鱼种群生活在新罕布什尔州的华盛顿山谷河。这条浅河水流缓慢，到处都是植被、藻类、浮游生物。当地的食肉动物包括飞鸟、水鸟、熊、龟。各种飞鸟从空中捕猎，利用敏锐的视觉发现猎物。水鸟涉过浅水，用长而尖的喙刺穿猎物。种群内的遗传多样性对其生存至关重要。科学家们目前正在研究牙签鱼和影响其种群变化的因素。

彩色牙签代表三种不同的等位基因（绿色、红色和黄色），它们控制一种鱼的特性：肤色（橙色、绿色、红色或黄色）。表4-24解释了该基因的哪些等位基因是显性的，哪些是隐性的，哪些是不完全显性的。注意，每根牙签代表一个等位基因；两根牙签代表一条鱼的基因型。

表4-24   牙签鱼等位基因之间的关系

等位基因	所控制的特性
绿色等位基因（G）	对所有其他颜色等位基因显性
红色等位基因（R）	对绿色等位基因显隐性、有黄色等位基因时显橙色
黄色等位基因（Y）	对绿色等位基因显隐性，有红色等位基因时显橙色

阅读材料后，请回答以下问题。

（1）根据简介中的信息推测表4-25的基因组成。

表4-25   牙签鱼的表型及其可能的基因组合

表型	可能的等位基因组合
绿色	
红色	
黄色	
橙色	

（2）如果两条绿色的牙签鱼交配，会产生橙色的后代吗？请用遗传图解支持你的主张。

第二部分：组织、呈现和分析数据

①每种颜色的牙签分别取8根，放入不透明纸袋中（共24根牙签）。

②产生第一代鱼。随机把等位基因（牙签）成对地拿出来，小心地把它们放在一边，这样它们就成了一对。随后将结过对的基因型和表型记录在表4-26和表4-27中。

③计算第一代中每个表型的数量，并记录在表4-28中。

④第二年春天，科学家们观察到该地区的鱼鹰数量有所增加。把黄色的牙签鱼从你的种群中去掉，把那些牙签放在一边，它们不再是基因库的一部分。提示：记住一对牙签等于一条鱼。

⑤把剩下的等位基因放回基因库（不透明纸袋），混匀，并随机将牙签成对拿出来，产生第二代鱼。将等位基因对记录在表4-26和表4-27中。

⑥计算第二代各表型的数量，并记录在表4-28中。

⑦那年夏天，科学家们观察到该地区又出现了秃鹰，请把黄色的牙签鱼去掉，它们不再是基因库的一部分。提示：记住一对牙签等于一条鱼。

⑧把剩下的等位基因放回基因库（不透明纸袋），按步骤⑤的方法处理，产生第三代鱼。将基因型和表型记录在表4-26和表4-27中。

⑨计算第三代各表型的数量，并记录在表4-28中。

⑩把剩下的等位基因放回基因库。这一次，不要去掉黄色牙签鱼。

⑪按步骤⑤的方法产生第四代鱼。将基因型和表型记录在表4-26和表4-27中。

⑫计算不同颜色牙签鱼的后代的数量，并记录在表4-28中。

阅读材料后，请回答以下问题。

（3）为什么具有黄色等位基因的鱼类种群会受到鱼鹰和秃鹰的影响？

_____

_____

（4）所有的黄色等位基因都消失了吗？为什么？

_____

_____

表 4-26　四代牙签鱼的基因型

牙签鱼	后代			
	第一代	第二代	第三代	第四代
1				
2				
3				
4				
5				
6				
7				
8				
9				
10				
11				
12				

表 4-27　四代牙签鱼的表型

牙签鱼	后代			
	第一代	第二代	第三代	第四代
1				
2				
3				
4				
5				
6				
7				
8				
9				
10				
11				
12				

表4-28   牙签鱼的表型

后代	绿色	红色	橙色	黄色
第一代				
第二代				
第三代				
第四代				
第四代存活				

第三部分：使用证据和应用所学的知识

若人为的原因导致有毒物质进入该水域，试确定这种行为可能对栖息地及鱼群的影响。

①将所有可能受到这种影响的鱼类从种群中清除。提示：记住一对牙签等于一条鱼。

②将存活的后代填写在表4-28中。

③把所有牙签放回袋子。

④根据表4-28的数据，创建线型图，显示四代中每种牙签鱼的表型。

根据上述描述，请回答以下问题。

（5）使用表4-28中的数据，创建一个完整的线形图，显示四代中每种牙签鱼的表型（确保包括图例）。

_____

_____

_____

（6）水体污染后，牙签鱼种群可能会受到哪些影响？如何保护牙签鱼？请写出至少两条观点，并使用证据支持你的观点。

_____

_____

_____

【评分规则】（见表 4-29）

表 4-29　各部分的评分规则

题序	评价目标	对应水平	回答等级描述	回答结构样例	赋分
（1）	运用正确的生命观念，基于遗传信息；控制生物性状概念，正确分析得出相关表型	生命观念，素养水平三	拒绝回答或作出完全错误的表型结果	如："空白"；绿色为 YY	0 分
			正确认识性状与等位基因之间的关系，并正确写出三对表型可能的等位基因组合	如：绿色为 GG、GR、GY　红色为 RR　黄色为 YY　橙色为 RY	1 分
			正确认识性状与等位基因之间的关系，根据具体情境中给出信息，完全正确地写出四对表型可能的等位基因组合	如：绿色为 GG、GR、GY　红色为 RR　黄色为 YY　橙色为 YR	2 分
（2）	基于给定题干信息，采用模型与建模以及图示等方式正确得出规律	科学思维，素养水平二	拒绝回答或作出的表格和遗传图解不符合规则	如：不可能，因为绿色牙签鱼的遗传图解表示了绿色牙签鱼只能产生绿色后代。 P　GG × GG 配子　G　G 子代　GG	0 分
			使用表格分析，得到了完整的所有的结果；正确使用遗传图解进行分析，并能证明自己的观点	如：可能，基因型为 GR、GY 的绿色牙签鱼后代中可能出现橙色牙签鱼。 P　GR × GY 配子　G R　G Y 子代　RY	1 分

续表

题序	评价目标	对应水平	回答等级描述	回答结构样例	赋分
（3）	从进化与适应观、稳态与平衡观出发，解释黄色牙签鱼被秃鹰和鱼鹰捕食的原因	生命观念，素养水平三	拒绝回答或作出完全无关的原因分析	如：黄色牙签鱼仅能存活到春季	0分
			能够从牙签鱼角度或鱼鹰与秃鹰角度给出黄色牙签鱼易被捕食原因	如：鱼鹰更容易发现黄色牙签鱼	1分
			能够从牙签鱼角度和鱼鹰与秃鹰角度给出黄色牙签鱼易被捕食原因	如：黄色牙签鱼在春季的溪流当中颜色更加与众不同，鱼鹰与秃鹫等能够更容易从水中捕捉到黄色牙签鱼	2分
（4）	基于牙签鱼证据，结合相应生命观念，通过文字或图示的方式正确地表明并解释个人立场	科学思维，素养水平三	拒绝回答或作出完全无关的解释	如：是的，黄色基因都消失了	0分
			基于证据，选择合适的方法，正确阐述并解释个人立场	如：仍然存在黄色基因，因为黄色基因除了在黄色牙签鱼中存在，还存在于绿色牙签鱼和橙色牙签鱼中	1分
（5）	基于记录的数据，尝试构建种群数量变化线形图	科学思维，素养水平三	拒绝回答或构建图形与原有数据无关	如：未作图	0分
			基于数据尝试构建线形图，但缺少诸如横轴（纵轴）、表型等相关要素	如：	1分

续表

题序	评价目标	对应水平	回答等级描述	回答结构样例	赋分
（5）	基于记录的数据，尝试构建种群数量变化线形图	科学思维，素养水平三	基于数据尝试构建线形图，且元要素完整	如： 数目 线形图 第一代 第二代 第三代 第四代 幸存 时期	2分
（6）	从稳态与平衡观出发，合理解释生物与非生物环境之间的相互影响；基于生物学观点，为解决牙签鱼处境提出办法	生命观念，素养水平三，以及社会责任，素养水平三	拒绝回答或作出完全无关的解释，建议完全错误	如：牙签鱼不会受到过多影响，无需开展保护	0分
			从环境或生物的某一方面作出了解释，并提出了可能合理的建议	如：在生活中由于水体污染导致的水花等会导致动植物大量死亡，因此水体受污染后，牙签鱼的食物来源可能会减少。要保护牙签鱼的话，就要增加水中食物的量	1分
			从环境和生物两方面作出了解释，并阐述了两者的关系，提出了合理的建议	如：在生活中，池塘受污染后里面的生物量会减少，此外各种死去的动植物还会积累有害物质。因此水体受污染一方面牙签鱼食物来源少了，另一方面这些有害物质还会直接导致牙签鱼死亡。所以要保护牙签鱼的话一方面我们要想办法除去污染，另一方面还可以将牙签鱼迁至干净的水域	2分

结合我国课程标准及生物学教材内容进行了修改，删去了部分涉及稳态与平衡的内容，使重点尽量集中于必修 2 模块，从而保证该表现性评价任务的可行性。本任务能够很好地测评学生核心素养的四大维度，其中第（1）题要求学生推测基因组成，一方面这涉及较复杂情境中生命观念的应用以及相关证据的归纳与总结，因此能够很好地测评学生的生命观念的素养水平三、科学思维的素养水平二。第（2）题要求学生以遗传图解的形式证明相关内容，也同属于科学思维的素养水平二的考查。第（3）题与第（4）题涉及生命观念、科学思维、科学探究的考查。其中第（3）题要求学生对黄色牙签鱼易受捕食的原因进行分析，一方面为第（4）题做铺垫，另一方面也能引导学生发展相应生命观念。第（4）题则重点考查学生的科学思维及科学探究，要求学生如实记录相关数据，并根据数据形成证据来支持相应观点，因此考查的是科学思维的素养水平三以及科学探究的素养水平一。第（5）题、第（6）题主要考查学生的生命观念、科学思维和社会责任。第（5）题要求进行数据的可视化操作，属于科学思维的模型与建模部分，对应考查科学思维的素养水平三。第（6）题要求学生在分析牙签鱼可能受到的影响的基础上提出解决方案，一方面对学生的生命观念提出了要求，另一方面也要求学生能够基于生物学观点，对解决现实世界中的问题作出尝试，由此考查社会责任的素养水平三。

第四节　基于表现性评价对我国学业质量评价的启示及展望

一、基于表现性评价对我国学业质量评价的启示

（一）表现性评价的设计需要基于课程标准的要求

表现性评价自 20 世纪传入我国以来，已经积累了一定的理论及实践研究成果，当下无论是各大文献库或各类机构及学校都有着相关的表现性评价资源。但现行表现性评价由于设计理念的偏离、内容标准的把握不统一等各方面因素导致评价质量参差不齐，该状况亟待解决。《普通高中生

物学课程标准（2017 年版 2020 年修订）》的颁布从基本理念、课程结构、素养水平等对高中生物学课程内容进行了深入的阐述，明确了如何教、教什么、评什么、怎么评等各方面内容，对教学评价具有指导意义。

　　基于课程标准的相关要求建构的表现性评价，一方面能明确评价的理念，即教学评价促发展，保证评价功能的正确行使；另一方面为评价的内容与表现标准提供依据，避免了过偏过难等内容的出现，保证评价的有效性。最后核心素养的培养是当下教育无法回避的话题，基于课程标准的表现性评价从内容出发，密切建立与核心素养的联系，也能成为核心素养发展的助推剂。总的来说，基于标准的表现性评价能够更好地实现"教—学—评"的一体化，促进教师的教学、学生的发展。

　　建构基于课程标准的表现性评价，需要对表现性评价的内涵有着正确的把握，对课程标准和核心素养也有着深入的理解，这意味着表现性评价的设计不应是单一角色的任务，更需要教育部门、一线教师、高校研究者之间的密切合作。

（二）将表现性评价运用到过程性与终结性评价相结合的普通高中学业水平考试中

　　我国现行的普通高中学业水平考试制度仍然是以终结性评价为主。这样的评价方式与新课改评价理念中一直强调坚持终结性评价与过程性评价相结合的主张还存在差距，且 2020 年通过的《深化新时代教育评价改革总体方案》中提出"改进结果评价，强化过程评价，探索增值评价，健全综合评价"，也体现了过程性评价在我国教育评价中的不足。

　　要对学生进行过程性评价，评价任务的直接实施者是教师，表现性评价则是过程性评价的重要方式之一。教师需要在日常教学中通过观察、记录和分析学生在各项表现性活动中的行为、表现，通过提前设计好的评价标准对学生的核心素养进行评价，例如学生的科学论证能力、批判性思维、探究能力、实验操作技能、参与意识与合作精神等维度。而在终结性评价，例如纸笔测验中，则需要考虑设置纸笔测验的题目形式，在大情境中提出问题，并给予学生更多的作答自由度，且能够体现学生多方面的素养。终结性评价与过程性评价中应贯穿表现性评价的运用，相互配合、相互补充，这样的方式可以对学生核心素养各方面的进步与发展进行全面评价，体现出可持续发展的教育评价理念。

要促使教师、学校全面落实终结性评价与过程性评价相结合，关键还是需要国家、地方教育管理部门进行相关的监督与督促，并与教师、学校、地区等的考核相挂钩。此外，我国普通高中学业水平考试制度也应考虑在保证公平性、有效性、真实性的前提下，将过程性评价的成绩作为学生高考总评成绩的一部分。

（三）需要制定详细且可操作的表现性标准

表现性评价是相关教育者、研究者根据一定的教学目标所设计的一系列表现性任务，它不是要求选择一个答案或者进行简单作答，它需要观察学生在某项任务之中是否积极参与、是否体现相关素养、是否能运用相关技能，代表了学习目标的要求，而这些成果没有固定的答案，因此需要评价者通过观察，以评分规则进行判断。因此，表现性评价的开发包括学生学习目标设计、学生执行的任务以及可以用来判断结果和表现的评价标准。而对于表现性评价中目标、表现性任务和评分规则这三个核心要素的可行性、匹配性、可操作性、可信度等也需要研究者关注，所开发的表现性评价也需要有相应的标准进行评价与考核，以此来确保所开发、设计的表现性评价其"目标—任务—评价"的一致性。

本书针对表现性评价的目标、表现性任务、评分规则分别设计、开发了相应的评价标准，旨在评价表现性评价的目标、任务及评分规则的可行性、可信度、可操作性等方面的问题。其中，表现性评价目标主要聚焦于目标与学生学习根本要求的一致性。对于表现性任务主要聚焦于任务是真实的，是与学生生活实际相关的，是能够提高学生习得的能力并迁移至真实生活情景中的；对于评分规则主要聚焦于其对于学生行为评价的可行性、可操作性等。

（四）开发依托专业机构的、科学的课堂表现性评价任务

与传统的教育评价方式相比，表现性评价因其突出的发展性功能而受到广大教育工作者的青睐，尤其是在日常教学中，通过设计一定的表现性

任务，既能够引发学生的兴趣，又能够提升学生的多种综合素养，为造就全面发展的人奠定基础。

根据现有的研究，发现国内多数镶嵌于教学中的表现性评价任务是教师根据课堂需要或经验自主设计的，其质量水平良莠不齐，部分理论基础不足，甚至有的存在科学性错误、目标模糊、任务过程混乱、评价标准不合理等问题。即便依据同样的评价目标，不同教师设计出来的最终成果依然是千差万别的，这就导致了表现性评价实施过程中可能存在主观性问题，至于如何改进以及如何验证其科学性是多数教师并未深入研究的。部分一线教师可能具备一定的教学理念，希望设计出符合学生实际的表现性任务，真正在任务中实现学生素养的提升，然而如何设计、如何确保表现性评价的科学性等问题难以通过一己之力予以解决。

总体来说，表现性评价是一个复杂的、综合的过程，并非单枪匹马就可以完成的，整个过程的维系与运营需要大量的支持。正如美国斯坦福大学评价、学习与公平中心这样专业的教育评价机构，作为第三方专业评价机构，能够起到很好的监督与调节作用，并尽可能保证评价结果的科学性与公平性。宏观层面上，国家需要积极鼓励及引导第三方教育评价机构的发展，以提高教育评价质量。此外，专业的评价机构还能够为政府和学校、学生提供专业的详细的评估报告，以此作为学生学习的反馈，充分发挥其专业性和灵活性，改进教师的教学和学生的学习。

二、基于表现性评价对我国学业质量评价的展望
（一）中学生物学实验的考试内容与考查方式有待完善

目前，中学理化生实验考试在日常教学中的地位和作用都得到了很大的提升，不同的地区陆续按照课程标准的要求开展实验教学，不少地区还将中学生实验考试纳入中考评分体系。2019年《教育部关于加强和改进中小学实验教学的意见》还提出"把学生实验操作情况和能力表现纳入综合素质评价；2023年前要将实验操作纳入初中学业水平考试，考试成绩纳入高中阶段学校招生录取依据；在普通高中学业水平考试中，有条件的

地区可将理化生实验操作纳入省级统一考试"[1] 的目标。可见,实验教学对于促进学生发展有着举足轻重的作用。当前的中学生物学实验考试发展主要存在两方面的问题:一是实验内容的确定,二是实验考查方式的选择。

从实验考试的内容来看,目前实验考试的目标停留在考查学生的操作是否达标,而缺少激励、选拔的意味,缺乏思维的测评。另外,对于纳入中考的实验操作考试,一般来说,学校会花较长的时间反复训练学生对于特定几个实验的操作,一方面,从时间投入和成果产出的效率来看,实验考试的目标设定、任务要求和评分准则还有调整提高的空间。另一方面,初中生正处于对自然、科学充满好奇的阶段,喜欢新鲜的事物,而将纳入考试的实验操作进行反复训练可能会导致学生对实验的兴趣下降,不利于学生科学素养的有效提升,因此,对于中考实验内容的选择以及训练还可以进一步调整。

从实验考查方式来看,目前我国开展实验中考项目的北京、广州、河南、福建等省市,其实验考试的形式以限时的现场操作为主,评分者为教师或是实验员。在实验的考查方面,同样存在两个问题:一是部分学生存在临场紧张的情况,可能会导致实验考试的测评与学生的真实水平存在误差。二是评分者的专业性与一致性。从这两个角度出发,未来的实验考试可以从提高评分者的专业素养和改革实验考查方式两个方向加以改进。前者需要对评价规则进一步细化,对评分者进行专业的规范化训练,在一定程度上解决由于评分者主观性带来的实验考试评分不一致的问题;后者则可以考虑建立实验操作云平台,形成实验考试题库,利用网络技术考查学生多方面的实验技能,发展学生的思维能力,并以机考的方式对学生进行统一的评价。

若以实验内容确定及实验考查方式选择为切入点进行调整与改善,把中学生物学实验考试作为中学表现性评价在大规模测试中的重要组成部分,将会不断地推进表现性评价的发展。

---

[1] 教育部关于加强和改进中小学实验教学的意见 [EB/OL].(2019-11-22)[2021-05-06].http://www.moe.gov.cn/srcsite/A06/s3321/201911/t20191128_409958.html.

（二）融入现代技术是表现性评价发展的必然趋势

表现性评价所具备的价值是毋庸置疑的。信息时代背景下，社会对高素质人才的需求不断增加，对表现性评价的需求也不断扩大。然而，在大规模评价中，表现性评价由于设计难度大、使用范围小、资源消耗大等问题，因此较少运用。随着人工智能、5G 技术不断发展，将现代技术融入表现性评价是其发展的必然趋势。

相较于表现性评价，纸笔测验在大规模测评中具备天然的优势，故表现性评价可与纸笔测验结合形成纸笔式表现性评价。学生在虚拟平台中运用相关技术或软件实施表现性任务，评价者根据学生呈现的结果开展测评。这种评价方式虽然仍然不能对学生的操作过程进行细致的评价，但是可发挥纸笔测验的优势，可以将这种评价方式运用于全国范围甚至是全球范围的大规模测评中，扩大表现性评价的使用范围。

同时，评价者精心设计的表现性评价任务常受客观条件的限制，例如：以"细胞膜结构"内容为基础的表现性评价任务，任务的真实性往往受到影响。在表现性评价中融入虚拟建模、3D 打印、VR 等现代技术，能增加表现性任务的真实性、挑战性、自由度等，是表现性任务对表现性评价提出的需求。同理，表现性评价标准也具有相似的需求，而表现性评价目标在这一背景下也将更具备挑战性。因此，可以说在表现性评价中融入现代技术，是表现性评价发展的必然趋势。

第五章

信息技术在生物学学业质量评价中的运用

1993 年，美国政府提出建设"国家信息基础设施"（National Information Infrastructure），俗称"信息高速公路"（Information Superhighway）计划，强调推进信息技术在教育中的应用，这一举动引起了世界各国的积极反应。2010 年，我国教育部颁布《国家中长期教育改革和发展规划纲要（2010—2020 年）》，强调加强优质教育资源开发与应用、强化信息技术应用；2012 年，教育部再次颁布《教育信息化十年发展规划（2011—2020 年）》，强调推进教育信息化能力体系建设，通过教育信息化破解制约我国教育发展的难题；2018 年，教育部印发《教育信息化2.0行动计划》，强调积极推进"互联网＋教育"发展，加快教育现代化和教育强国建设。"信息化"是 21 世纪特有的标签之一，知识经济、翻转课堂、混合教学、全民教育、个性化学习和终身学习等成为信息时代教育发展的重要特征，将信息技术有效融入生物学学业质量评价，符合新时代要求，也能起到促进"教—学—评"一体化的作用。

第一节　信息技术在生物学教学评价中的应用发展

以美国为首的发达国家于 20 世纪 90 年代初开始建设以因特网为雏形的"信息高速公路"，标志着信息时代的真正来临。之后，伴随信息时代出现的技术体系在国际范围内迅速转移与应用。作为信息时代的技术基础——信息技术，除了对人类的生活方式、生产方式、工作方式、娱乐方式产生重要的影响，对教育领域也产生了变革性的影响。

一、信息技术的内涵

信息技术（Information technology，简称 IT），是主要用于管理和处理信息所采用的各种技术的总称。人们对信息技术的定义，因其使用的目的、范围、层次不同而有不同的表述。国外学者认为信息技术包括通信（Communication）、控制（Control）和计算机（Computer），称为 3C。还有一种观点认为，现代信息技术是通信和计算机技术的结合。我国学者把可以扩展人的信息功能的技术称为信息技术。例如，计算机技术是一种信息技术，因为它能够扩展人的处理信息等功能，而原子弹、氢弹就不是信息技术，因为它扩展的不是人的信息功能，而是人的力量或体力功能。[1]

1936 年，英国数学家 A.M.Turing 提出图灵机的定义，为现代计算机硬件和软件做了理论上的准备，可认为是信息技术

[1] 师书恩，崔著旺.信息技术在教学中的应用 [M].北京：北京邮电大学出版社，2002：4.

诞生的时间。从图灵计算机到埃尼亚克，从大型机到个人电脑，从微型计算机到移动终端，信息技术的发展不断冲击着人类的想象。它可以分为传统信息技术和新一代信息技术。传统信息技术主要包括通信、计算机与计算机语言、电子技术、光纤技术等。新一代信息技术分为六个方面，包括下一代通信网络、物联网、三网融合、新型平板显示、高性能集成电路和以云计算为代表的高端软件。

二、信息技术应用于教学评价的发展历程

教学评价是教学的重要环节，是对教学效果的基本判断，为教学活动更有效地开展提供基本的依据。由于国情的不同，国内外教学评价的历史发展有所不同，研究者对于教学评价历史演变的认识和理解亦有不同。

国外有关教学评价的研究最早始于 1930 年前后，这个时期的评价在本质上是以测验和测量的方式测定学生对知识的记忆状况或某项特质。20 世纪 30 年代到 50 年代是以泰勒的"目标中心模式"为核心，这个时期的评价特点是评价不等于考试和测验，而是与教育目标对照的过程。20 世纪 50 年代到 70 年代主要形成布卢姆评价模式和 CIPP 模式，产生了"形成性评价""目标游离评价"等评价理念。20 世纪 70 年代以后，评价的特点是采用质性研究方法，把评价视为评价者和被评价者民主协商、主动参与的过程。到了 20 世纪 80 年代，"档案袋评价"等过程性评价兴起，其他的评价技术还有表现性评价、真实性评价等。[1]

20 世纪 90 年代以后，信息化浪潮席卷全球。美国政府从 1996 年开始全面推进基础教育信息化，在教育信息化方面一直走在世界前列。其中美国教育技术 CEO 论坛依据克林顿政府所提出的中小学信息技术应用和发展的四大支柱开发出著名 STaR 评估量表，已经被美国一些州和学校所采纳，成为衡量该地区和学校教育信息化发展水平的标尺。[2] 此外美国的 EDUCASE 公司、AACRAO 和 NACAC，合作推出了一套评估体

---

[1] 查月红 . 高中生学业评价的现状与反思 [D]. 芜湖：安徽师范大学，2006：3.

[2] 汪琼、陈瑞江、刘娜、等 .STaR 评估与教育信息化研究 [J]. 开放教育研究，2004（4）：10-14.

系 The Student Guide to Evaluate Information Technology on Campus，对美国大学校园信息技术应用进行评价。2000 年，美国联邦教育部组织各界对美国基础教育信息化的状况进行评估。"信息化校园计划"（Campus Computing Project，简称 CCP）是美国目前关于高校信息化方面最具权威性的研究项目之一，该研究项目通过定量和定性研究相结合的方法，定期发布美国各大学校园信息技术的发展和应用方面的报告。[1]

　　ACCS（Asian Campus Computing Survey）是目前亚洲有关高校信息化评价方面最具权威性的研究项目之一，由我国香港大学于 2002 年发起，获得了亚洲各国高校信息化发展的最新数据和资料。[2] 从 2002 年的调查中可以看出，国内外在信息化建设方面的起步时间不同，建设的成效以及建设的重点也不同。

　　与国外相比，我国教学评价起步较晚，其间经历诸多起伏。直至 2001 年秋季，新课程改革正式实施，持续至今。课程改革的推进也带动了学生学业评价的相关研究。新课程的教学评价改革在理念上取得丰硕成果，各种质性评价，如教师日常观察、成长记录袋、学习日记、情景测验、推荐信等受到了大力倡导。[3] 然而新课程教学评价理念在实施过程中却出现了一些偏差，将评价手段形式化，表面上看多样化的评价方法开展得轰轰烈烈，但在升学考试中并不受青睐，在实践中应用信息技术开展的教学评价探索也较少。

　　教学评价是为了更好地促进学生发展。缺少信息技术支持的教学评价存在教学过程数据无法采集、评价不精确、耗时长等一系列问题。通过对各国际组织、教育信息化强国的评价的研究学习和自身的实践经历，我国也开始意识到利用信息技术开展教学评价的重要性。2010 年，教育部颁布《国家中长期教育改革和发展规划纲要（2010—2020 年）》，指出教育信息化是推进教育改革与发展的战略制高点，"信息技术对教育发展具

[1] 杨奋 . 教育信息化评价方法研究 [D]. 哈尔滨：哈尔滨工程大学，2007：5.

[2] 赵国栋 . 关于中国、美国和日本高等教育信息化发展的比较研究：ACCS 研究项目介绍 [J]. 比较教育研究，2004（2）：28-33.

[3] 周序 . 十年来教学评价改革成绩与问题反思 [J]. 中国教育学刊，2011（10）：19-22.

有革命性影响"。2014年教育部办公厅印发了《中小学教师信息技术应用能力标准（试行）》，其中的评估与诊断方法提出：（1）尝试利用技术工具收集学生学习过程信息；（2）尝试利用技术工具开展测验、练习等工作；（3）综合利用技术手段进行学情分析，为促进学生的个性化学习提供依据；（4）利用技术手段持续收集学生学习过程及结果关键信息等。[1] 可见，将信息技术应用于教学评价是近年来发展的趋势。

总体来看，国内外信息技术在教学评价中的应用经历了工具辅助、整合应用和融合创新三个发展阶段。

（一）工具辅助阶段

本阶段信息技术只是作为辅助工具参与教学评价，是教育活动的"边缘参与者"。这一阶段的技术形式主要有幻灯、投影、电视、广播、计算机等。如计算机自其出现就被作为一种教学辅助工具引入教学，辅助练习，进行个别指导，实现模拟对话与咨询等功能，并形成了计算机辅助教学（Computer Aided Instruction，简称CAI）。[2] 此外，教师还可通过拍摄视频，记录学生上课的表现，为教学提供一种过程性评价的手段，但此阶段的教学评价用到的信息技术工具、手段比较单一，且对新技术的敏感度低，应用新技术提高评价效果的实践少。以Clicker为例，国内外许多相关研究发现将Clicker教学系统引入课堂，对提高学生出勤率和鼓励学生课堂主动参与具有较好的效果，但却很少有这样的研究成果公之于众。[3] 多种信息化评价方式使用比例则更低，尝试建立学生学习电子档案，为学生综合素质评价提供支持的行动并没有真正落实。

总之，这一阶段的信息技术被认为是分离于教学本身之外。它被引入教学只是由于技术的某种属性满足了教学这一复杂性实体的某种需求，但信息技术并没有从根本上改变与教学评价的真正融合。

[1] 张晨婧仔，王瑛，汪晓东，等. 国内外教育信息化评价的政策比较、发展趋势与启示 [J]. 远程教育杂志，2015，33（4）：22-33.

[2] 卢强. 技术融入教学的实践逻辑、现实冲突与未来走向 [J]. 电化教育研究，2016，37（2）：10-17.

[3] 李芒，蔡旻君. 课堂评价亟需信息技术的支持 [J]. 中国电化教育，2016（1）：63-70.

（二）整合应用阶段

信息技术与教育的整合以"应用驱动"为特征。这一阶段信息技术开始全方位地参与教学评价，主要表现在信息的搜集、加工与反馈等环节。

首先，在信息搜集环节，信息技术的超媒体特性可以记录学生的真实学习过程，形象具体，储存信息量大。MOOC（慕课）、Moodle 等形式的互联网在线学习平台就是很好的数据收集平台。以档案袋评价为例，它是以档案袋为依据而对评价对象进行客观的、综合的评价，是 20 世纪 90 年代出现的一种新型教育教学评价工具。[1] 传统的档案袋虽然能促进评价与教学相结合，全面深入地展示学生的学习能力，但是它耗费教师大量的时间，并且保存、携带、管理等都是问题。这时，电子学档的出现大大提高了评价信息搜集的效率。与传统档案袋相比，电子学档拥有两方面的优势：一是存储容量大，容易保存、查询和共享；二是标准化管理，易于操作、交流、展示，不占用空间。

其次，在加工信息过程中，信息技术能为教学评价提供客观的数据与图示分析，对学生的学习表现做出准确评定。单从学科知识方面举例，学生在某个问题上的解题时间以及相似题型间的错误关联程度等学习行为就隐含着学生的一些素质问题。如果将这些学习行为的数据进行挖掘，并能够建立有效的模型，进行信息的加工，那么这些数据都能够真实并且有效地反映出一个学生的学习情况以及学生的核心素养养成情况。[2] 随着信息技术的飞速发展，利用信息技术的相关应用能够很好地记录学生在学习过程中产生的数据，以及学生在学习前后行为发生的变化。这样就可以对学生的学习信息进行跟踪分析。

最后，在信息反馈过程中，通过资源共享，教师可以快速及时地给出问题答案和学习建议。例如在教学评价中可以选择在 Kahoot！上把预置的问题和答案呈现给学生，学生在自己的设备上作答。它能够对每个学生的作答给予即时而个性化的反馈：不仅告知学生其作答是否正确，而且根

[1] 张文坚. 信息技术在中学历史教学中的应用 [D]. 上海：华东师范大学，2011：15.

[2] 周政. 基于学习行为分析对核心素养的评价 [J]. 中小学电教，2017（3）：18-21.

据学生作答的准确率和答题速度给予积分奖励和排名。测验时可以搭配生动的背景音乐，Kahoot！会在每一题答题结束时呈现排名前五的学生姓名与积分，从而把课堂转变成学生答题竞争的游戏场。[1] 问答结束后，教师可以从 Kahoot！中获得学生答题的相关数据，对学生的学习水平进行评估。

（三）融合创新阶段

以大数据、云计算等新一代智能信息技术在教学评价中的融合应用为标志，这一阶段技术与教育形成"双向融合"的关系，包含实体空间和虚拟空间的融合，形成"技术无处不在而又难以察觉"的技术协同、技术沉浸、信息无缝流转的教育信息生态。[2] 关于大数据的定义，多数研究者认为其应当满足"3V"特点，即规模性（Volume）、多样性（Variety）和高速性（Velocity），也有机构认为应在此基础上扩展成为"4V"，如 IBM（International Business Machines Corporation）提出的准确性（Veracity）以及 IDC（Internet Data Center）提出的价值性（Value）等。[3] 针对现有教学评价存在的耗时长、评价信息不准确、数据采集遗漏、不同来源的数据难以整合等问题，基于大数据的教学评价提供了效果良好的解决方案。

研究认为，从用户的视角来看，在教育评价活动中很容易从数据的入口和使用，即数据的采集和分析两个方面感受到大数据带来的变化。其中教育全过程数据的采集是大数据应用于教学评价的关键。目前，智能学习环境以及具有数据采集能力的学习终端如平板电脑、智能手机、数码笔、可穿戴设备等的应用，不仅可以采集学生的学习结果信息或者状态信息（如学习风格）等静态信息，还可以采集学生在学习过程中实时产生的学习路径、学习行为等动态信息。采集到教育大数据以后，需要通过数据挖掘和分析技术来提取数据中蕴含的教学信息以便开展教学评价。对于结构性数据，可采用聚类分析、关联和回归分析等手段确定或者否定我们对教学问

[1] 焦建利.Kahoot：一款基于游戏的评估平台 [J]. 中国信息技术教育，2015（19）：29-30.

[2] 胡钦太，张晓梅.教育信息化 2.0 的内涵解读、思维模式和系统性变革 [J]. 现代远程教育研究，2018（6）：12-20.

[3] 董岩林.大数据视域下教学评价研究 [J]. 基础教育论坛，2020（16）：3-5.

题的预期性判断。如根据历次试题答题情况对学生进行聚类分析，可以确定学生的基本类型并帮助甄别表现异常的学生。[1] 对于非结构性数据，可利用信息可视化分析，寻求其背后隐含的信息和规律，帮助人们分析复杂的教学问题。教育领域中的大数据主要以文本、网络（图）、时空数据等信息类型呈现，相对应地可以引入文本可视化分析工具、网络关联关系以及时空数据等技术。如网络关联关系是大数据中最常见的关系。在联通主义的影响下，学生学习活动的社会性和联结性日益凸显，原来呈现出弱连接甚至无连接的信息和结点越来越密切地关联在一起，越来越频繁地发生互动。通过关联分析，可以将学生个人信息数据、学生学习内容数据、学生社会性学习交互数据、学习设备数据等多维度数据关联在一起，计算之间的关联度，使用 H 状树、圆锥树等来表征这类信息。

在融合创新阶段，借助现代化的教育教学技术得以保留和采集的教育大数据，为教学评价提供了很好的基础环境，但还存在无法权衡教育数据采集的质和量以及师生的隐私安全等问题。总体看来，我国信息技术与教育的融合发展过程还处于初步应用整合阶段，尚未进入全面整合创新阶段。[2] 因此，积极推进信息技术与教学评价的融合创新是我国当前乃至未来一段时间内教育信息化发展的关键任务。

三、信息技术在中学生物学评价的发展趋势

回首过去，更要展望未来。无论国内或者国外，我们可以看出，信息化社会的教学评价趋势不再是追求知识记忆和信息重复能力，更重要的是学会组建学习共同体，理解、内化知识，转变为自己的多方面能力，从而在新的环境中使用信息来解决问题。未来一段时间里我们应让教学评价的内容和形式等都呈现出鼓励学生个性化发展，促进学生全面发展和创新发展的新趋势。

---

[1] 李葆萍，周颖 . 基于大数据的教学评价研究 [J]. 现代教育技术，2016，26（6）：5-12.
[2] 杨宗凯、杨浩、吴砥 . 论信息技术与当代教育的深度融合 [J]. 教育研究，2014，35（3）：88-95.

（一）以教师评价、同伴互评和自我评价为多元化评价主体

相对于传统的纸笔测验，现在以核心素养培育为目标的评价应更加丰富。中学生物学评价不仅体现在知识、能力的掌握上，而且是对情感、态度、心理、价值的凸显，因此教学评价应该是多元多样的。信息技术支持的教学评价与反馈是动态化的，教师或其他同伴能通过学生经验的变化和学生知识建构状况的变化灵活评价和反馈。教师应该让学生参与评价，使其更快发现自己的不足，主动改变自己的思维和方法。这种自我认知上的改变将会比教师强行告诉学生"你错了"更加深刻和长久有效。因此，教学评价的主体不仅有教师和同伴，还强调学生自己。从教师、同伴、自我三个不同的评价主体出发，可以得到更多的评价信息，得出更全面的评价结果。

（二）以对学习过程进行持续性评估为评价的切入点

长期以来，生物学学科对学生的评价注重生物学知识和实验技能的总结性评价。虽然外在的表现可以代表教学的效果，但是教学的效果具有更重要的内隐性特征。以学生学业水平为例，所谓内隐性是指学生成长主要表现为身心结构和机能的内在提升，并不易被察觉和直接测定。如何通过外在行为的抽样来推断学生内在的心理结构和机能，是教学评价的核心问题。学生平时的学习过程表现，相对来说比较稳定、自然和全面，为判断学生学业水平提供了大量有用信息。因此，在教育信息化时代，教师应该全面收集网络教学平台、网络社交平台、移动应用软件、课堂表现及最后的考试环节等数据，进行过程性、累进性的评价，同时，采用笔试和答辩展示相结合，闭卷和开放性探究任务相结合，阶段性测评和终结性评价相结合的三合一评价方式。[1]这样既关注学生理论阐述能力又重视语言表达能力和实际操作技能，既关注平时学习过程又能在课程结束后进行一次最终考评，学生便会在整个学习过程中保持学习积极性，课堂认真学习交流、课后积极探索反思，理解知识的生成过程，最后达到深度解读知识和运用

---

[1] 陈明选，邓喆. 教育信息化进程中学习评价的转型：基于理解的视角 [J]. 电化教育研究，2015，36（10）：12-19.

知识的目标。

（三）以学生学习过程中产生的多元学习数据为评价依据

传统的评价绝大多数是通过考试进行，是一种标准化的测验，很少考查学生本身及其在学习过程中产生的自然数据，导致难以客观、公正地对学生的整体学习情况做出全面性的评价。随着信息技术的发展与渗透，诸多非线性化的数据呈现在教学评价过程之中，过分依赖评价主体主观偏好的传统评价已不能够满足教学评价的科学化需要。[1] 当前在线学习兴起，大数据学习分析技术在教育领域得到广泛应用。例如斯坦福大学 Lytics 实验室运用学习分析工具，对一个有 63 000 人参与的 MOOC（慕课）课程进行监控和评估，通过为学习者提供个性化的反馈信息，以此来提升在线学习效果。[2] 因此，信息技术时代背景下的教学评价应关注学生学习过程中产生的多元学习数据，并通过大数据的分析模式运算出学习者的学习轨迹及学习参数，以实现对学习情况的精准预测，进而进行准确的教学评价，为提升学生学习效能和教育质量提供支撑。

第二节 信息技术在纸笔测验中的应用

一、信息技术应用于纸笔测验概述

纸笔测验是指书面测验形式的评价工具，主要侧重于评定学生在学科知识方面的掌握情况或在认知能力方面的发展水平。这类评价主要包括传统的考试、教师自编成就测验、标准化成就测验或其他作为教学评价辅助工具的各种心理测验等。这类评价方式主要使用纸张印刷品即测验卷来呈现要学生回答的问题，并要求学生以各种书写工具在该测验卷上或答题纸

---

[1] 靳玉乐，张铭凯，孟宪云 . 信息技术时代的课程论发展 [J]. 华东师范大学学报（教育科学版），2019，37（4）：47-56.

[2] 胡小勇，朱龙，冯智慧，等 . 信息化教学模式与方法创新：趋势与方向 [J]. 电化教育研究，2016，37（6）：12-19.

上填写答案，因此被称为纸笔测验。[1]

纸笔测验在我国具有悠久的历史，传统的纸笔测验包括命题、制卷、发卷、考试、评卷、公布成绩、存档等步骤，其组织流程较为烦琐，尤其是在进行大规模测试时需要耗费大量的人力物力。近几年随着信息技术的发展，计算机和互联网技术在施测中得到了广泛应用。利用相关软件生成无纸化试卷进行评价也成了一个热点，无纸化考试是信息技术下进行纸笔测验的通俗说法，它是一种以优化的题库资源为基础、以现代信息技术为手段，通过组卷生成无纸化考试试卷进行考试，并及时生成考试成绩，集考试报名、试卷生成、上机考试、阅卷、成绩生成等为一体的、多元化的、新型的考试模式。考试使用的主要工具不再是传统的纸和笔，而是以计算机为代表的各种考试终端。

按照组织和实施考试的过程，可以将信息技术下的纸笔测验分为考试资源准备阶段、考试准备阶段、考试阶段、试卷评阅阶段 4 个环节。系统通过搭建一个统一开放式共享试题库管理系统，支持将大量的书面试题进行电子化，并标识大量的查询属性，为教师快速选题提供基础。在考试前，教师通过电子组卷系统提出考题要求，并由系统自动检索试题库，组合生成考试试卷。在考务管理阶段，教师通过学生管理系统和考场管理系统，管理学生的资料、班级的资料以及上课的情况，并创建网络电子考场，为每位考生指派一份考试试卷，安排完成后，考试准备阶段即告结束。考生通过考试过程控制系统，在考试系统上验证身份，并交互答题，系统自动采集考生答案，并自动控制答题时间和收取试卷。在试卷评阅阶段，教师通过阅卷系统自动对考生的试卷进行评分，并输出成绩，进行成绩分析等，对于客观试题可实现自动阅卷，非客观题提供辅助阅卷。

由上可以看出信息技术下的纸笔测验具有如下优点：首先，能够有效节约纸张，作答结果存储至数据库可长久保存，方便快捷，极大地减少了资源和空间的浪费[2]；其次，确保了学生在规定时间内进行作答，更好地

[1] 刘恩山. 中学生物学教学论［M］. 2 版. 北京：高等教育出版社，2020：194.

[2] 项丽. 浅析无纸化考试的研究与推广 [J]. 数字通信世界，2020（5）：249-250.

体现了考试的公平性和安全性；再次，对于不同题型的批改更加科学，客观题自动评分，准确迅速，主观题全程计算机输入，不会因为字迹难以分辨或杂乱，增加阅卷人的审阅难度，避免了主观因素的丢分[1]；最后，在该考试模式下需要教育从业者和考生都具备基本的计算机操作能力，有效地提高了参与人员的计算机应用技能和素质。正是基于其灵活性、科学性、公正性、高效性等特点，目前已成为国际上普遍采用的一种认证形式。利用现代信息技术，对考试的各项指标进行数据采集和处理，可以充分了解教学双方在实现教育目标的过程中，哪些方面做得较好，需要巩固和发扬；哪些方面属于薄弱环节，有待改进与提高；哪些方面不利于目标的实现，应在今后的活动中纠正与避免等，从而调整教学双方的活动，改进教学方式、方法、内容等，以便更好地实现教育目标。

目前信息技术下的纸笔测验正朝着先进化、灵活化、可扩展化、广泛化和易操作化的方向发展，并在一些大规模测试中进行了应用，例如PISA等国际评估项目。[2]信息技术下的纸笔测验有望改变我国以考试为核心的教育评价体系，弥补当前以考试内容规定教育内容、以考试状况评估教育水平的不足，是实现以学生为中心的开放教育的有效途径，对于促进学生的个性化学习和提高学生学习的自觉性有积极作用。

关于纸笔测验的类型、实施步骤等内容在本书第四章已经进行了详细阐述，这里不再赘述。依据实施测验的时间不同，教师可以在上课前、某单元结束后或该门课程结束后进行纸笔测验。本节内容也将从上述三个方面分别展开，即在诊断性评价、形成性评价和终结性评价中利用信息技术进行纸笔测验。

二、信息技术在诊断性评价中的应用

诊断性评价的目的是了解学生是否具有达到生物学学业质量要求所需的基础知识和技能，教师可以通过评价学生的知识水平来确定生物学教学

---

[1] 赵世明. 主观题无纸化评分中的误差控制 [J]. 河南大学学报（社会科学版），2007（1）：155-158.

[2] 徐宏昌. 浅谈无纸化考试的发展 [J]. 科技视界，2012（28）：198，195.

内容的起点，规划教学进度。不同于选拔性考试，诊断性评价不在于区分优劣，而是根据诊断结果设计适合学生目前认知水平的教学活动，科学合理地帮助学生在原有知识基础上获得最大限度的提高。传统的诊断性评价一般以纸质练习册和试卷来进行，但这种方式无法全部满足上述的评价要求，且数据的统计与分析也费时费力。而在信息化设备以及学生具有的手机或平板电脑等移动终端的基础上，利用信息技术可以丰富诊断性评价的形式，使得评价实施更加便捷，数据收集和分析也更加智能，反馈更加及时，从而给予每个学生个性化的学习指导，提升教学质量。

（一）诊断性评价的概述

诊断性评价来自建构主义，作为认知心理学的分支，它认为学习是个体通过不断修正原有认知结构，顺应逐渐形成新知识的过程。建构主义理论强调学生对知识的主动探索、主动发现，对所学知识进行有意义的主动建构，而不是像传统教学那样由教师传递给学生，也就是说获得知识的多少取决于学习者根据自身经验去建构有关知识的能力。所以在学习新知识前，对学习者原有知识结构进行诊断性评价，有利于摸清学习者的认知准备，为顺利有效地对新知识进行主动建构提供准备。[1]

诊断性评价也称"教学前评价""前测"，一般是指在一个新单元、一节新课教学之前进行，诊断的内容包括学生对学习知识的掌握情况、学习态度、认知风格、性格特征以及学生能力倾向等，其目的是通过开展评价来了解学生的知识基础和准备状况，以判断他们是否具备实现当前教学目标所要求的条件。[2]教师可以根据诊断性评价的结果来制定教学目标与计划，为调整教学进度提供依据，同时也可以为教师开展个性化教学、提高教学质量奠定重要基础。

在传统的课堂教学过程中，教师一般会采用在课堂中随机提问和测验的方式来对学生的学习情况进行诊断性评价，这类评价对于师生来说均有

[1] 李琳萍.学生评价的基本方法：谈谈教育教学中的诊断性评价 [J].教育艺术，2007（4）：43-44.
[2] 施燕璐.基于"素养为本"的高中化学课堂教学诊断性评价研究 [D].武汉：华中师范大学，2019：14-15.

益处，首先可以帮助教师了解学生的学习准备情况，为开展教学提供有重要价值的信息。其次可以帮助学生明确课堂学习目标、优化学习方法以及提高学习效率。针对诊断性评价的功能，可以概括为以下几点：首先是确定学生的起点，为学生配置恰当的学习支持；其次是诊断学习困难，激发学习动机；最后是规划教学活动，调整教学进度。

（二）信息技术在生物学诊断性评价中的应用及案例分析

1. "微助教"服务号

"微助教"平台是由华中师范大学和华中科技大学的专业团队在 2016 年 3 月推出的一款基于移动终端所构建的，通过微信通信系统实施的，可执行实时互动与教学反馈的辅助软件[1]，其名称由"天天互动微助教"伊始，经三次变动确立为如今的"微助教"服务号，其操作简单、方便实用且具有趣味性。对于师生来说，它不受制于通信网络和不同的手机端版本，也无须下载 APP，只需在微信中关注"微助教"服务号（如图 5-1 所示）便可以迅速投入到课堂学习中，上线一年左右的有效互动人次就达 2 500 万。[2]

"微助教"运行的模式（如图 5-2 所示）简单快捷：其互动主体是教师和学生，对于教师来说，需要提前在 PC 端运行"微助教"的网页版，通过注册、登录后就可以创建具有考勤管理、学生分组、作业批阅、过程评价、成绩导出、分享课件等多项功能的云端智慧课堂。课堂创建完成后，学生只需在手机端的微信中关注"微助教"服务号，输入课堂编号或者扫描课堂二维码即可参与签到、答题和讨论等多种活动。在平台应用于教学的一系列过程中，教师和学生之间可进行高效率的实时互动，平台则负责在后台为师生答疑解惑以及解决技术上的问题。

---

[1] 廖纪元，曾洁，刘红云，等 . 基于移动终端的互动式教学的实施与效果研究：以《医学免疫学》为例 [J]. 中国免疫学杂志，2017，33（7）：1087-1090.
[2] 谭志虎，胡迪青，田媛，等 . 微助教对高校大班课堂互动教学的重构 [J]. 现代教育技术，2018，28（1）：107-113.

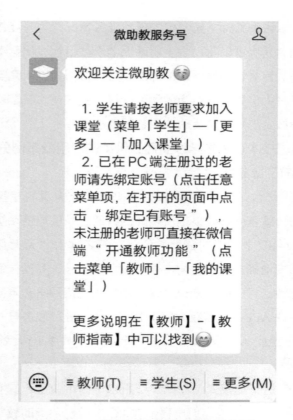

图 5-1　　"微助教"平台手机端首页

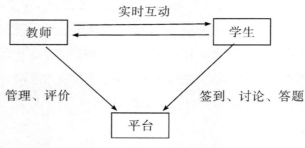

图 5-2　　"微助教"运行模式

　　由于"微助教"服务号具有不同的服务对象，因此不同端口的板块也有所不同，对于教师端来说，由资源、教学、管理构成，如图 5-3 所示。针对学生端来说，由签到、答题、讨论、抢答等板块构成，如图 5-4 所示。

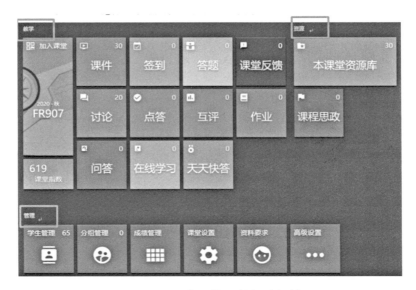

图 5-3　"微助教"教师端板块

图 5-4　"微助教"学生端板块

针对上述所提到的不同端口的板块和运行模式，可以从管理、互动、评价三方面来分析其功能特点。[1]

（1）管理功能

作为开展教学的先行条件，教师可以从学生和教学资源的角度实现管理功能，学生在加入课堂后，教师可以通过【学生管理】查看学生的详细信息，包括姓名、学号、班级等。针对高中教学，教师可以在院系一栏填写学生所在年级以保证符合高中学情，其余信息栏操作无较大差异。教师也可以管理并修改学生信息，一键导出学生信息的功能也极大地简化了教学前期准备工作，如图 5-5 所示。

学号	姓名	院系	班级
202103001	何泽钰	高一年级	高一（3）班
202103002	郭俊溪	高一年级	高一（3）班
202103003	吴宇翔	高一年级	高一（3）班
202103004	同明远	高一年级	高一（3）班
202103005	王维聪	高一年级	高一（3）班

图 5-5　　"微助教"教师端学生管理界面

课堂中如需开展小组合作学习，则可以通过【分组管理】功能中的"按班级分组""学生暗号分组""学生自由分组"等形式快速创建小组，如图 5-6 所示。

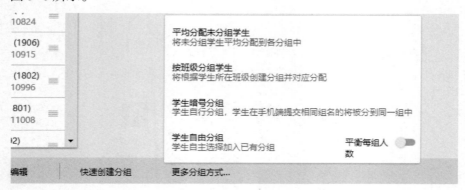

图 5-6　　"微助教"教师端分组管理界面

---

[1] 田媛，席玉婷. 高校混合课堂教学模式的应用研究 [J]. 中国大学教学，2020（8）：78-86, 96.

教师端的【成绩管理】界面中，对学生在课堂中的互动进行实时留痕，记录学生所有表现，课程结束后导出即可，教师也无须再进行登记和记录，减轻了工作负担，如图 5-7 所示。

图 5-7　"微助教"教师端成绩管理界面

针对教学资源的管理，教师可以将教学中所需的课件、文件、测试题等资源存入【本课堂资源库】内。就课件而言，如图 5-8 所示，可以选择章节并编写课件标题，将符合格式要求的文件拖到指定区域上传，"微助教"除音视频外，支持上传 PPT、Word、Excel 等多种形式的文件，如果需要上传音视频，插入到课件中即可。

就题目和组卷而言，平台中有单选、多选、填空、是非、简答、阅读和排序七种题型模板，点击答题的功能区即可编辑试题，选择试题类型，确定难度，预估学生答题时间，设置题干，编辑答案，试题创建完毕。

图 5-8　"微助教"课堂资源界面

（2）互动功能

对于互动功能，从课堂进程的角度来看可以分为课前、课中和课后的互动。[1]

首先在课前，教师可以将课堂资源通过【课件】功能上传至平台供学生预习，如图5-9所示，点击上传新课件，完成后选择允许学生查看或下载，学生就可以在手机端查看、下载该课件。

图 5-9　　"微助教"上传课件界面

其次是课中，签到、答题、讨论是使用十分频繁的功能。如图5-10所示，签到功能提供二维码、GPS定位和普通签到三种形式，避免代签到等问题，改善传统的签到弊端。

图 5-10　　"微助教"教师端签到界面

---

[1] 陈君. 微信公众平台辅助高级汉语综合课的教学研究 [D]. 武汉：华中师范大学，2020：19-21.

　　对于答题功能而言，教师在网页端选中目标题目开启答题，学生阅读题目并提交答案。同时，PC 端同步显示已提交的学生名单，答题的结果也会相应地呈现在大屏幕上，教师依据学生答题情况，精准把握学情从而适当调整教学节奏。在课中如需随机抽取学生回答问题，可以使用点答功能开启抢答或随机点人模式。以随机点人模式为例，开启该功能后，便会出现在学生头像之间不停错位移动的圆框，最后网页显示被选中学生的头像和姓名。教师可以为该名学生记录附加分作为课堂表现的依据，这种手段可以极大地调动课堂气氛，吸引学生注意力，增加课堂趣味性。

　　另外，教师还可以利用讨论功能组织学生在课堂上针对指定的话题开展讨论，教师发布讨论主题，学生发布观点。学生讨论的内容会按照提交顺序在 PC 端依次显示，在讨论墙下方有词云、图片墙、分组和匿名四种模式呈现讨论内容。以词云为例，通过抓取学生讨论过程中出现的相似或相同的词语，帮助师生快速明确重点，如图 5-11 所示。

图 5-11　　"微助教"讨论界面

　　可以看出，在线考勤功能便于教师对课堂的精准管控，为教师提供了过程性评价的重要支撑材料。随机点名环节可以增强学生的课堂注意力，提高学习积极性。最后讨论功能中，通过采用图片墙或词云的形式展示不同观点，鼓励学生勇于表达，同时利用关键词的抓取功能也有助于学生对相关知识点的掌握和记忆。[1]

最后在课后，如需复习巩固，教师可以进入作业功能，新建并输入作业内容或添加附件，设置提交截止时间与评分方式后发布，学生在手机端完成作业并提交。教师通过 PC 端批改作业、推荐优秀作业等，对学生起到及时查漏补缺的作用，对教师而言也可以评价课堂的教学效果。

（3）评价功能

利用"微助教"服务号可以实现多种形式的评价，对诊断性评价而言，可以利用作业、讨论、答题等功能来实现评价。课前教师在 PC 端发布作业、开启讨论或发布设置好的试题，学生在手机端进行作答，教师再依据讨论生成的词云、试题出错率、学生上交任务所花费的时间等数据，来诊断学生已有的知识水平、学习态度、学习兴趣，为之后设计开展教学活动打下基础。

对于形成性评价来说，有师评、他评、自评三种方式。在一个阶段的学习之后，教师可以组织学生参与互评（如图 5-12 所示），编辑互评主题，选取评价方式（互评、自评、师评）并设置相应权重、评价维度后，学生便可以在手机端看到需要评价的互评活动和相应评价对象，点击进入按要求评分即可。在已经关闭的互评页面中，会显示所有学生的互评成绩，点击单个学生的名字便可以查看该生的总分，在个人和小组互评环节每一项的得分以及评价维度的雷达图，也可以看到本课堂内还未参与评价此学生的学生名单。这种评价方式充分发挥了评价的激励作用，也鼓励学生展示自我。

---

[1]程烨，吴杰，朱丹丹，等.基于"微助教"平台的中药炮制学教学过程性评价[J].教育信息化论坛，2020（8）：93-94.

图 5-12　"微助教"教师端互评界面

　　另外也可以将在 PC 端的讨论、答题、出勤率等数据纳入终结性评价的考核中，实现"教—学—评"一体化。

　　2. 如何利用"微助教"进行诊断性评价（如图 5-13）

　　（1）创建专属课堂

　　首先教师在 PC 端搜索打开"微助教"网页界面，点击注册后跳转到注册界面，再通过手机微信"扫一扫"功能，扫码注册，注册完成后进行扫码登录或账号密码登录，网页跳转到登录界面后，点击"添加课堂"，输入课堂名称后保存。

　　（2）确定诊断性评价的形式

　　进入专属课堂界面后，在教师端板块可以看到不同功能。对于诊断性评价来说，其形式有无纸化的测验、讨论、作业等，教师可以根据学习内容的特点等因素点击进入相应的功能进行诊断性评价。

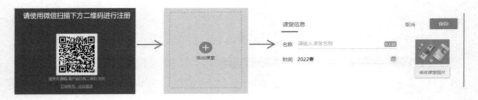

图 5-13 "微助教"创建课堂流程

①答题

传统的诊断性评价多以纸笔测验进行，通过"微助教"的【答题】功能，就可以实现无纸化测验，做到了省时省力，节约资源。

点击答题功能会跳转到相应界面，选择新建单题后出现如图 5-14 所示的内容，题型有单选、多选、是非、填空、简答、阅读、排序七种，基本满足生物学学科的题型要求，对于需要添加图片的题目，可以在题干中选定文件夹中所需的图片。按照需要测试的内容，依次编辑题干，确定试题难度，添加并设定正确选项，输入解析内容。当一个题目编辑完成时，在右侧会出现手机端的预览，教师也可以根据预览界面进行修改、完善。当编辑完成后可以选择保存并创建下一题，直到所有题目均已创建完毕，选择保存并关闭。

图 5-14 "微助教"创建试题界面

与传统的纸笔测验相同，基于"微助教"的测试同样按编制试题、学生作答、数据统计分析等步骤，而"微助教"在数据的统计分析等方面显得尤为方便快捷。待所有题目创建完毕后，需设定测验时间并开启作答，学生会在手机端同步收到教师发布的试题，因此为了确保学生能在规定时间内作答，还需要与微信、QQ 等通信软件联动提前发布测验通知。等待学生全部作答后系统会统计分析答题概况，在 PC 端可以清楚地看到答题情况，通过不同的颜色可以对学生的答题情况进行区分，其中淡绿色表示该同学答题正确且所用时间较短；深绿色表示答题正确但用时处于平均水平；红色表示答案错误；灰色则表示该同学没有在规定时间内作答。还可以浏览不同回答情况的学生人数和学生名单，依据作答速度和正确率对学生进行排名，前三名分别以黄色、灰色、绿色皇冠区分。详细的答题情况分别以柱状图模式呈现，如图 5–15 所示，教师依据这些数据及时作出判断。对全体正确率较高的题目可以一带而过，或者在课后单独辅导，而对错误率高的题目，可以着重分析，围绕知识点再展开讨论，这样可节约课堂时间，提高教学效率。[1] 依据这些数据可以诊断学生前概念和已有的知识水平，以及学生的学习态度，等等，为之后如何开展教学、如何确定重难点等提供依据，另外对于学生回答正确率较低的题目，还可以开放复习，以供学生查漏补缺。

---

[1] 金婷 . "互联网+"背景下利用微工具提高高中生命科学教学效率的实践研究 [D]. 上海：上海师范大学，2019：22-24.

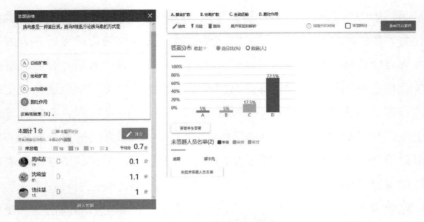

图 5-15　"微助教"答题情况界面

②讨论

点击"讨论"后进入讨论界面，选择"创建新讨论"，输入讨论主题后，依据是否需要学生即时作答，选择"确认创建"或"确认创建并开启"，如图 5-16 所示。开启讨论后学生会在手机端收到教师发布的讨论主题，依据相关要求发送讨论结果，教师在 PC 端会同步看到学生作答情况，其结果会按照提交顺序依次显示，教师可以选择默认、图片墙、词云等模式，将学生的讨论情况作为教学素材放至课件中，以便提供个性化的指导。

图 5-16　"微助教"创建讨论流程

③作业

点击"作业"后进入相应界面，选择"新建作业"后会出现如图 5-17 所示的界面，包含作业设置和评分设置两项内容。首先在作业设置中，教师需要按照界面要求，依次编辑作业名称、截止时间、是否允许超时提交、作业内容等，如果有提前编辑好的文档可直接插入附件，确定作业类型为小组合作还是个人作业。其次在评分设置中，选择由教师评价还是学生互评，如果师生均需评价还要确定不同评价者评分的权重，待两部分全部完成后保存并发布。当学生提交作业后，师生按照提前制定的评价量表或评价要求进行评价，对于作业中的共有问题，教师同样可以将其以素材的形式放至课件中，在上课时进行有针对性的讲解。

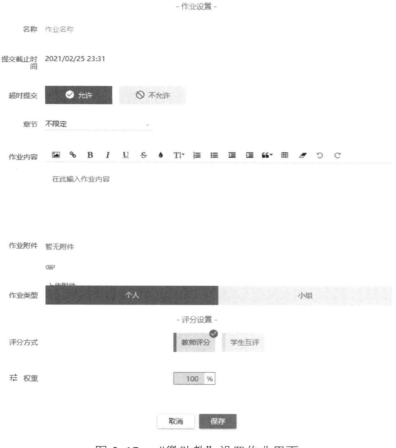

图 5-17　"微助教"设置作业界面

3. 基于"微助教"平台的高中学业质量诊断性评价案例分析

光合作用与细胞呼吸是两个重要的生命活动，涉及一系列复杂的物质变化与能量变化，由于其微观性、复杂性、二者生命活动的关联性等特点，使其成为高中生物学课程中的教学难点。依据相关课程标准的要求，在教学过程中教师必须注意学生已有的前概念，特别是那些与科学概念相抵触的错误概念。课堂教学活动要帮助学生消除错误概念，建立科学概念。因此有效诊断学生在学习光合作用和细胞呼吸相关内容前所具有的前概念，可以帮助教师明确学情，采取合适的教学策略，有效组织教学活动。下面以"光合作用和细胞呼吸"的诊断性评价为例，阐述如何运用"微助教"平台等信息技术手段，辅助高中生物学理论性知识诊断性评价的主要策略，具体流程如下：

（1）确定诊断性评价测试题

根据生物学教材"光合作用和细胞呼吸"的章节内容和相关文献资料，将与之有关的内容和范围作为命题依据，其中包括细胞呼吸的定义、呼吸作用的分类、呼吸作用的场所、光反应与暗反应的关系等内容。发展出该部分的概念图后，在"微助教"的【答题】功能按照相关步骤编制二段式测验的试题，样题如图 5-18 所示。[1]

图 5-18　"微助教"组卷样题

[1] 曹莎莎 . 高中生物"光合作用和细胞呼吸"迷思概念调查及转变研究 [D]. 南京：南京师范大学，2020：69-70.

通过不断完善修正，确保该试题具有良好的信度和效度后便可进行施测，教师需提前发布通知以确保每名学生在规定时间内作答，作答完成后平台会按照题目顺序依次统计作答情况，得出诊断结果。根据诊断结果安排学生分层进行课前学习，诊断结果没有达标的学生先利用微课等教学资源在课前进行自主学习，直至达标；诊断结果达标的学生，利用"微助教"平台上的学习资料、课程活动方案进行学习。在此过程中，教师根据学生的反馈情况，适当地给予监控、指导，帮助学生巩固原有的知识，以便顺利进入后续相关课程的学习。

（2）诊断性评价指导课程的实施

在该部分课程开始前，教师通过收集数据，利用软件进行统计和分析，了解学生在"光合作用和细胞呼吸"内容中的迷思概念，如在 ATP 的知识范围中，认为 ATP 中的 A 代表腺嘌呤、T 代表胸腺嘧啶，ATP 中的磷酸键都是高能磷酸键等；在光合作用的知识范围中，认为有光照时，光合作用直接为植物生长提供能量、光合作用速率只与光照有关等；在细胞呼吸的知识范围中，认为细菌都是进行无氧呼吸的、每种生物只有一种呼吸方式等。基于学生存在的迷思概念，教师选择了合适的教学策略，有效地促进了学生的概念转变。

（3）案例分析

大量的生物学教学实践表明，学生在学习生物学课程知识之前，通过日常生活的各种渠道以及自身的实践体验，已经对客观世界中的各种生物学现象形成了自己的看法，并在无形中具有了独特的思维方式。苏联心理学家维果斯基称之为"自发概念"，学术界现在更多地称其为"前概念"。

按照认知心理学的观点，这种前概念的存在是必然的，因为个体从出生就开始了探索环境、顺应环境的活动，并在活动中构建出特定的认知模式。[1] 许多前概念只是一种对科学事物和现象的非本质认识，而且由于科学概念揭示的是复杂纷繁的自然现象的本质，具有一定的抽象性和复杂性，

---

[1] 崔鸿 . 信息技术与初中生物学教学的融合与创新 [M]. 武汉：华中师范大学出版社，2019：268-270.

因此，表现在科学学习过程中的前概念大多是肤浅的、与科学概念相悖的，甚至这类认知还对学生在课堂上形成科学概念构成障碍。例如，"病毒"与"细菌"，很多高中生的认知就是"病毒与细菌会导致人体生病"。

前概念在学生的学习中也有着非常重要的作用，科学概念的形成建立在它的前概念基础之上。当科学概念和前概念比较一致时，学生就容易理解，反之他们就会觉得很难。例如，学生能理解植物需要叶绿体，但无法马上认同蓝细菌在进行光合作用时不需要叶绿体。所以在实际的教学中，教师要把握住学生的前概念，增强教学的目的性。那么如何推动对前概念的诊断就成为生物学教学中的重要任务。

诊断性评价可以通过一定的方式发现学生学习中存在的前概念问题，分析这些前概念产生的原因，从而为改进和调整教学策略提供依据。生物学教学中揭示学生的前概念和进行的诊断性评价是一种较为有效的形式，题目一般包含学生可能产生的各种错误概念，设法将学生容易产生错误理解的知识点呈现给学生，让学生的前概念在测试中"曝光"，这就是诊断性测验的目的所在，也是诊断性测验能提供大量有关学生学习中前概念的关键所在。

在本案例中，课程实施前，教师首先利用"微助教"平台发布课前诊断性测试，了解学生对于"光合作用""细胞呼吸"等知识的前概念，以便更好地开展课程教学。在课程实施过程中，教师整理、分析"微助教"平台的诊断性测试数据，了解并统计班级中不同学生和不同班级之间的前概念情况，有利于教师选择合适的教学策略，因材施教，提高教学效率，针对性地发展学生的学科核心素养。

三、信息技术在生物学教学形成性评价中的应用
（一）形成性评价的概述

形成性评价是指基于对学生学习过程的持续观察、记录从而获得反馈，以此改进教师的教、促进学生的学的发展性评价。《普通高中生物学课程标准（2017年版2020年修订）》提出了"注重过程评价，促进学生核心素养的发展"的基本理念，越来越重视形成性评价在整个评价体系中的作

用。因此，基于生物学学科核心素养的要求，现代教学评价需要改变过分关注学习结果的做法，将目标定位于促进学生核心素养的发展，关注学生学习与发展的过程，注重在发展过程中多次、即时、动态地实施形成性评价，着力强调并突出评价的发展性、动态性和激励性，促进新的评价体系的形成。

由此可见，形成性评价在整个评价体系中发挥着重要作用，但是许多学者发现，形成性评价在国内难以落地，这一方面是由于过分强调教师和学校的权威性，致使形成性评价很难实行；另一方面，形成性评价自身也存在诸多问题，如传统的基于纸笔的形成性评价往往存在评价形式单一，缺乏系统操作性，评价反馈无法兼具及时性、具体性和指导性。目前，随着智能化、信息化时代的到来，将信息技术运用于形成性评价成为一种热点趋势，其简便性、高效性、多样性的特点在一定程度上弥补了传统评价方式的不足，更好地发挥了评价的育人功能，进一步促进教师的教和学生的学。

（二）信息技术在生物学教学形成性评价中的应用及案例分析

1.Kahoot！游戏化数字平台

（1）工具介绍

Kahoot！是一个以游戏化学习为主要特色的免费网络学习平台。在这个平台上，教师等各类群体可以通过创建多项游戏化测试，参与者以游戏竞答的方式参与其中，并对他们相关知识的掌握情况进行形成性评价。

在课堂教学中，教师可以在 Kahoot！中创建测验、讨论或调查，并设置答案选项和答题时限等，通过大屏幕把预置的问题和答案选项呈现给学生，学生在自己的设备上作答。它能够对每个学生的作答给予即时而个性化的反馈，不仅告知学生的作答是否正确，而且根据学生作答的正确性和答题速度给予积分奖励和排名。Kahoot！会在每一题答题结束时呈现排名前五的学生姓名与积分，从而把课堂转变成学生答题竞争的游戏场。问答结束后，教师可以从 Kahoot！中获得学生答题的相关数据，以 Excel 的形式保存下来。教师可对数据进行整理和分析，作为一种形成性评价关注学生的学习轨迹，还可以将评价内容及结果进行分享，实现交流和互动。[1]

Kahoot！目前在美国等多个发达国家的基础教育领域中应用广泛，中国也有多名学者将其引入教学评价的实践中并获得较好效果。因此，Kahoot！因其趣味性和合作学习的激励性，赢得了广泛好评，成为目前互联网上最大的教育平台之一。

（2）利用 Kahoot！进行形成性评价

应用 Kahoot！教学首先要保证所有拟参与设备能连接到互联网，其次要保证教室里有共享屏幕（如多媒体或者投影仪）、学生有智能手机或者电脑等移动终端（可一个学习小组共用一个终端）。教师在课前、课中及课下需要做好以下准备工作。

①创建账户：登录 getkahoot.com，点击"sign up for free"开始注册（如图 5-19 所示），选择用户角色为"Teacher"（如图 5-20 所示），并填写相关信息，点击"JoinKahoot!"即可成功创建。

图 5-19　注册登录界面

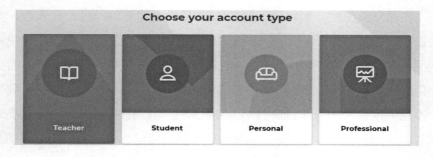

图 5-20　选择用户角色

---

[1] 祁芝红，刘玥.Kahoot! 游戏化学习平台及其教学应用 [J]. 中国教育信息化，2018（4）：86-89.

②创建游戏：教师可以结合课程实际创建自己的游戏，也可以复制或者改编其他用户在平台上分享的游戏（如图 5-21 所示）。

图 5-21　创建 Kahoot

③选择游戏模式（如图 5-22 所示）：目前平台提供测试、讨论、调查、排序四种游戏模式。测试模式主要用于导入新课、复习旧课、评估学习效果；讨论模式主要用于发起和推进辩论；调查模式主要用于收集意见与建议；排序模式通过拖曳为列出的项目排序，用于锻炼学生的顺序感和批判性思维。

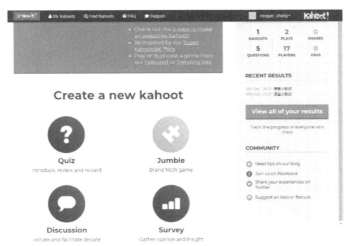

图 5-22　游戏模式选择

④试题信息设计（如图 5-23 所示）：在"问题类型"中有四种题型可供选择，分别为单选题、多选题、判断题、填空题。教师可以通过插入图表、图像、音频、视频等多种资源使游戏更加清晰生动。设计游戏时可

为每道题限定答题时间，以保证学生全力以赴，并控制游戏时间。

图 5-23　试题信息设计

　　⑤发布游戏：教师进入个人账户，点击"My Kahoot!"即可看到已经创建的所有游戏。选择要发起的游戏，点击"Play"，再根据需要选择经典模式或团队模式（如图 5-24 所示）。在经典模式下，参与者用自己的移动设备答题，进行一对一竞争。在团队模式下，参与者以小组为单位通过小组共享设备答题，进行多对多团队竞争。

图 5-24　游戏形式选择

　　⑥启动游戏：待所有个体或团队准备就绪后，教师点击"Start"启动游戏，并得到一个验证码。学生在个人设备上进入 Kahoot！界面后，输入验证码即可进入该游戏。游戏启动后学生可在共享屏幕上查看题目，在个人设备上查看由不同颜色和图形代表的选项，通过点击选项答题，答题

完毕可立即看到正确答案、所获积分、游戏前五名名单（如图 5-25 所示）。

图 5-25　学生答题界面

⑦数据统计：参与者通过回答问题获取积分，教师端可以看到团队、个人、全班的答案分布与积分情况，积分的计算同时考虑回答问题的准确率和速度。

2.starC 云端一体化学习平台

（1）工具介绍

"starC 云端一体化学习平台"是由华中师范大学研发的新型数字化教学系统。"starC 云端一体化学习平台"以满足教育教学需求为本、以学科为导向、以学生为中心的设计理念，着重强调教学内容、教育方法的现代化，追求教与学的完美结合，使教师能更轻松地教，学生能更快乐地学。"starC 云端一体化学习平台"体现了以学习活动为核心的教学设计理念，以资源云、学科工具以及交互模块作为技术支撑，充分尊重教师教学设计的个性化与创造性，实现了优质教学资源和教学设计的共享。

"starC 云端一体化学习平台"带来了课堂教学模式的一次变革，它有效地将传统操作模式与信息技术操作模式统一起来，充分汲取了两种模式的优势，并进行了大胆的创新，实现了传统黑板与电子白板的完美融合，将板书、演算、推理、标注等传统课堂活动回归现代课堂，达到了"随处可写，随时可写"的效果。教师可以整合多种常用学科工具、仪器及软件，将不同的教学内容进行双屏实时显示，达到对内容的关联、对比、解释等目的，促进教学内容的准确呈现，使学生更好地学习和理解所学内容。借助课堂的信息化环境，学生通过移动终端参与学习问答，教师可以对学生学习情况进行实时检测并反馈，包括学生的答题情况、正确率以及答题分布等，有利于教师对学生进行差异化辅导，并为日后的教学改进提供数据支持。[1]

在"starC 云端一体化学习平台"中，教师可以使用常用类型的教学资源进行教学，包括 Microsoft Office 文档、WPS Office 文档、Adobe PDF 文档、Flash 文档以及多种音频、视频等，不用任何修改就可以在"starC 云端一体化学习平台"上使用，满足教师个性化教学设计需求。教师可以直接将原有资源如 PPT、视频等在平台中展示，也可设计基于 starC 云端一体化学习平台的教学课件进行教学。除此之外，"starC 云端一体化学习平台"还有许多强大的教学功能，在很大程度上提高了教学效果和效率。[2]

①放大镜功能：在教学中，教师会经常遇到学生看不清屏幕内容的情况，放大镜可以很好地解决这一问题。同时，放大镜还可以唤起学生的注意，强调重点内容。

②聚光灯功能：舞台上的探照灯能使观众的视线聚焦在某一个位置上，该平台的聚光灯也能实现类似的功能。选择"使用聚光灯"按钮后，平台只会显示聚光灯光斑里的教学内容，其余部分都被隐藏起来了，通过移动鼠标可以改变聚光灯的位置，也可以拖曳聚光灯周围的九个圆点来改变聚光灯照射的范围，将学生的注意力吸引到教师强调的教学内容上。

③电子白板功能："starC 云端一体化学习平台"提供两种电子白板，一种是位于平台功能区的全局白板，另一种是位于资源文档功能按钮区中

[1] 周小建 . 依托 StarC 平台实现生物教学四优化 [J]. 中小学信息技术教育，2020（12）：72-75.
[2] 白婕，陈实 ."starC 云端一体化学习平台"在高中地理教学中的应用 [J]. 中学地理教学参考，2015（19）：28-30.

的局部白板。教师在使用 starC 课件进行授课的过程中，在全局白板上书写的内容会全程存在，不会因为学习活动或者学习资源的变化而改变；而局部白板通过课件中某个活动的资源打开，并且局部白板只存在于该活动中。

（2）利用"starC 云端一体化学习平台"进行形成性评价

"starC 云端一体化学习平台"借助课堂交互服务模块支持成果汇报、模拟操作、观察记录、活动设计等课堂互动，为学生构建了一个平等民主的交流平台。从学生已有的生活经验和知识背景出发，通过观察与分析，对学生的学习作描述性评价，尤其关注学生学习参与度、学生质疑求异活跃度、学生探究水平等过程性的评价。因此，该平台能较好地运用于形成性评价中。[1]

①实物展台：由于种种限制，传统的演示过程中难以保证全体学生的观摩效果。"starC 云端一体化学习平台"可以借助手机摄像头拍摄"实物展台"中的具体实物，并将拍摄过程实时投影到电子白板上，实现"移动教学"。除教师外，学生同样可利用平板电脑中的"实物展台"工具进行作品展示，教师从中记录、重现和深入分析展示过程，并进行形成性评价，从而深入了解学生的学习情况，为下一步教学提供方向。

②习题制作工具：在某一教学中，及时的习题训练是教学反馈的常见形式。利用"starC 云端一体化学习平台"的"习题制作工具"可编制选择题、填空题和问答题。教师在依次编辑学科、题型、题干、设置选项与正确答案、知识点解释后，单击"保存本题"，题目信息即出现在"练习题列表"中。所有题目编辑完成后，选择"输出"，即可生成".edb"格式的题库文件。

③模拟 Clicker 投票器：该工具是"starC 云端一体化学习平台"代表性的交互工具之一。在教学过程中，教师发布习题，学生利用平板电脑端的"模拟 Clicker 投票器"进行答题，数据由计算机汇总并上传至教师端，并可以柱状图的形式呈现投票结果，教师则可精准地掌握学生的答题正确率，为实现定性评价与定量评价提供依据。

---

[1]诸顺莉.例谈 StarC 云平台在未来教室课堂教学中的使用 [J].科学大众（科学教育），2019（6）：70.

3. 应用案例

本案例以 Kahoot！平台作为学生活动的引擎，介绍了在高中生物学教学中利用信息技术进行形成性评价，为教师随时调整教学计划、改进教学方法，帮助学生进一步内化知识，提高学生筛选信息和分析资料的能力提供支撑。[1]

（1）课前阶段

在完成注册和登录后，教师根据所授课程的相关主题和内容，可以选择修改他人已经制作好的 Kahoot！项目案例，或者创建新的 Kahoot！项目案例。由于已经存在的大部分试题都是按照国外的教学内容和风格进行设计的，对中国学生的适切程度不强，因此，生物学教师需要根据个人授课特点、学习内容、课标要求以及学生知识和能力掌握情况，选择科学板块下的生物学科目，按具体所授课年级寻找教学素材，来设计个性化的Kahoot！案例试题。

首先，点击"创建"进入试题创建界面。其次，选择要创建的题型（选择、排序、讨论和调查问卷），各类题型可在不同教学环节中发挥不同的功能。在设计试题过程中，教师可选择插入与生物学教学内容相关的图片、表格或视频链接，还可嵌入答题过程的背景音乐，这些都可更加直观地将授课内容生动化，提升学生学习生物学的兴趣和积极性。教师是教育资源的有效组织者，与选择题的编制流程类似，教师还可编制其他类型的试题。例如，在学习生命系统的层次时，可设计排序题让学生按照由低到高的顺序对生命系统排序；讲解免疫调节时，可设计有关艾滋病传播途径的讨论题在课堂中分组讨论；学习基因工程时，可设计调查类试题收集学生对转基因食品安全性的意见等。

（2）课堂实施阶段

教师登录 Kahoot！在线测试平台，打开事先设计好的测试题，系统自动生成验证码并等待学生进入。待所有学生进入游戏后，教师启动游戏，

[1] 李洋，豆丹阳，王健.Kahoot! 游戏化学习平台在生物学教学中的应用 [J]. 生物学教学，2019，44（6）：41-42.

学生对照大屏幕上的题目和选项前面的图形颜色，在自己的移动端进行答题。教师可以即时了解到学生的参与情况、完成速度和正确率。

（3）课后阶段

在作答结束后，教师可选择性导出每次试题的作答情况，以 Excel 的形式保存下来，以便对数据进行整理和分析。作为一种形成性评价方法，教师能够关注学生的学习轨迹，随时监测和反思并提升自身的教学能力，从而实现教育效果的最优化。教师还可通过平台中的分享功能，将试题和评价结果分享到网络社区，实现学生、家长和教师这个学习共同体的良性交流和互动。

综上所述，目前生物学课堂中对学生的评价方式往往比较单一，一般是通过期中考试、期末考试这种纸笔测验来完成，缺少对学生学习过程的关注和评价。学生对知识的掌握情况和能力的提升往往不能单从一次或两次考试的成绩中反映出来，这种简单化的评价方式往往会造成学生对分数的过分关注，忽略了对自身学习成长轨迹的关注。而在信息技术的支持下，Kahoot！平台以游戏竞赛的形式，可实现对学生课堂上和课外的作答情况进行过程性记录的功能，提升了评价的针对性和趣味性，有利于学生信息技术素养和生物学学科核心素养的养成，最终达成"发展学生的核心素养"的教育目标。

四、信息技术在生物学教学终结性评价中的应用
（一）终结性评价的概述

终结性评价是教学结束后的测量与评价。它的目的是了解学生一学期或一学年的学习是否达到了教学目标的要求，对教学成果作出较全面的综合总结和成绩评价。[1] 在教学实践活动中，期中考试、期末考试以及毕业会考都属于终结性评价。

终结性评价具有形成性评价职能，通过终结性测验，及时地反馈，有助于学生了解自己的学习情况，从而改进下一阶段的学习。教师也可以通

---

[1] 崔鸿 . 中学生物学教学设计 [M]. 北京：高等教育出版社，2016：226.

过学生学习成绩的反馈了解学生的学习状况，从而对教学内容、方法和策略进行改进和提高，有助于下一阶段的教学。

（二）信息技术在生物学终结性评价中的应用及案例分析

在传统的生物学终结性评价中主要以人工组卷和人工阅卷为主。人工组卷一方面带给教师繁重的工作压力，另一方面也不可避免地受到教师主观因素的干扰，在一定程度上影响评价的科学性。人工阅卷会带来巨大的批改、统计分析等工作量，耗时耗力且不够准确和全面，不但效率低，而且结果不能长久保存，最终导致难以对每个学生的学习状况进行详细且长期的跟踪与分析。

而今，信息技术以其便捷化、精准化、全面化的特征，可以很好地解决传统生物学终结性评价中存在的问题。下面以极课大数据为例，对信息技术在生物学终结性评价中的应用进行详细介绍。

1. 极课大数据

极课大数据是江苏曲速教育科技有限公司基于图像模式识别、自然语言处理、云计算和大数据分析等技术研发的 EI 教育智能系统，是一款学业采集与学情追踪反馈系统。主要由极课软件和极课扫描阅卷仪两大部分构成，其中极课软件主要分为三端：教师端、学生端和家长端。

极课大数据打破了传统的教学模式，将大数据、云计算同日常教学相融合，通过智能化备课、课堂教学设计、课后达标练习以及考试测评分析辅助教师教学活动的实施，帮助教师探索日常作业、考试数据与学生学业状态之间的内在联系，建立符合学生个性化学习和教师精细化教学的网络服务。

2. 利用极课大数据进行生物学终结性评价

利用极课系统进行终结性评价的基本流程可概括如下。

首先，教师通过登录极课软件将试卷的 Word 文档上传或者直接从极课题库和校本题库中创建试卷，系统随后自动生成极课答题卡。考试时，学生将含有自己信息的二维码贴在极课答题卡上并在答题卡上完成作答。收卷后，教师在答题卡上批改主观题，批阅时将题目得分用红笔写在试题上方对应的得分栏中，系统便能自动识别该题得分；教师批阅完成后，通过极课扫描阅卷仪对答题卡进行一一扫描，系统采集数据的同时自动批改客观题；扫描完成后，即可自动生成本次考试的相关数据报告。[1]

下面，就其中的关键步骤展开详细的介绍[2]。

（1）出卷

利用极课大数据中的题库出卷可以大大减轻教师出卷找题的负担，教师可以通过分享卷库、本校卷库、自主组卷三种方式进行出卷。分享卷库里有各种类型的试卷，教师只需选中试卷名称、分享范围、适用年级就可找到所需要的试卷。本校卷库中包含了其他教师出过的所有试卷，教师可通过输入关键字，按时间、年级、所含知识点进行挑选。最常用的是自主组卷，教师可借助同步教辅、专项训练、手动淘题等途径挑选合适的题目进行组合。

组卷完成后便可创建答题卡。在极课系统上点击考试测试，填好试卷名称、试卷归属、试卷类型及打印版式之后，有 3 种出卷方式可供选择：导入试卷 Word 文档生成答题卡、从题库中选题出卷和手动创建答题卡。导入试卷 Word 文档生成答题卡是导入电脑中已组好的试卷，随后系统自动生成答题卡；从题库中选题出卷则是挑选极课题库中的题目组合出一份试卷，系统自动生成答题卡；手动创建答题卡则是自行设置题型、数量和分值，设置完成后系统生成相应的答题卡。生成答题卡时，教师可根据不同的需求选择题卡合一或题卡分离。

（2）阅卷

学生完成答题卡，教师收回答题卡并进行批改。教师可以在答题卡上直接进行纸质阅卷，将学生做错的地方标注出来并保留阅卷痕迹，之后再将答题卡扫描上传，进行数据统计与分析；也可以通过极课扫描阅卷仪上传试卷图像，进行线上阅卷与数据分析。

（3）数据分析

阅卷完成后，极课系统会自动将试卷中的数据进行精细化整理与分析，

---

[1] 黄梦颖 . 基于极课大数据的高中数学教学设计研究 [D]. 苏州：苏州大学，2019：6-7.

[2] 陈妞妞 . 极课大数据在高中数学教学中的实施效果研究 [D]. 信阳：信阳师范学院，2020：12-17.

最终反馈到学情追踪里，学情追踪主要包含最新学情、学科追踪、学生追踪和往期学情四个部分。在最新学情里，教师可以看到学情报告、成绩单、试卷逐题分析以及详细分析报表。

学情报告中不仅会显示本班此次考试的班级平均分、最高分、优秀率等年级排名，其中的每一项都会和年级数据作对比，还会推送本班学生在年级的排名情况。成绩单中不仅包含学生本次得分、班级以及年级排名，还有各排名的变化趋势。成绩单上只能看到学生的总得分，而试卷逐题分析则细化到每位同学的每道题的作答情况，会显示每道题的所属知识点、分值、班级得分率以及年级均值，还可查看答案解析和学生们的作答情况。详细分析报表分为班级学情、试题详情和年级对比三个方面：班级学情包含了学生成绩单、学生小题作答情况和分数段分布图；试题详情分为题目作答情况和试题难度与区分度；年级对比分为年级排名对比、年级大小题对比以及年级知识点对比。

考试是评价和提高教育教学质量、促进学生发展的重要手段，以上经极课系统自动分析并呈现出的数据，可以帮助师生更好地发挥出考试的评价与促进功能。[1] 例如，学校以及教师可以根据终结性评价的数据分析报告，对下一届学生的教学工作、管理工作以及课程设置进行合理调整；具体到每一位学生，可以根据报告对本阶段生物课程的学习内容进行查缺补漏，并调整下一阶段的学习态度、习惯和方法。

第三节　信息技术在表现性评价中的应用

一、信息技术应用于表现性评价的概述

随着信息技术的快速发展和社会信息化水平的不断提高，将计算机应用于教育测量与评价的全过程已是大势所趋。国外对于计算机辅助评价的

---

[1] 吴鹏飞. 极课大数据在高中物理教学中的应用研究 [D]. 武汉：华中师范大学，2020：22.

研究起步较早，已广泛应用于大型的社会化考试（比如 TOFEL、GRE 和职业资格认证等）、远程教育和网络教育的教学评价活动中。基于网络的计算机辅助评价（Web CAA）最早应用于客观测试、计算机自适应测试和技能的评测，随着评价理论和学习理论的发展，CAA 开始逐渐关注对学生学习过程的评测。表现性评价作为过程性评价的一种可行方式以其明确的评价标准、客观的评分规则、灵活的评价方式以及有效的评价结果为教育界所推崇。表现性评价的理论日趋成熟，辅助教师开展表现性评价的信息技术也随之而生。例如，美国高原地区教育技术协会根据表现性评价的理论及教师的实际需要，开发了免费的 RubiStar 辅助评价量规设计工具，RubiStar 具有多学科的评价量规模板，集成了辅助设计、管理和自动发布的功能；还研发了一个名叫 ProfilerPRO 的电子文件夹系统，该系统可以帮助开展小组协作学习，学生可以根据提示上传学习资料并与其他同学共享。美国爱荷华州大学教育学院根据爱荷华州的教学标准，为 1～12 年级的教师设计了 E-Portfolio（电子档案袋）的模板，教师可以根据 Word 文档模板的格式要求设计好自己的电子文件夹，然后根据提示上传到相应的服务器。

我国的计算机辅助测评研发虽然起步比较晚，但是目前在考试、技能测评和表现性评价等实践以及研究中也取得了许多进展。例如，王继新等把电子绩效系统（Electronic Performance Support System，简称 EPSS）运用到中小学信息技术课支持系统中，提出了利用监测模块实时监测学习者的学习进度、学习动作，根据这些信息可以为学习者和教师提供诸如任务完成情况、学习进度情况、学习效果评估等评价信息[1]。沿用 EPSS 的思想，李葆萍等人的研究侧重于学生学习活动的设计，所开发的"中小学信息技术教学设计及管理系统"主要包括教学设计系统和教学管理系统，能够有效帮助教师进行信息技术课程的教学与评价工作[2]。

---

[1] 王继新，李广 . 中小学信息技术课电子绩效支持系统设计探析 [J]. 中国电化教育，2003（3）：42-45.

[2] 李葆萍，李晔，公平，等 . 以学习活动为中心的信息技术课教学设计及管理设计 [J]. 中国远程教育，2003（9）：45-47，79-80.

在《加快推进教育现代化实施方案（2018—2022 年）》中提到要大力推进教育信息化，如构建"互联网＋教育"支撑服务平台、开展国家虚拟仿真实验教学项目研究等。传统的表现性评价通过纸质化量表、问卷和监督检查等方式开展，难以实现评价的客观、及时、全面。在智能教育时代，信息化的教学环境能够实现及时收集储存教学过程中产生的海量数据，并且做到动态更新，完整反映教学活动的全过程。融合了智能技术的教育系统将实现对教与学全过程的跟踪监测和无感式、伴随性的数据采集，实现基于大数据的多维度综合性智能化评价。[1] 利用大数据分析技术，对所收集到的数据进行及时更新、动态分析，能够对学生学习情况进行客观、及时、全面的评价，实现动态评价和静态评价相结合，质性评价和量化评价相结合。[2]

将信息技术应用于表现性评价有利于实现评价主体多元化，例如借助 Moodle 平台开展作品评价，可以针对学生所制作的物理模型、概念图或思维导图等作品开展教师评价，对教师样例的评价、学生自我评价、同伴互评等。[3] 将信息技术应用于表现性评价可以实现评价的即时性、高效性，例如教师利用云环境开展电子档案袋（又称电子学档）评价，可以合理利用课余的碎片化时间，随时登录平台，查看学生档案袋中的资料，即时评价并反馈，提高评价效率，促进教学评价的发展，将定性评价与定量评价相结合、终结性评价与过程性评价相结合，对学生进行全面而综合的评价，还有利于促进学生的全面发展。[4] 将信息技术应用于表现性评价有助于实现"教—学—评"一体化，例如借助于虚拟实验平台开展教学以及评价，可以辅助实验教学的开展，帮助学生熟悉实验原理，结合网络记录的实验操作情况对学生进行评价，集实验教学、实验操作和实验评价于一体，能

[1] 雷朝滋. 发展"互联网＋教育"推进教育深层次、系统性变革 [N]. 人民政协报，2020-01-08（ 010 ）.

[2] 邢西深. 迈向智能教育的基础教育信息化发展新思路 [J]. 电化教育研究，2020，41（7）：108-113.

[3] 黎加厚，胡丽萍.Moodle 之互动评价：信息化的评价活动 [J]. 中小学信息技术教育，2007（Z1）：72-73.

[4] 徐珮鑫. 初中生物学电子档案袋评价的实验研究 [D]. 烟台：鲁东大学，2020.

较好地为每个学生的发展提供多样化的学习评价方式。[1] 另外，借助多元交互式课堂观察平台开展课堂评价，不仅可以评价教师教得如何，还可以即时记录学生的课堂表现情况，针对学生的课堂表现、小组合作、讨论参与等情况开展个性化评价。

总的来说，随着教育信息化的持续推进，信息技术在教育发展、课程改革进程中起着重要的推动作用。将人工智能、数据挖掘等新技术融入教学评价，符合信息化时代背景下的要求，也能改善传统教学评价存在的一些弊端，而以学生为中心、重视个性化发展的表现性评价在教学实践中受到的重视程度也越来越高。下面将以评价量规、档案袋评价和实验评价为例，介绍信息技术应用于表现性评价的一些具体方法。

二、信息技术在评价量规中的应用

（一）评价量规

1. 评价量规的概述

表现性评价重点关注的是学生如何应用知识与技能于实际的任务活动，在接近真实的施测情境下所产生的作品成果，这些作品成果往往是多领域、多方面的，包括调查报告、模型制作、实验操作和电子作品展示等。可见，相比于传统的纸笔测验，表现性评价能够较为准确、全面地对这些作品成果进行评价。表现性评价一般包括明确评价目的、确定评价标准、选择表现类型、设置表现性任务、制定评分规则、实施和选择样例六个步骤。其中，制定科学和可行的评分标准是顺利完成表现性评价的重要环节。[2-3] 量规是评估的标尺，在表现性评价中，一般通过评价量规来衡量学生完成学习任务的情况。[4]

评价量规是一种结构化的评价或评估工具，意指评价表、评价标准或

[1] 王阿习. 初中化学虚拟实验教学的多元化评价系统设计 [D]. 兰州：西北师范大学，2013.

[2] 徐岩，吴成军. 中学生物学科中的表现性评价及其实例 [J]. 课程・教材・教法，2011，31（8）：75-80.

[3] 肖龙海，管颐. 新课堂：表现性学习与评估一体化 [J]. 课程・教材・教法，2017，37（3）：18-23.

[4] 杨莹. 表现性任务与评价量规一体化设计研究 [D]. 杭州：浙江大学，2017：4-13.

评价指南，由一系列指标构成。[1] 借助量规，教师可以描述不同层次学习结果上的关键行为，对学生学业绩效、包括学习过程中的行为、认知、态度和各种学习成果（如作品、口头陈述、调研报告、论文等）进行评分或等级评定，以此来评价学生在完成一项表现性任务的过程中是否达到所提出的要求，有利于学生的自我调整、自我检测和自我改进。[2-3] 评价量规通常从与学习目标相关的多个维度规定评价标准和划分等级，并且融定性评价与定量评价于一体。表 5–1 为一个常用的评价量规模板。

表 5–1 评价量规模板

评价指标	指标权重/%	优秀 4	良好 3	一般 2	需努力 1	自评	互评	师评	加分
评价指标 1		（反映任务完成最好时的行为特征）	（反映任务完成较好时的行为特征）	（反映任务完成一般时的行为特征）	（反映任务完成较差时的行为特征）				
评价指标 2		…	…	…	…				
评价指标 3		…	…	…	…				

如表 5–1 所示，评价量规往往是一个二维表格，一般包括以下三方面内容：（1）评价指标，教师根据教学重难点为评价指标设计不同的权重；（2）测量等级，教师划分层次用以说明学生在任务执行中所处的水平；（3）评价标准，教师描述学生在不同等级水平上所对应的表现或行为特征。[4]

相较于传统的评价方式而言，评价量规具有五方面的优势：一是深度性，量规避免了传统纸笔测验的僵化简单，更深入地指向学生的思维发展过程；二是导向性，量规将"学习目标"具体化、可视化，清晰地说明了

---

[1] 张颖之，李秀菊，刘恩山 . 评价量规：主动学习的评价工具 [J]. 生物学通报，2007，42（3）：40-42.

[2] 唐玉霞，马兰 . 教学评估量规的编制及应用 [J]. 远程教育杂志，2011，29（6）：88-93.

[3] 钟志贤，王觅，林安琪 . 量规：一种现代教学评价的方法 [J]. 中国远程教育，2007（10）：43-46.

[4] 张颖之，李秀菊，刘恩山 . 评价量规：主动学习的评价工具 [J]. 生物学通报，2007，42（3）：40-42.

学生的现有水平以及将要达到的水平，对学生学习有导向和推动作用；三是适应性，量规能够应用于多种多样的学习活动，包括实验探究、模型制作、研究性学习和演示汇报等；四是共享性，量规是一项公开化的标准，可以在教师、学生、家长以及社区中共享，使评价公开化；五是客观性，量规将"师评"与学生"自评""互评"相结合，使评价客观、统一、公正，有效降低了评价的主观随意性。

　　教育心理学家和多媒体教学设计专家梅耶指出，"评价科学关注的是设计'知道学生知道什么'的评估方法"[1]。科学评价的基本目标是通过评估工具的开发来确定学习者的学习程度。在教师教学设计核心能力研究中，探讨如何通过编制量规将定量等级诊断和定性描述两者予以整合，从而帮助教师从单纯地根据百分数或者等级分数作出评估的习惯做法中摆脱出来，是未来仍需不断钻研的方向和热点。[2]

　　2. 评价量规在学业质量评价中的运用

　　学业质量标准是以本学科核心素养及其表现水平为主要维度，结合课程内容，对学生学业成就表现的总体刻画，也就是说，对学科核心素养的评价也可以看作是对本学科学业质量的评价。在评价范式转换的新时代，可见的评价是对核心素养评价的有效途径。可见的评价是促进学生学习的、基于证据收集的、共同构建的以及全面参与的评价，它可以提供面向学生的自我管理证据、面向教师的学生发展证据和面向家长的学生成长证据。应用可见的评价理念进行核心素养的评价，主要是进行基于量规的核心素养评价单的编制及应用。基于量规的核心素养评价单的开发应以核心素养为中心进行逐层转化分解，即自下而上（从评价目标出发，先开发量规，再确定任务）与自上而下（从学生作品出发，提炼要素，归纳标准再开发量规）相结合的"混合型"量规开发模式。图 5-26 所示为量规的具体开发模式，其编制包括五个步骤：依据核心素养确定表现向度，依据表现等级描述表现行为，依据向度等级寻找表现任务，依据使用类型附加表现记

[1]MAYER R E. Applying the science of learning[M]. Upper Saddle River，NJ：Pearson，2010：94.

[2] 唐玉霞，马兰 . 教学评估量规的编制及应用 [J]. 远程教育杂志，2011，29（6）：88-93.

录和依据量规要素检核量规质量。[1]

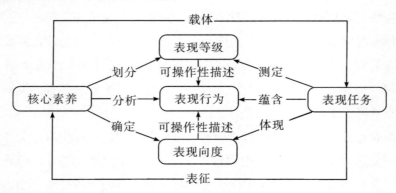

图 5-26　量规开发模式

　　核心素养评价单可作为教师试卷编制与活动开展的基本依据，它既是评价的起点，又是评价的终点，其应用还可作为学生自我成长的支架以及家校合作沟通的桥梁。综上，基于量规的核心素养评价单可将所有材料有效串接起来，成为学生学业质量评价的证据，也可成为综合素质评价的证据。

（二）信息技术在评价量规中的应用及案例分析

1. 概况

　　问卷星是目前使用较多的在线问卷调查、考试和投票平台。因其具有无限制答题人数，支持分类统计与交叉分析，免费提供分析报告与原始答卷，支持手机填写与 QQ、微信快捷群发等优点，使得该平台已经在高校或中学教学中得到部分应用。问卷星不仅是一个功能强大的专业调查平台，同时也是一个向所有用户提供免费的公益性公众调查服务平台，具有"随时读取、免费使用、反馈快捷、评估及时"等特点。[2] 通过问卷星，教师可以运用数据系统分析这一功能来了解学生的学业质量情况，进而完成大数据支持的课堂教学评价。

---

[1] 李刚，吕立杰. 可见的评价：基于量规的核心素养评价单编制及应用 [J]. 教育理论与实践，2018，38（29）：12-15.

[2] 刘建新. 巧用问卷星　助力生物实验教学 [J]. 中学生物学，2019，35（2）：58-59.

　　问卷星主要包括通用应用、员工体验管理和客户体验管理三大板块，但员工体验管理和客户体验管理只对尊享版用户开放。通用应用具有调查、考试、投票、表单、360 度评估和测评六大功能，如表 5-2 所示。另外，问卷星平台还为用户提供了详细的问卷创建步骤指南，具有较强的可操作性。

表 5-2　问卷星通用应用中的六大功能

调查	丰富题型，强大逻辑，问卷密码，红包抽奖
考试	题库抽题，限时作答，成绩查询，自动阅卷
投票	图文视频，选项随机，实时排行，微信投票
表单	信息登记，活动报名，可通过 Excel 导入数据
360 度评估	批量评估，权重维度（只对尊享版用户提供）
测评	支持多级测评维度，自动呈现测评维度

　　目前，教师更多的是利用"在线考试"这一功能，教师利用该功能发布试题（选择题、填空题或综合题），学生可随时随地利用计算机或手机完成试题并提交。提交后，学生可以自行校对答案，同时，系统也会统计学生的完成情况和正确率等信息。问卷星平台除了应用于纸笔测试，还能够有效地应用于表现性评价。在表现性评价中，教师时常要组织学生进行投票或展开组间评价。传统的做法一般采用学生举手、教师清点人数，或把评价量规打印成纸张的方式来组织评价，这种做法在统计时不仅耗时，还难以做到即时反馈，即教师无法在第一时间精准地了解学生的学习情况。而问卷星则可以妥善地解决这一难题，教师可借助问卷星平台将事先编制好的评价量规发布出去，在活动结束或课堂评分环节进行现场打分。同时，问卷星提供了数据统计与分析，教师可以随时在个人终端登录后台查看统计结果，以指导教学。[1]

---

[1] 朱家华，崔鸿 . 信息化教学中提升师生互动体验的五种方法：基于免费、在线、开放的社会化信息技术工具实现 [J]. 中小学电教，2016（Z1）：74-77.

2. 基于问卷星平台制作电子评价量规的步骤

（1）设计评价量规

教师应根据学习任务的目标与要求来设计等级区分、描述清晰的评价量规。量表的创建一般包括五个步骤：一是重申通过学习活动预期达到的学习目标；二是明确学生在学习过程或学习结果中可能出现的、各种具体的、可观察的属性特征；三是确定每一属性水平的表现特征；四是为每一水平标准提供范例；五是对量规做出必要的调整和修改。[1] 除了自行研发设计量规外，互联网上的量规生成器也可以帮助教师设计量规，教师可根据需要，对网上提供的各类通用量规、各个指标的具体标准内容进行修改。常用的量规生成器有：华南师大教育研究中心提供的量规生成器；量规之星（rubistar）提供的量规生成器（网址：http：//rubistar.4teachers.org/index.php）。

（2）制作电子评价量规

①创建问卷

输入网址：www.wjx.cn，进入问卷星官方网站，在注册界面填写用户名、密码、手机号码等信息即可完成注册。另外，该网站还支持 QQ、微信一键登录，快捷方便。

注册登录成功后，点击【创建问卷】并【选择问卷的类型】。该页面一共提供六种类型，点击所需的类型进行创建。评价量规对应的问卷类型为【调查】，点击【创建】，然后输入【调查名称】，如图 5–27 和图 5–28 所示。问卷的创建具有三种途径：从模板创建问卷（使用其他用户公开的问卷）、文本导入（自由编辑，自动生成问卷）和人工录入服务（人工协助录入更便捷）。

[1] 何晔 . 运用量规评估学生业绩 [J]. 湖南师范大学教育科学学报，2008（1）：77-79.

图 5-27　创建问卷

图 5-28　创建问卷的途径

②编辑问卷

根据评价量规的内容编辑问卷，如选中题目类型【评分题】中的【矩阵量表】，添加成功后依次输入"标题""行标题""选项文字""是否允许填空"和"分数"，完成该评价表的内容编辑后，点击【完成编辑】，后面的题目选择相应的题目类型，以此类推进行操作。最后点击【添加问卷说明】输入问卷说明的内容（本问卷的主题），即可【发布此问卷】，如图 5-29 所示。

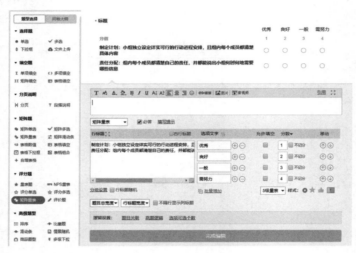

图 5-29　编辑问卷

③发布问卷

完成了问卷的编辑后，此时问卷正处于草稿状态，教师可根据自身的需要进行个性化的设置，设置完成后便可发布供学生使用。点击【发布此问卷】后，平台将自动生成该评价量规的链接网址与二维码，学生可通过计算机、平板电脑或手机点击链接或扫描二维码进行自评或互评后提交，如图 5-30 所示。另外，问卷还可以通过微信扫码分享，为了避免学生重复填写，可在"功能设置"中勾选"获取微信用户的昵称、性别等（需登录）"和"限制微信用户填写次数"等，如图 5-31 所示。在使用过程中，若发现问卷需要修改，也可以随时修改。

图 5-30　发布问卷——获得链接与二维码

功能设置

☐ 只允许从微信中填写

☐ 获取微信用户的昵称、性别等（需登录）

☐ 限制微信用户填写次数

☐ 允许查询答卷 ♦

☐ 必须关注我的微信账号才能回答 ♦ ❓

☐ 禁止分享到朋友圈

☐ 禁止"发送给朋友"

保存

图 5-31　发布问卷——功能设置

（3）获得评价结果

当学生完成提交后，点击【分析 & 下载】，教师可以查看学生参与评价活动的情况和快速获得评价结果。例如，教师可以根据【答案来源分析】直观判断哪些学生没有完成该问卷，根据【查看下载答卷】（如图5-32所示）中的所用时间判断学生在互评过程中的认真程度等；通过【统计 & 分析】（如图 5-33 所示）中的默认报告、分类统计、交叉分析、自定义查询和 SPSS 分析等功能对所获数据进行处理。同时，问卷星平台提供了柱形图、条形图、折线图和雷达图等不同的表达形式，教师可以直观、快速地查看、展现和分析评价结果。除了获得定量数据，教师还可以通过点击【下载答卷数据】获得学生完整的答卷信息（按选项序号 / 文本 / 分数下载），帮助教师定性地了解每个学生具体的答题情况。

图 5-32　获得评价结果——查看下载答案

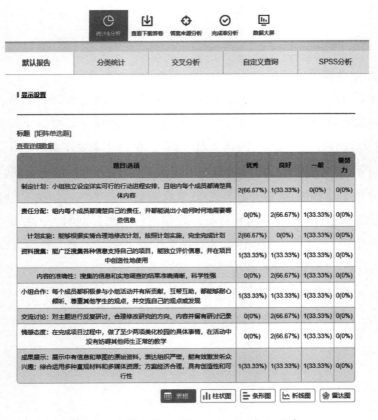

图 5-33　获得评价结果——统计 & 分析

3. 教学案例

该案例以 2019 年人教版高中生物选择性必修 1"稳态与调节"第 5 章"植物生命活动的调节"第 3 节"植物生长调节剂的应用"中的实验"探索生长素类调节剂促进插条生根的最适浓度"为例，介绍基于问卷星平台的高中生物学探究性实验评价过程，过程如下。

（1）设计评价量表

首先，教师根据该实验的教学目标和实验内容初步编制了评价量规。其次，教师在课前让学生根据已有的知识和技能，采取小组合作的形式制定课题的研究计划。学生设计的小课题包括"探究不同品牌生长素类调节剂对同种植物生根作用的差异""探究同一浓度、同一种生长素类调节剂对不同植物生根作用的差异"及"探究不同浓度生长素类调节剂对同种植物生根作用的差异"等。实验探究结束后学生代表进行展示汇报，小组间根据教师提供的评价量规进行现场打分。基于教学目标，评价表的内容包括"提出问题""设计实验""进行实验""分析结果""得出结论"和"表达交流"6 个项目，学生评分之后还需要标注扣分原因，具体每个项目的权重分配，如表 5–3 所示。

表 5–3　探究性实验评价表

评价细则		权重 / %	得分	
评价项目	评价内容		评分	扣分原因
1 提出问题	研究问题明确，具有一定的研究价值	10		
2 设计实验	实验设计符合对照实验、单一变量、多次重复等基本原则	20		
3 进行实验	实验操作严谨规范（无菌和接种操作等），实验现象记录翔实	20		
4 分析结果	实验数据处理方法科学，呈现形式合理	20		
5 得出结论	基于实验结果，得出客观的实验结论，并有一定的反思	15		
6 表达交流	成果汇报材料完备，语言表达准确，逻辑性强	15		

（2）制作电子评价表

①创建问卷

输入网址：www.wjx.cn，进入问卷星登录页面后使用手机号进行注册。注册登录成功后，点击【创建问卷】并【选择问卷的类型】。根据评价量规，本实验所选择的问卷类型为【调查】，点击【创建】，输入调查名称"探索生长素类调节剂促进插条生根的最适浓度实验评价表"并点击【立即创建】。

②编辑问卷

根据评价量规的内容编辑问卷。点击【添加问卷说明】输入问卷说明的内容：探索生长素类调节剂促进插条生根的最适浓度实验评价表共包含6个项目，满分100分，请根据汇报人汇报的内容对该小组进行打分。点击题型进行"添加新题"。本实验选择的题目类型为【评分题】中的【NPS量表】（如图5-34所示），添加成功后依次输入"标题""选项文字"和"分数"。例如，在"行标题"上输入"提出问题：研究问题明确，具有一定的研究价值"，根据评价量规的第1个项目满分为10分，"选项文字"为"完全不符合"对应的分数为"0"，"选项文字"为"完全符合"对应的分数为"10"。把评价表的内容编辑好，点击【完成编辑】，即可【发布此问卷】。

图 5-34

③发布问卷

点击【发布此问卷】后，问卷星平台生成该评价表的链接网址与二维码，学生可通过计算机、平板电脑或手机点击链接或二维码进行互评或互评后提交。在本案例中，教师为每个合作小组提供 1 台平板电脑，学生用平板电脑进行问卷的填写和提交。

（3）获得评价结果

当学生完成提交后，教师可以通过平台查看评价活动的实时参与情况，并且通过平台的统计和分析功能快速获得评价结果。在本案例中，汇报小组通过 PPT 结合图片、视频和实物等形式展示研究的整个过程，包括课题的来源、实验原理、实验器材、实验过程、实验结果、实验结论及实验反思。教师和学生作为课题评价的评委，根据汇报者的汇报情况对该小组的表现进行打分，打分的过程则通过问卷星完成评价量表的填写和上传。然后，教师展示该课题的评分结果，结果显示，小组在探究性实验的"设计实验"和"进行实验"环节被扣分较多，"分析结果"环节得分最高。

（4）开展质疑和讨论

根据评价结果，教师组织学生开展质疑和讨论，进一步达成教学目标。例如，在本次探究性实验评价环节中，教师邀请学生说明扣分的理由，并提出针对性的改进措施，在评价与质疑中训练学生科学探究的逻辑思维和批判性思维能力。例如，学生分析和讨论的问题主要有：①实验设计中是否严格遵循单一变量原则，即自变量设置是否合理，无关变量的控制是否严格？②实验设计中对指标的测量是否科学，如因变量的测量方法是否明确或可行？③实验的实施过程操作是否规范？④如何进行数据的处理和误差的分析，结论与结果有何异同？等等。教师引导学生对课堂生成的问题开展讨论，并将学生分析和讨论的结果以板书的形式进行同步建构。[1]

4. 教学案例解析

在本案例中，教师发挥了信息技术的优势，将高效的互联网平台引入高中生物学实验教学评价，把评价融入数字化学习的活动中，转变了以往以纸笔测试为主的单一的评价形式。首先，问卷星的利用给学生搭建了参与的平台，评价主体不再局限于教师对学生的评价，还包括了学生和学生之间的评价等，实现了评价主体的多元化，让学生真正地参与评价活动并表达自己的观点。其次，评分结果收集和处理比较高效，能给学生实时反馈。目前，教育数据的应用已成为国内外教育领域改革与创新发展的重要向导，形式多样的数据收集和整理平台在教育评价领域中的应用已是大势所趋，问卷星平台反馈的评价结果结合了定性评价结果和定量评价结果，有助于从质和量两方面做出符合实际的综合判断。最后，运用问卷星平台还有利于在课堂上即时生成讨论素材。学生围绕评分结果运用生物学实验知识和技能展开反思与质疑，使评价融于学习之中。综上，本案例能够有效地利用问卷星平台对高中生物学探究实验进行评价，从而实现以评促学，为落实生物学学科核心素养和开展生物学学业质量评价提供有利的技术支持。

---

[1] 陈洁. 问卷星平台在高中生物学探究性实验评价中的应用 [J]. 生物学教学，2019，44（12）：29-31.

三、信息技术在档案袋评价中的应用

（一）档案袋评价

1. 档案袋评价概述

表现性评价的主要类型有口头测验、辩论、短文题考试、写作测验、过程反应题、实验技能教学考试评价、作品公开演示以及档案袋评价等。[1] 其中，档案袋评价在教学实践中的应用越来越广泛，尤其是在学生综合素质评价过程中发挥的作用日益显著。《普通高中生物学课程标准（2017年版 2020 年修订）》中也提到，"评价方法应该多样。例如：学生成长记录，记录学生成长过程中的点点滴滴，将实验报告、实验设计、小论文、作业等收入记录袋中，作为衡量学习态度和能力的依据之一"，通过学生成长记录袋来开展评价，其意义可以等同于档案袋评价。

档案袋评价的兴起，源自许多教育学者对于标准化测验这种静态评价方式的批判。传统评价中使用成绩报告单这种等级评价方式是为了将学生与他人进行比较，而现代评价观念强调尊重学生的差异性成长步调和多元化成长方式，主张将每个学生的现在与其过去进行纵向比较，档案袋评价即是这种动态评价观念下的产物。档案袋评价通常的含义是"通过档案袋方式进行的评价"，即将档案袋作为一种记录和评价与工作相关表现的工具，通过它汇集关于个人在特定时段的表现和相关反馈证据，监控和评估每一个个体的表现和发展。档案袋评价重在"档案袋"内容物的收集，通过系统选择和搜集用来展示和表现学生能力和进步的作品，评价学生在知识、能力、情感、态度等诸多方面的发展。[2]

在教学中运用档案袋评价这一方法，其首要理念是以学生为中心、评价的重要目的是促进学生的发展。在评价过程中，教师根据明确的目标指导学生完成并保存各种作品，依据作品可以开展学生自评、互评和教师评价，在条件允许的情况下还可以加入家长评价，评价兼顾过程和结果，可

[1] 黄光扬 . 教育测量与评价 [M]. 上海：华东师范大学出版社，2002：206.

[2] 霍丽岩，黄爽 . 表现性评价内涵及其相关概念辨析 [J]. 西北师大学报（社会科学版），2015，52（3）：76-81.

以反映出学生在一段时间内的学习成长历程，兼顾认知、技能与情意，呈现学生在知识、能力、情感、态度等各方面的改变和提升，从而获得更真实、有效的评价结果，也能起到激发学习兴趣、培养主动学习的习惯、增强自我反思和自我负责意识的作用。总的来说，档案袋评价具有以学生为中心、目标明确、兼顾过程和结果、评价主体多元化、评价内容全面化、评价与教学相融合等特点。

2. 在生物学学业质量评价中运用档案袋评价

将档案袋评价这一方法运用到生物学学业质量评价过程中，教师和学生都要明确自己在档案袋评价中所扮演的角色，教师需要明确评价目标，做好监督引导的作用，学生负责制作、收集和保存档案袋的内容。同时，教师需要定期开展交流活动，组织学生进行自评、互评，及时与学生进行沟通交流，帮助学生养成自主学习、自我评价、自我反思以及自我调整的习惯和能力。就档案袋的内容而言，结合生物学学业质量评价要求，可以从概念图、模型、实验报告、实践调查报告、小论文、手抄报等方面进行设计，当然，学生信息、评价量表、每次的评价结果和评语等材料也是必不可少。

（二）信息技术在档案袋评价中的应用及案例分析

档案袋评价具有发展性、过程性、综合性、反思性、个性化、多元化等特点，在教学实践中若善加利用，可以有效发挥促进教师的教和学生的学、评价兼顾过程和结果、评价结果更加真实全面、激发学生学习兴趣、提高学生自我反思能力等作用。档案袋评价在教学中的应用也越来越常见，但是这种评价方法仍然存在一些不足和局限之处，例如，档案袋中的材料难以保存、容易遗失，并且常规档案袋中的内容不易在大范围共享。随着互联网的快速发展和普及，将信息技术运用于档案袋评价中，即将档案袋数字化、网络化，形成电子档案袋（也可以称其为电子学档），可以有效克服其材料不易保存和共享等不足，并且可以促进评价主体更加多元化、评价过程更加简便、评价结果分析更加快速，同时，还可以使档案袋中的内容更加丰富、形式更加多样，例如可以放入视频、音频等材料。

1. 电子学档

传统的学习档案袋主要是一些纸质材料，包括学生的学习成绩、学习作品等，但纸质学习档案袋不便于使用和保存。随着计算机技术和网络技术的迅速发展，基于网络的学习档案袋开始流行起来。电子学档（又称为电子文件夹、电子作品或学习文件夹）是一个运用电子技术，以多媒体形式有目的、有组织地进行收集和展示学习者在某一个或多个领域的努力、进步和成绩的集合体[1]，它主要指学习者利用信息化手段呈现学习过程，包括在学习过程中对学习和知识的管理、评价、讨论、反思、设计等[2]。与传统的档案袋相比，电子学档具有存储空间需求小、易于备份、便携性、可长时间保存、以学习者为中心等特点。

开发电子学档一般有两种技术：一种是大众型的，例如使用办公软件和数码相机等设备生成数字资源，经过加工处理以文件夹等形式分类存储；另一种是客户型的，教师需要利用编程语言、数据库技术等制作成网站或软件产品，形成一种规范化、统一化的动态"容器"，该方法需要有一定的编程技术，对于教师而言具有一定难度。目前，网络上可供教师参考利用的电子学档平台有 Blog、上海市信息技术过程性评价平台、Moodle、瑞博等[3]。下面以 Moodle 为例，介绍该平台的部分功能在生物学学业质量评价中的作用。

2. Moodle

（1）Moodle 简介

Moodle（是 modular object-oriented dynamic learning environment 的缩写，即模块化面向对象的动态学习环境），是由澳大利亚 Martin Dougiamas 博士基于建构主义教育理论而开发的课程管理系统（Course Management

---

[1] 刘艳丽，谈成访.基于电子学档的信息化教学模式的构建 [J].现代教育技术，2007，17（1）：45-47.

[2] 钟志贤，吴初平.电子学档：远程学习中一种有效的过程性评价工具 [J].中国远程教育，2008（5）：41-44.

[3] 何玲.运用电子档案袋评价促进小学信息技术课程教学的探究：以常熟市石梅小学信息技术课程教学为例 [D].上海：上海师范大学，2007：15-20.

System，简称 CMS），是一个专门制作基于互联网的课程和网络的软件包。Moodle 不仅是一个技术平台，也是体现新教育理念的教学平台，更是一个将教育理论与实践相结合的、全面支持教师和学生实施教学活动的学习管理系统（Learning Management System，简称 LMS）。

Moodle 是一个免费的开源软件，处于不断更新状态，可以在 Windows、Linux、Unix 等各种支持 PHP（Hypertext Preprocessor，超文本预处理器）运行的操作系统中安装和运行，为了正常运行 Moodle，它需要被安装在 Web 服务器上，可以是在自己的电脑或网络托管公司。Moodle 平台界面简单、精巧，操作灵活，使用者可以根据需要随时调整界面、增减内容，学校通过组织短期的相关培训，教师便能掌握利用 Moodle 建立网络课程、丰富课程资源、开展教学评价等各种方法。

总的来说，Moodle 可以为在线教育教学活动和学生集体的网络协作学习提供一个操作性强、方便有效的虚拟教学环境，并且在整个教学活动中给予学生丰富多样的学习资源，为实现个性化学习而服务，其主要模块和主要功能如图 5-35 和图 5-36 所示。[1]

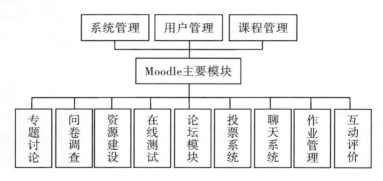

图 5-35 Moodle 的主要模块

[1] 康迪. 基于 Moodle 平台在线测验中知识领域的学习诊断及反馈研究 [D]. 昆明：云南师范大学，2018：6.

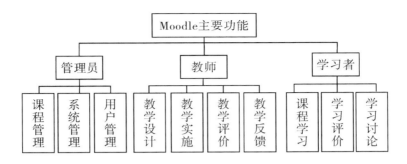

图 5-36　Moodle 的主要功能

下面介绍 Moodle 几种重要的功能[1]。

①课程管理功能。管理员有更改所有课程设置的权限，包括将部分权限分配给各教师。课程管理主要通过以下几种途径进行：选择课程的格式（星期、主题等）；灵活设计课程活动（论坛、测验、问卷调查、作业、聊天、专题讨论等）；为了方便学习者知道课程变化，课程首页可以主动呈现这段时间新增加的信息；全方位地统计并记录所有学习者的参与情况，甚至任何模块的细节，并通过图表统计，直观地反映全部学习者的所有学习细节。

②作业功能。Moodle 平台设计了简洁便利的作业模块，教师可以规定作业的上交期限和最高分，也可以在平台上为每个学习者的作业评分，而且教师的批注能及时地反馈给所有学习者；同时，学习者在把作业提交到平台上时，提交时间也会被记录，且每个学习者的作业情况都会有详细的记录。对于完成度比较差的作业，教师可以要求该学习者重做，以便再次评价。

③互动功能。Moodle 平台具有良好的交互性，可以利用 Wiki 进行聊天，其功能等同于时下常用的 QQ、微信等交流软件，不仅支持实时的文字交互聊天，也支持图片、网页等交互分享，所有的交流都会被保留，以供学生需要的时候查询；投票功能可以让所有学习者及时参与投票，表达自己

[1] 何小青. Moodle 平台下混合式教学模式的构建：以初中物理课为例 [D]. 武汉：华中师范大学，2016：12-14.

的意愿，同时，教师则可以利用学习者反映上来的信息及时进行总结并做出调整，积极地给予反馈；各种各样的论坛可以为教师与学习者提供多样的选择，而且教师能随意地在各论坛间发起话题。

④测验功能。题型主要有选择题、填空题、计算题、简答题等，这些题目能根据所学的科目、知识点等归好类，这不仅能方便学习者学习，而且有利于将这些归类推广到该网站的其他课程。教师能依据不同的学情为测试者开放合适的答题时间，而且试题和答案都能随机呈现以减少作弊。其他多样丰富的题型，也可以通过外部导入的方式完成；如果需要，测验可以分多次进行，所有的答案都会自动记录，做完自动评分。教师在 Moodle 中出的所有测试题都能备份、导出，再运用到所有能使用该格式的课程管理系统上。

⑤资源库功能。该平台能使用各种类型的多媒体文件（Word、PPT、Flash、Video 和 MP3 等），不仅可以上传各种各样的文件到 Moodle 平台上进行管理，也能分享 Internet 上丰富多彩的网络资源并整合到课程界面里。

⑥评价功能。教师可以通过测验、互动评价、作业、小组选择、投票、问卷调查等功能的灵活使用，以掌握学习者的实时学习效果，学习者也能根据所学的范例作品对教师的设计做出公正的评价，教师也可参考学生的评价对评价机制实行管理和完善。Moodle 平台支持多种多样的评分制度，教师可根据实际需要灵活地选择多样的形式。

（2）运用 Moodle 平台开展档案袋评价

Moodle 平台将课程资源与教学活动融合在一起，对于教师来说，在设计课程时可以自由选择课程的版式，然后在资源模块里填写具体的课程内容并上传资料，资料的格式支持任意的电子文档、PPT、Flash 动画、视频和音频等，还可以创建 Web 形式的链接。对于学生来说，可以自主选择喜欢的 Moodle 界面，浏览、学习教师发布的课程资源，参与教师设计的各项活动，提交作业、参与讨论、与小组成员开展合作学习、进行自评和互评并填写意见、撰写日志等等。

Moodle 注重多样化教学评价的设计和实施，教师可以针对某项任务设置评价标准，学生根据这些标准进行评价，评价的形式有师评、学生互评和自评多种形式，评价的方式有等级制、分数制和写评语，将质性评价和量性评价相结合。同时，Moodle 具有一个重要特征是能够有效针对学生的学习过程进行跟踪和分析，不但能保存学生的作业作品、日志、发表的评论，还能详细记录学生参与投票、测验、专题讨论等方面的情况，所有这些都能成为学生电子学档里的内容，为学生的成长绘制出丰富的痕迹。[1]

Moodle 平台中可以添加的活动或资源如图 5-37 所示，在生物学学业质量评价中，运用 Moodle 进行档案袋评价，主要可以利用的是其中互动评价、作业、测验、讨论区、问卷调查这几个板块。教师创建课程以后，学生加入课程并完善个人信息，平台便自动录入学生的信息，并且记录学生的学习、浏览情况；教师根据教学需要，制定每次评价的目标和规则，通过平台将评价要求告诉学生，学生上传作业、完成测验、参与讨论、填写问卷等。其中，学生上传的作业可以是独立完成的，也可以是小组合作

图 5-37　Moodle 平台中可添加的活动或资源

[1] 何玲 . 运用电子档案袋评价促进小学信息技术课程教学的探究：以常熟市石梅小学信息技术课程教学为例 [D]. 上海：上海师范大学，2007：18-19.

完成的，作业的形式包括概念图、模型、实验报告、实践调查报告、小论文、手抄报、视频、动画等。教师根据实际情况设置学生自评和互评。值得一提的是，Moodle 平台中的互动评价模块包括教师评价、对教师样例的评价、自我评价、同伴评价、对评价进行再评价五种评价方式。最后，学生在 Moodle 平台中参与各种活动的痕迹以及每次获得的评价和评语都可以被记录下来，形成具有鲜明个性的电子学档。

3. 信息技术在档案袋评价中的应用案例及分析

（1）教学案例

基于电子学档的高中生物学教学案例

电子学档以可视化的形式详细记录了学生的整个学习过程，为学业质量评价提供了充足的证据，可以有效发挥评价促发展的作用。下面以人教版高中生物学"设计制作生态缸，观察其稳定性"内容（2019 年版教材选择性必修 2 第 3 章第 5 节的探究·实践）为例，介绍电子学档在中学生物学教学中进行发展性评价时的作用，教学主要流程如下。

1）课前阶段

①云环境下个人空间和公共空间的构建。利用云环境创建学生的个人空间和公共空间，其中，在个人空间，学生可以进行访问权限、页面布局等各种个性化设置；而公共空间是为所有学生搭建的公共学习平台，每个学生都可访问公共空间上的学习资料，教师可以针对班级特点，有针对性地上传学习资料供学生使用。

②确定评价内容。教师可在公共空间发布本次任务要评价的内容。比如需完成的基本作业：a. 理论学习，回顾生态系统的组成、结构和功能，能简单设计出一个水生生态系统并完成设计方案。b. 制作生态缸，结合所学理论知识，准备材料并制作生态系统。c. 观测和实验，尝试维持生态系统的运行，并通过设置对照组，探究不同光照、温度以及结构差异对生态系统的影响，尝试撰写实验报告。同时，教师还需要告知学生具体的时间安排以及电子学档中收集资料和存放作品的类型等。

③制定评价量规。为了保证评价的客观与合理，基于电子学档的评价需要设计相应的评分方法，即评价量规。教师明确本次任务的评价标准：

制作的生态缸要具有科学性、环保且美观，生存期也是一项重要指标。学生通过一段时间的实验记录及分析，总结出与生态系统稳定性有关的因素。在制定评价量规时，可以让学生也参与进来，帮助学生明确学习目标，有意识地根据评价量规来完成任务；在评价过程中，将定性评价和定量评价相结合、自评和互评相结合。

2）课程实施阶段

第一节课，教师向学生介绍个人空间和公共空间的使用方法，并且介绍此次任务的具体要求，师生共同确定评价量规的具体内容；第二节课，教师带领学生回顾本册教材前3章（种群及其动态、群落及其演替、生态系统及其稳定性）所学内容，并且介绍气体监测、光照监测等仪器的使用方法；第三节课，学生展示生态缸的制作方案，并开展自评、互评和教师评价，学生针对老师和其他同学的意见修改、完善方案。接下来，学生有两周的时间制作生态缸并进行观测和实验，每天都需要将数据、分析等材料上传至个人空间。

3）课后阶段

学生在个人空间建立属于自己的电子学档，将生态缸设计方案及修改过程、现象记录、实验报告、学习反思报告等上传至个人空间，并提交给教师查看，教师查阅学生的电子学档并进行评价，同时，教师组织学生根据之前制定的评价量规开展自评、互评。对于教师来说，浏览学生的电子学档可以更详细地了解并有效评价学生的学习过程和学习情况，也可以进行及时、有效的反馈。同时，教师根据电子学档中的内容来纵向评价学生在本次任务以及之后其他任务中的参与情况，可以更加清晰、全面地分析学生的成长过程，结合学生在学习过程中的多方面表现，对学生提出个性化的成长建议。

（2）案例分析

电子学档以数字化的形式保存学生的学习档案，相对于传统的档案袋，具有更多的优势，例如使档案袋中的内容易于保存和共享，丰富档案袋中的内容形式等。基于电子学档的评价可以贯穿教学活动的始终，并且注重评价的全面性、真实性和发展性，反映了学生在一个时间段内学习和成长的过程。

　　本案例中，基于电子学档的教学体现了以学生为中心的思想，从学生的实际情况出发，让学生清晰了解本次任务的要求，并且带领学生回顾任务相关的已学内容、提前学习完成任务过程中可能需要用到的技术方法，同时，在制定评价量规时，鼓励学生也参与进来，引导学生根据学习目标和评价标准来完成任务。在方案设计及生态缸制作的过程中，学生可以自主选择不同材料（容器、植物、动物、河泥等）来完成实验，以不同类型和格式的资料（视频、图片、PPT 等）上传至电子学档，从学习作品的提交到电子学档的组织管理都是学生自主完成的，充分发挥学生的主体作用。本案例还体现了"教—学—评"一体化思想，将评价与教学过程有机融合，学生在学习过程中持续上传材料至电子学档中，教师针对学生电子学档中的内容持续关注学生的成长动态并进行评价、反馈。同时，教师组织学生开展自评、互评以及自我反思，促进学生自主成长和同伴间的相互学习，也体现了评价主体多元化以及评价目的促发展的评价原则。

四、信息技术在生物学实验评价中的应用

　　生物学是一门以实验为基础，以重在培养学生的生物学学科素养为目的的学科。《普通高中生物学课程标准（2017 年版 2020 年修订）》中提出了包括生命观念、科学思维、科学探究和社会责任的生物学学科核心素养，而生物学实验正是科学探究的重要组成部分。根据教育改革发展的需要，全面落实素质教育，培养和发展学生的生物学学科核心素养，开展科学、公正的生物学实验评价至关重要。然而当前我国生物学实验评价的开展相对滞后，在评价内容上，主要以纸笔测验的方式对学生实验理论知识进行评价，实验操作的评价开展相对较少，无法有效反映学生的真实操作能力，即使对于少数开展实验操作考试的学校，也大都以教师现场定性评价为主，其结果较易受到主观因素影响，同时也需要较多人力、物力的参与。在评价方式上，主要采用的是终结性评价，评价功能以诊断为主，学生无法真正参与评价，无法获得实时的反馈，评价效果欠佳。随着社会的发展，信息技术逐步和教育教学紧密结合，为生物学实验评价的改进提供

契机。与传统实验考试相比，基于信息技术的实验评价准确、客观、公正，能提供考生及其家长进行成绩异议复查的客观依据，整个实验过程不涉及有危害的实验药品，相对较为安全，而且模拟实验用具和材料可以重复使用。此外，信息技术手段的运用为学生搭建了参与的平台，将评价融入学习之中，提高了学生学习的积极性和主动性，有利于学生信息技术素养和生物学学科核心素养的协调发展，实现了以评促学、以评促教的目的。如何更好地利用信息技术手段，指导中学生物学实验教学的实践与评价，日益成为一线教师探索的重要领域。

（一）基于 DIS 技术的生物学实验评价

1. DIS 实验操作智能考评系统

DIS（ Digital Information System ）即计算机数据采集系统，是由传感器、数据采集器、计算机组成的信息采集处理系统。DIS 智能操作考评系统将 DIS 技术应用于生物学实验操作评价。该系统采用传感器和数据采集器等来对学生的实验操作进行实时监测，通过大量实验数据采集和统计，在相应的软件中预设标准和容错范围，对实验关键步骤和过程设定评价标准并予以赋分以对学生的实验过程和结果做出准确的评价，实验数据在后台留存备查。[1] 基于 DIS 技术的实验考评系统利用丰富的传感器，设计可行的方案对实验操作的过程和结果进行检测并给予客观公正的评价，更优于传统的实验操作考评模式。DIS 技术更接近当前科技发展现状，对于培养学生的科学素养十分有益。

2. 基于 DIS 实验操作智能考评系统的评价案例

案例展示的是广东省深圳市华侨城中学开发的"颜色反应类实验"DIS 实验操作智能考评系统。实验数据采集系统通过传感器检测试剂取用情况，采集并比对组织样液反应前、后的颜色变化，考查学生对生物材料中含有的有机成分、检测试剂的选择与使用、颜色反应是否正确等的掌握情况。该系统可以用于几乎所有试剂颜色反应类实验，例如生物组织中的糖类、

---

[1] 王辉 . 基于 DIS 技术的生物学实验操作智能考评系统的研究 [J]. 生物学通报，2018，53（6）：39-41.

脂肪和蛋白质的检测，酵母菌发酵产生酒精的检测，粗提取 DNA 的鉴定等生物学实验；还可用于自制酸碱指示剂的检验、溶液酸碱性的检验、苯酚性质检验和蛋白质性质检验等化学实验。

　　以"检测生物组织中的还原糖、淀粉、脂肪和蛋白质"为例，实验所需的材料用具包括教材中所列的材料用具以及 DIS 实验操作考评系统（试剂颜色反应类实验数据采集系统和相关软件、电脑）。具体的实验操作包括以下环节：①连接数据采集系统和电脑，打开电脑桌面上的考评系统，登录进入操作界面。②检测生物组织中的还原糖。学生自主选取生物材料，加入试管中并采集颜色上传—加入相应的检测试剂—水浴加热 2 min—采集颜色并上传。③检测生物组织中的淀粉（脂肪、蛋白质）。学生自主选取生物材料，加入试管中并采集颜色—加入相应的检测试剂—采集颜色。④上传实验结果，考评系统会自动根据学生的操作情况赋分，并生成一份考评报告。⑤关闭考评系统，整理实验台。如图 5-38 所示。

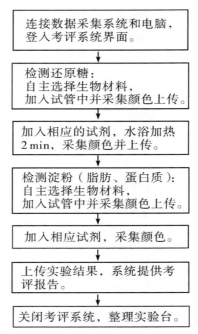

图 5-38　　"检测生物组织中的还原糖、淀粉、脂肪和蛋白质"
DIS 实验操作智能考评操作环节

考评报告给出了受测者的实验总分、各个操作环节的得分，并对得分结果进行描述性的评价，如图 5–39 所示。这种基于信息技术手段的实验操作评价达到了精准评价的效果，不仅可以应用于操作考试，还可以用于实验教学，为学生提供准确的反馈信息，充分发挥评价的导向功能。

实验得分：0

1.还原糖检测
总分：30　实际得分：0
得分评价：没有检测到取用斐林试剂；还原糖检验错误
2. 蛋白质检测
总分：30　　实际得分:0
得分评价：没有检测到取用双缩脲试剂A液，没有检测到取用双缩脲试剂B液；蛋白质检测颜色不匹配
3.淀粉检测
总分：20　实际得分：0
得分评价：没有检测到取用碘液；淀粉检测颜色不匹配
4.脂肪检测
总分：20　实际得分：0
得分评价：没有检测到取用苏丹IV染液，脂肪检测颜色不匹配

图 5–39　"检测生物组织中的还原糖、淀粉、脂肪和蛋白质"
DIS 实验操作智能考评报告

（二）基于虚拟仿真实验室的生物学实验评价

1. 虚拟仿真实验室

虚拟仿真实验室是指借助于多媒体、仿真和虚拟现实（Virtual Reality，简称 VR）等技术在计算机上营造可辅助、部分替代甚至全部替代传统实验各操作环节的相关软硬件操作环境，实验者可以像在真实的环境中一样完成各种实验项目，所取得的实验效果等价于甚至优于在真实环境中所取得的结果。随着计算机技术的迅猛发展和各种算法的不断优化，虚拟仿真技术现已在各个领域得到广泛应用。在教学领域，则更多地被应用在虚拟仿真实验教学中。传统的中学生物学实验正面临着教师人手不足、实验材料受到的限制较多、部分实验仪器容易损坏或过于陈旧、实验经费不足、实验的时间有限、实验中可能存在危险、评价形式过于单一等多种

因素的影响。改变传统实验操作的"学生做，教师评"的方式已迫在眉睫。虚拟实验技术的产生，能够更加科学合理地帮助教师和学生解决上述问题。在生物学实验教学中适时引入"虚拟仿真生物学实验室"技术，解决了实验室、实验器材、实验试剂等方面的限制问题，同时给学生带来了不一样的学习体验，有利于激发学生主动参与课堂的积极性，培养学生的学习能力和创新能力，同时为教师教学提供了多样化的策略选择和评价方式，对生物学实验评价和常规生物学实验课的开展都是极为有利的。

　　2. 基于虚拟仿真实验室的评价案例

　　案例展示的是华中师范大学生命科学学院研发的"光合作用虚拟仿真综合实验平台"，该平台根据 2019 年人教版高中生物学必修 1 第 5 章第 4 节"光合作用与能量转化"内容设计了三个子实验的虚拟操作平台，分别为绿叶色素提取与分离、光合作用的探索历程以及不同环境对光合作用的影响。学生登入平台即可进入虚拟实验室的开始界面，如图 5–40 所示。该界面共有实验视频、在线练习和在线考核三个板块。实验视频介绍了该实验的目的和原理、操作过程以及实验注意事项等。与评价相关的板块为在线练习和在线考核，这两个板块内容较为相似，对学生的实验操作情况、实验理论知识的掌握情况以及实验总体表现情况进行评价，不同的是在线练习平台会给出实验步骤的提示，而在线考核平台不会给出提示，而是在

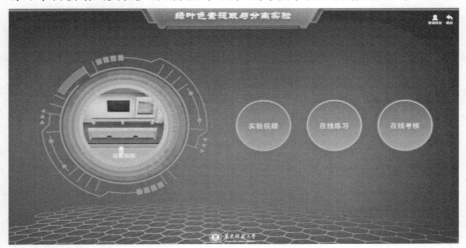

图 5–40　绿叶色素提取与分离实验开始界面

后台直接记分。下面详细介绍在线考核平台的实验评价过程。

（1）实验操作的表现评价

以"绿叶色素提取与分离"实验为例，该实验步骤包括：提取绿叶中的色素、制备滤纸条、画滤液细线、分离滤液中的色素等。实验相关材料（如新鲜的绿叶、滤纸、试管、棉塞、铂体、玻璃漏斗、尼龙布、毛细吸管等）通过虚拟建模的方式内置于操作系统中，且整个实验室的空间和实验操作台也通过计算机模拟的方式产生虚拟空间，平台通过鼠标和键盘进行控制，鼠标左键点击确认，长按左键旋转视图，鼠标滚轮缩放视图，按F11键进入 / 退出网页全屏。点击开始操作按钮，开始虚拟实验在线练习，右侧面板为实验步骤。操作正确时显示"√"，操作错误时显示"×"，后台自动记录分数。如图 5-41 所示。

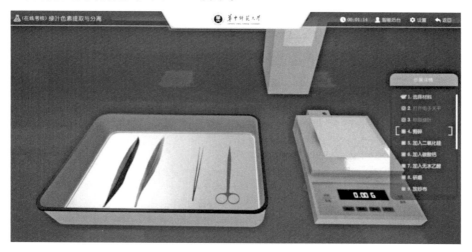

图 5-41　绿叶色素提取与分离实验"在线考核"操作界面

（2）实验理论知识的评价

该平台设置了相应的检测题，当操作进行至相关环节时，平台会自动跳出相应的检测题，评价学生对绿叶色素提取与分离实验理论知识的掌握情况，如图 5-42 所示。该实验共设置了 4 道检测题。

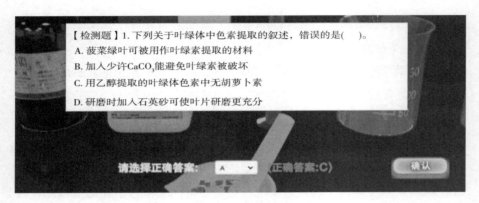

图 5-42　绿叶色素提取与分离实验"在线考核"检测题

在所有实验步骤完成后，平台会给出一份"实验交流"检测题，所考查的知识点覆盖该节实验的主要内容，考查学生对该实验理论知识的总体掌握情况，如图 5-43 所示。

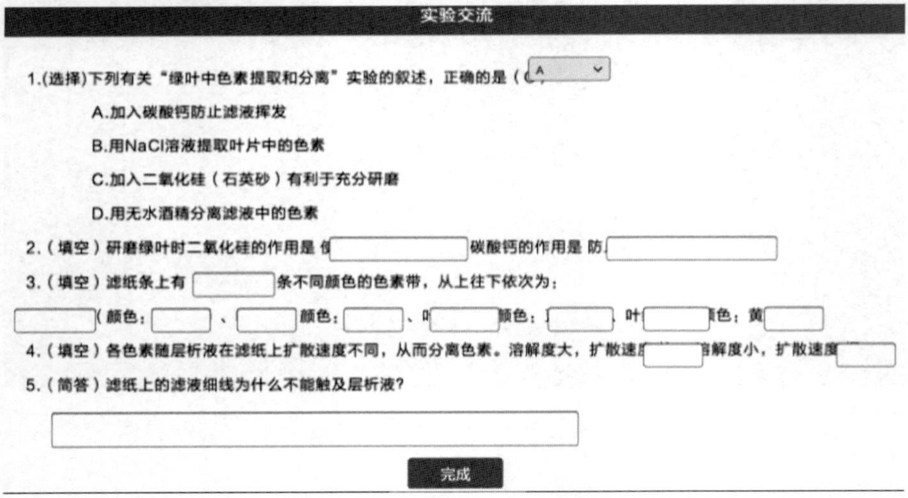

实验交流

1.（选择）下列有关"绿叶中色素提取和分离"实验的叙述，正确的是（C）。
　　A.加入碳酸钙防止滤液挥发
　　B.用 NaCl 溶液提取叶片中的色素
　　C.加入二氧化硅（石英砂）有利于充分研磨
　　D.用无水酒精分离滤液中的色素
2.（填空）研磨绿叶时二氧化硅的作用是 [　　　　　　　] 碳酸钙的作用是 防[　　]
3.（填空）滤纸条上有 [　　] 条不同颜色的色素带，从上往下依次为：
[　　　　]（颜色：[　　]）、[　　]颜色：[　　]）、叶[　　]颜色：[　　]叶[　　]色：黄[　　]
4.（填空）各色素随层析液在滤纸上扩散速度不同，从而分离色素。溶解度大，扩散速[　　]溶解度小，扩散速度[　　]
5.（简答）滤纸上的滤液细线为什么不能触及层析液？
[　　　　　　　　　　　　　　　　　　　　　　　　　　　　　　]

完成

图 5-43　绿叶色素提取与分离实验"在线考核"实验交流

（3）实验总体的表现评价

实验结束后，根据学生实验情况，平台自动生成一份实验报告对学生的虚拟实验操作情况进行总体评价，如图 5-44 所示。实验报告包括实验成绩、实验用时以及实验各操作步骤的成绩等。

图 5-44　绿叶色素提取与分离实验"在线考核"实验报告

　　该平台还设置了"智能后台"的功能。"智能后台"与评价相关的功能有"成绩信息""在线问答""数据分析"。其中，"成绩信息"记录了所有参与虚拟实验学生的成绩；"在线问答"提供师生交流互动的平台，学生可以在该平台对操作过程中存在的问题向教师或者其他同学寻求帮助，教师也可以提出与实验操作或者实验原理相关的问题，对学生的实验掌握情况进行评价；"数据分析"记录了学生各实验操作步骤以及试题作答的得分情况，教师可以根据后台的信息，分析学生存在的疑难点，改善教学情况，实现以评促教的效果。

　　伴随着信息技术的发展，基于虚拟现实、人工智能等技术的生物学实验评价以其环保、便捷、准确、反馈及时等优点颇受青睐。近年来，研究者还开发了人工智能情感识别系统，可对学生的面部表情和情感特征进行获取和处理，并提取有效的情感信息传递到情感信息处理模块，情感信息处理模块可对获取的情感信息进行分析、建模和识别，计算出学生在学习过程中的表情、姿态等情感反馈数据，并对这些数据进行反馈识别，对学生的学习兴趣和态度进行评价，反馈的信息可以帮助教师改进教学策略。此外，人工智能还有智能导师、教育游戏和教育机器人等其他应用形态，信息技术与生物学教学的融合有利于实现学生元认知和个性特质的发展，满足学生个性化发展的需要，真正实现以评价促进学生发展的最终目标。

○ 参考文献 ○

[1] 教育部教材局负责人就普通高中课程方案和课程标准修订答记者问 [EB/OL].（2018-01-16）[2021-02-01]. http：//www.moe.gov.cn/jyb_xwfb/s271/201801/t20180116_324661.html.

[2] 王萍，傅泽禄 . 美国学业质量评价的新视点：中间性评价的产生、应用及发展 [J]. 比较教育研究，2014（3）：97-102.

[3] 国家中长期教育改革和发展规划纲要（2010—2020 年）[EB/OL].（2010-07-29）[2021-02-05].http：//www.moe.gov.cn/srcsite/A01/s7048/201007/t20100729_171904.html.

[4] 教育部办公厅关于做好中小学教育质量综合评价改革实验工作的通知 [EB/OL].（2013-12-05）[2021-02-05]. http：//www.moe.gov.cn/srcsite/A06/s3732/201312/t20131205_160706.html.

[5] 乐毅 . 试论制定国家学业质量标准的若干基本问题 [J]. 教育研究，2014（8）：40-51.

[6] 顾明远 . 教育大辞典：增订合编本 [M]. 上海：上海教育出版社，1998.

[7] 陈玉琨 . 教育评价学 [M]. 北京：人民教育出版社，1999.

[8] 胡中锋 . 教育评价学 [M].2 版 . 北京：中国人民大学出版社，2013.

[9] 夏征农，陈至立 . 辞海 [M].6 版 . 上海：上海辞书出版社，2009.

[10] 中国社会科学院语言研究所词典编辑室 . 现代汉语词典 [M].7 版 . 北京：商务印书馆，2016.

[11] 中华人民共和国教育部 . 普通高中课程方案（2017 年版 2020 年修订）[M]. 北京：人民教育出版社，2020.

[12] 崔允漷，王少非，夏雪梅 . 基于标准的学生学业成就评价 [M]. 上海：华东师范大学出版社，2008.

[13]Education 2030： Incheon Declaration and Framework for Action for the implementation of Sustainable Development Goal 4：Ensure inclusive and equitable quality education and promote lifelong learningopportunities for all[EB/OL].[2021-02-08].https：//unesdoc.unesco.org/ark：/48223/pf0000245656.

[14] 田慧生，孙智昌 . 学业成就调查的原理与方法 [M]. 北京：教育科学出版社，2012.

[15] 郭元祥，刘晓庆 . 大规模学业评价的发展历程、新趋势及启示 [J]. 教育研究与实验，2014（1）：27-32.

[16] 董博清，霍素君 . 学生学业发展水平评价体系的研究与思考：以河北省义务教育评价为例 [J]. 河北师范大学学报（教育科学版），2018，20（4）：123-128.

[17] 刘声涛，刘慧兰 . 发展性学业评价：高等教育质量保障的重要方式 [J]. 大学教育科学，2011（5）：35-39.

[18] 王蕾 . 大规模考试和学业质量评价 [J]. 教育科学研究，2013（8）：46-51.

[19] 教育部关于全面深化课程改革落实立德树人根本任务的意见 [EB/OL].（2014-04-08）[2021-02-09]. http：//www.moe.gov.cn/srcsite/A26/jcj_kcjcgh/201404/t20140408_167226.html.

[20] 王蕾 . 大规模考试和学业质量评价 [M]. 北京：高等教育出版社，2013.

[21] 恽敏霞，彭尔佳，何永红 . 核心素养视域下学业质量评价的现实审视与区域构想 [J]. 教育发展研究，2019，39（6）：65-70.

[22] 郭平，谢丹 . 教师教育课程标准研究现状与展望 [J]. 中国高教研究，2013（1）：86-89.

[23] 袁振国 . 当代教育学 [M]. 北京：教育科学出版社，1998.

[24] 尹后庆 . "绿色指标" 评价：引领教育转向内涵发展：上海市 "绿色指标" 的背景与内涵 [J]. 中小学管理，2013（7）：4-6.

[25] 杨向东 . 基础教育学业质量标准的研制 [J]. 全球教育展望，2012，41（5）：32-41.

[26] 姚林群，郭元祥 . 中小学学业质量标准的理论思考 [J]. 教育研究与实验，2012（1）：30-34.

[27] 叶国萍 . 智力理论及比奈量表发展述评 [J]. 贵阳学院学报（社会科学版），2008（1）：96-100.

[28] 吴有昌 .SOLO 分类学对布卢姆分类学的突破 [J]. 华南师范大学学报（社会科学版），2009（4）：44-47.

[29] 张沿沿，冯友梅，顾建军，等 . 从知识结构与思维结构看思维评价：基于皮亚杰发生认识论知识观的演绎 [J]. 电化教育研究，2020，41（6）：33-38.

[30] 彼格斯，科利斯 . 学习质量评价：SOLO 分类理论：可观察的学习成果结构 [M]. 高凌飚，张洪岩，译 . 北京：人民教育出版社，2010.

[31] 王玥，常淑娟，韩晓玲，等 . 基于项目反应理论的题库构建及其有效性检验：以 "现代教育技术" 公共课为例 [J]. 现代教育技术，2019，29（10）：41-47.

[32] 沈甸，徐佳敏 . 基于 Rasch 模型分析测评工具质量的研究述评 [J]. 中国考试，2020（2）：65-71.

[33]MASTERS G N.A rasch model for partial credit scoring[J]. Psychometrika，1982，47（2）：149-174.

[34]ANDRICH D.A rating scale formulation for ordered response categories[J]. Psychometrika，1978，43（4）：561-573.

[35]WRIGHT B D，MASTERS G N.Rating scale analysis：rasch measurement[M].Chicago：MESA Press，1982.

[36] 陈瑞生 . 学业测评理论研究的新趋势：凸显育人为本 [J]. 课程·教材·教法，2014，34（2）：39-46.

[37] 董洪亮 . 解除"应试机制"不是天方夜谭 [J]. 人民教育，2008（12）：33-35.

[38] 建立中小学生学业质量的绿色评价系统［EB/OL］.（2013-04-26）[2021-04-18]http：//moe.gov.cn/jyb_xwfb/s5989/s6634/201304/t20130426_151275.html.

[39] 格伦隆德，沃 . 学业成就评测：第 9 版 [M]. 杨涛，边玉芳，译 . 北京：教育科学出版社，2011.

[40] 安德森，等 . 布卢姆教育目标分类学：分类学视野下的学与教及其测评（完整版）[M]. 修订版 . 蒋小平，张琴美，罗晶晶，译 . 北京：外语教学与研究出版社，2009.

[41]BRENNAN R L. Educational measurement[M]. 4th ed. Washington D. C.：Rowman & Littlefield Publishers， 2006：531-578.

[42] 雷新勇 . 基于标准的教育考试：命题、标准设置和学业评价 [M]. 上海：上海科学技术出版社，2011.

[43] 王烨晖，辛涛 . 国际学生核心素养构建模式的启示 [J]. 中小学管理，2015（9）：22-25.

[44] 王月芬 . 加拿大安大略省学业评价及相关标准研究 [J]. 教育发展研究，2012，32（24）：30-35.

[45] 刘晶晶 . 澳大利亚基础教育国家学业质量标准述评 [J]. 教育科学，2014，30（6）：85-90.

[46] 张林静，贾玉娟 . 韩国国家水平学业成就评价综述 [J]. 教育实践与研究（A），2016（9）：5-8.

[47]ALVIDREZ J，WEINSTEIN R S.Early teacher perceptions and later student academic achievement[J].Journal of Educational Psychology，1999，91（4）：731-746.

[48]HERPPICH S，PRAETORIUS A-K，FÖRSTER N，et al.Teachers' assessment competence：integrating knowledge-，process-，and product-

oriented approaches into a competence-oriented conceptual model[J].Teaching and Teacher Education，2018，76：181-193.

[49]LINN R L，GRONLUND N E.Measurement and assessment in teaching[M].Upper Saddle River，NJ：Pearson，2000.

[50]COLEMEN J S.Equality of educational opportunity[R].Washington，D. C.：U.S.Government Printing Office，1966.

[51] 马晓强 . "科尔曼报告"述评：兼论对我国解决"上学难、上学贵"问题的启示 [J]. 教育研究，2006（6）：29-33.

[52]SIRIN S R.Socioeconomic status and academic achievement：a meta-analytic review of research[J].Review of Educational Research，2005，75（3）：417-453.

[53]BYRNES J P，MILLER D C.The relative importance of predictors of math and science achievement：an opportunity–propensity analysis[J].Contemporary Educational Psychology，2007，32（4）：599-629.

[54]FRØNES T S，PETTERSEN A，RADIŠIĆ J，et al. Equity，equality and diversity in the nordic model of education[M]. Cham：Springer Nature Switzerland AG，2020：197.

[55]ORNSTEIN A C.Achievement gaps in education[J]. Social Science and Public Policy，2010（47）：424-429.

[56]KOUTSOULIS M K，CAMPBELL J R. Family processes affect students'motivation，and science and math achievement in Cypriot High Schools[J].Structural Equation Modeling：A Multidisciplinary Journal，2001，8（1）：108-127.

[57]GOLSTEYN B H，NON A，ZÖLITZ U.The impact of peer personality on academic achievement[J].Journal of political economy，2021，129（4）：1052-1099.

[58]ZIMMERMAN D J.Peer effects in academic outcomes：evidence from a natural experiment[J].The Review of Economics and Statistics，2003，85（1）：9-23.

[59]WENTZEL K R，JABLANSKY S，SCALISE N R.Peer social acceptance and academic achievement：a meta-analytic study[J].Journal of Educational Psychology，2021，113（1）：157-180.

[60]National Assessment of Educational Progress. What does the NAEP science assessment measure?[EB/OL].（2016-12-19）[2020-12-26].https：// nces.ed.gov/nationsreportcard/science/whatmeasure.aspx.

[61]National Assessment of Educational Progress.The nation's report card：2015 science assessment[EB/OL].（2018-11-15）[2020-12-26].https：//www.nationsreportcard.gov/science_2015/#?grade=4.

[62]林静.美国 NAEP 科学素养评价新趋向：基于美国 2009NAEP 科学评价框架的分析研究 [J].课程·教材·教法，2009，29（8）：92-96.

[63]谢思诗，李颖.学生学业质量评价研究的回顾与展望 [J].教育导刊（上半月），2015（9）：79-84.

[64]付华安.我国基础教育学业质量标准研制的理性思考 [J].教学与管理，2016（10）：74-76.

[65]沙晶莹，张向葵.青少年的同伴选择与同伴影响：基于学业投入与学业成就的纵向社会网络分析 [J].心理与行为研究，2020，18（5）：652-658.

[66]杜育红，袁玉芝.教育中的同伴效应研究述评：概念、模型与方法 [J].教育经济评论，2016，1（3）：77-91.

[67]袁舟航，闵师，项诚.农村小学同伴效应对学习成绩的影响：近朱者赤乎 ?[J].教育与经济，2018，34（1）：65-73.

[68]甄霜菊，喻承甫，张卫.同伴对青少年学校参与及学业自我效能感的影响：一年的追踪研究 [J].华南师范大学学报（社会科学版），2015（6）：103-110，192.

[69]孙智明，刘正华.基于学生发展核心素养的学业质量评价标准编制与应用：以《2018 长沙市初中学业质量评价标准》为例 [J].当代教育论坛，2018（4）：26-32.

[70]沈自愉，孟鸿伟.我国小学生学习质量现状 [J].云南教育，1996

（5）：20.

[71] 田慧生，孙智昌．中国小学生学业成就测评报告与测试工具：以小学六年级四门学科为例 [M].北京：教育科学出版社，2012.

[72]United Nations.Transforming our world：the 2030 agenda for sustainable development［EB/OL］.（2015-04-23）[2021-04-03]. https：//sustainable development.un.org/post2015/transformingourworld.

[73] 张布和．我国学业成就评价改革现状及对策 [J].中国教育学刊，2009（4）：50-53.

[74] 李斌，吴桂翎，辛涛．中小学生学业质量评价发展取向 [J].中国教育学刊，2011（10）：16-18.

[75] 教育部关于推进中小学教育质量综合评价改革的意见 [EB/OL].（2013-06-08）[2021-04-20].http：//www.moe.gov.cn/srcsite/A06/s3321/201306/t20130608_153185.html.

[76] 郭元祥．论教育的过程属性和过程价值：生成性思维视域中的教育过程观 [J].教育研究，2005（9）：3-8.

[77] 潘小明．学业质量评价：内涵、现实与建议 [J].内蒙古师范大学学报（教育科学版），2012，25（12）：69-74.

[78] 钟启泉．基于核心素养的课程发展: 挑战与课题 [J].全球教育展望，2016，45（1）：3-25.

[79] 王兆璟，王艳艳．我国高中学业水平考试与法国高中毕业会考的比较分析 [J].教育理论与实践，2016，36（1）：16-19.

[80] 关于普通高中毕业会考制度改革的意见 [EB/OL].（2000-03-15）[2021-04-19].http：//www.moe.gov.cn/srcsite/A26/s7054/200003/t20000315_166062.html.

[81] 教育部关于普通高中新课程省份深化高校招生考试改革的指导意见 [EB/OL].（2008-01-10）[2021-04-21].http：//www.moe.gov.cn/srcsite/A15/moe_776/s3258/200801/t20080110_79887.html.

[82] 肖巧玲，廖灿欣，刘子堃．高中生物学业水平合格性考试学生模型的构建：兼及命题建议 [J].教育学术月刊，2019（6）：103-111.

[83] 孙鹏，臧铁军，管旭，等．构建基于核心素养的生物学科能力测评框架 [J]. 课程·教材·教法，2019，39（4）：97-103.

[84] 吴举宏．区域学业质量监测试题难度调控策略：以江苏省义务教育生物学科学业质量监测为例 [J]. 生物学教学，2017，42（12）：43-45.

[85] 赖胜蓉．对普通高中生物学科学业水平考试的教学建议：以贵州省生物学科考试为例 [J]. 生物学教学，2016，41（10）：50-51.

[86] 武佳佳，王冠懿，田国平．2018 年山西省普通高中学业水平考试生物学科试题特点及阅卷反馈 [J]. 教育理论与实践，2019，39（26）：24-26.

[87] 林莉，翁敏珍，俞如旺．生物学大规模教育考试试题难度预估的实证分析 [J]. 生物学教学，2016，41（7）：38-41.

[88] 李新．基于数据的学业质量评价的困境与超越 [J]. 教育导刊（上半月），2017（8）：49-55.

[89] 万灿娟．促进学生全面发展的学业质量评价：核心及其展望：基于《中国义务教育质量检测报告》的启示 [J]. 课程教学研究，2019（4）：10-14.

[90] 辛涛，姜宇，林崇德，等．论学生发展核心素养的内涵特征及框架定位 [J]. 中国教育学刊，2016（6）：3-7，28.

[91]HUTMACHER W.Key competencies for europe：report of the symposium[R].Berne：Council for Cultural Cooperation，1996.

[92]U.S.Department of Education，NCES.Defining and assessing learning：exploring competency-based initiatives[R].Washington，D. C.：2002：8.

[93]MARTONE A，SIRECI S G.Evaluating alignment between curriculum，assessment，and instruction[J].Review of Educational Research，2009，79（4）：1332-1361.

[94]RSA.Opening minds：an evaluative literature review[EB/OL].（2012-07-01）[2021-04-25]. https：//www.thersa.org/reports/opening-minds-an-evaluative-literature-review.

[95] 李如密，姜艳．核心素养视域中的教学评价教育：原因、价值与

路径 [J]. 当代教育与文化，2017，9（6）：60-66.

[96]RYAN A G.Program evaluation within the paradigm：mapping the territory[J].Knowledge：Creation，Diffusion，Utilization，1988（1）：25-47.

[97]AIKENHEAD G S.A framework for reflecting on assessment and evaluation[R].Seoul：International Conference on Science Education，1997.

[98] 邵朝友 . 评价范式视角下的核心素养评价 [J]. 教育发展研究，2017，37（4）：42-47.

[99] 辛涛，姜宇 . 基于核心素养的基础教育评价改革 [J]. 中国教育学刊，2017（4）：12-15.

[100] 王俊民，林长春 . 核心素养评价的基本问题探析 [J]. 中小学教师培训，2018（11）：28-32.

[101] 教育部考试中心 . 中国高考评价体系 [M]. 北京：人民教育出版社，2019.

[102] 教育部考试中心 . 中国高考评价体系说明 [M]. 北京：人民教育出版社，2019.

[103] 中华人民共和国教育部 . 普通高中生物学课程标准（2017 年版 2020 年修订）[M]. 北京：人民教育出版社，2020.

[104] 沈南山 . 八年级数学学业成就评价测查试题编制研究 [D]. 重庆：西南大学，2010.

[105] 尹后庆 . 改革学业质量评价 推动基础教育转型 [J]. 教育发展研究，2012（Z2）：7-10.

[106]PELLEGRINO J W，CHUDOWSKY N，GLASER R.Knowing what students know：the science and design of educational assessment[M].Washington，D. C.：National Academy Press，2001.

[107]STREVELER R A，MILLER R L，SANTIAGO-ROMAN A I，et al.Rigorous methodology for concept inventory development：using the "Assessment Triangle" to develop and test the thermal and transport science concept inventory（TTCI）[J].The International Journal of

Engineering Education，2011，27（5）：968-984.

[108] 王健，李连杰，单中伟 . 基于评价三角理论的学业质量评价设计 [J]. 中国考试，2019（1）：30-39.

[109] 王磊 . 学科能力构成及其表现研究：基于学习理解、应用实践与迁移创新导向的多维整合模型 [J]. 教育研究，2016（9）：83-92，125.

[110] 张颖之，刘恩山 . 核心概念在理科教学中的地位和作用：从记忆事实向理解概念的转变 [J]. 教育学报，2010，6（1）：57-61.

[111] 陈慧珍，刘枳杉，柏毅 . 高中生物学素养评测方案的设计与实施 [J]. 教育测量与评价，2018（8）：49-55.

[112] 姚林群，戴根元 . 论基于证据的学业质量评价 [J]. 全球教育展望，2016，45（5）：49-57.

[113] 孔凡哲 . 从结果评价走向核心素养评价究竟难在何处 ?[J]. 教育测量与评价，2016（5）：1.

[114] 王磊，黄鸣春 . 科学教育的新兴研究领域：学习进阶研究 [J]. 课程·教材·教法，2014，34（1）：112-118.

[115] 李佳涛，王静，崔鸿 . 以"学习进阶"方式统整的美国科学教育课程：基于《K-12 科学教育框架》的分析 [J]. 外国教育研究，2013，40（5）：20-26.

[116] 张玉峰 . 基于学习进阶的科学概念教学内容整合 [J]. 课程·教材·教法，2019，39（1）：99-105.

[117] 皇甫倩，常珊珊，王后雄 . 美国学习进阶的研究进展及启示 [J]. 外国中小学教育，2015（8）：53-59，52.

[118] 袁媛，朱宁波 . 探析国外科学教育领域的"学习进阶"研究 [J]. 外国中小学教育，2016（7）：59-64.

[119]LEE H S，LIU O L.Assessing learning progression of energy concepts across middle School grades：the knowledge integration perspective[J].Science Education，2010，94（4）：665-688.

[120]ALONZO A C，STEEDLE J T.Developing and assessing a force and motion learning progression[J].Science Education，2009，93（3）：389-421.

[121] 姚建欣，郭玉英．为学生认知发展建模：学习进阶十年研究回顾及展望 [J]. 教育学报，2014，10（5）：35-42.

[122] 高一珠，陈孚，辛涛，等．心理测量学模型在学习进阶中的应用：理论、途径和突破 [J]. 心理科学进展，2017，25（9）：1623-1630.

[123] 韦斯林，柳秀峰，王祖浩．基于 Rasch 理论的计算机模型教学测验的设计与应用 [J]. 中国电化教育，2014（7）：139-144.

[124] 琳达·坎贝尔，布鲁斯·坎贝尔．多元智能与学生成就 [M]. 刘竑波，张敏译．北京：教育科学出版社，2003：11.

[125] 黄光扬．新课程与学生学习评价 [M]. 福州：福建教育出版社，2005：47.

[126] 中华人民共和国教育部．普通高中物理课程标准（2017 年版 2020 年修订）[M]. 北京：人民教育出版社，2020：4-5.

[127] 孟凡龙，崔鸿．以系统论的视角聚焦细胞层次生命观念的培育 [J]. 中学生物学，2019，35（1）：67-69.

[128] 吴成军．以生命系统的视角提炼生命观念 [J]. 中学生物教学，2017（19）：4-7.

[129] 吴成军．生物学学科核心素养的教学与评价 [M]. 上海：华东师范大学出版社，2020：17-19.

[130] 赵占良．对生物学学科核心素养的理解（一）：生命观念的内涵和意义 [J]. 中学生物教学，2019（11）：4-8.

[131] 谭永平．发展学科核心素养：为何及如何建立生命观念 [J]. 生物学教学，2017，42（10）：7-10.

[132] 周建武．科学推理：逻辑与科学思维方法 [M]. 北京：化学工业出版社，2017：23-28.

[133] 袁媛．高中生物理建模能力及其培养对策研究 [D]. 大连：辽宁师范大学，2017.

[134] 谭永平．高中生物学新课程中的模型、模型方法及模型建构 [J]. 生物学教学，2009，34（1）：10-12.

[135] 法乔恩．批判性思维：思考让你永远年轻 [M]. 李亦敏，译．北京：

中国人民大学出版社，2013.

[136] 保罗，埃尔德.批判性思维工具 [M].侯玉波，姜佟琳，等译.北京：机械工业出版社，2013.

[137]KINCHELOE J L，WEIL D. Critical thinking and learning：An encyclopedia for parents and teachers[M].London：Greenwood Press， 2004.

[138] 人民教育出版社课程教材研究所生物课程教材研究开发中心.初中生物学学业评价标准（实验稿）[M].北京：人民教育出版社，2012.

[139] 罗国忠.初中生科学探究能力评价方式的比较研究 [D].重庆：西南大学，2007.

[140] 罗国忠.科学探究能力的多元化评价：以美国康涅狄格州的科学探究能力评价为例 [J].外国中小学教育，2013（3）：18-21.

[141]STROUPE D.Describing "science practice" in learning settings[J]. Science Education，2015，99（6）：1033-1040.

[142]FORD M J. Educational implications of choosing "practice" to describe science in the next generation science standards[J].Science Education，2015，99（6）：1041-1048.

[143] 肖思汉，SANDOVAL W A.科学课堂上的"探究"与"实践"有何不同 [J].课程·教材·教法，2017，37（12）：110-115.

[144] 唐小为，丁邦平."科学探究"缘何变身"科学实践"？：解读美国科学教育框架理念的首位关键词之变 [J].教育研究，2012（11）：141-145.

[145]National Research Council. Next generation science assessment [EB/OL].[2021-04-27].http：//nextgenscienceassessment.org/.2019-09-29.

[146] 王颖.高中生物学教材中社会责任素养的内涵与体现 [J].课程·教材·教法，2020，40（2）：125-131.

[147] 刘恩山.中学生物学教学论 [M].北京：高等教育出版社，2003.

[148] 叶成华，沈海驯，李建明.考试命题与试卷分析 [M].宁波：宁波出版社，2002.

[149] 戴海崎，张锋，陈雪枫.心理与教育测量 [M].3 版.广州：暨南

大学出版社，2011.

[150]GUION R M，IRONSON G H.Latent trait theory for organizational research[J].Organizational Behavior and Human Performance，1983，31（1）：54-87.

[151]BAKER F B. The basics of item response theory[M]. College Park，MD.： ERIC Clearinghouse on Assessment and Evaluation，2001： 25-26.

[152] 郭庆科，房洁 . 经典测验理论与项目反应理论的对比研究 [J]. 山东师大学报（自然科学版），2000，15（3）：264-266.

[153] 余民宁 . 教育测验与评量：成就测验与教学评量 [M].3 版 . 新北：心理出版社，2011.

[154]GRONLUND N E.How to make achievement tests and assessments[M].Boston：Allyn&Aacon，1993.

[155]AIKEN L R.Writing multiple-choice items to measure higher-order educational objectives[J]. Educational and Psychological Measurement，1982，42（3）：803-806.

[156]DUSCHL R A ，SCHWEINGRUBER H A ，SHOUSE A W. Taking science to school：learning and teaching science in grades k-8[M]. Whashinton，D. C.： National Academies Press，2007.

[157] 徐连清，杨帆，王健 . 基于能力维度的生物学优质高考非选择题的标准 [J]. 中学生物教学，2016（9）：64-67.

[158]ROVINELLI R J，HAMBLETON R K. On the use of content specialists in the assessment of criterion-referenced test item validity[J]. Tijdschrift Voor Onderwijsresearch，1977，2（2）：49-60.

[159]BAHAR M.Misconceptions in biology education and conceptual change strategies[J].Educational Sciences：Theory and Practice，2003，3（1）：55-64.

[160] 周钧，陈林 . 美国加州教师表现性评价研究：体系、特征及问题 [J]. 外国教育研究，2020，47（10）：66-79.

[161] 王小明 . 表现性评价：一种高级学习的评价方法 [J]. 全球教育展

望，2003，32（11）：47-51.

[162]WIGGINS G. 教育性评价 [M]. 国家基础教育课程改革"促进教师发展与学生成长的评价研究"项目组，译. 北京：中国轻工业出版社，2005.

[163] 周文叶. 学生表现性评价研究 [D]. 上海：华东师范大学，2009.

[164] 朱伟强，崔允漷. 基于标准的课程设计：开发表现性评价 [J]. 全球教育展望，2007，36（10）：43-48.

[165] 卢立涛. 测量、描述、判断与建构：四代教育评价理论述评 [J]. 教育测量与评价（理论版），2009（3）：4-7，17.

[166] 谭永平. 生物学课程哲学 [M]. 杭州：浙江教育出版社，2020.

[167] 周文叶. 中小学表现性评价的理论与技术 [M]. 上海：华东师范大学出版社，2014.

[168] 周文叶，陈铭洲. 指向核心素养的表现性评价 [J]. 课程·教材·教法，2017，37（9）：36-43.

[169] 中华人民共和国教育部. 基础教育课程改革纲要（试行）[R]. 北京：人民教育出版社，2001：18.

[170] 中华人民共和国教育部. 普通高中生物课程标准（实验）[M]. 北京：人民教育出版社，2013.

[171] 中华人民共和国教育部. 普通高中生物学课程标准（2017 年版）[M]. 北京：人民教育出版社，2018.

[172] 教育部关于加强和改进中小学实验教学的意见 [EB/OL]. （2019-11-12）[2021-03-22]. http：//www.moe.gov.cn/srcsite/A06/s3321/201911/t20191128_409958.html.

[173] 杨向东. "真实性评价"之辨 [J]. 全球教育展望，2015，44（5）：36-49.

[174] 李坤崇. 学业评价：多种评价工具的设计及应用 [M]. 上海：华东师范大学出版社，2016.

[175]BORICH G D，TOMBARI M L. 中小学教育评价 [M]. 国家基础教育课程改革"促进教师发展与学生成长的评价研究"项目组，译. 北京：

中国轻工业出版社，2004.

[176] 刘恩山 . 中学生物学教学论 [M].2 版 . 北京：高等教育出版社，2020.

[177] 董奇，赵德成 . 发展性教育评价的理论与实践 [J]. 中国教育学刊，2003（8）：18-21，45.

[178] 霍力岩，黄爽 . 表现性评价内涵及其相关概念辨析 [J]. 西北师大学报（社会科学版），2015，52（3）：76-81.

[179] 张丽梅 . 档案袋评价在外语专业课外自主学习中的作用：援用 M-GTA 对学习者的态度变化过程及原因的分析 [J]. 日语学习与研究，2021（1）：56-67.

[180] 达令 - 哈蒙德，亚当森 . 超越标准化考试：表现性评价如何促进 21 世纪学习 [M]. 陈芳，译 . 长沙：湖南教育出版社，2020：22.

[181] 钟启泉 . 建构主义"学习观"与"档案袋评价" [J]. 课程·教材·教法，2004，24（10）：20-24.

[182]HAMBLETON R K. Advances in assessment models，methods，and practices[M]// BERLINER D C，CALFEE R C.Handbook of educational psychology. New York：Simon & Schunster MaCmillan，1996：902.

[183]HARMON M，ZUZOVSKY R.Introduction[J].Studies in educational evaluation，1999，25：173-178.

[184]STIGGINS R J.Student-centered classroom assessment[M]. 2th ed. Upper Saddle River，N：Prentice Hall，1997：77.

[185]STIGGINS R J.Design and development of performance assessment[J]. Educational Measurement：Issues and Practice，1987，6（3）：33-42.

[186] 陈彩虹 . 英语学科表现性评价研究 [D]. 上海：华东师范大学，2018.

[187] 徐岩，吴成军 . 中学生物学科中的表现性评价及其实例 [J]. 课程·教材·教法，2011，31（8）：75-80.

[188] 罗宇佳 . 高等学校音乐表演专业学业表现性评价研究 [D]. 西安：陕西师范大学，2012.

[189] 杨蓓蕾.纸笔式表现性评价在中学生地理学业成就评价中的应用研究 [D]. 上海：华东师范大学，2011.

[190] 赵德成.表现性评价：历史、实践及未来 [J].课程·教材·教法，2013，33（2）：97-103.

[191]SCALE.Student Performance Assessment［EB/OL］.（2017-03-10）[2021-04-05].https：//scale.stanford.edu/student.

[192] 周文叶，陈铭洲.指向深度学习的表现性评价：访斯坦福大学评价、学习与公平中心主任 Ray Pecheone 教授 [J].全球教育展望，2017，46（7）：3-9.

[193] 蔡培瑜.澳大利亚高校招生考试制度研究 [M].武汉：华中师范大学出版社，2016.

[194] 徐玲玲，刘徽.表现性评价导向下的课程设计：来自斯坦福评价、学习与公平中心的探索 [J].上海教育，2019（11）：62-67.

[195] 郑海红，段作章.美国纽约州教育问责制度下表现性评价的运用和启示 [J].教育导刊，2011（7）：35-38.

[196] 李雁冰.课程评价论 [M].上海：上海教育出版社，2002.

[197] 冯生尧，谢瑶妮.英国高考中的表现性评价：中心评审课程作业 [J].比较教育研究，2006（8）：78-82.

[198] 冯新凤.考试招生中引入表现性评价的探索：基于英美及我国香港地区的改革实践 [J].教育测量与评价，2016（12）：54-59.

[199] 张惠.陕西省普通高中学业水平考试与澳大利亚高中教育证书考试比较研究 [D].西安：陕西师范大学，2009.

[200]Victorian Curriculum and Assessment Authority. VCE biology study design［EB/OL］.[2021-06-05].https//www.vcaa.vic.edu.au/Documents/vce/biology/2016BiologySD.pdf.

[201]VCAA.Performance descriptors（Unit 3，Outcome 1）［EB/OL］.[2021-06-05]. https：//www.vcaa.vic.edu.au/curriculum/vce/vce-study-designs/biology/advice-for-teachers/Pages/PerformanceDescriptors.aspx.

[202] 刘恩山，曹保义.普通高中生物学课程标准（2017 年版 2020 年

修订）解读 [M]. 北京：高等教育出版社，2020.

[203] 韩家勋. 教育考试评价制度比较研究 [M]. 北京：人民教育出版社，2010.

[204] 教育部印发《普通高中课程方案和语文等学科课程标准（2017年版）》的通知 [EB/OL].（2018-01-05）[2021-04-09]. http：//www.moe.gov.cn/srcsite/A26/s8001/201801/t20180115_324647.html.

[205] 黄瑞. 分数不是唯一：中小学生学业质量评价发展观察 [J]. 今日教育，2012（Z1）：37-40.

[206] 周先进，张睦楚. 高考改革：高中生综合素质评价的"可为"与"难为" [J]. 全球教育展望，2014，43（7）：101-111.

[207] 张龙龙. 有的放矢，高效回归：从近三次高考题看高中生物复习如何回归教材 [J]. 中学生物学，2019，35（10）：54-57.

[208] 宋扬. 一道高考题的分析　引发生物教学思考 [J]. 理科考试研究，2013，20（19）：88.

[209] 赵东方，谢建平. 关注生活关注健康：十年上海生物学高考题浅析 [J]. 生物学教学，2014，39（1）：56-58.

[210] 肖安庆，颜培辉. 基于布鲁姆教育目标分类的高中生物核心素养评价 [J]. 创新人才教育，2019（2）：84-88.

[211] 谭永平. 生物学学科核心素养：内涵、外延与整体性 [J]. 课程·教材·教法，2018，38（8）：86-91.

[212]（美）国家研究理事会科学、数学及技术教育中心，《国家科学教育标准》科学探究附属读物编委会. 科学探究与国家科学教育标准：教与学的指南 [M]. 罗星凯，等，译. 北京：科学普及出版社，2004.

[213] 李瑞雪，王健. 高中生物学学科核心素养之社会责任：内涵、进阶及教学建议 [J]. 生物学通报，2019，54（1）：17-20.

[214] 黄徐丰."社会责任"核心素养评估研究：基于 SOLO 分类评价理论和哥特曼量表法 [J]. 中学生物学，2020，36（6）：45-47.

[215]STIGGINS R J. 促进学习的学生参与式课堂评价：第 4 版 [M]. 国家基础教育课程改革"促进教师发展与学生成长的评价研究"项目组，译. 北

京：中国轻工业出版社，2005.

[216]PISA2015 科学素质样题 [R/OL].[2021-04-12] .https：//www. oecd.org/pisa/test/PISA2015-Released-FT-Cognitive-Items.pdf.

[217]ARTER J.Teaching about Performance Assessment[EB/OL].[2021-05-05].http：//files.eric.ed.gov/fulltext/ED423270.pdf.

[218] 吴洁，李超雪，于焕梅 . 高中生物教学中的表现性评价研究 [J]. 西部素质教育，2020（3）：224-225.

[219] 师书恩，崔著旺 . 信息技术在教学中的应用 [M]. 北京：北京邮电大学出版社，2002.

[220] 查月红 . 高中生学业评价的现状与反思 [D]. 芜湖：安徽师范大学，2006.

[221] 汪琼，陈瑞江，刘娜，等 .STaR 评估与教育信息化研究 [J]. 开放教育研究，2004（4）：10-14.

[222] 杨奋 . 教育信息化评价方法研究 [D]. 哈尔滨：哈尔滨工程大学，2007.

[223] 赵国栋 . 关于中国、美国和日本高等教育信息化发展的比较研究：ACCS 研究项目介绍 [J]. 比较教育研究，2004（2）：28-33.

[224] 周序 . 十年来教学评价改革成绩与问题反思 [J]. 中国教育学刊，2011（10）：19-22.

[225] 张晨婧仔，王瑛，汪晓东，等 . 国内外教育信息化评价的政策比较、发展趋势与启示 [J]. 远程教育杂志，2015，33（4）：22-33.

[226] 卢强 . 技术融入教学的实践逻辑、现实冲突与未来走向 [J]. 电化教育研究，2016，37（2）：10-17.

[227] 李芒，蔡旻君 . 课堂评价亟需信息技术的支持 [J]. 中国电化教育，2016（1）：63-70.

[228] 张文坚 . 信息技术在中学历史教学中的应用 [D]. 上海：华东师范大学，2011.

[229] 周政 . 基于学习行为分析对核心素养的评价 [J]. 中小学电教，2017（3）：18-21.

[230] 焦建利 .Kahoot：一款基于游戏的评估平台 [J]. 中国信息技术教育，2015（19）：29-30.

[231] 胡钦太，张晓梅 .教育信息化 2.0 的内涵解读、思维模式和系统性变革 [J]. 现代远程教育研究，2018（6）：12-20.

[232] 董岩林 .大数据视域下教学评价研究 [J]. 基础教育论坛，2020（16）：3-5.

[233] 李葆萍，周颖 .基于大数据的教学评价研究 [J]. 现代教育技术，2016，26（6）：5-12.

[234] 杨宗凯，杨浩，吴砥 .论信息技术与当代教育的深度融合 [J]. 教育研究，2014，35（3）：88-95.

[235] 陈明选，邓喆 .教育信息化进程中学习评价的转型：基于理解的视角 [J]. 电化教育研究，2015，36（10）：12-19.

[236] 靳玉乐，张铭凯，孟宪云 .信息技术时代的课程论发展 [J]. 华东师范大学学报（教育科学版），2019，37（4）：47-56.

[237] 胡小勇，朱龙，冯智慧，等 .信息化教学模式与方法创新：趋势与方向 [J]. 电化教育研究，2016，37（6）：12-19.

[238] 赵世明 .主观题无纸化评分中的误差控制 [J]. 河南大学学报（社会科学版），2007（1）：155-158.

[239] 项丽 .浅析无纸化考试的研究与推广 [J]. 数字通信世界，2020（5）：249-250.

[240] 徐宏昌 .浅谈无纸化考试的发展 [J]. 科技视界，2012（28）：198，195.

[241] 李琳萍 .学生评价的基本方法：谈谈教育教学中的诊断性评价 [J]. 教育艺术，2007（4）：43-44.

[242] 施燕璐 .基于"素养为本"的高中化学课堂教学诊断性评价研究 [D]. 武汉：华中师范大学，2019.

[243] 廖纪元，曾洁，刘红云，等 .基于移动终端的互动式教学的实施与效果研究：以《医学免疫学》为例 [J]. 中国免疫学杂志，2017，33（7）：1087-1090.

[244] 谭志虎，胡迪青，田媛，等 . 微助教对高校大班课堂互动教学的重构 [J]. 现代教育技术，2018，28（1）：107-113.

[245] 田媛，席玉婷 . 高校混合课堂教学模式的应用研究 [J]. 中国大学教学，2020（8）：78-86，96.

[246] 陈君 . 微信公众平台辅助高级汉语综合课的教学研究 [D]. 武汉：华中师范大学，2020.

[247] 程烨，吴杰，朱丹丹，等 . 基于"微助教"平台的中药炮制学教学过程性评价 [J]. 教育信息化论坛，2020（8）：93-94.

[248] 金婷 . "互联网 +"背景下利用微工具提高高中生命科学教学效率的实践研究 [D]. 上海：上海师范大学，2019.

[249] 曹莎莎 . 高中生物"光合作用和细胞呼吸"迷思概念调查及转变研究 [D]. 南京：南京师范大学，2020.

[250] 崔鸿 . 信息技术与初中生物学教学的融合与创新 [M]. 武汉：华中师范大学出版社，2019.

[251] 祁芝红，刘玥 .Kahoot! 游戏化学习平台及其教学应用 [J]. 中国教育信息化，2018（4）：86-89.

[252] 周小建 . 依托 StarC 平台实现生物教学四优化 [J]. 中小学信息技术教育，2020（12）：72-75.

[253] 白婕，陈实 . "starC 云端一体化学习平台"在高中地理教学中的应用 [J]. 中学地理教学参考，2015（19）：28-30.

[254] 诸顺莉 . 例谈 StarC 云平台在未来教室课堂教学中的使用 [J]. 科学大众（科学教育），2019（6）：70.

[255] 李洋，豆丹阳，王健 .Kahoot! 游戏化学习平台在生物学教学中的应用 [J]. 生物学教学，2019，44（6）：41-42.

[256] 崔鸿 . 中学生物学教学设计 [M]. 北京：高等教育出版社，2016.

[257] 黄梦颖 . 基于极课大数据的高中数学教学设计研究 [D]. 苏州：苏州大学，2019.

[258] 陈妞妞 . 极课大数据在高中数学教学中的实施效果研究 [D]. 信阳：信阳师范学院，2020.

[259] 吴鹏飞. 极课大数据在高中物理教学中的应用研究 [D]. 武汉：华中师范大学，2020.

[260] 杜炫杰. 高中信息技术课程表现性评价活动支持系统的研究 [D]. 广州：华南师范大学，2005.

[261] 严红艳. 基于电子档案袋平台下中职数学教学评价研究 [D]. 南京：南京师范大学，2017.

[262] 王继新，李广. 中小学信息技术课电子绩效支持系统设计探析 [J]. 中国电化教育，2003（3）：42-45.

[263] 李葆萍，李晔，公平，等. 以学习活动为中心的信息技术课教学设计及管理设计 [J]. 中国远程教育，2003（9）：45-47，79-80.

[264] 雷朝滋. 发展"互联网＋教育"推进教育深层次、系统性变革 [N]. 人民政协报，2020-01-08（010）.

[265] 邢西深. 迈向智能教育的基础教育信息化发展新思路 [J]. 电化教育研究，2020，41（7）：108-113.

[266] 黎加厚，胡丽萍. Moodle 之互动评价：信息化的评价活动 [J]. 中小学信息技术教育，2007（Z1）：72-73.

[267] 徐珮鑫. 初中生物学电子档案袋评价的实验研究 [D]. 烟台：鲁东大学，2020.

[268] 王阿习. 初中化学虚拟实验教学的多元化评价系统设计 [D]. 兰州：西北师范大学，2013.

[269] 肖龙海，管颐. 新课堂：表现性学习与评估一体化 [J]. 课程·教材·教法，2017，37（3）：18-23.

[270] 杨莹. 表现性任务与评价量规一体化设计研究 [D]. 杭州：浙江大学，2017.

[271] 张颖之，李秀菊，刘恩山. 评价量规：主动学习的评价工具 [J]. 生物学通报，2007，42（3）：40-42.

[272] 唐玉霞，马兰. 教学评估量规的编制及应用 [J]. 远程教育杂志，2011，29（6）：88-93.

[273] 钟志贤，王觅，林安琪. 量规：一种现代教学评价的方法 [J]. 中

国远程教育，2007（10）：43-46.

[274]MAYER R E.Applying the science of learning[M].Upper Saddle River，NJ：Pearson，2010：94.

[275] 李刚，吕立杰 . 可见的评价：基于量规的核心素养评价单编制及应用 [J]. 教育理论与实践，2018，38（29）：12-15.

[276] 刘建新 . 巧用问卷星　助力生物实验教学 [J]. 中学生物学，2019，35（2）：58-59.

[277] 朱家华，崔鸿 . 信息化教学中提升师生互动体验的五种方法：基于免费、在线、开放的社会化信息技术工具实现 [J]. 中小学电教，2016（Z1）：74-77.

[278] 何晔 . 运用量规评估学生业绩 [J]. 湖南师范大学教育科学学报，2008（1）：77-79.

[279] 黄光扬 . 教育测量与评价 [M]. 上海：华东师范大学出版社，2002.

[280] 陈洁 . 问卷星平台在高中生物学探究性实验评价中的应用 [J]. 生物学教学，2019，44（12）：29-31.

[281] 刘艳丽，谈成访 . 基于电子学档的信息化教学模式的构建 [J]. 现代教育技术，2007，17（1）：45-47.

[282] 钟志贤，吴初平 . 电子学档：远程学习中一种有效的过程性评价工具 [J]. 中国远程教育，2008（5）：41-44.

[283] 何玲 . 运用电子档案袋评价促进小学信息技术课程教学的探究：以常熟市石梅小学信息技术课程教学为例 [D]. 上海：上海师范大学，2007.

[284] 康迪 . 基于 Moodle 平台在线测验中知识领域的学习诊断及反馈研究 [D]. 昆明：云南师范大学，2018.

[285] 何小青 .Moodle 平台下混合式教学模式的构建：以初中物理课为例 [D]. 武汉：华中师范大学，2016.

[286] 王辉 . 基于 DIS 技术的生物学实验操作智能考评系统的研究 [J]. 生物学通报，2018，53（6）：39-41.